DIE WITTGENSTEINS

PETER EIGNER

# DIE WITTGEN STEINS

## GESCHICHTE EINER UNGLAUBLICH REICHEN FAMILIE

MOLDEN

Reminiszenz an das alte Wien: Gartenfest
in der Neuwaldegger Villa Karl Wittgensteins.
Links tanzend Margarete Wittgenstein.
Foto von Ferdinand Schmutzer, 1903.

# INHALT

Köhlmeier, M. (2013): Die Abenteuer des Joel Spazierer. München.

LS – Landesinstitut für Schulentwicklung Stuttgart (Hrsg.) (2009): Neue Lernkultur. Lernen im Fokus der Kompetenzorientierung. Individuelles Fördern in der Schule durch Beobachten – Beschreiben – Bewerten – Begleiten. Stuttgart.

LS – Landesinstitut für Schulentwicklung Stuttgart (Hrsg.) (2012): Mit Kompetenzrastern dem Lernen auf der Spur (NL 04). Stuttgart.

Leisen, J. (2006): Aufgabenkultur im mathematisch-naturwissenschaftlichen Unterricht. In: Der mathematische und naturwissenschaftliche Unterricht (5), S. 260–266.

Meyer, H. (2004): Was ist guter Unterricht? Berlin.

Ministerium für Schule und Weiterbildung des Landes Nordrhein-Westfalen (Hrsg.) (2009): Didaktische Jahresplanung. Pragmatische Handreichung für die Fachklassen des dualen Systems.

Müller, A. (2008): Mehr ausbrüten, weniger gackern. Bern.

Obst, G. (2008): Kompetenzorientiertes Lehren und Lernen im Religionsunterricht. Göttingen.

Oelkers, J. (2004): Bildungsstandards und Schulentwicklung. Ein Blick in Vergangenheit und Zukunft. In: Zeitschrift für Pädagogik und Theologie (3), S. 195.

Pant, H. A. (2016): Einleitung in den Bildungsplan Baden-Württemberg. Stuttgart.

Reich, K. (2002): Konstruktivistische Didaktik. Neuwied.

Roth, H. (1971): Pädagogische Anthropologie Band II: Entwicklung und Erziehung. Grundlagen einer Entwicklungspädagogik. Hannover.

Rumpf, H. (2004): Diesseits der Belehrungswut: Pädagogische Aufmerksamkeiten. Weinheim/München

Stachel, G. (1971): Curriculum und Religionsunterricht. Zürich/Köln.

Terhart, E. (Hrsg.) (2014): Die Hattie-Studie in der Diskussion. Probleme sichtbar machen. Seelze.

Tillmann, K.-J./Wischer, B. (2006): SERIE – Heterogenität in der Schule – Forschungsstand und Konsequenze. In: Pädagogik (3), S. 44–49.

Trim, J./North, B./Coste, D./Sheils, J. (2001): Gemeinsamer europäischer Referenzrahmen für Sprachen: lernen, lehren, beurteilen, Hrsg. v. Europarat, Übersetzung v. J. Quetz/R. Schiess/U. Skoeries/G. Schneider (Skalen) Berlin u. a.

Weinert, F. E. (Hrsg.) (2002): Leitungsmessungen an Schulen. Weinheim/Basel.

Werning, R./Avci-Werning, M. (2015): Herausforderung Inklusion in Schule und Unterricht. Grundlagen, Erfahrungen, Handlungsperspektiven. Seelze.

Winter, F. (2012): Leistungsbewertung. Eine neue Lernkultur braucht einen anderen Umgang mit Schülerleistungen. Baltmannsweiler.

Wygotski L. S. (1929): Das Problem der Altersstufen. In: Ausgewählte Schriften. Band 2. Hrsg. von Joachim Lompscher. Berlin, S. S. 53–90.

Ziener, G. (2006/2008): Bildungsstandards in der Praxis. Kompetenzorientiert unterrichten. Seelze.

Ziener, G./Kessler, M. (2012): Kompetenzorientiert unterrichten – mit Methode. Seelze.

Margaret Stonborough-Wittgenstein.
Gemälde von Gustav Klimt, 1905.
Neue Pinakothek München.

Margaret Stonborough-Wittgenstein mit ihren Söhnen John und Tommy im Schweizer Exil in Lausanne, um 1917/18.

*„Alle glücklichen Familien gleichen einander, jede unglückliche Familie ist auf ihre eigene Weise unglücklich."*

———

LEO TOLSTOI, ANNA KARENINA

# AUF SPURENSUCHE

---

## EINLEITUNG

So viel habe ich jetzt gelesen über die Wittgensteins, etwa Hermine Wittgensteins „Familienerinnerungen", und dabei spielt ihr Sommersitz Hochreith eine besondere Rolle. Also, nichts wie hin, das war ohnehin immer geplant, wie auch eine Reise nach Teplice und zu einigen böhmischen Standorten des Wittgenstein'schen Industrieimperiums. Ich weiß, dass die Hochreith, die auf guten Karten verzeichnet ist, ziemlich entlegen liegt. Ob das Anwesen mit dem Auto zu erreichen ist oder nur zu Fuß, man wird sehen. Eine Odyssee mit ungewissem Ausgang, vom Anwesen gibt es nur wenige Ansichten. Es gibt noch andere Ziele meiner Exkursion: Nicht weit von der Hochreith, auf der anderen Seite des Traisentals, hatte sich schon einige Jahre zuvor ein Bruder Karl Wittgensteins, Paul senior, ein Landhaus bei Hohenberg, die Bergerhöhe, errichten lassen, um- und ausgebaut von Josef Hoffmann, dem gewissermaßen Haus- und Hofarchitekten der Familie.[1] Auch einige andere Hoffmann-Bauten warten, so die Forstamtsdirektion in Hohenberg, in der heute noch die Wittgenstein'sche Forstverwaltung untergebracht ist, und eine kleine evangelische Waldkirche in St. Aegyd.

Die Kirche ist unerwartet, es ist gegen 18 Uhr, geöffnet. Sie liegt sehr schön, entlegen, am Waldrand und ist ein schlichter Bau, innen wie außen, aber mit einigen Merkmalen der typischen Hoffmann-Architektur versehen. Wir bemerken bei der Besichtigung im kargen Inneren nichts von einem heftigen Wolkenbruch, erst als wir aus der Kirche heraustreten, ein gewaltiger Guss, aber bald vorbei, ein Regenbogen verkitscht diesen Moment, noch mehr aber ein Reh, das 30, 40 Meter von uns aus dem Wald kommend uns aufmerksam beäugt und dann wieder verschwindet. Fast magisch mutet dieser Augenblick an.

Als anstrengender sollen sich die Besuche der Hochreith und des ehemaligen Paul-Wittgenstein-Anwesens erweisen: Beide erfordern längere Fußmärsche, bergauf, auf privaten Schotterstraßen. Wir wissen trotz Navi nicht genau, wo die Hochreith liegt, wissen nicht, wie weit wir uns mit dem Auto nähern können. Man fühlt sich bald wie ein Eindringling. Als erste Verbotsschilder mit dem Hinweis auf eine Privatstraße, die nur für Anrainer geöffnet ist, auftauchen, suchen wir vorsichtshalber einen Parkplatz und finden ihn bei Bauern, die wir um Erlaubnis fragen. Ich bin im Hoffmann- und Wittgenstein-Fieber, selbst die bäuerliche Scheune, ein Fachwerkbau, erinnert mich an Hoffmann'sche Villenbauten. Der Aufstieg beginnt (ich übertreibe ein wenig, es sind rund vier Kilometer, die auf uns warten, leicht ansteigend), wir passieren einen Schranken (spätestens hier wäre die Autofahrt zu Ende gewesen), begegnen einem idyllische Anwesen mit Schwimmteich, immer wieder eröffnen sich herrliche Blicke auf die umliegende Berglandschaft, prächtige Natur in allen Grünschattierungen, Ochsenkraut am Wegesrand. Wir gehen durch einen in den Felsen gesprengten Tunnel, hier ein erster Hinweis auf Karl Wittgenstein in einer eingelassenen Tafel. Dann ein Marterl, besser eine kleine Kapelle, renoviert, am Wegrand – auch das glaube ich auf Fotos schon gesehen zu haben. Wir nähern uns, die Hochreith wird sichtbar. Ein großes, fast schlossartiges Gebäude, ein Holzhaus, einige kleine Nebengebäude. Von der Straße ist nur eine Seite des Gebäudes auszumachen. Die Zufahrt zum Haus ist zwar unversperrt, aber auch hier hängt eine Tafel, die uns den Zugang verwehrt. Viel ist leider nicht zu sehen, rundherum teils Weiden, alles eingezäunt, also auch keine Möglichkeit, das Haus aus anderen Perspektiven zu betrachten. Der Mut, uns zu nähern, fehlt, in die Privatsphäre anderer einzudringen ist nicht unsere Absicht. Eine wunderschöne Lage, aber weitab von jeder Zivilisation, isoliert, schwer zu erreichen, insbesondere wenn man an die damaligen Transport- und Verkehrsmöglichkeiten denkt. Ließ sich Karl Wittgenstein hier schon mit seinen Autos hinaufchauffieren oder noch im Pferdewagen? Ich bin an einem zentralen Schauplatz meiner Geschichte. Auf der Hochreith war häufig die ganze Familie Karl Wittgensteins versammelt, sie hat viele Gäste gesehen, weitere Verwandte, Freundinnen und Freunde, Bekannte, Geschäftsfreunde aus der Wittgenstein-Gruppe, hat Feiern und Feste, Streits und Tragödien, Schmerz und Freude erlebt.

Ähnlich versteckt das für Paul Wittgenstein errichtete Anwesen, die Bergerhöhe, auf der anderen Talseite. Auch hierhin führt eine geschotterte, nur für Anrainer zu befahrende Privatstraße, die aber auch als Wanderroute markiert ist. Diesmal ist der Fußweg steiler und schlängelt sich in Serpentinen durch einen wunderschönen Mischwald rund zweieinhalb Kilometer, bis man zum Anwesen gelangt. Das Haus ist kleiner als die Hochreith und ist bereits von außen als Hoffmann-Architektur auszumachen: der Eingang, die Fenster, das Dach. Über dem Eingang die Inschrift (bei der viele an einen Schreibfehler denken): „Das Haus des Friedes in Stille. Luther." Auch hier fühlen wir uns als Eindringlinge, sind es auch. Zwar ist das Tor offen, ein Schild weist allerdings warnend auf einen Hund hin, ein anderes, offizielles des Landes Niederösterreich, auf einen Naturgarten. Das Anwesen besteht aus mehreren Gebäuden, einige davon neu, größtenteils in Holzbauweise, errichtet. Wir nähern uns vorsichtig, ein Hund beginnt zu bellen, wir entscheiden, zu gehen.

Hohenberg, St. Aegyd, dazu noch Furthof waren „Wittgenstein-Land",[2] waren bedeutende Industriestandorte (und sind es heute noch in verkleinertem Maßstab). Die *St. Egydyer Eisen- und Stahlindustriegesellschaft* befand sich eine Zeit lang im Besitz der Wittgensteins, ehe Karl Wittgenstein das Werk an die Gebrüder Böhler verkaufte und im Gegenzug 5.500 Hektar Wald von den Böhlers erwarb. Die Gemeinden sind weiterhin Industriestandorte, die frühere Bedeutung dieser Industrieregion entlang des Traisentals lässt sich aber nur mehr erahnen. Ein erster Niedergang traf die Kleineisenindustrie der Eisenwurzen im Laufe des 19. Jahrhunderts. Nur einige wenige Unternehmen konnten sich ins Industriezeitalter retten, vermochten großbetriebliche Organisationsformen anzunehmen. Nicht unmaßgeblich vorangetrieben wurde dieser Modernisierungsprozess von Karl Wittgenstein. Prächtige, heute teils herausgeputzte, frisch renovierte, häufiger aber ein wenig bis stark verwahrlost scheinende Häuser, Villen aus der Zeit der Jahrhundertwende entlang der Hauptstraßen, zeugen vom einstigen Reichtum dieser Gemeinden, zahlreiche Gasthäuser ebenso, wie es scheint, sind sie seit Jahren geschlossen. Was es gibt, ist Fahrrad- und Motorradtourismus, es befinden sich beliebte Motorradstrecken, Annaberg und Gscheid, hier ganz in der Nähe, ein Radweg führt entlang der meist pittoresken Traisen. Der wichtigste Tourismus ist allerdings der Pilgertourismus, hier führt die *Via Sacra* nach Mariazell.

Mein Pilgertourismus galt Karl Wittgenstein. Ich wollte wissen, wo die Wittgensteins viele Monate verbracht haben. Vor allem die Hochreith bildete immer wieder ein Zentrum und einen Rückzugsort der Familie. Ich wollte wissen, welche Spuren sie hinterlassen haben, und letztlich hat mir mein „Wittgenstein-Tourismus" trotz aller Widrigkeiten und trotz der eingeschränkten Blicke das Leben der Familie nähergebracht.

# REICH UND GLÜCKLICH?

Auf der Suche nach einem Titel bzw. Leitmotiv für dieses Buch stieß ich auf Hermine Wittgensteins Zitat „Kein Stein wird auf dem andern bleiben"[3] aus dem Jahr 1938, das, zugegebenermaßen ein wenig aus dem zeitlichen Zusammenhang gelöst, sehr zutreffend das Schicksal der Familie charakterisiert. Brüche und Vermögenseinbußen, herausgebrochene Steine, um im Bild zu bleiben, gab es schon vorher, etwa 1918. Am Ende, nach dem Zweiten Weltkrieg, wird dann tatsächlich kein Stein auf dem anderen geblieben sein, mehr als nur symbolisch dafür steht der Abriss der Anwesen in der Alleegasse und der Neuwaldegger Straße. Der Fast-Abriss des Hauses Stonborough-Wittgenstein in der Kundmanngasse hätte die baulichen Spuren der Familie Wittgenstein in Wien ganz verschwinden lassen. Das Zitat findet sich jetzt als Leitmotiv der hier erzählten Geschichte. Auch Licht und Schatten, Aufstieg und Niedergang und ähnliche Bilder schienen naheliegend. Licht und Schatten fallen zwar wohl auf jede Familie, doch es scheint besonders viel Licht, aber auch besonders viel Schatten auf diese Familie(n) gefallen zu sein. Die Familiengeschichte der Wittgensteins verlief teils wie ein Märchen, strahlend, mit Glanz und Gloria, und dann wieder dramatisch, ja äußerst tragisch, katastrophal. Es ist die Geschichte einer unglaublich reichen Familie, aber eben auch eines Reichtums mit Schrecken.

## „Kein Stein wird auf dem andern bleiben."

HERMINE WITTGENSTEIN, 1938

Einerseits unermesslicher Reichtum, Reisen, Soireen, teure Hobbys, Hingabe an die Kunst. Das Palais Wittgenstein in der Alleegasse ist ein gutes Beispiel für Letzteres. Es ist voller Kunstgegenstände, viele von Künstlern, die der Familie persönlich bekannt sind, und in diesem Haus gibt man sich der Kunst, insbesondere der Musik, wirklich hin. Doch die Familiengeschichte der Wittgensteins birgt andererseits viele tragische Momente. Das Schicksal hat es mit dieser Familie nicht gut gemeint, ist man schnell geneigt zu urteilen.

Das Schicksal oder waren es nicht vielmehr die eigenen hohen Erwartungen bzw. die hohen Erwartungen erst Hermann, dann – noch einmal zugespitzt – Karl Wittgensteins, an denen einige Wittgensteins, vor allem etliche ihrer direkten Nachkommen – wie es scheint – zerbrochen sind. An den Erwartungen der Väter, teils, aber weniger, der Mütter, sind viele Kinder gescheitert und im großbürgerlichen Milieu dürfte dieser Druck besonders stark gewesen sein, so stark, dass ihm viele nicht standhielten. Die Häufung von Suiziden junger, vorwiegend Männer im Wiener Großbürgertum ist auffällig.

Die Wittgensteins waren reich, schwerreich. Sie hätten ein unbeschwertes Leben führen können, sich der Kunst widmen, auf Reisen begeben, sich auf ihren Gütern dem Müßiggang hingeben, ohne lästige tägliche Arbeit, doch so waren sie nicht „gestrickt", auch die Frauen nicht, denen zu dieser Zeit in ihrem Milieu noch keine berufliche Existenz zugestanden wurde – viele empfanden ein solches Leben ohne Herausforderung als sinnlos. Und einige, die sich tatsächlich ihre künstlerischen Träume verwirklichen wollten, wurden daran gehindert. Dem Leben durch Arbeit einen Sinn zu geben, scheint wichtiger gewesen zu sein als der Reichtum, auch wenn nur Ludwig Wittgenstein so weit ging, ganz darauf zu verzichten – des Rückhalts der Familie konnte auch er sich sicher sein. Das, was als Abstieg gewertet wurde, als großer Vermögensverlust, darüber hätten andere nur den Kopf geschüttelt und sich gewundert. Selbst das verbleibende Kapital hätte, aufgeteilt auf zigtausende arme Haushalte, wohl vielen zu ein wenig Glück verholfen. Auf die Perspektive kommt es an, zweifellos. Alle Kinder Karl Wittgensteins kamen bereits reich zur Welt und profitierten schon in jungen Jahren von ihrem Reichtum. Der Reichtum allein übt eine große Faszination aus, er öffnet Türen, eröffnet Möglichkeiten, und wer träumt nicht (zumindest gelegentlich) davon, reich zu sein. Doch was nützt all der Reichtum, könnte man angesichts der Schicksale einiger Familienmitglieder der Wittgensteins fragen? Reichtum allein macht oft nicht zwangsläufig glücklich, auch das lehrt die Geschichte dieser Familie, wenn es auch aufs Erste nach einer Binsenweisheit klingt – und ohne zynisch sein zu wollen angesichts der existenziellen Not großer Teile der Bevölkerung. Andererseits war es das der Familie verbliebene Vermögen, das ihnen 1938 und danach vielleicht (noch) Ärgeres ersparte.

Es ist die Geschichte eines sich rasch vermehrenden Vermögens in den ersten Generationen, angewachsen unter Hermann Christian Wittgenstein und beträchtlich erweitert von seinem Sohn Karl Wittgenstein. Spätestens seit den 1890er Jahren kann man von einer unglaublich reichen Familie sprechen. Danach ist es die Geschichte eines in mehreren Etappen zumindest kleiner werdenden Vermögens und Reichtums. Vom Industrieimperium bleibt der Familie nichts, keiner möchte in die beruflichen Fußstapfen des übermächtigen Vaters treten (wenn auch niemand so weit ging wie Ludwig mit seinem Erbverzicht). Der Niedergang, der nach 1918 einsetzte, war dann wohl auf einige Fehlinvestitionen zurückzuführen, doch blieb ein Teil des Vermögens gut verwahrt in der Schweiz und ein weiterer Vermögenseinbruch erfolgte durch die Erpressung seitens der Nationalsozialisten und führte zur Aufgabe vieler Besitzungen nach 1945. Das Vermögen Karl Wittgensteins rettet seine Nachkommen über die Zeiten.

Es ist in vielem eine ganz „gewöhnliche" Geschichte, in vielem aber eine einzigartige und mit Sicherheit eine außergewöhnliche Story, ein „gefundenes Fressen" sozusagen – mit allen Ingredienzien eines Hollywood-Films: Ausreißversuche, Abenteurerleben in den USA, Krebs, Krieg, Invalidität und strahlende Klavierkarriere, ein Genie in der Familie, Homosexualität, Suizid, Vater-Sohn-Konflikte, Verzicht aufs Erbe, ein Salon als musikalisches Zentrum im Wien der Jahrhundertwende, unermesslicher Reichtum, dazu Klimt, Hoffmann, Brahms und jede Menge weitere Prominenz, versteckte Geliebte und Kinder, alles Elemente einer teils unglaublich anmutenden Familiengeschichte, jener der Wittgensteins. Allein Karl Wittgensteins Biografie zeigt filmreife Züge, endgültig zur Tragödie wird die Familiengeschichte in der nächstfolgenden Generation. Insgesamt neun Kinder setzt Leopoldine Wittgenstein, Karls Ehefrau, in die Welt, ein Mädchen stirbt bei der Geburt. Auf den fünf Söhnen Karl Wittgensteins dürfte mehr Erwartungshaltung konzentriert gewesen sein, da ging es auch um die geschäftliche Nachfolge, als auf den Töchtern, die mehr Freiheiten genossen. Wirkliche Liebe und Zuneigung dürften aber auch sie nicht erfahren haben. Hermine als Erstgeborene scheint hier zumindest väterlicherseits mehr Glück gehabt zu haben. Der Vater autoritär, geschäftig und umtriebig, die Mutter zwar nach außen liebevoll, aber demütig, wichtig zunächst das autoritäre Kindermädchen. Die schulische Erziehung wird anfangs privaten Hauslehrern überlassen, die so einen großen Einfluss auf die Kinder erlangen.[4] Die Kinder werden abgeschottet von der „normalen" Welt draußen. Es ist an dieser Stelle zwar verfrüht, etwa bei Ludwig oder auch Paul Wittgenstein, auf jeweils spezifische Weise, eine gewisse Weltfremdheit zu konstatieren, eine Schwierigkeit, sich zu arrangieren, und man ist rasch geneigt, dies auf die jahrelange Isolation von einer Alltagswelt zurückzuführen. Doch oft sind die naheliegenden, sich aufdrängenden Schlüsse nicht die richtigen, unsere Interpretationen daher falsch. Dass diese beiden jüngsten Kinder Karl Wittgensteins, beide auf ihre Art sehr speziell, „innerhalb der Familie als keineswegs außergewöhnlich angesehen wurden, dokumentiert [jedoch] die Außergewöhnlichkeit der Maßstäbe, die hier galten",[5] wobei ich das im Fall Ludwigs nicht unterstreichen würde, den seine Schwestern, vor allem Hermine, als Genie betrachteten.

Drei Söhne Karls (zwei davon gesichert) nehmen sich das Leben. Sie dürfen bzw. können und trauen sich nicht das Leben zu leben, das sie sich vorstellen, etwa ausschließlich ihren künstlerischen Ambitionen nachzugehen. Karl Wittgenstein, der sich mit seinem Vater und dessen Wünschen und Erwartungen schwertat, wie seine Biografie, vor allem sein Ausreißen (in Form einer Flucht nach Amerika), deutlich macht, hat nichts gelernt aus seinen eigenen Erfahrungen und seiner eigenen Widerspenstigkeit, möchte seinen Söhnen derartige Eskapaden, ausgefallene, widersetzliche Verhaltensweisen austreiben, diese erst gar nicht aufkommen lassen, obwohl oder weil er selbst ein derartiges Verhalten als junger Mann gezeigt hatte. Sich einem übermächtigen autoritären, fordernden Vater zu entziehen, das hatten schon die Nachkommen Hermann Wittgensteins erfahren, war schwierig, noch schwieriger war es dann für die Kinder Karls, sich dessen Einfluss zu entziehen. Ohne jeden Zweifel war Karl Wittgenstein eine erdrückende Vaterfigur, ein „Übervater".

In dieser höchst individuellen Familiengeschichte spiegelt sich aber auch allgemeine „Gesellschaftsgeschichte". Die Wittgensteins gehörten zweifellos seit ihrer Ansiedlung in der Kaiserstadt dem Wiener Großbürgertum an. Sie waren in vielen Belangen typische, repräsentative Vertreter des österreichischen bzw. Wiener Großbürgertums, zutreffender wäre wohl eines Teils davon, in der zweiten Hälfte des 19. bzw. der ersten Hälfte des 20. Jahrhunderts. In dieser Familiengeschichte finden wir zahlreiche Facetten des großbürgerlichen Lebens vor, dieses Milieu und der damit verbundene Habitus bilden gewissermaßen die Folie, vor der sich diese Geschichte entfaltet.

## ANNÄHERUNGEN AN EINE FERNE WELT: EIN ABEND BEI WITTGENSTEINS

Ich sitze in einem bequemen Fauteuil, einem Ohrensessel, passen würde auch eine Chaiselongue. Ich höre Brahms. Ich blättere in einem Katalog, einem Kunstbuch zum Wiener Fin de Siècle, schließe die Augen, konzentriere mich auf die Musik, die Geigenklänge, und viele Bilder dieses Wiens der Jahrhundertwende um 1900 tauchen vor mir auf. Eines davon ist ein Salon in einem Gründerzeit-Palais. Ein Salon, ausgestattet mit Kunstwerken unterschiedlicher Gattungen, Tapisserien, Gemälden, Skulpturen, aus heutiger Sicht ein wenig überladen. Ein Salon, in dem mehrere Konzertflügel stehen und sich ein elegantes, größtenteils musikkundiges Publikum versammelt hat und andächtig Johannes Brahms höchstpersönlich lauscht. Danach wird zu Tisch gebeten, die Jungen getrennt von den Ehrengästen. Tischreden werden gehalten, einer beginnt, ernst oder humorvoll, der nächste erwidert.

Wir sind im Salon des Großindustriellen Karl Wittgenstein und seiner Frau Leopoldine in der Alleegasse. Leopoldine, selbst eine begabte Pianistin, führt das Haus Wittgenstein als musikalisches Zentrum. Sie setzt damit bereits eine Tradition fort, die ihre Schwiegereltern, Hermann und Franziska Wittgenstein, begründet haben.

Nicht nur die ganze Familie musizierte, alle spielten mehrere Instrumente, teils ausgezeichnet, es wurden bedeutende Musikerinnen und Musiker eingeladen, um hier eigene oder fremde Kompositionen darzubieten. Eine Welt wohl, die schwer nachempfunden werden kann, wenn man nicht selbst diesem erlauchten Kreis und jener Gesellschaftsschicht angehörte. Der Zugang in die Salons und zu den Soireen war ein exklusiver, vor allem, wenn auch nicht unbedingt ausschließlich, an Reichtum, Ruf, gesellschaftlichen Status oder künstlerisches Können geknüpft. Ein paar Originale, Außenseiter, „verarmte Genies" vertrug so ein Salon, schmückte diesen bisweilen sogar und unterschied ihn von anderen, aber auch diese wenigen waren auserwählt, mussten was können, für etwas herhalten, eine Rolle in diesem großbürgerlichen Schauspiel einnehmen.

In die Musik vertieft, die Augen geschlossen, tauchen viele Bilder vor mir auf, nach nunmehr jahrelanger, meine Frau würde sagen fanatischer Beschäftigung mit der Familie: Weihnachtsfeste mit alljährlich gleichem Ritual, Karl Wittgensteins Töchter stolzierend im Laxenburger Schlosspark, seine legendären Zusammenkünfte mit seinen Freunden auf seinem Landsitz Hochreith, Streitszenen im Hause Wittgenstein, Begegnungen mit herausragenden Persönlichkeiten jener Zeit, Musikern, Malern, Wirtschaftsbossen.

Vergessen wir aber andererseits nicht: Rauchende Schlote, Fabrikslandschaften, Kohlehalden und -flöze, stolze, streikende Arbeiter, nicht nur unermesslicher Reichtum, sondern viel häufiger Elend, Arbeitstage von zwölf Stunden täglich, sechsmal die Woche, wenn man Arbeit hatte, wenn nicht, tägliches Anstellen um Arbeit, enorm hohe Mieten für die Zimmer-Küche-Wohnungen ohne Wasser und Klosett in den Wiener Zinskasernen, zusammengepfercht auf engstem Raum, nicht anders in den Fabriksiedlungen der böhmischen Kohlenreviere und Stahlwerke. Die Kehrseite des Reichtums.

Wie viele Personen bzw. Familien dieses Wiener Großbürgertum umfasste, ist schwer abzuschätzen. Einige sprechen von etwa 200 Familien, deren Mitglieder, dem Adel gleich, vor allem untereinander heirateten,[6] andere Schätzungen belaufen sich auf bis zu 1.000 Familien. Doch wer zählte zur Familie, wie weit reicht Familie? Vermutet werden kann im Großbürger-

tum ein sehr weiter Familienbegriff, es handelt sich meist um richtige Groß-
familien, die schon einmal 100 Personen umfassen konnten. Es war ein sich
stark überschneidender, überlappender Kreis von Personen. Man kannte sich
in diesen Kreisen, traf und sah sich in der Oper, im Theater, bei Konzerten
oder sonstigen kulturellen Veranstaltungen, man lud in die Salons zu Soireen
und geselligen Zusammenkünften. Bei den Männern kamen noch Geschäfts-
treffen und -termine hinzu. Man speiste in denselben Lokalen und kaufte
in denselben Geschäften ein (oder häufig ließ einkaufen). Man scharte sich
um dieselben Musiker (Brahms), Maler (Klimt) oder Architekten (Hoffmann
oder Loos), wohnte oft in unmittelbarer Nähe zueinander,[7] verbrachte den
Sommer in denselben Orten, in den Sommerfrischen im Salzkammergut oder
an den Kärntner Seen, in den Kurorten, den Grand Hotels großer Städte. Man
besuchte London, Paris und Rom, fuhr nach Ägypten und ging auf Weltreise. Die Kinder – anfangs nur die Buben – schickte man in dieselben Schulen,
in Wien in das Akademische Gymnasium, die Stubenbastei, das Schotten-
gymnasium, Theresianum oder nach Kalksburg. Man heiratete oft untereinander. Man sprach eine Sprache, diese allerdings in unterschiedlichen Va-
rianten, „Schönbrunner Deutsch", oft aber jüdisch, seltener böhmisch oder
ungarisch eingefärbt. Man vernimmt diese Idiome, diese ganz eigene Sprach-
färbung heute leider nur mehr selten. Zum Lebensstil gehörte ein Heer von
Bediensteten, ein Fuhrpark mit Kutschen bzw. Pferden, bald auch mit Automobilen.[8] Weit oben im Sozialprestige stand die Jagd, nach Möglichkeit eine
Eigenjagd. Sportliche Betätigung stieß ebenfalls auf großes Interesse der
Wohlhabenden: Reiten, Tennis, Fechten, Polo, Golf, Eislaufen, anfangs auch
Radfahren und Bergsteigen.

Aus heutiger Sicht scheint – vor allem für das Großbürgertum – der
Zeitraum vor 1914/18 in vielerlei Hinsicht eine untergegangene, verlorene
Welt gewesen zu sein. Ganz im Sinne Stefan Zweigs eine gute Welt, die für
die Mehrheit der Bevölkerung wohl gar nicht so gut war, trotz leichter „Wohl-
stands"gewinne bis zum Krieg. Die Welt vieler Wittgensteins ging zweimal
unter. Die Jahre 1918 mit dem Zusammenbruch der Habsburgermonarchie
und 1938 mit dem „Anschluss" Österreichs an Nazideutschland markieren
einschneidende Zäsuren, für die Familie und für große Teile des österreichischen Großbürgertums. Gleichwohl finden sich noch Spuren und Reste dieses
gesellschaftlichen Segments. Es gibt sie noch, die Geschäfte, die das Flair des
19. Jahrhunderts ausstrahlen, durch ihr Interieur, die verkauften Waren, oft
auch ihre Geschäftsinhaberinnen und -inhaber bzw. das Verkaufspersonal.
Es gibt sie noch, die Privatkonzerte und Soireen, die Salons und Clubs, die
Nobelschulen und Hausangestellten. Es gibt sie noch, die Reste eines (Alt-)
Wiener Großbürgertums. Frappierend sind heute trotz aller Brüche noch

Namensgleichheiten, oft an die 150 Jahre zurückreichend, wenn man sich Führungspositionen österreichischer Kulturinstitutionen in der Gegenwart vor Augen führt. Auch hier lebt sie noch fort, die Welt des alten Wiener Großbürgertums.

Mit diesem Buch möchte ich Sie in diese andere Welt entführen. Lehnen Sie sich gelegentlich zu Lesepausen zurück, genießen Sie die Musik, von der häufig die Rede sein wird, Brahms würde natürlich perfekt passen, als Interpret Joseph Joachim, einer der größten Geiger seiner Zeit, auch von Paul Wittgenstein gibt es Tonaufnahmen. Nützen Sie das Buch für vielleicht Entdeckungen oder zur Begegnung mit vertrauten Namen, Sie werden auf bekannte Namen stoßen, Klimt, Loos, Hoffmann, aber auch heute weitgehend vergessene wie Josef Labor. Schauen Sie sich Werke, Gemälde, Skulpturen, Häuser, Möbel, Interieurs der angesprochenen Berühmtheiten an. Dringen Sie ein, begeben Sie sich auf eine Reise in diese für die meisten doch wohl fremde Welt, in Welt und Leben der Familie Wittgenstein.

## JÜDISCHE AUFSTEIGERFAMILIEN

*Moses Mayer und seine Frau Bernardine, geborene Simon,*
*die Großeltern Karl Wittgensteins väterlicherseits aus Laasphe*
*im Wittgensteiner Land (links). Mutter Franziska „Fanny"*
*Wittgenstein, geborene Figdor, mit den ältesten Kindern Anna,*
*Marie und Paul. Aquarell von Leopold Fischer, 1845.*

Schloß Wittgenstein vom Weibersberg

LASPHE

WITGENSTEIN.

## DIE ALTE HEIMAT GAB DEN NAMEN

*Ab 1808 nannte sich Moses Mayer „Wittgenstein" und zog nach
Korbach im Fürstentum Waldeck (oben). Schloss Wittgenstein bei
Laasphe auf einer Ansichtskarte (links oben) und einem Stich von
Matthäus Merian in der „Topographia Hassiae" (1655).*

Ein Geschäftsmann voll „Ernst und Energie" (Hermine Wittgenstein): Hermann Christian Wittgenstein war ursprünglich Wollgroßhändler und übersiedelte 1839 nach Gohlis bei Leipzig.

# *KEINE SCHLECHTE PARTIE*

## HERMANN WITTGENSTEIN
## UND DIE FIGDORS

Hintergrund und Schauplatz des wirtschaftlichen und gesellschaftlichen Aufstiegs der Familie Wittgenstein ist das Wien der zweiten Hälfte des 19. Jahrhunderts. Dabei wird zumeist zuallererst an die Gründerzeit im engeren Sinn gedacht, die Jahre 1867 bis 1873. „[...] die Zeit der industriellen Expansion, als große Vermögen gewonnen und verloren wurden, von Spekulanten, Industrieunternehmern oder Leuten mit neuen Produktionsverfahren – die Gründerzeit, welche die materiellen Vermögen schuf, die der nächsten Generation Mittel und Muße für künstlerische und kulturelle Entwicklungen gewährleisteten."[9] Im Fall der Wittgensteins scheinen es jedoch nicht oder weniger die Gründerjahre gewesen zu sein, die für den Aufbau des Familienvermögens maßgeblich waren, es waren die Jahrzehnte zuvor, und die ersten Schritte dazu erfolgten nicht in Wien. Der Ausbau unter Karl Wittgenstein fällt wiederum in die Periode danach, die oft als Jahre der „Großen Depression" bezeichnet wurden. Dehnt man allerdings die Gründerzeit aus, wie etwa in der Architektur- und Kunstgeschichte auf die Jahre 1840 bis 1918 (auch wenn vom gründerzeitlichen Wien die Rede ist, wird auf diese Periodisierung zurückgegriffen), fällt der Aufbau des Wittgenstein'schen Vermögens in deren Beginn, in die 1840er und 50er Jahre, und verdankte sich Karl Wittgensteins Vater, Hermann (ursprünglich Herz) Wittgenstein. Auch ihm, in vielen Wittgenstein-Darstellungen nur eine Nebenfigur, soll in dieser Geschichte der gebührende Platz eingeräumt werden. Wer war dieser Herz Wittgenstein, was wissen wir über seine Herkunft, seine Familie, seine Tätigkeit?

# VON HERZ MEYER
## ZU HERMANN CHRISTIAN WITTGENSTEIN

Herz, nach dem Übertritt zum evangelischen Glauben Hermann Christian Wittgenstein, wurde am 15. September 1802[10] in Korbach geboren und starb am 19. Mai 1878 in Wien, begraben ist er im Familiengrab am Friedhof Mauer. Er entstammt der deutsch-jüdischen Familie Meyer-Wittgenstein, deren Wurzeln in der Kleinstadt Laasphe im Wittgensteiner Land liegen. Das Wittgensteiner Land ist eine Region im heutigen Kreis Siegen-Wittgenstein (bzw. im Hochsauerlandkreis) im Süden Nordrhein-Westfalens. Noch vor dem Ende des Alten Reiches 1806 und vor dem Hintergrund der Koalitionskriege und dem Aufstieg Napoleons wurden die kaisertreuen Grafen Christian Heinrich zu Sayn-Wittgenstein-Berleburg (1792) und Friedrich Karl zu Sayn-Wittgenstein-Hohenstein (1801) von Kaiser Franz II. in den Reichsfürstenstand erhoben. Beide Fürstentümer wurden 1806 aufgrund des Reichsdeputationshauptschlusses zunächst dem Großherzogtum Hessen-Darmstadt angeschlossen, 1815 aber laut Beschluss des Wiener Kongresses an Preußen abgegeben. Wiedervereinigt bildeten sie ab 1817 den Kreis Wittgenstein im südöstlichen Teil der Provinz Westfalen. Laasphe verlor 1806 den Status als Residenzstadt der südlichen Grafschaft.

Im Familiengedächtnis wird auf eine bescheidene Herkunft der Familie verwiesen, von dem (wenigen), was wir wissen, nicht ganz korrekt, hier sollte wohl der Gegensatz zur „Wiener Kultiviertheit" und dem in Wien erworbenen Wohlstand betont werden.[11] Nach Georg Gaugusch muss Ahron Meier Moses aus Laasphe als Urahne der Wittgensteins bezeichnet werden, sein Sohn war Meyer (Meier) Moses (†1804), verheiratet mit Sarah (†1821).[12] Deren Sohn war Moses Meyer, später Wittgenstein (1761–1822), Karls Großvater und Hermanns Vater, der Gutsverwalter gewesen war, für den 1804 zum Reichsfürsten erhobenen und in preußischen Diensten stehenden Wilhelm zu Sayn-Wittgenstein-Hohenstein als Hoffaktor gearbeitet hatte und sich als Händler etablierte.[13] Moses Meyer tat sich mit Spenden hervor, auf seinem Grabstein wird er als „redlicher Mann", der „in gutem Ruf" verstorben sei, bezeichnet.[14] Moses Meyer war mit Bernhardine (Breindel oder Brendel) Simon (1768–1829) verheiratet. Der Ehe entsprangen fünf Kinder, Herz Meyer-Wittgenstein (1802–1878) war das jüngste. Oft werden nur drei Geschwister von Herz angeführt: Simson (1788–1853), Richard Simon (1796–1862) und Julie (geb. um 1800/02)[15], Abraham Wittgenstein (geb. um etwa 1791) findet keine Erwähnung[16] bzw. findet sich der Hinweis auf eine unsichere Abstammung[17]. Alleine Moses und Bernhardine hatten 21 Enkelkinder, elf entstammten allein der Ehe ihres Sohnes Herz/Hermann, daraus kann ermessen werden, wie groß diese Familie im Laufe der Zeit wurde. Unsere Konzentration gilt dem „Wiener Zweig" der Wittgensteins.

Seit (höchstwahrscheinlich) 1808, Herz war sechs Jahre alt, nannte sich Moses Meyer, ein angesehenes Mitglied der jüdischen Gemeinde und wohl auch nicht ganz unvermögend, Meyer-Wittgenstein, unklar ist, ob nach seiner Geburtsgegend oder nach seinem Arbeitgeber. Im März 1808 hatte Napoleon das sogenannte *Décret infâme* erlassen, das Juden untersagte, ein Gewerbe auszuüben, sofern sie über kein Leumundszeugnis verfügten. Ferner waren als Konsequenz von Napoleons Forderung nach Gleichheit aller Bürger vor dem Gesetz alle Juden von Jérôme Bonaparte, Napoleons Bruder und König des Königreichs Westphalen, im Juli 1808 angewiesen worden, binnen drei Monaten einen Nachnamen anzunehmen. Um 1808 war Moses Meyer-Wittgenstein wegen eines Konflikts mit dem Grafen,[18] dem die Namenswahl missfiel und der ihn, so eine der vielen „Ursprungs"-Legenden, deswegen verprügelt haben soll,[19] in die Hansestadt Korbach im nahe gelegenen Fürstentum Waldeck in Hessen übersiedelt.[20] Er baute das Geschäft seines Vaters aus und betrieb in Korbach einen Wollgroßhandel, der sich als Fernhandel weit in und über den ostdeutschen Raum hinaus erstreckte. Die Großhandelsfirma *M. M. Wittgenstein* entwickelte sich zum größten Unternehmen Korbachs, einer Stadt mit rund 2.000 Einwohnerinnen und Einwohnern, ehe die Geschäfte zurückgingen. Moses Wittgenstein bemühte sich um das Korbacher Bürgerrecht, das ihm jedoch verwehrt und erst seinem Sohn Simson verliehen wurde.

Wir wissen wenig über die Zeit nach Moses Wittgensteins Tod 1822 bis zum Wegzug der Söhne im Jahr 1839. Sohn Herz führte den „bedeutenden Wollhandel" mit seiner Mutter und seinem Bruder Richard Simon weiter.[21] Eine längere Zeit dürfte er auch in Augsburg verbracht haben. Worauf der Rückgang der Geschäfte zurückzuführen war, ob auf einen Abstieg der Bedeutung Korbachs oder Hinweis auf einen Bedeutungsverlust der Wollindustrie, die sich zunehmender und letztlich übermächtiger Konkurrenz der Baumwollindustrie und englischer Erzeugnisse stellen musste, erschließt sich nicht. Der Bereich der Baumwollspinnerei war der erste, der mechanisiert wurde, und Baumwolltextilien waren der traditionellen Wolle aufgrund ihrer leichteren Waschbarkeit und Pflege weit überlegen. Dieser Prozess der Verdrängung und Ersetzung spielte sich regional zeitlich zu verschiedenen Zeitpunkten ab und könnte für Geschäftseinbußen verantwortlich gewesen sein. Herz (eventuell bereits zu Hermann „eingedeutscht", was vielleicht auf eine erste Distanzierung von der jüdischen Herkunft verweisen könnte) Wittgenstein verließ jedenfalls 1839 zusammen mit seinem sechs Jahre älteren Bruder Richard Simon Korbach und verlegte das Geschäft nach Gohlis bei Leipzig (heute Teil der Stadt), um in der Messestadt Leipzig, einem wichtigen Handelszentrum, den Wollhandel aufzunehmen bzw. auszuweiten.[22] So schlecht scheinen also die Geschäftsaussichten im schon bislang betriebenen Metier nicht gewesen zu sein. Herz Wittgenstein dürfte sich durch den Ortswechsel in die sächsische Metropole einen geschäftlichen Auftrieb erhofft haben. Zugleich deutet er in seinem letzten Willen, auf den ich noch zurückkommen werde, eine gewisse Entfremdung von seiner Familie an, die vielleicht auch zum Umzug beigetragen haben könnte.[23]

Ebenfalls 1839, am 27. November, heiratete Hermann Wittgenstein, bezeichnet als Kaufmann aus Korbach im Fürstentum Waldeck, zeitlich toleriert, Franziska Figdor (*7. April 1814 in Kittsee, †21. Oktober 1890 in Wien-Hietzing). Franziska, von allen immer Fanny genannt, stammte aus einer bedeutenden österreichisch-jüdischen Großhändlerfamilie, der hier im Folgenden noch größere Aufmerksamkeit geschenkt werden soll. Sie war die Tochter von Wilhelm Wolf Figdor (1793–1873), einem Wiener Großhändler mit Zweigstellen in London und Paris, eine der Enkelinnen des Großhändlers Isaak Figdor (1769–1850) und ältere Schwester von Gustav Figdor (1816–1879), der in die väterlichen Fußstapfen trat und in Wien einen Holz- und Kohlenhandel (Jakob Figdor & Söhne) betrieb und ein Bankhaus gründete. Fannys Mutter war Amalia Figdor, geb. Veith (c.1792–1863). Herz und Franziska schlossen den Ehebund zunächst nach israelitischem Ritus in Wien,[24] Herz trat dann mit seiner Gattin in Leipzig im Dezember zum evangelischen Glauben A. B. über und sie heirateten erneut am 19. Dezember 1839 in Leipzig.[25] Er nahm den Taufnamen Hermann Christian an, mit der Wahl des Namens Hermann legte er ein Bekenntnis zum Germanen- bzw. Deutschtum ab, mit Christian ein deutlich religiöses. Auch seine Frau nahm symbolisch für die neuen Konfession den zweiten Vornamen Christiane an. Hermann wechselte später, überzeugt durch den Superintendenten Gottfried Franz, den Schwiegervater seiner Kinder Anna und Louis, zur Evangelischen Kirche Helvetisches Bekenntnis, einer rigiden Ausrichtung des Protestantismus, was ein Hinweis darauf sein könnte, dass er sein neues Religionsbekenntnis sehr ernst nahm.[26]

Der Beginn der Beziehung zwischen Hermann und Franziska ist die Geschichte einer allmählichen Annäherung. Franziska lernte ihren zukünftigen Ehemann über ihren Bruder Gustav kennen.[27] Franziskas erster Eindruck, er wurde ihr bei einem Abendessen – Hermann war als selbstständiger Wollhändler oft im Ausland unterwegs, weilte auf Geschäftsreise in Wien und war von Gustav eingeladen worden – als Tischherr präsentiert, war nicht der beste: „Sein Äusseres machte auf mich gar keinen angenehmen Eindruck, da er einen strengen, kalten, ja sogar schroffen Ausdruck im Gesicht hatte."[28]

Er wirkte unnahbar, steif und ungelenk. Doch seine Gespräche über „die ernsthaftesten Gegenstände" beeindruckten Fanny, bei weiteren Besuchen wurde Wittgenstein „viel liebenswürdiger und zuvorkommender und mir zusagender". Zwar „durchaus nicht hübsch", aber Fanny schreibt ihm „viel savoir vivre" und „viel Verstand" zu. Hermanns Gefühle für Fanny dürften sich schneller entwickelt haben. Denn kurze Zeit später erfährt Fanny, dass Wittgenstein bei ihrem Vater um ihre Hand angehalten hatte. Fanny fühlte „zum ersten Mal kein positives Widerstreben". Bei einer gemeinsamen Landpartie, natürlich in Begleitung anderer, wird dann auch Fanny gefragt: „... ich fühlte mich in der Stimmung, nicht Nein zu sagen, wenn auch nicht geradezu Ja, da der Papa keine Silbe zu mir gesprochen hat." Sie hatte auch mitbekommen (und schien es als ganz normal zu empfinden), dass Erkundungen über die finanziellen Verhältnisse wie die Persönlichkeit Wittgensteins gemacht worden waren, die positiv ausgefallen wären – die sprichwörtliche Katze im Sack wollte man sich nicht einhandeln. Hermann Wittgensteins Geschäfte waren allerdings nicht so ertragreich wie die der Figdors, die sich eine hohe gesellschaftliche Stellung in Wien erkämpft hatten und deren Firma sich zu einem der bekanntesten Großhandelsunternehmen entwickelt hatte.

> *„Ich fühlte mich in der Stimmung*
> *nicht Nein zu sagen,*
> *wenn auch nicht geradezu Ja."*

FANNY FIGDOR

Also von Widerwillen Fannys, wie es gelegentlich heißt, kann nicht die Rede sein, wenn auch nicht von Liebe auf den ersten Blick. Letztlich gingen aus der Ehe elf Kinder hervor, acht Kinder wurden in Leipzig-Gohlis geboren, drei in Wien. Man sollte meinen, ein gutes Zeichen (ob die stets Gebärende so dachte, bleibt dahingestellt), doch damals war eine große Kinderzahl in großbürgerlichen Kreisen fast verpflichtend und Verhütung wohl undenkbar – und für die Frauen bedeuteten die nahezu ständigen Schwangerschaften und Stillzeiten, sofern gestillt wurde, eine schwere, physische wie psychische Belastung, oft permanente Überforderung. Dies dürfte auch auf Fanny

Wittgenstein zugetroffen haben. Elf unterschiedliche, rasch hintereinander geborene Kinder zu bändigen, überstieg ihre Fähigkeiten. Hermann wiederum, im Umgang steif und ernst, „nicht eigentlich behaglich", liebte (vor allem) seine Töchter, von denen er sich schweren Herzens bei Heiraten trennte, und später seine Enkelkinder,[29] doch muss davon ausgegangen werden, dass auch die Vaterrolle in einem großbürgerlichen Haushalt des 19. Jahrhunderts Zärtlichkeit und Zuneigung enge Grenzen setzte.

Die Übersiedlung nach Gohlis scheint Franziska, die aus Kittsee stammte, aber in Wien lebte, nicht leichtgefallen zu sein. Ihr Geburtsort Kittsee/Köpcsény, damals in Ungarn gelegen, heute im Burgenland, zählte zu den *Siebengemeinden* (*Scheva Kehillot*), jenen ehemals jüdischen Gemeinden im heutigen Nord- und Mittelburgenland, die unter der Esterházy'schen Herrschaft in Ungarn entstanden waren und in denen sich Juden und Jüdinnen unter fürstlichem Schutz seit 1670 niederlassen durften.[30] Kittsee gehörte seit 1716 zu diesen Gemeinden, doch hatte Paul Esterházy bereits 1690 ein Privileg erlassen, wonach er in seinem Herrschaftsbereich lebenden Juden weitgehende Rechte verlieh. Sie durften Handel betreiben, verschiedene Gewerbe ausüben und über eine eigene Gemeindeverwaltung verfügen. Im Gegenzug mussten die „Schutzjuden" Gebühren an Esterházy bezahlen. Im Mittelalter war Kittsee durch die Lage an der Donau, zwischen Wien und Pressburg, ein wichtiger Ort für den Ost-West-Handel, verlor aber später, nicht zuletzt durch häufige kriegerische Auseinandersetzungen, an Bedeutung. Kittsees Bevölkerung war multiethnisch, bestand aus Deutschen, Ungarn, Slowaken, Kroaten, Juden. Der neue Wohnort der Wittgensteins, Gohlis, war ein Dorf mit damals rund 600 Einwohner*innen, wurde aber immer mehr ein Teil Leipzigs. Kittsee, mag man einwenden, war mit Gohlis vergleichbar. Doch Franziska war in Wien aufgewachsen, das war ihr Vergleich. In der Familie wird überliefert, dass Franziska, als sie in ihrem neuen Heim in Gohlis ankam, angesichts der blank gescheuerten mit Sand bestreuten Fußböden die Tränen gekommen seien, mit dem Hinweis, dass kein Familienmitglied sie jemals weinend gesehen hatte.[31] Sie stieß hier zudem auf ein ernstes, vom Protestantismus geprägtes Temperament der Bevölkerung und wohl auch auf einen für sie fremd anmutenden sächsischen Dialekt, was ihr die Anpassung nicht leichter machte.[32]

Doch zumindest dürfte rasch ein gesellschaftlicher Aufstieg vollzogen worden sein. Hermann und Franziska Wittgenstein wurden 1840 Bürger Leipzigs und verkehrten dort in den vermögenden Kreisen. In Leipzig wuchs die Familie eines, man ist verleitet zu sagen, „typisch protestantischen", deutschen Kaufmanns heran, geleitet von strengen bürgerlichen Tugenden, sparsamer, als es hätte sein müssen. Hermann nahm mit seinem Wegzug gewissermaßen dreifachen Abschied, von seiner Familie, seiner nordhessischen

Heimat und von seiner jüdischen Abstammung bzw. Religion. Von Letzterer scheinbar dezidiert, eine Familienüberlieferung besagt, dass Hermann seinen Kindern eine Heirat mit Juden verbot. Über die Gründe der Konversion, die der Hochzeit der beiden vorausgegangen war, wissen wir nichts Genaues. War die Hochzeit der Anlass oder der Übertritt seitens Hermann schon lange geplant? War er Voraussetzung für die Erlangung des Leipziger Bürgerrechtes, Folge der Konfrontation mit Antisemitismus, daraus resultierender geschäftlicher Schwierigkeiten, war es religiöse Überzeugung, wofür es später einige Indizien gibt ebenso wie für den verständlichen Wunsch nach einem schnelleren gesellschaftlichen und beruflichen Aufstieg oder eine Mischung aus allem?

Jüdinnen und Juden waren über Jahrhunderte mit zahlreichen Einschränkungen und Diskriminierungen konfrontiert, ihr Zuzug über Niederlassungsbeschränkungen streng geregelt und an Geldzahlungen gebunden. Es war ihnen verboten, ein Handwerk auszuüben und eine Landwirtschaft zu betreiben, zugelassen waren hingegen alle Handelstätigkeiten. Vor allem auf dem Land kam ihnen aufgrund der schlechten Verkehrs- und Straßenverhältnisse eine wichtige Handelsfunktion zu und sie verliehen Geld bzw. schossen es vor, angesichts fehlender Kreditmöglichkeiten auf dem Land war dies von großer Bedeutung. Juden hatten neben den allgemein geltenden Abgaben noch immer beträchtliche Sonderausgaben zu tätigen, mussten Schutzgeld, Leibmaut, Nahrungs- und Einzugsgeld aufbringen und sich an die Kleiderordnung halten. Jüdischen Händlern wurde die Zugehörigkeit zur Kaufmannschaft verwehrt. Die Bestimmungen differierten in den unterschiedlichen Herrschaftsbereichen, oft aber nur geringfügig. In der Habsburgermonarchie beschränkte das Toleranzpatent Josephs II. von 1782 zwar die Zuwanderung von Jüdinnen und Juden weiterhin, doch jene, die bereits hier lebten, sollten nach Bezahlung einer Toleranzgebühr integriert werden und insbesondere zur Aufnahme handwerklicher oder landwirtschaftlicher Beschäftigung, Gründung von Manufakturen etc. ermuntert werden. Sondersteuern wurden abgeschafft, erniedrigende Gesetze wie die Leibmaut, die diskriminierenden Kleidervorschriften, Beschränkungen bei der Wahl des Wohnorts sowie Ausgehverbote aufgehoben. Die Bildung einer eigenen Gemeinde hingegen blieb verboten und Juden durften weder Haus- noch Grundbesitz erwerben. Ein wirklicher Akt der Gleichstellung war das Toleranzpatent nicht. Erst 1867 wurde die bürgerliche Gleichberechtigung der Jüdinnen und Juden ins Staatsgrundgesetz aufgenommen. In den Rheinbundstaaten im napoleonisch besetzten Deutschland wurden Juden zuerst gleichgestellt, wenn auch unter Einschränkungen, doch das erwähnte „schändliche Dekret" Napoleons hob 1808 ihre Freizügigkeit auf und ließ eine Gewerbetätigkeit nur mit einem speziellen Patent zu. Es war ein Auf und Ab, 1812 wurde ihnen erlaubt, ihren

Wohnsitz frei zu wählen, zu heiraten und eine Familie zu gründen.[33] Sie durften öffentliche Schulen und Universitäten besuchen, aber bei ansonsten freier Berufswahl weder im öffentlichen Dienst arbeiten, noch beim preußischen Militär einen Offiziersrang anstreben. Die antijüdischen Hep-Hep-Krawalle von 1819, bei denen es in 80 Städten zu gewalttätigen Ausschreitungen gegen die jüdische Bevölkerung kam, und immer wieder aufkommende antijüdische Unruhen danach bedeuteten einen großen Rückschritt in der Judenemanzipation. Mit dem sozialen und wirtschaftlichen Aufstieg der jüdischen Bevölkerung wuchs der Neid. Und Nordhessen, wo sich Korbach, der ursprüngliche Wohnort von Hermann Wittgenstein, befand, galt als judenfeindlich.

Eine Konversion in Leipzig (bzw. Sachsen) zum dort vorherrschenden Protestantismus um 1840 bedeutete aber etwas ganz anderes, als ein Jahrzehnt später Protestant in Wien in der Habsburgermonarchie zu sein. Im katholischen Österreich war es oft ein politisches Zeichen, ein Protest gegen „Rom" und den „ultramontanen" Habsburgerstaat und eine Hinwendung zur „Konfession der Deutschen", zum protestantischen Preußen, ein prononciertes Bekenntnis zum Deutschtum überhaupt, wie es häufig auch in der Vornamenwahl zum Ausdruck kam.[34] Konvertierte man in der Habsburgermonarchie vom Judentum zum Protestantismus, dürften wohl nicht Karriereüberlegungen dafür ausschlaggebend gewesen sein, da wäre ein Übertritt zum Katholizismus förderlicher gewesen.[35] Einen ersten Schritt zur Emanzipation der Protestanten, für die Einrichtung evangelischer Kirchengemeinden und Bethäuser in der Habsburgermonarchie – mit der Einschränkung, dass der Eingang zu einer Kirche nicht an einer öffentlichen Straße liegen und die Kirche keinen Turm aufweisen dürfe – hatte fast zeitgleich mit den Bestimmungen für Juden das Toleranzpatent Josephs II. von 1781 gesetzt. 1849 fielen die Beschränkungen für den Kirchenbau und die Konversion wurde völlig freigegeben. 1861 gewährte das Protestantenpatent weitgehende Freiheit der Religionsausübung, der Staat zog sich bis auf Aufsichtspflichten zurück.[36] Der Protestantismus blieb allerdings in Wien das Bekenntnis einer Minderheit.

Jüdische Konvertiten blieben für viele Juden, das Judentum war für viele eine Sache der „Rasse" und nicht der Religion. Konversion befreite die Juden zwar nicht von Antisemitismus, erlaubte ihnen aber zumindest, Positionen einzunehmen, die ihnen bislang verschlossen geblieben waren. Das wohl bekannteste Beispiel um 1900 ist Gustav Mahler. Da als Direktoren der Wiener Hofoper nur getaufte Kandidaten akzeptiert wurden, wurde Mahler 1897 Katholik und kurz darauf stellvertretender Direktor und schließlich Direktor.[37] Viele sprachen abfällig von „Karrieretaufen", um die wirtschaftlichen, sozialen und kulturellen Aussichten zu verbessern, die eigenen wie die der Familie insgesamt. Oft traf das wahrscheinlich auch zu, doch wer könnte das einem in vielerlei Hinsicht diskriminierten Juden zum Vorwurf machen? Andere konvertierten zweifellos aus tiefer Überzeugung und waren vom Christentum tief berührt.

## DIE GESCHÄFTE DER FAMILIE FIGDOR

Die Eheschließung des 37-jährigen Hermann Wittgenstein mit der als hübsch beschriebenen zwölf Jahre jüngeren Franziska Figdor war mit einer beträchtlichen Mitgift (u. a. wertvolle Biedermeier-Möbel) verbunden, wichtiger aber waren die neuen Geschäftsbeziehungen mit den Figdors, die Hermanns sozialen und wirtschaftlichen Aufstieg beschleunigten und ihm letztlich auch die „Eintrittskarte ins Wiener Bürgertum" sicherten.[38] Die Figdors wiederum waren im Gegenzug nunmehr an der Leipziger Firma beteiligt. Da es sich auch bei Figdors um Wollgroßhändler handelte, darf angenommen werden, dass hinter der Heirat strategisches Kalkül steckte, es ging auch um Geschäftsinteressen. Dass er eine „gute Partie" machte, war Hermann natürlich bewusst. Seine Verbindung zu den Figdors erwies sich für ihn (später vielleicht auch für die Figdors) als Glücksfall.

Die Familie Figdor hatte sich zunächst mit dem Landwarenhandel, insbesondere dem Handel von Schafwolle in Kittsee befasst.[39] 1791 war Jakob Figdor (1742–1808), Franziskas Urgroßvater, durch Erreichen der Toleranz nach Zahlung eines Schutzgeldes als Wollhändler in Wien zugelassen worden. Nach dem Eintritt seiner Söhne Isaak (auch Isak) (1769–1850) und Nathan (1772–1847) in das Familienunternehmen firmierte es unter *Jakob Figdor & Söhne* unter der Geschäftsführung Isaaks. Isaak Figdor baute das Geschäft mit Verbindungen nach England international aus und wurde einer der reichsten Großhändler Wiens (*Wollhandels-Firma Figdor & Söhne*, später *Gebrüder Figdor*). Er selbst erlangte nach dem Tod seiner Mutter 1818 die Toleranz für Wien, ebenfalls auf den Wollhandel. 1836 erwarb er das Privileg eines k. k. priv. Großhändlers. Mit Geschäftsbeziehungen nach Paris und London eroberten sich die Figdors ihren Platz, wirtschaftlich wie gesellschaftlich, und gehörten zur kleinen Wiener jüdischen Oberschicht, verkehrten in höchsten Kreisen und hatten mit Künstlern und Intellektuellen wie Franz Grillparzer, Ludwig August Frankl, Ignaz Franz Castelli oder Eduard Bauernfeld Kontakt. „Sie waren Juden, fühlten sich aber, wie man das damals konnte, als Österreicher und wurden auch von Anderen als solche betrachtet."[40] Selbstverständlich war das scheinbar nicht.

Isaak Figdor hatte aus der Ehe mit der Pressburger Großhändlerstochter Anna Schlesinger zehn Kinder. Franziskas Vater, Wilhelm Figdor (1793–1873), war der älteste Sohn. Wilhelm heiratete, was für einen Mann seiner Stellung höchst ungewöhnlich war, die aus der preußischen Provinz Posen stammende Amalie „Maly" Veit (1791/92–1863), die seit Mai 1809 auf der Familienliste des Joseph Strim in Wien als Stubenmädchen aufschien. 1819 suchte Isaak um Aufnahme seines Sohnes Wilhelm, dessen Frau und dessen zwei Kindern, der fünfjährigen Fanny und dem dreijährigen Gustav, in Wien an. Wilhelm erhielt später das Bürgerrecht der Stadt Wien, wurde einer der Finanzberater der Gemeinde und gehörte ab 1861 dem Gemeinderat an. Er starb 1873 durch Suizid.[41] Wilhelm, der mit seinem Bruder Nathan 1836 an der Firma beteiligt wurde, und danach Fannys jüngerer Bruder Gustav (Wolf Adolf) Figdor (1816–1879), der das ursprüngliche Wollhandelsgeschäft unter dem Namen *J. Figdor & Söhne* um einen Holz- und Kohlenhandel sowie ein Bankhaus erweiterte, vermarkteten in der Folge die landwirtschaftlichen Produkte der von Hermann Wittgenstein verwalteten Güter, zu denen auch Besitzungen der Fürsten von Esterházy gehörten. Kontakte der Figdors zu den Esterházy bestanden seit zumindest 1811.[42] Fannys Bruder Gustav, der zum Christentum konvertierte, war ein Freund Franz Grillparzers. Grillparzer lernte auch Fanny kennen und bezeichnete sie als „höchst liebeswürdiges Frauenzimmer", generell kommt die Familie, die Grillparzer 1836 in London besuchte (Gustav leitete die Londoner Filiale des Figdor'schen Großhandels), in seinem Tagebuch gut weg, worauf Hermine Wittgenstein stolz am Beginn ihrer Familienerinnerungen verweist.[43] Gustav Figdor war wie sein Vater auch als Gemeinderat tätig und wurde 1876 Direktor der Oesterreichisch-ungarischen Bank. Er war mit Barbara Elizabeth „Betty" geb. Zeitler verheiratet und hatte sechs Kinder. Nach dem nahezu zeitgleichen Tod von Gustav Figdor und Hermann Wittgenstein (1879 bzw. 1878) dürften sich die gemeinsamen Geschäftsbeziehungen gelockert haben. Der Firmenwortlaut war um den Namen Wittgenstein ergänzt worden, Hermann und seine ihm nachfolgenden Söhne Ludwig und Paul dürften das Ruder übernommen haben. Familiäre Bande blieben – geschäftlich wie privat – aufrecht, auch wenn die Familie Figdor in den schriftlichen Familienüberlieferungen kaum vorkommt. Mit Gustav Figdor (jun.) war ein Figdor in einigen Verwaltungsräten Wittgenstein'scher Unternehmen vertreten. Albert Figdor, einen Cousin von Fanny, finden wir als Kurator der leicht behinderten Clothilde Wittgenstein, einer Tochter Hermanns.

Eine Zeit lang war die Jägerzeile (ab 1862 Praterstraße) nicht nur eine der Prachtstraßen Wiens – hier fuhren sonntags Hunderte, teils prachtvolle Kutschen Richtung Prater –, sondern auch die Straße der Familie Figdor.

Wilhelm und Gustav wohnten hier, zahlreiche weitere Familienmitglieder hatten hier ihre Wohnungen, Geschäfte und Lager.[44] 1875 bezog die Familie Figdor das vom Architekten Viktor Rumpelmayer errichtete Dietrichstein'sche Mietshaus in der Löwelstraße 8 am Volksgarten innerhalb des Rings, Zeichen eines gesellschaftlichen und ökonomischen Aufstiegs.[45] Der Börsencrash zwei Jahre zuvor, der viele Existenzen vernichtet hatte, dürfte also wenig Auswirkungen auf den Reichtum der Figdors gehabt haben. Dazu besaß die Familie bereits im Vormärz in Baden bei Wien einen Sommersitz. Auch Gut und Schloss Heiligenkreuz-Gutenbrunn bei Herzogenburg in Niederösterreich waren Eigentum der Familie. Und der Reichtum konnte bewahrt werden: 1910 zählten zehn Familienmitglieder der Figdors zu den 929 reichsten Personen Wiens.[46] Das fünfgeschossige Stadtpalais erbte nach dem Tod Gustav Figdors dessen Cousin und Nachfolger im Bankgeschäft, Albert Figdor (1843–1927)[47]. Dieser legte die ererbten Millionen in wertvollen Kunstgegenständen an, denen seine Leidenschaft deutlich mehr galt als der Bank. Albert Figdors Kunst- bzw. Judaicasammlung wurde eine der größten Privatsammlungen Europas, aufbauend auf der ebenfalls geerbten Bilder- und Kupferstichsammlung seines Vaters Ferdinand. Albert Figdor starb 1927, die Kunstsammlung hatte er seiner Nichte Margarethe Becker-Walz vermacht. Sie ließ diese gegen die Interessen der Republik Österreich 1930 versteigern, auch das Palais wurde verkauft.[48]

Die weitverzweigte Familie der Figdors brachte eine Anzahl bedeutender Kaufleute, Bankiers, Musiker, Kunstsammler und Wissenschaftler hervor, von denen die meisten im Laufe des 19. Jahrhunderts zum Christentum übertraten (eine große Ähnlichkeit zu Wittgensteins, Figdors wurden allerdings katholisch). Wir wissen nicht, ob aus religiöser Überzeugung oder, verständlich und nachvollziehbar, um in der Wiener Gesellschaft rascher einen sozialen Aufstieg vollziehen zu können. Bekannt aus der Familie ist Emilie (Emmy) Auguste Hainisch, Tochter von Gustav Figdor und Nichte von Albert, eine engagierte Frauenrechtlerin. Sie heiratete Ende der 1880er Jahre den Juristen Michael Hainisch, Sohn der Gründerin der österreichischen Frauenbewegung, Marianne Hainisch, und später der erste Bundespräsident der Republik Österreich (1920–1928). Emilie schenkte ihrem Mann Michael ein Landgut bei Spital am Semmering, das beide in den 1890er Jahren zu einem Musterbetrieb entwickelten. Emilies Bruder Wilhelm Figdor machte sich einen Namen als Professor für Pflanzenphysiologie an der Universität Wien. 1903 gründete er mit Leopold von Portheim und Hans Leo Przibram die *Biologische Versuchsanstalt* im Prater, das sogenannte *Vivarium*, an dem bedeutende wissenschaftliche Arbeiten zur experimentellen Biologie entstanden.[49]

# WITTGENSTEINS WOHLSTAND WÄCHST

Die Übersiedlung nach Gohlis bzw. Leipzig empfand die junge Ehefrau Fanny als Absturz. Sie war entsetzt über die Stadt im Vergleich zu Wien, über ihr Aussehen und ihr Kulturleben, obwohl sich Leipzig nicht nur als Handelszentrum, sondern als deutsche Kulturmetropole und angehende Industriestadt herausstellen sollte. Leipzig hatte um 1830 rund 41.000 Einwohner*innen und war nach Dresden die zweitgrößte Stadt Sachsens. Die Vorreiterrolle in der sächsischen Industrie kam der Textilindustrie zu, die Kammgarnspinnerei zu Leipzig nahm 1830 ihren Betrieb auf, fast zeitgleich entstanden die ersten Verlags- und Druckereigebäude. Zwischen Leipzig und Dresden wurde 1839 die erste Eisenbahnfernverbindung in Deutschland errichtet, es erfolgte der Ausbau der Stadt zum Verkehrsknotenpunkt. Leipzig konnte somit seine Rolle als Handelszentrum mit internationaler Bedeutung sichern, auch für die Produkte der sächsischen Textilindustrie. Leipzig war aber vor allem die Stadt der Messen, so etwa traditionell die Stadt des Buchhandels und des Buchdrucks mit der alljährlich stattfindenden Buchmesse. 1840 gab es bereits über 110 buchhändlerische Firmen in Leipzig. Renommierte Verlage wie Brockhaus, Reclam oder der berühmte Musikverlag Breitkopf & Härtel hatten hier ihren Sitz.

Über das scheinbar karge häusliche Ambiente tröstete Franziska die Musik hinweg, eine Leidenschaft, die sie mit ihrem Mann Hermann verband. Franziska selbst war eine passionierte Pianistin. Das musikalische Interesse von Hermann und Fanny Wittgenstein zeigte sich aber auch in der Förderung des jungen Geigers und späteren Dirigenten und Komponisten Joseph Joachim (1831–1907), einem Cousin Fannys.[50] Nicht alle Figdors waren gleich reich. Joseph war das siebente Kind des Wollhändlers Julius Joachim, der eine Tante Fannys geheiratet hatte und dessen Geschäfte nicht so gut gelaufen sein dürften. Doch Joseph konnte sich auf Unterstützung durch wohlhabendere Familienmitglieder, die sein enormes musikalisches Talent erkannten, verlassen. Bereits in Pest, wohin die Familie 1833 gezogen war, wurde er dem Konzertmeister der Pester Oper anvertraut und galt als Wunderkind. Ab 1838, mit sieben Jahren, besuchte Joseph das Konservatorium der Gesellschaft der Musikfreunde in Wien bei Joseph Böhm, einem der bedeutendsten Violinpädagogen des 19. Jahrhunderts. Fanny Wittgenstein holte den Jungen schließlich 1843 nach Leipzig an das von Felix Mendelssohn-Bartholdy neu gegründete Leipziger Konservatorium.[51] Joseph war zwölf. Die Wittgensteins nahmen ihn de facto als weiteres Kind in ihre Obhut und vermittelten ihn an Mendelssohn. 1844 trat Joseph Joachim 13-jährig erstmals in London mit dem als undankbar geltenden Beethoven-Violinkonzert auf, der Abend wurde ein Riesenerfolg und Beginn einer großen Weltkarriere. Joachim wurde „einer der einflussreichsten Musiker seiner Zeit, der das Musikleben im Zweiten Deutschen Kaiserreich maßgeblich bestimmte"[52], und er verdankte das unzweifelhaft Wittgensteins.

Der Ruf der Wittgensteins als eine der bedeutendsten musikalischen und musikfördernden Familien in der Habsburgermonarchie geht also bereits auf Hermann Wittgenstein und seine Frau Franziska zurück. Ihre Leidenschaft für Musik fand schon in Leipzig in einem musikalischen Salon Ausdruck. Großer Wert wurde auf die musikalische Ausbildung aller Kinder gelegt, hier wurde nicht gespart. Hermanns älteste Tochter Anna studierte Klavier bei Friedrich Wieck, dem Vater Clara Schumanns, und bei Johannes Brahms, mit dem sie und viele weitere Familienmitglieder eine lebenslange Freundschaft verband. Robert und Clara Schumann zählten ebenso zu ihren Bekannten. Josefine „Fine" Wittgenstein war eine Liedersängerin, die bei Größen ihrer Zeit wie Josef Gänsbacher studiert hatte, Brahms oder der große Sänger und Gesangspädagoge Julius Stockhausen waren von ihren Sangeskünsten angetan. Clara Wittgenstein war eine Schülerin des ungarischen Komponisten und Geigers Karl Goldmark. Karl selbst spielte Geige, die er, so die Überlieferung, später auf Reisen immer bei sich hatte, um zur Entspannung oder vor dem Schlafengehen noch ein wenig zu musizieren.[53] Lydia wiederum besaß andere Talente: Sie malte, besuchte die Akademie und war Schülerin von Ferdinand Laufberger.

1848/49 entwickelte sich Leipzig neben Dresden zu einer Hochburg des deutschen Revolutionsgeschehens. Ob dies zur Übersiedlung nach Österreich beigetragen hat, ist nicht bekannt. Waren es geschäftliche Überlegungen, lockte eine engere Verbindung zu den Figdors, war es Fanny, die näher bzw. zurück zu ihrer Familie wollte? Waren es die baulichen und wirtschaftlichen Veränderungen in Gohlis bzw. Leipzig? Nach 1850 entwickelten sich immer mehr stadtnahe Dörfer Leipzigs, so auch Gohlis, zu Industriestandorten und der Maschinenbau wurde nach der Textilindustrie zum neuen Leitsektor.

1851[54] übersiedelten Wittgensteins, Hermann, Fanny und mittlerweile acht Kinder, in das Kaisertum Österreich. Die Familie bezog Schloss Vösendorf nahe Wien, das zu einem von Hermann Wittgenstein 1850 gepachteten Gut gehörte.[55] Hermann wechselte jedenfalls die Profession und verwaltete nunmehr heruntergekommene Adelsgüter, sanierte sie und investierte die Gewinne zumeist in Immobilien. Die Gutsverwaltung war ja bereits ein Tätigkeitsfeld früherer Wittgensteins gewesen. Die Figdors wiederum halfen bei Finanzierung, Verkauf und Vertrieb der Produkte dieser Anwesen, Kohle, Getreide, Wolle oder Holz, eine erfolgreiche Arbeitsteilung. 1856 erwarb die Familie Wittgenstein das Gut Mauer bei Wien aus der Konkursmasse der Familie Mack, damit ging auch das Haus am Maurer Hauptplatz 10 in den Besitz der Familie über.[56] 1859/60 zogen die Wittgensteins nach Wien und Hermann Christian Wittgenstein weitete das Immobiliengeschäft aus. 1859 in der Walfischgasse gemeldet, wird 1863 die Adresse Heugasse 2 (spätere Prinz-Eugen-Straße) angeführt. Hermann wurde in der Folge Generalpächter der Esterházy'schen Güter und Partner der Figdor'schen Handels- und bald Bankfirma, die zeitweise als *H. Wittgenstein und J. Figdor und Söhne* firmierte, was die enge Zusammenarbeit unterstreicht. Seinen Sitz hatte das Unternehmen Anfang der 1870er Jahre auf der Stubenbastei 1.[57] 1875 wohnt „Gutsbesitzer" und „Generalpächter" Hermann Wittgenstein mit Familie in der Salesianergasse 2, wohin auch die Firmenniederlassung nach seinem Tod 1878 übersiedelt, die noch 1891 unter dem Namen *Paul und Ludwig Wittgenstein & J. Figdor u. Söhne, Generalpächter fürstl. Esterházy'scher Herrschaften* geführt wird.[58] Die Geschäftsbeziehung zwischen Esterházys und Wittgensteins währte also Jahrzehnte. Die Verbindung Wittgensteins zu Figdors und über diese zu Esterházys dürfte wohl die Grundlage für eine rasche Expansion des Wittgenstein'schen Familienvermögens geschaffen haben. Die Sanierung heruntergewirtschafteter Güter erwies sich als Goldgrube. Dazu vergrößerte sich das Vermögen 1873 durch eine Erbschaft, Fanny erbte mit ihrem Bruder Gustav Adolf nach dem Selbstmord Wilhelm Figdors Anteile an der Firma *J. Figdor & Söhne*.[59] Hermine verweist in ihren Familienerinnerungen auf eine weitere Wurzel des Wittgenstein'schen Reichtums: die anfangs große Sparsamkeit.[60] Den „Zug ins Große", den dann fast alle nachfolgenden Wittgensteins hatten, führt sie auf „das Leben auf den großen Gütern" zurück,[61] er könnte aber auch als Gegenreaktion zur übertriebenen Sparsamkeit von Hermann und Fanny zu erklären sein.

Franziska „Fanny" Wittgenstein führte einen strengen Haushalt und wird als resolut und scharfzüngig, schlagfertig und nervös-tatkräftig, als ungeduldig und vorschnell urteilend beschrieben, mit einer Neigung zu schnellen, sprunghaften Entscheidungen.[62] Eines aber war sie mit Sicherheit nicht, durchsetzungskräftig.[63] Es war klar, wer in der Ehe das Sagen hatte. Hermann bestimmte, sie willigte ein oder gab nach. Der Wittgenstein'sche Haushalt war der eines Patriarchen. Als Fanny Autoritätsprobleme mit ihrem Zögling Joseph Joachim, den Wittgensteins bei sich aufgenommen hatten, beklagte, riet ihr Hermann, Joachim ziehen zu lassen, ihn auszuquartieren. Er solle, auf sich gestellt, erfahren können, „dass der Mensch oft vom Schicksal wie aus Laune von den Armen des Wohllebens auf das Pflaster der härtesten Entbehrungen geworfen wird, wogegen nichts schützt als der Stoicismus, nämlich Abhärtung."[64] Spricht Hermann Wittgenstein hier aus eigener Erfahrung?

Dass seine Frau diesen Vorschlag ausführte, darauf konnte er sich verlassen. Joachim nahm es ihnen nicht übel, der Violinvirtuose war es, der später seinen Protegé, den jungen Komponisten Brahms bei ihnen einführte, der bis in die nächste Generation ein Freund der Familie blieb.[65]

Über Hermann Wittgensteins Arbeitsalltag wissen wir wenig. Er profitierte von einem Strukturwandel. Wie in Böhmen und Mähren überließen auch in Ungarn Fideikommissherren wie die Esterházys oder Batthyánys ihre Güter kapitalkräftigen Pächtern wie eben Wittgenstein, die rationeller wirtschafteten, modernisierten und ertragssteigernde Meierhöfe errichteten.[66] Bei Pachtzinsen von durchschnittlich vier Prozent lagen ihre Gewinne weit höher, weil sie die landwirtschaftlichen Produkte industriell verwerteten. Im Rahmen der Sanierung des Fideikommisses mussten von den Esterházys, obwohl sie zehn Millionen Gulden Grundentlastungsoptionen erhielten, nach 1865 zehn Güter mit 154.000 Hektar (von insgesamt 364.000 ha) verkauft und viele Besitzungen in Pachtwirtschaften umgewandelt werden.[67] Die neuen Pächter waren meist an der zumeist bislang betriebenen Schafzucht wenig interessiert, die Wollpreise sanken, der Anbau von Zuckerrüben war lukrativer. 1861 schlossen die Fürsten Paul und Nicolaus Esterházy[68] mit Hermann Wittgenstein und der Firma J. Figdor & Söhne einen Pachtvertrag auf die Dauer von 30 Jahren über sechs Herrschaften des Fürstentums. Dieser Vertrag ging nach Hermanns Ableben auf dessen Söhne Paul und Ludwig über und wurde nach 1890 auch mit ihnen verlängert. Gleichzeitig pachtete Wittgenstein gemeinsam mit Figdor & Söhne den Braunkohlebergbau Neufeld-Zillingtal-Pöttsching,[69] ein erstes industrielles Engagement. Die Firma sicherte sich bald eine marktbeherrschende Stellung in der ungarischen Braunkohleförderung. 1864 erlangte Wittgenstein mit anderen die Konzession für den Bau der Bahnstrecke Wiener Neustadt–Gramatneusiedl, verwirklicht wurde das Projekt nicht.[70] Insgesamt orientierte sich Hermann Wittgenstein aber gesellschaftlich an den „Wertvorstellungen des großgrundbesitzenden Adels seiner Zeit", er war für Janik und Veigl Beispiel eines „Beauftragten-Unternehmers", ganz im Gegenteil zu seinem Sohn Karl, der sich vom Beauftragten-Unternehmer zum „Hauptaktionär und selbständigen Industrieunternehmer emporarbeiten" sollte.[71]

Hermann Wittgensteins Sanierungstätigkeit in heruntergekommenen Adelsgütern bedeutete wohl Sparen, Rationalisieren, Effektivieren, um die Produktivität der Betriebe zu steigern, Fertigkeiten, wie sich noch eindrucksvoll herausstellen sollte, die Karl Wittgenstein von seinem Vater erbte. Dass Hermann seine Gewinne meist in Immobilien investierte, war im gründerzeitlich stets wachsenden Wien ein einträgliches und zukunftsträchtiges Geschäft. Doch nicht alle Geschäfte erwiesen sich als glücklich. 1863 verkaufte

Hermann Wittgenstein sein vom Schwiegervater Wilhelm Figdor übernommenes Gut Koritschan (Koryčany) in Mähren und tauschte es gegen das Gut Klenownig (Klenovnik) in Kroatien (heute im Komitat Varaždin), das sich als „arger Missgriff" herausstellen sollte.[72] 1866 zogen die älteren Töchter Hermann Wittgensteins in Begleitung ihres Bruders Paul für eine Zeit nach Klenownig, eine Vorsichtsmaßnahme. Hintergrund war der Preußisch-Österreichische Krieg, der für das Kaisertum Österreich mit der verheerenden Niederlage von Königgrätz (Hradec Králové) und letztlich der Verdrängung aus der gesamtdeutschen Politik enden sollte. Im damaligen Wohnsitz der Familie in Laxenburg nahe der Frühlingsresidenz der Habsburger, dem ehemaligen Schloss von Maria Theresias Staatskanzler Kaunitz, das Hermann Wittgenstein vom Fürsten Esterházy übernommen hatte (und das die Familie später erwerben sollte), hatte sich 1866 in einem Flügel ein sächsisches Regiment (das Königreich Sachsen war als Mitglied des Deutschen Bundes mit Österreich verbündet) einquartiert. Der militärfeindliche Hermann Wittgenstein traute den Offizieren alles zu, also besser Vorsorge treffen und die Töchter in Sicherheit, nach Klenownig, bringen. Die Zustände auf dem Gut und im Haus, die die Wittgensteins dort vorfanden, waren entsetzlich. Hermann Wittgenstein dürfte dieser Fehler sein Leben lang geärgert haben, im Testament findet sich die Bestimmung, dass das Gut nicht verkauft werden dürfe, solange es nicht ein bestimmtes Erträgnis abwerfe. Die Söhne hielten sich allerdings nicht daran und verkauften das Gut, dessen Bewirtschaftung sich als unrentabel erwies.

Es ranken sich einige Familienlegenden um Hermann Wittgenstein, so soll er derjenige gewesen sein, der dem jungen Michael Thonet in Koritschan das Geld für dessen Erfindung der Bugholzmöbel vorstreckte, womit dessen Karriere beginnen konnte.[73] Hermann Wittgenstein war ein kultivierter Mann, er schrieb seine eigene Sammlung deutscher Gedichte nieder und gab seinen Kindern alle Möglichkeiten, ihren künstlerischen Neigungen nachzugehen.[74] Er galt als nicht gesellig, schätzte aber ernste Unterhaltungen und gehörte dem Freundeskreis um Friedrich Hebbel an, der sich 1845/46 in Wien niedergelassen hatte, wo er bis zu seinem Tod 1863 lebte. Bald verband Wittgenstein mit Wissenschaftlern wie dem Physiologen Ernst von Brücke, dem Astronomen Karl Ludwig Johann Littrow[75] oder dem Philologen und Reorganisator der österreichischen Mittelschulen Hermann Bonitz eine Freundschaft. Mit Brücke waren es letztlich sogar verwandtschaftliche Bande, da Wittgensteins Tochter Emilie, genannt „Milly", Brückes Sohn, den Richter Theodor von Brücke, heiratete.[76] Allesamt Protestanten[77] und fast allesamt „Auslandsdeutsche" waren in diesem Kreis versammelt, Ausdruck einer sentimentalen Affinität Hermann Wittgensteins oder einer Art „Hassliebe", einer Opposition zu Preußen und daher bewussten Emigration. Bismarck wurde jedoch verehrt, damit gingen sie konform mit vielen deutschsprachigen Angehörigen der Monarchie.[78] Als Protestanten und in Wittgensteins Fall Unternehmer repräsentierten diese Männer etwas Neues, waren Eindringlinge in das Gefüge des Habsburgerreichs. Zugleich wissen wir über die genaue Positionierung dieses Freundeskreises, ob groß- oder kleindeutsch, pro- oder antipreußisch bzw. -österreichisch, aber wenig. Hebbel selbst verdeutlicht diesen Zwiespalt: Aus einfachen Verhältnissen stammend, war er sozial und politisch engagiert und begrüßte die Märzrevolution, nahm aber eine grundsätzlich loyale Haltung zur Monarchie ein.

Ein Bild zeigt Hermann Wittgenstein als etwa 50- bis 60-Jährigen, weißgraues Haar und Backenbart nach Biedermeier-Manier ins Gesicht mit der hohen Stirn gekämmt, ernst und unnahbar, „steif und würdevoll", in den Worten Hermines. Schwaner erscheint sein Blick „nachdenklich", „fast eine Spur trotzig", „Haltung und Miene" zeigen sowohl „Verantwortungsbewusstsein und Entschiedenheit" als auch einen „Hang zu Ungeduld und aufbrausendem Temperament, jedoch nicht ohne melancholischen Aspekt",[79] McGuinness sieht in dem Porträt einen „Mann von strotzendem, entschlossenem und ziemlich jähzornigem Aussehen"[80]. Natürlich verleitet die Betrachtung von Porträts der Familienmitglieder zu diversen Überlegungen über deren Persönlichkeit und Charakter. Doch wären die Genannten zu denselben Schlüssen gekommen, hätten sie das Bild vorgelegt bekommen, ohne zu wissen, um wen es sich handelt, ist es nicht vielmehr das bereits erworbene Wissen um die Person, das zu solchen Interpretationen verleitet? Derartige Porträts setzten zudem Ernsthaftigkeit voraus, ein freundlicher Gesichtsausdruck, gar ein Lächeln wäre nicht angebracht gewesen.

## HERMANN UND FANNYS KINDER: STÄRKUNG DER WIENER EVANGELISCHEN GEMEINDE

Aus der Ehe von Hermann Christian und Franziska „Fanny" Wittgenstein gingen wie bereits erwähnt elf Kinder hervor: Anna Friederike (1840–1896), Marie Eugenie (1841–1931), Paul Josef Gustav (1842–1928), (Hermine Fanny) Josephine „Fine" (1844–1933), Ludwig „Louis" (Franz) (1845–1925) Karl Otto Clemens (1847–1913), Ottilie Ida Bertha (1848–1908), Clara (1850–1935), (Franziska) Lydia (1851–1920), Emilie (Anna) (1853–1939) und zuletzt (Emma) Clothilde (1854–1937).[81] Es war dies die erste Generation der Familie, die von Geburt an Wittgenstein hieß. Alle elf kamen zwischen 1840 und 1854 zur Welt und wurden evangelisch getauft, alle spielen (mit Ausnahme der kranken Clothilde) in einer Geschichte des österreichischen Bürgertums, teils in der österreichischen Wirtschafts- und Kulturgeschichte, insbesondere der Geschichte der Evangelischen Gemeinde Wiens, eine wichtige Rolle.[82] Die letzten drei Kinder wurden bereits in Österreich geboren. Welches Idiom sie wohl alle gesprochen haben: hochdeutsch, sächsisch eingefärbt oder nach einigen Jahren bereits mit österreichischem bzw. Wiener Akzent?

Alle, mit Ausnahme von Karl Wittgenstein, heirateten in den nichtjüdischen Teil der Wiener Gesellschaft ein, alle (auch Karl und seine Frau) setzten den Akkulturationsprozess fort, der durch Hermann und Fanny Wittgenstein eingeleitet worden war. Mündlich überliefert wurde in der Familie, wie bereits erwähnt, dass Hermann Wittgenstein es seinen Söhnen verboten hätte, eine Jüdin zu heiraten.[83] Gleichzeitig dürfte Hermann seine Kinder über seine eigene jüdische Herkunft im Unklaren gelassen haben, sie wussten nur wenig über die Kindheit in Korbach, über Moses Meyer und die dortigen Verwandten. Man trennte sich von seiner jüdischen Abstammung. Aber es würde mich wundern, wenn die Kinder gar nichts gewusst hätten – Karl wurde noch 50 Jahre später als „der Jude" apostrophiert. Für das Wissen um die jüdische Herkunft spricht auch folgende Anekdote: Hermanns Tochter Emilie, Milly, soll einst ihren Bruder Ludwig, Louis, gefragt haben, ob es stimme, dass die Wittgensteins jüdischer Abstammung seien, worauf dieser erwidert haben soll: „Pur sang, Milly, pur sang", also reinsten Bluts oder wie es bei Wittgenstein-Biograf Ray Monk heißt: Die Familie „blieb auf mysteriöse Weise ,durch und durch' jüdisch".[84]

Die in Leipzig für gut und richtig befundenen bürgerlichen Familientraditionen finden in Wien ihre Fortsetzung. Die Kinder erhalten Musik- und Kunstunterricht und werden dazu angehalten, zu lesen. Die Bücher, wie Wilhelm von Kügelgens *Jugenderinnerungen eines alten Mannes* (das zu einer Art „Spiegel der richtigen Gesinnung"[85] für die Wittgensteins wurde), Gustav Freytags *Soll und Haben* oder Fritz Reuters in Plattdeutsch verfasster Roman *Ut mine Stromtid* („Das Leben auf dem Lande"), dem (einer Figur daraus) Hermine ihren Spitznamen Mining verdankte, wurden gemeinsam gelesen und diskutiert.[86] Die Kinder entwickeln sich sehr unterschiedlich, spätere Charaktereigenschaften, Rollen und Verhaltensweisen scheinen früh festgelegt. Fanny Wittgenstein schreibt 1855 über ihre Kinder Folgendes: „Paul macht hübsche Fortschritte im Zeichnen und Louis qualifiziert sich immer mehr zum Haupt der Familie durch seine Intelligenz, er wird ihre Stütze und Ratgeber werden und wird seine Geschwister vor Dummheiten bewahren. Clara ist hübsch und steht an Talent und Auffassung Anna ganz gleich. Fine sorgt für Belustigung und Spass und Marie ist durch angeborene Selbstverleugnung und Güte die Gehilfin und Pflegerin aller."[87] In Louis erkennt sie

bereits als Zehnjährigen den späteren Ratgeber seiner Geschwister, die fünfjährige Clara vergleicht sie mit der 15-jährigen Anna, Marie ist bereits die sich
Aufopfernde. Erstaunlich ist, dass Karl, damals schon acht Jahre alt, nicht erwähnt wird. Karl galt als der Spaßvogel unter den Geschwistern, der alle zum
Lachen bringen konnte, mit seinen Geschichten und seiner Fähigkeit, andere
nachzumachen, Karl also ähnlich Josefine ein Lustiger.[88] Er war beliebt wegen seiner Güte und Herzlichkeit, zugleich abenteuerlustig, unberechenbar
und eigenwillig. Er rebellierte früh gegen seinen Vater und nahm damit das
Schicksal seiner eigenen Söhne vorweg.[89] Doch dazu später mehr. Auch Fine
und Clara scheinen stärker unter der Strenge und Sparsamkeit ihrer Eltern
gelitten zu haben. Und streng war die Erziehung fürwahr. Die Geschwister
mussten die Kleider der älteren tragen, ob sie ihnen passten oder nicht, generell wurde bei der Kleidung anfangs eher gegeizt, was sich später änderte.[90] Nur bei den kulturellen Aktivitäten scheint nicht gespart worden zu sein.
Die Erziehungsmethoden waren, nicht nur aus heutiger Sicht, katastrophal,
„Schwarze Pädagogik" par excellence. Bei Vergehen – wenn sie z. B. nicht genug Klavier geübt hatten – wurden die Kinder in Zimmer eingesperrt, eines
davon war eine lichtlose Kammer. Die Geschwister standen dann solidarisch
vor der Tür und spendeten Trost.[91] Auf die Seite der Kinder stellte sich der Kutscher der Familie namens Ankovich, der bis zu seinem Tod im Haushalt der
Wittgenstein beschäftigt war. Denn trotz Sparsamkeit, ein gewisser Lebensstil musste gewahrt werden, dazu gehörten eigene Fiaker und ein Kutscher.
Die älteren Söhne hatten einen Hauslehrer, Herrn Wessel, den sie verehr-
ten und der später bei Wittgensteins blieb, als die Söhne längst erwachsen
waren.[92] Louis Wittgenstein nahm ihn, als er heiratete, in sein Haus auf.

Eine Anekdote verdeutlicht, dass die Sparsamkeit und zugleich Hermanns strenge Moralbegriffe gelegentlich negiert wurden.[93] Josefine und Louis
Wittgenstein waren von ihrer Mutter auf eine Reise nach Italien mitgenommen
worden. Als die Mutter in Triest zufällig erfuhr, dass am nächsten Tag der erste
österreichische Lloyd-Dampfer nach Alexandria auslaufen sollte, belegte sie
spontan drei Schiffsplätze. Das entsprach ihrer Sprunghaftigkeit (wohlweislich:
Vater Hermann war nicht dabei). Die 17-jährige Fine fand auf dem Schiff einen
Verehrer, den Architekten Julius Franz, genannt Franz Pascha, der im Dienst
des Khediven, des Gouverneurs der osmanischen Provinz Ägypten, tätig war,
und nach einigen späteren Besuchen beim Vater schriftlich um Fines Hand
ansuchte, was Hermann Wittgenstein kategorisch mit einem „Nein" beantwor-
tete. Typisch dabei, dass Fine gar nicht gefragt wurde. Sehr auf Anstand und
Moral bedacht, verzieh Hermann Franz Pascha nicht, dass dieser in Abwesenheit der Eltern, die auf Kur in Karlsbad geweilt hatten, auf Einladung von Paul
und Louis im Schloss Vösendorf genächtigt hatte. Das schickte sich nicht.

Anna Friederike Wittgenstein (1840–1896), die Älteste, heiratete 1867 den k. k. Landesgerichtsrat und Mitglied des Reformierten Oberkirchenrates Heinrich Emil(e) Franz (1839–1884), den Sohn des reformierten Superintendenten (H. B., seit 1838) Gottfried Franz, der 1848 maßgeblich an der evangelischen Kirchenverfassung Österreichs beteiligt war,[94] eine Einheirat in eine der prominentesten evangelischen Familien. Anna wird von Hermine Wittgenstein als schön und liebenswürdig beschrieben, mit ihrer Tochter Klärchen[95] und ihrem Sohn Otto[96] versammelte sie einen Kreis von Musikliebhaberinnen und -liebhabern um Brahms. Ihr jüngster Sohn Oberleutnant Erwin[97] machte als Militärattaché den Krieg zwischen Russland und Japan 1905 mit. Die Familie Franz wurde später baronisiert, aufgrund der Verdienste eines Schwagers von Anna, dem Wirklichen Geheimen Rat Dr. Rudolf Franz,[98] Präsident des Evangelischen Oberkirchenrates. Selbst geadelt hatte er beim Kaiser um die Gnade angesucht, seinen Adelstitel an seine beiden Neffen und seine Nichte übertragen zu dürfen.[99] Emil Franz verstarb 1884 nach langem, schwerem Leiden an den Folgen eines Schlaganfalls im 45. Lebensjahr,[100] auch Anna wurde nicht alt und verstarb als erste der Geschwister 56-jährig 1896.[101]

MARIE

Die ein Jahr später geborene Marie Eugenie Wittgenstein (1841–1931)[102] heiratete 1865 den 1861 mit seinen Eltern von Oldenburg nach Graz ausgewanderten Eisenwarenhändler Moritz Christian Pott (1839 in Oldenburg–1902 verschollen), einen Sohn des Geigers und Komponisten August Friedrich Pott. Ein Nachfolgemuster, das auch bei der Familie Kupelwieser sichtbar wird. Meist war es jedoch umgekehrt: Auf einen Industriellen oder Geschäftsmann folgte oft ein Künstler in der nächsten Generation. Die Ehe wurde früh (1878) geschieden, Marie mit vier Söhnen von ihrem Gatten verlassen. Bereits 1877 ist sie wieder im elterlichen Haus Salesianergasse 2 gemeldet, dorthin zieht 1915 auch ihr Sohn August, zu diesem Zeitpunkt Direktor-Stellvertreter des Zentralverkaufs-Büros der *Prager Eisenindustrie-Gesellschaft*.[103] Mit ihren Söhnen verband sie ein inniges Verhältnis. Doch zwei Söhne starben früh, der eine, Hermann, an einer „tückischen Krankheit" 1902, Sohn Felix verunglückte 1900 auf einer Kletterpartie im Hochgebirge, Paul, Arzt, starb im Ersten Weltkrieg. Drei ihrer Kinder starben somit vor ihr. Zuletzt pflegte sie ihre Mutter aufopfernd, wurde also jener Rolle, die ihr die Mutter bereits mit 14 zugedacht hatte, vollends gerecht. Beschrieben wird sie als von „rührend kindlichem Wesen", „bescheiden", „unfähig ..., jemanden ein scharfes oder unfreundliches Wort zu sagen"[104], eine Seele von einem Menschen, wie es scheint, aber alles andere als von Glück gesegnet.

Paul Wittgenstein senior (1842–1928), ältester Sohn von Hermann und Franziska Wittgenstein, heiratete 1876 Justine Hochstetter (1858–1918). Justines Vater Carl Christian Hochstetter war ausgebildeter Apotheker, Chemiker und Botaniker, der sich als Industrieller in der aufstrebenden chemischen Industrie einen Namen machte.[105] Aus der Ehe gingen vier Kinder hervor, Johanna (meist Hanna), Hermann, Karl Paul (Carletto) und Robert Franz Wittgenstein, der im Jahr 1900 16-jährig an einer Blinddarmentzündung verstarb. Pauls Tochter Hanna (1877–1953) heiratete den Arzt Johannes (Hans) Salzer (1871–1944), dessen Vater Friedrich Franz Salzer (1827–1890) eine der Töchter von Gottfried Franz, Ida Hermine Marie (1838–1906), geheiratet hatte.[106] Paul Wittgenstein sen., „auffallend hübsch" und „vornehm, innerlich und äusserlich", aber auch „merkwürdig sprunghaft in seiner Handlungsweise", galt als Künstlernatur, malte und hatte ein Talent zum Porträtieren.[107] Seine Bewunderung galt der Künstlervereinigung Secession, später der um Klimt abgespaltenen Gruppe und der Wiener Werkstätte. Er hatte Jus zu studieren begonnen, auf Wunsch des Vaters das Studium abgebrochen, der ihn später als Verwalter der Pachtgüter neben sich haben wollte. Paul Wittgenstein arbeitete ab 1871 in der Österreichischen Rückversicherungs-Gesellschaft, 1872 als Beamter bei der Allgemeinen Transport-Versicherungs-Gesellschaft und war dann mit seinem Bruder Ludwig aktiv als Industrieller und Generalpächter fürstlich Esterházy'scher Herrschaften in der väterlichen Firma H. Wittgenstein & J. Figdor und Söhne tätig. Er war eine Zeit lang Besitzer und Herausgeber der Hausherren-Zeitung. Karl Kupelwieser zufolge war er „ein hervorragender Kaufmann und Landwirt".[108]

In sein Grab, so Paul Wittgensteins letzter Wille, sollten einige Zeichnungen und von ihm geliebte Antiquitäten gelegt werden.[109] Auf dem von Josef Hoffmann auf dem Grinzinger Friedhof entworfenen Grabstein,[110] wo er mit Helene Hochstetter († 1930), der Schwester seiner Frau Justine, begraben liegt, für die Hoffmann 1906/07 ein Wohnhaus in der Steinfeldgasse errichtete und mit der Paul zuletzt liiert war, steht „Terminus vitae sed non amoris". Justine Hochstetter, die in Laxenburg verstirbt, ist hingegen am Evangelischen Friedhof Simmering bestattet.[111] Dass Paul ein Verhältnis mit seiner Schwägerin einging, dürfte in der Familie, wohl auch in der Gesellschaft, doch einigen Wirbel verursacht haben. Paul Wittgensteins Wiener Wohnsitz befand sich von 1877 bis 1899 in der Traungasse 4, später, von Josef Hoffmann ausgestattet, in der Salesianergasse 7. Seinen Landsitz, die *Bergerhöhe* in Hohenberg umzugestalten, war das erste von Josef Hoffmann für die Familie ausgeführte, bis heute relativ unverändert gebliebene Projekt. Paul lebte jedoch zumeist in einer Villa in Oberalm nahe Hallein in Salzburg, wo sich viele Familienmitglieder, auch seine Neffen Paul und Ludwig, gerne aufhielten und sich seiner Gastfreundschaft erfreuten.

FINE

Hermine Fanny Josephine Wittgenstein (1844 in Leipzig–1933 in Wien), in der Familie „Fine" genannt, heiratete im August 1872 den aus einer protestantischen Familie stammenden Chemiker und Professor bzw. späteren Rektor an der Technischen Hochschule in Wien Johann Nepomuk („Muck") Oser (1833–1912). Sie bekamen vier Kinder, Hedwig (1873), Franz (1874), Bertha (1878) und Lydia (1882).[112] Sohn Franz starb 19-jährig 1893 an Leukämie. Ihn hatte mit Hermine und Hans, den Kindern Karl Wittgensteins, ein enges Verhältnis verbunden.[113] Die Oser-Kinder hatten dieselbe Klavierlehrerin wie die Wittgenstein-Kinder, Marie Baumayer, eine Freundin von Clara Wittgenstein und von Brahms hochgeschätzt. Fine Wittgenstein selbst war musikalisch talentiert, lernte Gesang bei Josef Gänsbacher und gab Konzerte im Musikverein. Fine wird von Hermine als von großer Wärme und Menschenfreundlichkeit beschrieben, als „Seele des Hauses", die „alle Verschiedenheiten in Harmonie" brachte, bei einem „völligen Mangel an Schärfe". Ihr Mann Johann „Muck" Oser erscheint bei Hermine als „unkompliziertes, naturgewachsenes Wesen" (und damit eine Ausnahme in der komplizierten Familie Wittgenstein) und „ausgesprochenes Original".[114] Sie schildert einen harmonischen Haushalt, einen, der wohl im Kontrast zu jenem von Karl und Leopoldine Wittgenstein stand. Johann Osers Vater war Oberförster gewesen, der Sohn schlug eine andere, wissenschaftliche Laufbahn ein, galt aber ebenso als passionierter und begeisterter Jäger.[115] Brahms schätzte das Ehepaar und verkehrte freundschaftlich im Oser'schen Haus. Josephine Oser und ihre Schwester Clara Wittgenstein waren mit der österreichischen Geigerin Marie Soldat-Roeger (1863–1955) befreundet. So wie bei Karl fanden auch bei Clara des Öfteren Hauskonzerte statt, zu denen alle Familienangehörigen geladen waren. August Pott (1806–1883), der Schwager von Josephine und Clara, Geigenvirtuose und Dirigent, vermittelte der noch unbekannten Marie Soldat kleine Konzerte in Badeorten.[116] Familien- und Freundesnetzwerke konnten sich bezahlt machen. Bei einer Hausmusik in Pörtschach im Jahr 1878 spielte das junge Mädchen das Mendelssohn-Violinkonzert in der Anwesenheit von Brahms, der sie Joseph Joachim empfahl, worauf sie dessen Schülerin wurde. 1885 gab Marie das angeblich kaum spielbare Violinkonzert von Brahms und eroberte die Kritiker. Sie zählt zu den bekanntesten Violonistinnen Europas im 19. Jahrhundert, sich als Frau in der Musikszene durchzusetzen, noch dazu als Geigerin, war ein Zeichen besonderer Willensstärke. Es ist auffällig, dass die Wittgensteins gerade auch mit einigen Musikerinnen enge Kontakte hatten, Baumayer, Soldat-Roeger und die Sängerin Marie Fillunger gehörten über Jahrzehnte fast zur Familie. In den 1920er Jahren unterstützte Tochter Lydia Oser die Geigerin Erica Morini, die beiden eröffneten in der Taborstraße ein Musik- und Gesangsinstitut.[117] Außerdem arbeitete Lydia mit Emilie Glaser und Oskar Wollheim im von der Familie immer wieder geförderten *Verein gegen Verarmung (und Bettelei)* mit, der 1921 in den Allgemeinen Verband für freiwillige Jugendfürsorge in Wien umgewandelt wurde.[118] Clara wird sie schließlich adoptieren und Wittgensteins werden sich der ein wenig schwächlichen Lydia und ihrer Schwester Bertha nach Josefines Tod annehmen. Begraben sind die meisten Familienangehörigen der Osers in Bad Vöslau.

LOUIS

Ludwig Wittgenstein senior (1845–1925), Louis genannt, sollte eine wichtige Stellung in der Familie einnehmen, wie es seine Mutter prophezeit hatte. Er schloss das Jus-Studium ab, war aber nie als Jurist tätig. Ludwig Wittgenstein trat in die väterliche Firma *H. Wittgenstein & J. Figdor und Söhne* ein, vom Gutsverwalter stieg er bald zum Gutsbesitzer auf. Er kaufte zunächst kleinere Güter in Niederösterreich (nahe Puchberg) und Kärnten, dann das Gut in Koritschan zurück (häufig wird auch Karl Wittgenstein als Käufer angeführt) und erwarb schließlich umfangreichen Grundbesitz in Kärnten, darunter etwa 10.600 ha in der Herrschaft Hollenburg. Sein Wiener Wohnsitz befand sich nach zahlreichen Wohnungswechseln von 1887 bis 1898 in der Babenbergerstraße 5, danach bis zu seinem Tod 1925 im Palais Schey (Albrechtsgasse 3 bzw. Goethegasse 3), wo später auch Karl Wittgenstein sein Stadtbüro unterhielt. Louis Wittgenstein heiratete eine Franz, Maria Wilhelmine (Ida) Franz (1850–1912, Schwester von Emil Franz), und adoptierte mit seiner Frau, die Ehe blieb kinderlos, 1918 zwei Töchter seines Schwagers Friedrich Salzer, Marie „Mitze" Salzer (1873–1936) und Hermine „Mine" Maresch-Salzer (1875–1935), verheiratet mit dem Pathologen Dr. Rudolf Maresch[119].[120] Nach ihrer Hochzeit legte Hermine den Adoptionsnamen Wittgenstein ab, ihre Schwester Marie Salzer behielt bis zu ihrem Tod den Adoptionsnamen von ihrem Onkel Louis Wittgenstein.[121] Die Gründe für die Adoption waren wahrscheinlich erbrechtlicher Natur, es waren immer die kinderlosen Wittgensteins, die Adoptionen vornahmen. Louis Wittgenstein heiratete also in dieselbe Familie ein wie seine Schwester Anna, die Familie Franz. Zwischen den Familien Wittgenstein, Franz und Salzer, einer protestantischen Ärztedynastie, bestanden engste Familienbande. Dr. med. Friedrich Franz Salzer (1827–1890), Universitäts-Professor und Primar im Wiener Allgemeinen Krankenhaus, später Chefarzt der Staatsbahnen, heiratete 1864 in zweiter Ehe Ida Hermine Franz (1838–1906), Tochter von Gottfried Franz, und wurde so Louis' Schwager. Friedrich und Ida Salzer hatten sieben Kinder, zwei davon heirateten in die Familie Wittgenstein ein: Dr. jur. Maximilian Michael Emil (Max) Salzer (1868–1941), der mit Helene Wittgenstein verheiratet war, und Dr. med. Johannes (Hans) Salzer (1871-1944), verheiratet mit der Tochter Paul Wittgenstein seniors, Johanna (Hanna) Wittgenstein[122].

Louis Wittgenstein galt als begeisterter Bismarck-Verehrer, vor und nach dessen Entlassung. Er hatte Bismarck alljährlich anonym Gemälde von Gauermann zukommen lassen, ihn dann persönlich kennengelernt und war von Bismarck zweimal auf dessen Gut, Schloss Friedrichsruh, eingeladen worden.[123] Louis war wohl der aktivste Protestant unter den Wittgensteins und gehörte der Wiener reformierten (helvetischen) Gemeinde an. Er wurde ein Pionier der evangelischen Armen- und Waisenfürsorge in Österreich.[124] Hervorzuheben ist seine jahrzehntelange Tätigkeit, ab 1899 als Obmann, im Wiener evangelischen Waisenversorgungsverein[125], der von seinem Schwiegervater, dem reformierten Superintendenten Gottfried Franz, 1861 gegründet worden war und für dessen Expansion er sorgte. Nach seinem Tod übernahm Louis' Neffe August Pott die Obmannschaft. Louis Wittgenstein war Finanzier des Wiener evangelischen Waisenhauses, dessen Betreuung er „zu seiner Spezialaufgabe" gemacht hatte.[126] Er deckte nicht nur immer wieder auftauchende Fehlbeträge in aller Stille ab, sondern erwarb für den Verein auch mehrere Zinshäuser. 1907 gründete er ein Evangelisches Erholungsheim in Bad Goisern und eröffnete 1913 in Schladming ein Waisenheim. In Wien errichtete er zudem im Schlösschen Bellevue, das er in desolatem Zustand der Gemeinde Wien abkaufte, das „Pflegeheim Bellevue zur Pflege und Heilung von an Knochentuberkulose erkrankten Kindern", mit dessen Gründung er seiner medizinisch hochbegabten Adoptivtochter Mitze Salzer eine Wirkungsstätte eröffnete. Die ärztliche Leitung hatte Mitzes Bruder, der Chirurg Professor Hans Salzer, Leiter des Mautner-Markhof'schen Kinderspitals, über, ein Familienbetrieb gewissermaßen.[127] Die Tuberkulose hatte aufgrund ihrer massenhaften Verbreitung in Wien den zweifelhaften Beinamen „Wiener Krankheit" erworben, das Pflegeheim Bellevue erzielte bei der Bekämpfung große Erfolge.

Sein Neffe Ludwig bezeichnet Louis als „Grand Seigneur", mit Vorzügen und Schwächen, wobei selbst Letztere „etwas Unbekümmertes, Großzügiges" an sich hatten.[128] In Hermines Erinnerung taucht ein doch ein wenig anderes, widersprüchlicheres Bild ihres Onkels auf. Hermine beschreibt Louis als gänzlich verschieden zu seinen Brüdern Karl und Paul, „sein Wesen zeigt[e] Widersprüche", er war „Kaufmann und Theologe", „Idealist" wie „waghalsiger Unternehmer".[129] Hermine zufolge war Louis nicht gerade ein Menschenkenner, oft zu waghalsig, zu vertrauensselig (etliche seiner Angestellten stellten sich als schlechte Wahl heraus), ließ sich über den Tisch ziehen und betrügen und war insofern kein guter Geschäftsmann.[130] Karl, obwohl rasch und lebhaft, übte seine Geschäfte wohlüberlegt, Louis hingegen, der so ruhig und bedächtig wirkte, traf „schwerwiegende Entschlüsse übereilt" und somit einige Fehlentscheidungen.[131] Diese Einschätzungen Hermines sind angesichts ihrer Vater-Verehrung mit Vorsicht zu sehen. Louis Wittgenstein versteuerte 1910 ein Vermögen von über 687.000 Kronen und nahm damit Platz 48 unter den Reichsten Wiens ein.[132] Nach Karl war er damit unter dessen Geschwistern der zweiterfolgreichste Geschäftsmann. Er bewies immer wieder Weitsicht, sah den Ausgang des Krieges und die verheerenden Folgen der Inflation voraus, wurde nach 1918 jugoslawischer Staatsbürger (ein Teil seines Kärntner Besitzes befand sich im SHS-Staat) und konnte so das Familienvermögen als Ausländer und Treuhänder der Familie im Ausland veranlagen. Glücklich und erfolgreich endete auch die Aktion im Jahr 1920, ein ihm unbekanntes, aber empfohlenes Mitglied der jugoslawischen Regierung nach Amerika zu schicken, um hier jenen Teil des Vermögens, das dort im *Alien Property Funds* festgehalten wurde, frei zu bekommen.[133] Auch im Privaten unterschieden sich die Brüder Karl und Louis. Im Gegensatz zu seinem Bruder Karl liebte Louis den Trubel bzw. das enge Beisammensein der Familie. In den Sommermonaten bewohnte er mit seiner Frau und der vielköpfigen, lebhaften Familie seines Schwagers Salzer (dessen Frau ebenfalls eine Tochter des Superintendenten Franz war) das kleine Franz'sche Familienhaus in Neuwaldegg.[134] Sein Begräbnis im Jahr 1925 war ein Wiener Großereignis. Mit dem auf Louis folgenden Bruder Karl Wittgenstein werden wir uns im Folgenden ausführlicher befassen.

### BERTHA

Bertha, eigentlich Ottilie Ida Bertha Wittgenstein (1848–1909), heiratete 1869 den Juristen, Mäzen und Sohn des Malers Leopold Kupelwieser, Dr. Karl Kupelwieser (1841–1925).[135] Sie wurde Gutsbesitzerin und Käseproduzentin. Auf ihrem Gut Kyrnberg stellte sie erstmals in Österreich Gervais her, der bislang nur aus Frankreich importiert worden war – dafür hatte sie Unterricht in Lebensmittelchemie genommen und war nach Frankreich gefahren, um die geheim gehaltene Rezeptur herauszufinden. Sie dürfte zudem über besondere Marketingfähigkeiten, vielleicht auch Charme und ein entsprechendes Auftreten verfügt haben, gelang es ihr doch, den neuen Käse bei einem Besuch des deutschen Kaisers auf der kaiserlichen Tafel erscheinen zu lassen und noch am nächsten Tag in einigen Wiener Geschäften unterzubringen.[136] Mit ihrem Mann agierte sie zudem als Mäzenin. Ihre künstlerische Begabung zeigte sich in der Porträtbildhauerei, eines ihrer Werke, eine Brahms-Büste, ist im Hof von Schloss Leonstain in Pörtschach, einem reizvoll auf einer kleinen Halbinsel am Wörthersee gelegenen Ort, aufgestellt, wo Kupelwiesers einige Sommer verbrachten. Bertha Kupelwieser taucht sowohl in der Oser'schen Familienchronik wie in Hermines Erinnerungen auf, emanzipiert und sich doch in ihre Rolle als Hausfrau fügend.[137] Hermine beschreibt Bertha als „sehr herzlich, lebhaft und impulsiv".[138] Ihrer musikliebenden Tochter Ida zuliebe gründete sie einen Chor, den *Kupelwieser-Chor*, in dem Hermine mitsang und der nach ihrem Tod von Helene Wittgenstein übernommen wurde.[139] Ein Schatten liegt auch auf dieser Familie. Einer ihrer beiden Söhne, Hans, beging 18-jährig 1892 Suizid. Die Kupelwiesers werden als sehr früher und wichtiger Bestandteil des „Wittgenstein-Clans" noch ausführlicher behandelt werden. Bertha Kupelwieser starb bei einem aufsehenerregenden Autounfall 1909.[140]

## CLARA

Clara Hedwig Emma Wittgenstein (1850–1935), die letzte in Leipzig geborene Tochter Hermanns, heiratete nicht. Clara Wittgenstein taucht in Familienerinnerungen der nächstfolgenden Generation als Tante Clara, Erbtante Klara bzw. „Lieblingstante" als durchaus positive Figur auf, so auch bei Hermine, in großer Ausführlichkeit[141]. „[P]oetisch schön", bis ins Alter noch entzückend anzusehen, von „zarte[r] ebenmäßige[r] Gestalt" und „von Natur aus reizende[n] Bewegungen, die durch Güte, Herzlichkeit, innere Vornehmheit erst den ganzen ausdrucksvollen Reiz erhielten".[142] Für Hermine charakterisiert das Wort „Tiefe" ihre Tante, „tiefe Liebe und Bewunderung für andere Menschen, ihr tiefes Gefühl für das Gute und Schöne", ihr „tiefes Mitleid".[143] Hingegen lässt sich Hermine zu Clara Wittgensteins frauenbewegtem Wirken – Clara war für ihre Sympathien für die englische Suffragetten-Bewegung bekannt – äußerst kritisch aus.[144] Loyalität zu einer „Freundin" habe Tante Clara „zu einer kritiklosen Sympathie" für die „gesetzwidrig" agierenden Suffragetten, die das Wahlrecht der Frauen erkämpfen wollten, gebracht, für Hermine eine „Art von missleitetem Idealismus".[145] 1903 zählte Clara Wittgenstein mit anderen bürgerlichen, liberal-gesinnten Frauen zu den Gründerinnen des *Neuen Wiener Frauenklubs,* Nachfolgeeinrichtung des kurzlebigen *Ersten Wiener Frauenklubs.*[146] Es erstaunt ein wenig, dass mit Hermine eine Vertreterin der auf Clara folgenden Generation hier eine so konservative Haltung einnimmt, scheint doch auch Hermine mit ihrer Rolle als großbürgerliche Frau nicht immer zufrieden gewesen zu sein bzw. entsprach sie in ihrer Rolle als Kunstexpertin und später „Chefin" der Familie auch selbst nicht ganz diesem Klischee.

1907[147] erwarb Clara Wittgenstein (zusammen mit ihrem Bruder Paul) das Palais Kaunitz in Laxenburg. Nahezu alle Wittgenstein-Kinder schwärmten von den Besuchen bei Tante Clara, die ein großes Herz für Kinder und Jugendliche hatte. Die Laxenburger Bevölkerung gewann sie durch ihr Wesen, aber auch durch ihre Wohltätigkeit und Großzügigkeit Bedürftigen gegenüber. Sie sprach nie über sich selbst, „aber zuhören konnte sie vorbildlich und sich für die Ansicht des Andern interessieren",[148] auch für die Meinungen der heranwachsenden jungen Wittgensteins, und das waren die Kinder nicht gewohnt und genossen umso mehr, ernst genommen zu werden. „Sie machte sich mehr Gedanken über die Bedürfnisse der Andern als diese selbst …"[149] Dies kann auch anders interpretiert werden. Ähnlich ihrer Nichte Margarethe hatte sie das stete Bedürfnis, „andere zu bessern und zu erziehen".[150] Auch eine gewisse Exzentrik war ihr eigen. Sie führte eine aristokratische Hofhaltung, wurde mit Baronin angesprochen und von der Laxenburger Bevölkerung als „Kaiserin von Laxenburg" bezeichnet.[151] Bei Fehlern ihrer Angestellten reagierte sie nicht mündlich, sondern schriftlich, ihren Tadel meisterhaft formuliert, bedurfte es meist keiner weiteren Diskussion. Ihren beiden langjährigen Hausangestellten hinterließ sie per Legat ein hübsches Doppelhaus in einer Gartenvorstadt von Wien, vorsorglich mit Regularien versehen, die verhinderten, dass arme Angehörige Interesse an deren frühem Tod haben könnten.[152] Clara Wittgensteins Wohnsitz in Wien befand sich wie der einiger anderer Wittgensteins in der Salesianergasse 2. Sie starb 1935, ihre Parte wurde von Milly von Brücke, Schwester, und Lydia Oser-Wittgenstein, Adoptivtochter bzw. Tochter der Schwester Josephine unterzeichnet. Wieso Adoptivtochter? In diesem Fall mit Sicherheit aus erbschaftsrechtlichen Gründen vermachte die kinderlose Clara ihr nicht unbeträchtliches Vermögen besagter Nichte und Adoptivtochter Lydia Oser, deren Mutter Josephine zwei Jahre zuvor, 1933, verstorben war. Begraben ist Clara Wittgenstein in der Familiengruft in Mauer. Anlässlich des Ablebens Claras versicherte der treue Ratgeber der Familie, Direktor Groller, Hermine mehrfach, „erst mit dem Tod dieser Frau sei für ihn die alte Zeit, das alte Österreich, die Monarchie für immer versunken".[153] Ich sehe in ihr eine Frau, die leise Zweifel an der Frauen zugeschriebenen Rolle, Werten und Aufgaben hegte, Repräsentantin eines aufgeschlossenen, liberalen Bürgertums, das 1918 eine erste wesentliche Zäsur erfuhr, 1938 den Todesstoß versetzt bekam. Vielleicht ihrer Nichte Margarethe ähnlich, auch was gewisse Allüren betrifft.

Claras Schwester Lydia Wittgenstein (1851 in Vösendorf–1920) heiratete den Generalstabshauptmann der Kavallerie Joseph (Josef) von Siebert (1843–1917). Sie ist die erste in Österreich geborene Wittgenstein. Eine Version ihrer Beziehung lautet, dass diese wegen Vater Hermann Wittgensteins Militärfeindlichkeit geheim gehalten wurde, bis 1878 Hermann starb[154] und Lydia Joseph heiraten konnte. Siebert nahm eine glanzvolle Militärkarriere und stieg zum Regimentskommandeur, Divisionär und General der Kavallerie bei den Sechserdragonern, dann der zehnten Infanterie-Truppen-Division auf. Er wurde geadelt, Ritter des Eisernen Krone-Ordens dritter Klasse und Besitzer des Militärverdienstkreuzes.[155] Lydia galt als begabte Malerin. Dem Ehepaar Siebert widmet Hermine Wittgenstein eine sehr liebevolle Beschreibung.[156] In Thumersbach, heute Stadtteil von Zell am See am östlichen Seeufer des Zeller Sees gelegen, besaßen Lydia und ihr Mann eine Villa, in der sich immer wieder auch andere Mitglieder der Familie aufhielten, etwa Clara Wittgenstein, oft besucht von ihren Neffen Paul und Ludwig. Ihr einziges Kind, die Tochter Franziska, „Fanny", wurde taub geboren, doch trotz dieses Handikaps gelang es, aus Fanny eine „richtige Offizierstochter" zu machen.[157] Lydia Siebert nahm sich drei Jahre nach dem Tod ihres Mannes das Leben. Sie fand sich mit ihrer Tochter allein nicht zurecht und sah sich mit einer Krankheit konfrontiert.[158]

## EMILIE

Emilie „Milly" Wittgenstein (1853 in Vösendorf–1939) heiratete 1878 den Juristen und Richter bzw. Hofrat am Wiener Oberlandesgericht Theodor von Brücke (1853–1918, Sohn des berühmten Physiologen Ernst Wilhelm von Brücke, der 1879 als erster Protestant bzw. Nichtkatholik zum Rektor der Universität Wien ernannt worden war).[159] Sie hatten vier Kinder,[160] zwei Töchter verstarben jedoch im Säuglingsalter (1884 bzw. 1889). Sohn Ernst wurde Arzt, Universitätsprofessor und war kurz Rektor der Universität Innsbruck. Tochter Lydia heiratete Dr. Adolf Zwieauer. 1900 errichteten Theodor von Brücke und seine Frau Milly so wie ihre Schwester Lydia eine Villa in Thumersbach am Zeller See. Brücke stammte wie alle Angeheirateten aus einer wohlhabenden Familie, sein großes Vermögen dürfte er aber seiner Frau zu verdanken haben.[161]

Das jüngste Kind war Tochter Clothilde (Klotilde) Wittgenstein (1854-1937). Sie heiratete nicht und starb in Paris, ihr Grab ist unbekannt. Wegen unerträglicher Kopfschmerzen im jugendlichen Alter wurde sie zur Morphinistin und Trinkerin, sie litt an Verfolgungswahn und stand einige Jahre in Behandlung des Pariser Nervenarztes Charcot[162]. Es heißt, dass sie in ihrer Jugend vom Musikkritiker Eduard Hanslick „taktlos bedrängt" wurde und darauf, „vermutlich ohne Kausalzusammenhang", zum Katholizismus konvertierte.[163] Ihre Mutter „verdammte" Clara und Milly zur Betreuung der kranken, oft heißt es leicht behinderten Schwester, „deren Wahn sich abwechselnd in krankhafter Liebe oder krankhaftem Hass" äußerte. Nicht nur nach Hermine ist davon auszugehen, dass die beiden überfordert waren und um einige „frohe Jahre ihrer Jugend" betrogen wurden.[164] Ende Oktober 1895 vermerkte das *Neue Wiener Tagblatt* die Aufhebung der wegen Wahnsinns im Jahr 1885 verhängten Kuratel über Klotilde „wegen Heilung derselben", der Kurator Bankier Dr. Albert Figdor, ein entfernt Verwandter, wurde seines Amtes enthoben.[165] Clothilde lebte – ganz im Gegensatz zu den übrigen Familienmitgliedern – ohne engen Kontakt zur Familie in Paris. Schwester Clara setzte ihr 1935 eine Jahresrente von 1.200 Schilling auf Lebenszeit aus, zwei Jahre danach, 1937, starb Clothilde. Ihr Leben, von dem wir so wenig wissen, wie von dem einiger ihrer Geschwister, wohl ein Stoff für einen Roman, eine Verfilmung.

Auffällig an dieser Generation der Wittgensteins ist das starke Bekenntnis zum Protestantismus, einer Minderheitenreligion im katholischen Österreich und Wien. Verstärkt wurde dies durch die Einheirat in häufig prominente protestantische Familien. Doch war ein gesellschaftlicher Aufstieg in der Habsburgermonarchie, wohin die Familie um 1850 übersiedelte, Protestantinnen und Protestanten lange Zeit noch eher möglich als Angehörigen jüdischen Glaubens. Ein Aufstieg fand mit Sicherheit innerhalb der protestantischen Gemeinden statt, einige Wittgensteins, vor allem Louis, erlangten hier Prominenz. Von der jüdischen Herkunft grenzte man sich dezidiert ab, Hermann „verbot", wohl auch aus diesem Grund und obwohl er selbst eine ursprünglich Jüdin geheiratet hatte, seinen Kindern, einen Juden/eine Jüdin zu heiraten, einzig Karl, wohl nicht untypisch, widersetzte sich diesem Gebot, wenn auch seine spätere Frau konvertiert und katholisch erzogen worden war. Bertha heiratete einen Katholiken, alle anderen Verheirateten wählten protestantische Partnerinnen bzw. Partner. Der Effekt der Heiraten oder besser der Heiratspolitik der Kinder des Ehepaares Hermann und Fanny Wittgenstein „war eine Dynastie, die nicht aus Geschäftsleuten bestand, sondern aus Angehörigen höherer Berufe mit ererbtem Vermögen."[166]

Die Gewählten übten unterschiedliche ehrenwerte Berufe aus. Die Familie hatte damit „für alle Eventualitäten gesorgt", der Vetter konnte ein Visum besorgen, der Onkel hatte Kontakte zum hohen Militär, es gab Ärzte, usw.[167] Häufig bestanden mehrfache Beziehungen zwischen einzelnen Familien, zu den Franz, den Salzers, die angeheirateten Familien Brücke und Siebert liegen in einem Grab. Diese Verbindungen sind, mit Ausnahme der Kupelwieser und hier auch nur indirekt, nicht geschäftlicher Natur. Auch an Dramatik bzw. Tragik findet sich schon einiges unter Karls Geschwistern, Suizid, „Wahnsinn" und Morphiumabhängigkeit. Im Unterschied zur nächstfolgenden Generation heiratete die große Mehrheit, neun von elf, ganz der gesellschaftlichen Norm entsprechend, nur zwei Schwestern Karls blieben unverheiratet. Einiges deutet darauf hin, dass die Frauen in dieser Generation es noch schwieriger hatten, sich zu verwirklichen, ihre Bestimmung abseits von Kindern und Haushaltsführung zu finden. Die unverheiratete Clara dürfte dies bereits erkannt haben, mit ihrem Engagement in der bürgerlichen Frauenbewegung.

1856 übersiedelte die Familie Wittgenstein von Schloss Vösendorf nach Mauer, ebenfalls im Wiener Umland, 1859/60 direkt nach Wien. Die Herrschaft Mauer gehörte lange Zeit zu großen Teilen der Familie.[168] Es ist eine zunehmend mondäne Welt, in der die Geschwister aufwachsen, die Sparsamkeit der Eltern lässt nach. Sie verkehren – vielleicht anfangs schüchtern, bald wie selbstverständlich – mit Berühmtheiten wie Brahms, lernen früh die Etikette des Großbürgertums. Dass das nicht so einfach, manchmal überfordernd war, vor allem mit diesen, formulieren wir es vorsichtig, doch schwierigen Eltern, verdeutlicht letztlich vor allem die Rebellion Karls.

## DAS WIEN DER GRÜNDERZEIT UND DER RINGSTRASSENÄRA

Die Revolution von 1848/49 war blutig niedergeschlagen worden und hatte wenige Spuren in der Monarchie hinterlassen, wirtschaftlich kann die Grundentlastung genannt werden, vielleicht noch die liberale Gewerbeordnung von 1859 mit der Abschaffung des Zunftzwangs.[169] Die Zeit, in der sich die Wittgenstein-Figdor'schen Geschäfte scheinbar sehr gut entwickelten (vielleicht, weil so viele Grundherrschaften lange vernachlässigt worden waren und neu konstituiert wurden, vor allem aber, da man mit den Esterházys[170] in Kontakt kam, die hochverschuldet waren), die 1850er und 60er Jahre, waren nicht gerade eine wirtschaftliche Boomzeit für die Monarchie, fast das Gegenteil. Lag man wirtschaftlich mit Deutschland um 1800 und bis in den Vormärz zumindest gleichauf, so dürfte man sich nach 1848 einen Entwicklungsrückstand eingehandelt haben. Politisch kehrte man zum Absolutismus zurück (und spricht folgerichtig von der Ära des Neoabsolutismus), aber der Liberalismus und Konstitutionalismus setzten sich nach den Niederlagen von Solferino 1859 (gegen die Franzosen, verbunden mit dem Verlust der oberitalienischen Provinzen) und von Königgrätz 1866 (gegen Preußen – eine endgültige Niederlage, was Österreichs Ambitionen als deutsche Führungsmacht anbelangte, der Deutsche Bund wurde aufgelöst) durch. 1867 erfolgten sowohl der Ausgleich mit Ungarn, das Kaisertum Österreich wurde zu Österreich-Ungarn, wobei der österreichische Teil als Cisleithanien, der ungarische als Transleithanien bezeichnet wurde,[171] als auch der Erlass der Staatsgrundgesetze mit der Dezemberverfassung. Diese garantierten die Immunität der Person, des Eigentums, der Wohnung und des Briefverkehrs sowie Glaubensfreiheit und Freiheit, was die Ausübung einer Religion betraf, Freiheit der Rede, also Meinungsfreiheit, und Pressefreiheit (die Zensur wurde abgeschafft). Das Schulsystem wurde unter Aufsicht des Staates gestellt. Alle Staatsbürgerinnen und Staatsbürger waren nun vor dem Gesetz gleich, genossen alle zivilen und politischen Rechte, unabhängig von ihrer Religion. Damit hörten vor allem die rechtlichen Diskriminierungen der jüdischen Bevölkerung auf, die Vorurteile bleiben.

Wir befinden uns im Wien der Gründer- und Ringstraßenzeit, Zeit einer kurzen Hochkonjunktur, zugleich Periode eines gesellschaftlichen Wandels, gekennzeichnet von einem aufstrebenden Großbürgertum. Noch waren manche von Geburt an ausgezeichnet, mit ihrem Namen, die alte Aristokratie, der Hochadel, die Grafen und Fürsten, die sog. „erste Gesellschaft", ihr Ruhm jedoch allmählich am Verblassen, aber um Abgrenzung bemüht bzw. war für sie die Abgrenzung eine selbstverständliche, und zwar gegenüber den vielen Neu- und Kleinadeligen, herablassend als „zweite Gesellschaft" bezeichnet.[172] Deren oft rascher Aufstieg (nicht von ungefähr die Bezeichnung „Gründerzeit") hatte auch in der Bevölkerung Neid und Neider hervorgerufen. Sie bedrohten mit ihrem neuen kapitalistischen Denken nicht nur die traditionellen Eliten, sondern auch das alteingesessene, kleine Bürgertum, Handwerker, Kleinhändler und Gewerbetreibende. Dass viele dieser Neureichen bzw. Neugeadelten Juden waren, schürte wiederum den ohnehin latenten Antisemitismus der Wiener Bevölkerung. Abgrenzung war in vielerlei Hinsicht wichtig. So wie es scharfe Grenzen zwischen der Ersten und der Zweiten Gesellschaft, der Hocharistokratie einerseits und dem geadelten Bürgertum andererseits, gab, grenzte das Bürgertum sich scharf vom Proletariat, der Arbeiterschaft, ab, einem weiteren aufkommenden, neuen gesellschaftlichen Segment, das

Großbürgertum distanzierte sich aber auch vom mittleren und besonders vom Kleinbürgertum. Zugleich gab es Kreise innerhalb des Großbürgertums, die bewusst voneinander Abstand hielten, die nichts miteinander zu tun haben wollten. Neben vielen Ähnlichkeiten und Übereinstimmungen gab es große wie kleine Unterschiede. Kulturell etwa Richard Wagner oder ja nicht Wagner. Es gab vor allem auch religiöse und/oder ethnische Abgrenzungen, Unterschiede zwischen Liberalen, Konservativen und Deutschnationalen, zwischen großdeutsch[173] und kleindeutsch[174] Denkenden, Unterschiede zwischen den Generationen, Konflikte zwischen alteingesessenem Bürgertum und den Newcomern, den „Neureichen" und Parvenüs, von denen es in der Gründerzeit, dann wieder in den 1920er Jahren viele gab. Vieles trennte, vieles verband.

Wir befinden uns in einer Umbruchzeit, die Ringstraße steht beispielhaft für diese strukturelle Transformation der Gesellschaft. Titel, Orden und Herkunft spielen noch eine bedeutende Rolle, hoher Klerus, Militär und Adel bilden die alten Eliten. Glanz und Allmacht der Aristokratie sind jedoch allmählich im Verschwinden begriffen, sind mit einer aufstrebenden, meist geadelten Bourgeoisie konfrontiert, die die neuen gesellschaftlichen und wirtschaftlichen Verhältnisse, die Dynamik des Kapitalismus erkannt und genutzt hat, häufig rasch zu Vermögen gelangt ist und ihren Reichtum, der in Immobilien, Kunstgegenstände, Schmuck und sonstigen Luxuskonsum, in Reisen und ein wenig Wohltätigkeit fließt, nicht versteckt. Ein altes Wiener Scherzwort unterschied jedenfalls die hier im Zentrum stehenden „Haben-Wittgenstein" von den „Sayn-Wittgenstein" und meint genau diese sozioökonomische Wende.[175] Es ist neben Herkunft, Titeln und der über Jahrhunderte bestehenden besonderen gesellschaftlichen Positionierung und dem dem Hochadel eigenen Habitus noch der oft riesige Grundbesitz der Aristokratie, der sie vom Wirtschaftsbürgertum unterscheidet, aber auch hier ist ein Aufholprozess festzustellen. Die aufstrebende Wiener Bourgeoisie hatte häufig einen Sommer- und einen Wintersitz, meist beides in Wien. Damit nicht genug, waren die heißen Monate, zumindest ein Teil davon, für die Sommerfrische reserviert, im Fall der Wittgensteins war es jahrelang Reichenau am Fuße des Semmering. Oft kam dann noch ein permanenter Sommersitz, ein Landhaus, eine Villa auf dem Land, dazu. Für Karl Wittgenstein und Nachkommen wurde dies die Hochreith nahe Hohenberg in Niederösterreich.

Die Gründerzeitgeneration, das waren Industrielle, Eisenbahn-, Stahl-, Kohlen-, Ziegel- und Zuckerbarone, Großhändler, Bankiers, vereinzelt Ärzte, Wissenschaftler, Notare oder Anwälte, die sich entlang der Ringstraße oder in den Vororten, an den Rändern Wiens, in prachtvollen Palais und Villen verewigten und ihren Reichtum stolz nach außen kehrten. Zu nennen sind Namen wie Schey, Todesco, Lieben, Epstein, Ephrussi, Drasche, der jüngst zum Freiherrn erhobene Franz von Wertheim, Großindustrieller und Kassenfabrikant, oder der Eisenbahngründer Victor von Ofenheim, die sich beide 1868 am Schwarzenbergplatz ihre Palais errichten ließen. Unter die Neugeadelten mischten sich vereinzelt dezidiert Bürgerliche, die sich jedem Adelstitel gegenüber abwehrend verhielten, die bürgerlichen Ideale betonten und hochhielten. Davon gab es in der Donaumonarchie und in Wien jedoch nur wenige. Einer davon war neben Ludwig Lobmeyr und Ludwig Bösendorfer auch Karl Wittgenstein. Er lehnte eine ihm angebotene Nobilitierung ab und wollte keiner der gewöhnlichen „Ringstraßenbarone" werden, verstand sich nicht als Parvenü. Er erlangte damit „eine Position eigener Qualität innerhalb der sogenannten zweiten Wiener Gesellschaft, die zwischen Adel und Bürgertum stand".[176] Gleichzeitig und im Widerspruch dazu kokettierte er ein wenig mit einer vielleicht illegitimen Herkunft aus deutscher Hocharistokratie, aus den fürstlichen Geschlechtern der Waldeck-Pyrmont oder Sayn-Wittgenstein, einer Familienüberlieferung zufolge, der später noch mehr Bedeutung zukommen sollte. Und er freute sich über jede Anerkennung, die ihm vom Kaiserhaus zuteil wurde.[177] Aus der Familie heiratete jedoch niemand in (hoch)adelige Kreise, es wurde aber zumindest von reich zu einigermaßen reich geheiratet, einige, gar nicht so wenige, vor allem in der auf Karl folgenden Generation, heirateten gar nicht, die Wittgensteins waren (nicht nur) diesbezüglich eigensinnig.

Eine sog. „Wunderernte" in der Monarchie bei gleichzeitig anderweitigen Missernten leitete die Boom-Periode der eigentlichen Gründerzeit der Jahre 1867 bis 1873 ein. Die übersteigerten Erwartungen, von einer ersten Börsenhausse ausgelöst, führten zu einer Überhitzung des Marktes, zu Spekulationen, die sich bereits 1871 warnend äußerten, aber im Wesentlichen ignoriert wurden, dann am „Schwarzen Freitag" am 9. Mai 1873 im desaströsen Absturz der Börsenkurse, dem sogenannten „Großen Krach", resultierten. Wittgensteins dürften davon verschont geblieben sein. Und verantwortlich für diesen Börsencrash, für die überbordende Spekulation, wurden der Liberalismus, der Kapitalismus und die Juden gemacht. Nach dem Wort eines Historikers „stieg der Antisemitismus, als die Aktienkurse fielen".[178] Es hätte eigentlich ein festliches, ein großes Jahr für Wien werden sollen, das im Wiener Prater erstmals Schauplatz einer Weltausstellung wurde, die am 1. Mai 1873 feierlich eröffnet wurde. Doch ein Choleraausbruch und die Börsenturbulenzen trübten die Festfreude und wirkten sich auch negativ auf den Besuch der Weltausstellung aus, die mit dem spektakulären Kuppelbau der Rotunde Wien eine neue Sehenswürdigkeit hinterließ. Schon im Vorfeld war es zu exorbitanten Preissteigerungen gekommen, die solchen Großereignissen oft vorangehen, auch hier Spekulationsfieber. Der ohnehin schwach ausgebildete Liberalismus diskreditiert, verbreitete sich unter den sich formierenden drei großen politischen Lagern Österreichs, den Deutschnationalen, Christlichsozialen und Sozialdemokraten, eine unterschiedlich ausgeprägte, antikapitalistische Grundströmung. Die Krise des Liberalismus beförderte Antikapitalismus und Antisemitismus, Neid und Missgunst der in Not geratenen kleinen Mittelschicht, der Handwerker und Gewerbetreibenden und speiste den aufkommenden Nationalismus, der für den Vielvölkerstaat Österreich-Ungarn eine Zerreißprobe mit sich bringen sollte, der dieser nicht standhielt. Neue soziale Gruppen gewannen an Einfluss und erhoben Anspruch auf politische Partizipation, die Bauernschaft, die städtischen Handwerker, das Kleinbürgertum insgesamt, die Arbeiterschaft, ebenso die slawische Bevölkerung, was Wien betraf, die tschechische und jüdische Bevölkerung.

Die jüdische Bevölkerung Wiens stieg rasch an. 1857 waren erst 6.000 Juden und Jüdinnen in Wien gezählt worden, nicht zuletzt durch die rechtliche Gleichstellung 1867 wuchs die Zahl bis 1880 auf 72.000 an, auf rund ein Zehntel der Wiener Bevölkerung, ein Anteil, der bis 1938 (rund 200.000) leicht anstieg. Es waren mehrere Faktoren, die den alten katholischen Antisemitismus schürten und beförderten: der starke Zuzug, die Verstrickung einiger Juden in das unglückliche Börsengeschehen der Gründerjahre, die folgende Gleichsetzung der Juden mit Liberalismus und Kapitalismus, die Ängste des Kleinbürgertums, von Kleinhandwerk bzw. -handel, vor dem sozioökonomischen Umbruch, der vonstattenging. Dazu kamen Neid und Staunen angesichts des großen wirtschaftlichen Erfolgs, den einige jüdische Ringstraßenbarone stolz zur Schau trugen, auch angesichts des bildungsmäßigen Aufstiegs, der vielen Jüdinnen und Juden wichtig war und wohl eine Kompensation für ihren Außenseiterstatus in der Gesellschaft. Die Tschechinnen und Tschechen, die größte Zuwanderungsgruppe in Wien, die das Gros des Dienstpersonals, viele Handwerker und Arbeiterinnen und Arbeiter stellte, waren ebenso mit Vorurteilen und Fremdenfeindlichkeit konfrontiert und blieben vielfach diskriminiert.

Nicht nur die Ringstraße war ein Großprojekt, in den späten 1860er Jahren begannen die Arbeiten an der Donauregulierung und die Vorbereitungen zur Wiener Weltausstellung 1873, als deren Standort Teile des Praters erkoren worden waren. Wien glich über lange Zeit einer einzigen Baustelle und erhielt jene gründerzeitliche Gestalt, die heute noch weite Teile des Stadtraums prägt. Der 2. Bezirk, die Leopoldstadt, erfuhr die gravierendste Umgestaltung, auch weil er jenes Gebiet umfasste – einschließlich der erst im Jahr 1900 zum eigenständigen Bezirk abgetrennten Brigittenau –, das vom bewohnten Gebiet am stärksten von Hochwässern und Überschwemmungen der Donau bedroht war und zahlreichen diesbezüglichen Eingriffen unterlegen war. Aufgrund einer älteren Tradition und nicht zuletzt durch die Anlage des Nordbahnhofs, des damals wichtigsten Einwanderungsbahnhofs, hatte sich die Leopoldstadt zum „jüdischen" Wiener Bezirk, mit der höchsten Bevölkerungszahl von Jüdinnen und Juden, zur späteren „Mazzesinsel", entwickelt. Die Bevölkerung der Leopoldstadt bot ein breites soziales Spektrum, vom Status als früherer Nobelbezirk (mit der Jägerzeile als Wiener Prunkstraße) hatte sie sich entfernt.

In einer ganz anderen Lebenswelt, einem ganz anderen Umfeld logierten Wittgensteins, die sich letztlich nach mehreren Stationen auf der noblen Wieden, dem 4. Wiener Gemeindebezirk, nahe den Rothschilds, niederließen. Die Wieden war ein zunehmend teures Pflaster geworden. Dort häuften und drängten sich die neuerbauten Palais der Aufsteiger der Ringstraßenzeit. Allein in der Alleegasse (Argentinerstraße) entstanden innerhalb von drei Jahrzehnten folgende Palais in nahezu unmittelbarer Nachbarschaft: Das Palais Erlanger (Argentinierstr. 33, 1866/1880), das Palais Toskana (Nr. 29, 1867 – nicht erhalten), das Palais Wittgenstein (Nr. 16, 1873 – nicht erhalten), das Palais Zierer-Kranz (Nr. 25–27, 1880/81), das Palais Wahliss (Nr. 21, 1882/83), das Palais Wessely (Nr. 23, 1891/92) oder das Palais Lanna (Nr. 20, 1895). Die Lebenswelt ihrer Bewohnerschaft erlaubte diesen zwar viele Annehmlichkeiten, aber es galten strenge Regeln und Normen.

Zum großbürgerlichen Status gehörten weiters ein oder mehrere prunkvolle Domizile, häufig kam sonstiger Immobilienbesitz dazu. Nicht nur Wohnsitze wurden akquiriert, sondern auch Grundbesitz erworben. Die seit 1868 mögliche freie Verschuldbarkeit und Teilbarkeit der Bauerngüter führte zu einem Anstieg der bäuerlichen Verschuldung und zu Zwangsexekutionen bei Bauernhöfen, allein zwischen 1868 und 1892 in den Alpenländern etwa 80.000.[179] Es fand ein Ausverkauf von Bauerngütern statt (das sogenannte „Bauernlegen"), der zum enormen Wachstum der Jagdgüter der Rothschilds, Gutmanns, Kupelwiesers, Wittgensteins, Krupps und anderer Großunternehmer beitrug. Die Jagd stand ganz oben auf der sozialen Leiter, eine Eigenjagd in diesen Kreisen zu unterhalten fast unumgänglich.[180] Nicht nur aus überlieferten Porträts wird ersichtlich, dass das „Alter" der „Jugend" vorgezogen wurde.[181] Beruflicher Erfolg, Aufstieg und Ansehen hingen vom würdevollen, gesetzten Auftreten ab. Man versuchte, älter auszusehen, als man war. Junge Männer trugen Vollbärte, oft Brillen mit Fensterglas, um lebenserfahrener und seriöser zu wirken. Gegenüber dem Alter galt es, Respekt zu zeigen und das galt selbstverständlich in der eigenen Familie genauso. „Sohnespflicht hieß vor allem: das vom Vater Begonnene bewahren und fortführen."[182] Hermann Wittgenstein ging zunächst mit Sicherheit davon aus, dass Paul, Louis und Karl seine Anteile der Firma *H. Wittgenstein & J. Figdor und Söhne* übernehmen und weiterführen würden. Einer schien anderes im Sinn zu haben.

Die elf Kinder von Fanny und Hermann Wittgenstein:
Fine, Karl, Milly, Lydia, Louis, Clara, Bertha, Paul (stehend von links);
Anna, Clothilde und Marie (sitzend von links).

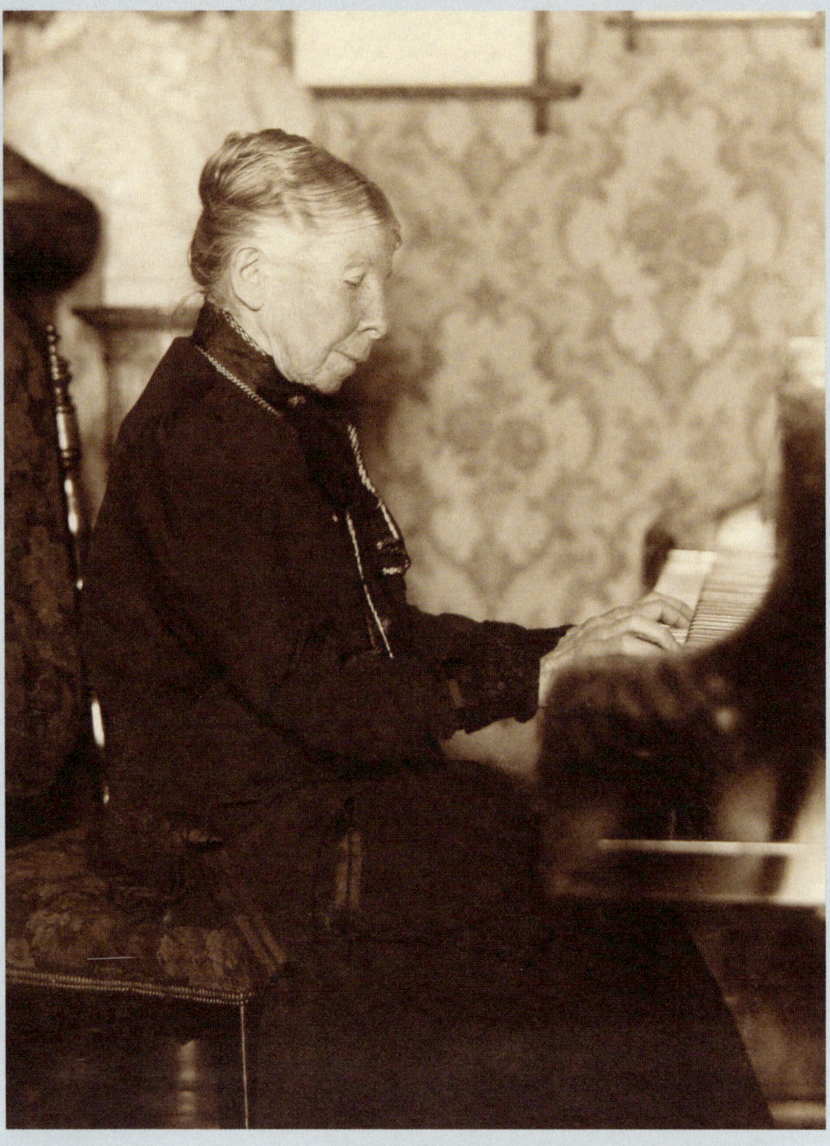

## ÖSTERREICH WIRD ZUR NEUEN HEIMAT

*1856 zog die Familie Wittgenstein von Schloss Vösendorf
nach Mauer bei Wien und wohnte hier im Haus Hauptplatz Nr. 10
(unten rechts). „Tante" Clara Wittgenstein (links) erwarb
1907 zusammen mit ihrem Bruder Paul das Palais Kaunitz
in Laxenburg. Ihre Schwester Josephine „Fine" Wittgenstein
(rechts) heiratete den Chemiker Johann Nepomuk Oser.
Gemälde von Philip Alexius de László, 1900.*

Mauer, 270 m Seehöhe, N.-Oe.

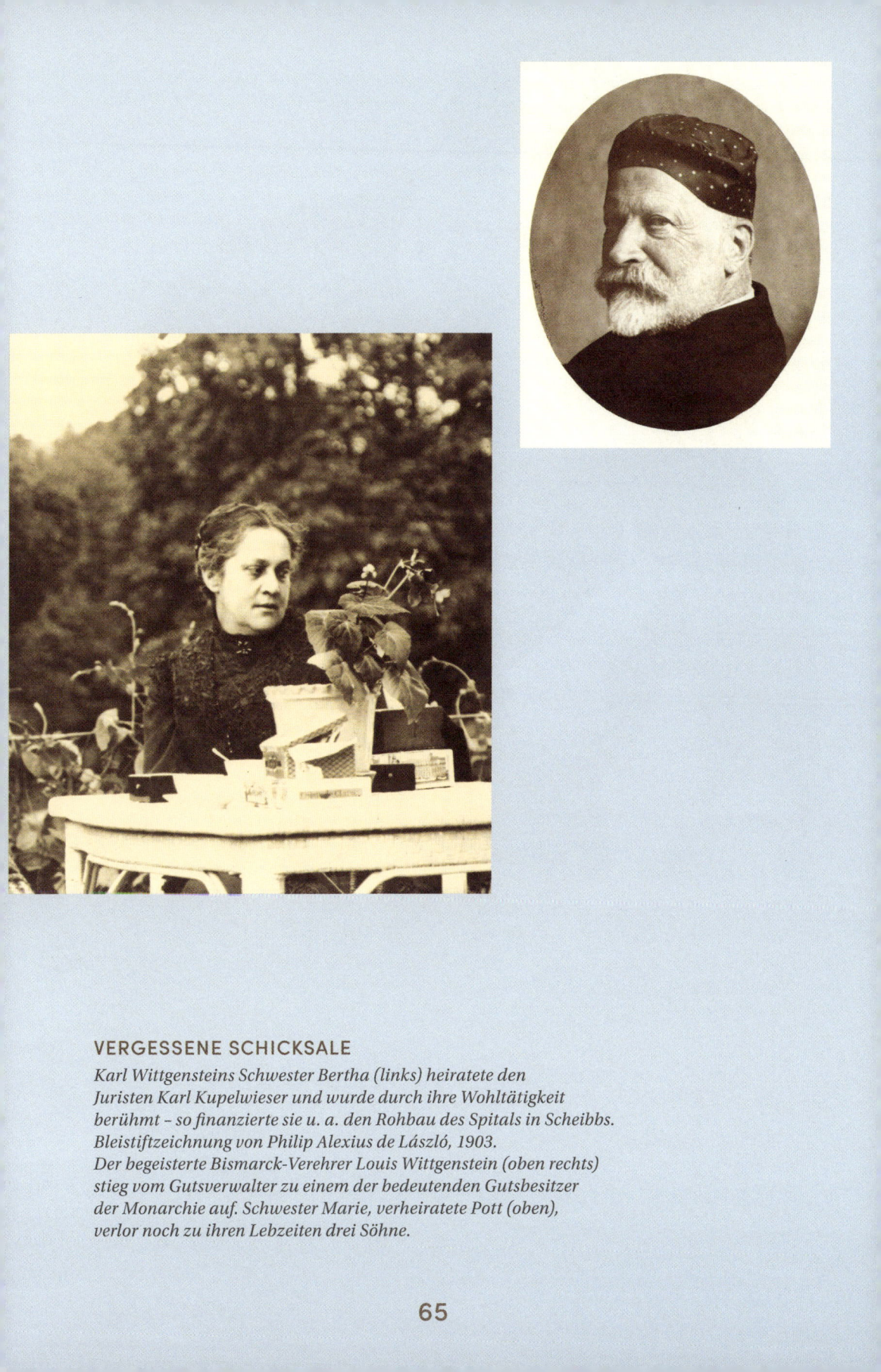

## VERGESSENE SCHICKSALE

*Karl Wittgensteins Schwester Bertha (links) heiratete den
Juristen Karl Kupelwieser und wurde durch ihre Wohltätigkeit
berühmt – so finanzierte sie u. a. den Rohbau des Spitals in Scheibbs.
Bleistiftzeichnung von Philip Alexius de László, 1903.
Der begeisterte Bismarck-Verehrer Louis Wittgenstein (oben rechts)
stieg vom Gutsverwalter zu einem der bedeutenden Gutsbesitzer
der Monarchie auf. Schwester Marie, verheiratete Pott (oben),
verlor noch zu ihren Lebzeiten drei Söhne.*

„Großer sittlicher Ernst und Pflichtgefühl"
(Tochter Hermine Wittgenstein) wurden zur Leitschnur
ihrer Ehe: Karl und Leopoldine „Poldy" Wittgenstein.
Fotografie des k. u. k. Hofateliers Adèle, um 1900.

# VOM TELLERWÄSCHER ZUM STAHLBARON

## KARL WITTGENSTEIN
## UND SEIN AUFSTIEG ZUM MULTIMILLIONÄR

Karl Wittgensteins Biografie liest sich wie ein Filmdrehbuch aus Hollywood: Er kam am 8. April 1847 in Gohlis als sechstes von elf Kindern Hermann und Fanny Wittgensteins zur Welt und war der jüngste von den insgesamt drei Söhnen des Ehepaars. Vier Jahre später (1851) zog die Familie nach Schloss Vösendorf in Niederösterreich, wo Karls vier jüngere Geschwister geboren wurden. 1856 erwarb die Familie Wittgenstein das Gut Mauer bei Wien. 1860 zog sie nach Wien, wo Vater Hermann nun mehr im Immobilienhandel und als Gutsverwalter arbeitete.

Der Konflikt zwischen Vater und Sohn war scheinbar vorprogrammiert und zeichnete sich bereits sehr früh ab. Hermann Wittgenstein galt als wortkarg und streng, als jemand, dessen Autorität weder in geschäftlichen Dingen noch privat in Frage gestellt werden durfte. Karl wiederum war ein eigensinniges Kind. Hermanns besondere Liebe galt Paul, seinem ältesten Sohn, den er bald als Nachfolger und Haupterben seines Vermögens ausersehen hatte, mit Karl wusste er wenig anzufangen.[183] Karl Wittgensteins Begabung „war nicht von vornherein so offenkundig wie seine Originalität und sein Eigensinn".[184] Er war für seinen Witz und seine Parodien bekannt. Auch Hermine Wittgenstein zufolge unterschieden sich Vater und Sohn enorm, Hermann wird hier als schwerfällig, knauserig und rigide, steif und förmlich, Sohn Karl im Gegensatz dazu als humorvoll, spontan und großherzig beschrieben. Waren es diese Gegensätze oder vielleicht doch auch die Ähnlichkeiten der beiden schwierigen Persönlichkeiten, die sich rieben, beide neigten zu

Despotismus und reagierten autoritär, wenn ihnen etwas nicht passte, beides musste fast zwangsläufig zu Konflikten führen. Waugh spricht von einer richtiggehenden Feindschaft der beiden, väterlicherseits von „unausgesetztem Herabwürdigen und Missbilligen dessen, was Karl tat".[185] Und dazu kam nach der Flucht aus dem Elternhaus, die im Folgenden beschrieben wird, eine noch größere, scheint's unüberwindbare Kluft, die sich auftat.

## ON THE ROAD:
## KARL WITTGENSTEIN IN AMERIKA

Karl Wittgenstein rebellierte schon früh, bei seinem ersten Ausreißversuch war er elf, er kam bis Klosterneuburg nahe Wien, wo er, eine falsche „sächsische" Identität vorspielend, aufgegriffen, enttarnt und von der Polizei nach einer Nacht heimgebracht wurde. Es sind zahlreiche Anekdoten überliefert von seinen Abenteuern und ausgefallenen Ideen. Er „reparierte" die Schlossuhr, sodass sie die ganze Nacht schlug. Seine teure Geige verpfändete er, um eine Glasschneidemaschine zu erwerben, mit einer Kutsche seines Vaters verursachte er auf einer Spritztour mit seiner Schwester und deren Freund einen Unfall, weil er zu schnell fuhr, wobei sich der Freund das Nasenbein brach. Mit 17 verließ Karl nach Androhung eines Verweises im letzten Jahr das Akademische Gymnasium („1864 Consilium abeundi"[186], diktiert Karl seiner Tochter Hermine), weil er in einem Aufsatz die Unsterblichkeit der Seele bezweifelt hatte. Schwaner interpretiert dies auch als Rebellion gegen das österreichische Schulsystem des 19. Jahrhunderts, sie zitiert Stefan Zweig, dessen Einschätzung Karl Wittgenstein geteilt haben könnte, denkt man daran, dass er später seinen Kindern, sicher angesichts eigener Erfahrungen, lieber Privatunterricht angedeihen ließ: „Schule war für uns Zwang, Öde, Langeweile, eine Stätte, in der man die ‚Wissenschaft des nicht Wissenswerten' in genau abgeteilten Portionen sich einzuverleiben hatte, scholastische oder scholastisch gemachte Materien, von denen wir fühlten, dass sie auf das reale und auf unser persönliches Interesse keinerlei Bezug haben könnten."[187] Karl soll jedoch Matura machen, möglichst noch im Frühjahr 1865. Dieser Druck und dass ihn sein Vater zum Landwirt (und ihm quasi nachfolgend Gutsverwalter) bestimmt hatte, passte Karl nicht.[188] Der strenge Vater wiederum erlaubte Karl nicht, an der Technischen Hochschule zu studieren, woraufhin sich Karl im Jänner 1865 als 18-Jähriger entschloss, nach Amerika auszureißen, mit einem falschen Pass, den er einem Studenten abgekauft hatte, seiner Geige und

200 Gulden von seiner Schwester Anna als einzigem Besitz. Die folgenden Ausführungen beruhen auf autobiografischen Skizzen, die Karl Wittgenstein kurz vor seinem Tod Hermine diktierte und die sie in ihren *Familienerinnerungen* wiedergab.[189] Dieser Lebensabschnitt hat sich später gut zur Legende um den Aufstieg Karl Wittgensteins gefügt. Zweifellos ist er durch die „harte Schule Amerikas" gegangen, machte früh mit dem „Ernst des Lebens" Bekanntschaft, schlug sich lange durch, gleichzeitig konnte er sich jedoch einer etwaigen materiellen Hilfe seiner Familie immer sicher sein.[190]

Zunächst wohnte Karl zwei Monate in der Krugerstraße in Wien zur Miete, versteckt vor seiner Familie. Er war sang- und klanglos verschwunden, seine Eltern glaubten zunächst an einen wetterbedingten Unfall. Tage, Wochen und schließlich Monate blieb man ohne Nachricht. Man vermag sich auszudenken, welch Ängste dies bei Eltern und Geschwistern hervorrief. Im Hause Wittgenstein wagten die Geschwister nicht mehr, den Namen ihres Bruders vor den Eltern auszusprechen. Über die Grenze in Bodenbach war Karl schließlich nach Hamburg gelangt, wo er ein Schiff nach New York bestieg und dort im April 1865 ankam. Sein Kapital war damit verbraucht. Zunächst blieb er hauptsächlich in New York und war in mehreren Berufen tätig, zutreffender wohl übte mehrere Tätigkeiten aus: als Kellner, als Geiger in einer Straßenkapelle, Nachtwächter, als Steuermann auf einem Kanalboot und erneut als Kellner in einer Bar in Washington („dort der erste bessere Verdienst"). Nächste Station war ein College in Manhattanville als Lehrer für Violine und Mathematik in deutscher Sprache, die Bezahlung bei freier Kost und Logis betrug zehn Dollar monatlich. Weil er zu jung war, um sich durchzusetzen, musste er in der Folge erneut als Nachtwächter arbeiten, dann wieder als Lehrer im „Asylum for destitute children" in Westchester, zuletzt unterrichtete er an einem angesehenen College in Rochester mit Gehalt und sehr gutem Essen. Einem Brief an Bruder Louis im Februar 1866 zufolge gab er auch Unterricht für Tenorhorn, das er spielen gelernt hatte, und in Latein und Griechisch.[191] Ein gewisser sozialer und wirtschaftlicher Aufstieg lässt sich ausmachen, aber als reine Erfolgsgeschichte lässt sich die Amerika-Episode keinesfalls deuten. Wittgenstein schließt seine Aufzeichnungen lapidar mit: „Anfang 1867 mit Geld und neuen Kleidern nach Hause"[192], treffsicher zu Beginn des wirtschaftlichen Aufschwungs der Gründerjahre.

Wir sind über sein Amerika-Abenteuer ausschließlich von ihm selbst und aus wenigen Briefen informiert. Im September 1865 (und nicht wie er selbst schreibt erst im November) meldete er sich erstmals mit einem Brief an den Verwalter von Vösendorf, mit dem er befreundet war.[193] Die Geschwister und seine Mutter reagierten auf diese, wenn auch nicht an sie gerichtete Nachricht sofort, ein reger Briefaustausch entstand. Vater Hermann verweigerte jeden Kontakt. Schwester Bertha flehte Karl an, sich mit den Eltern in Verbindung zu setzen. Karl traute sich nicht, wie er Bertha mitteilt: „Denn ebensowenig ich jetzt den Muth hätte vor sie zu treten und sie um Verzeihung zu bitten, noch weniger möchte ich es auf dem Papier thun, das geduldig, nicht roth wird. Ich kann es erst dann thun, wenn sich mir Gelegenheit bieten wird, ihnen meine Besserung zu zeigen…"[194] Die Mutter bedrängte ihn mit weiteren Briefen, schickte ihm Geld, bat ihn, ihr zu schreiben, zunächst vergeblich. Die von der Familie immer wieder angebotene finanzielle Unterstützung lehnte er zwar ab, nahm sie aber dann doch an. An Louis schreibt er: „… [S]chicke nicht soviel Geld", gleichzeitig kann dem Brief entnommen werden, dass er von den 101 empfangenen Dollar bereits rund 30 ausgegeben hatte, das Geld dürfte also nicht ungelegen gekommen sein. Die Self-made-Geschichte Karls seines „American Dreams", wie später von ihm kolportiert, kriegt hier Risse. Es erstaunt (oder auch nicht), was Karl in seinen Briefen wichtig zu erwähnen war: „Ich bin anständig angezogen, immer in anständiger Gesellschaft."[195]

> *„Ich glaube mein Talent ist eingebildet.*
> *Auf jeden Fall werde ich das tun,*
> *was meine Eltern wollen."*

KARL WITTGENSTEIN

Ein schlechtes Gewissen seinen Eltern, vor allem seinem Vater gegenüber, wen wundert's, dürfte ihn lange geplagt haben. Er schreibt im Oktober 1865 an seinen Bruder Louis: „Ich habe nur einen Wunsch, Du errätst ihn gewiss, mit Papa besser zu stehen." Doch vor der Heimkehr gilt es, dem Vater noch etwas zu beweisen: „Sobald ich in einem Geschäft eingetreten sein werde, schreibe ich ihm. Die Geschäfte gehen hier sehr schlecht, und Leute sind im Überfluss vorhanden, darum musst Du Dich nicht wundern, wenn ich noch keine andere Beschäftigung habe."[196] In ein Geschäft im engeren Sinn, siehe auch die Aufzählung der Gelegenheitsjobs und Anstellungen oben, trat Karl nicht ein. Auch aus einem weiteren Brief an Louis werden Angst und Respekt vor dem Vater erkennbar, er gibt seinen Kampf verloren. „Wenn es Papas dringender Wunsch ist, dass ich auf eine Farm gehen soll, werde ich es natürlich tun. Sonst würde ich

Buchhaltung lernen oder Zeichnen. Mama wünscht, dass ich in eine Maschinen-fabrik gehe. Ich glaube mein Talent ist eingebildet. Auf jeden Fall werde ich das tun, was meine Eltern wollen."[197] Das klingt nach Reue, vielleicht nach Desillu-sionierung über seine Erfahrungen im „Land der unbegrenzten Möglichkeiten", ähnlich klingt es in einem Brief an Bertha an[198]. Seine Erwartungen waren wohl andere gewesen, gleichwohl bleibt sein Amerika-Bild zeitlebens positiv. Letztlich schrieb er endlich auch an seine Mutter über seine Scham- und Reuegefühle den Eltern und Geschwistern gegenüber, erschöpft, weil er ein halbes Jahr lang an ei-ner extremen Form der Diarrhoe (vielleicht Ruhr) gelitten hatte, und deprimiert.

Danach kehrte er „abgemagert und fiebrig" (er selbst spricht von „Geld und neuen Kleidern") und mit einer seltsamen Mischung aus Deutsch und amerikani-schem Englisch sprechend nach Wien zurück.[199] Sein Bruder Louis erlebte ihn als „ganz verändert, förmlich apathisch ..., als habe er direkt einen Choc erlitten".[200] Auch Hermine macht einen „Sprung" in seinem Wesen aus. Karl selbst versuch-te in seinen Erinnerungen und in Gesprächen einen ganz anderen Eindruck zu erwecken, die USA-Episode erscheint als eine Art soziale Aufstiegsgeschichte. Seine Erfahrungen in Amerika waren trotz aller Widrigkeiten insgesamt posi-tiv und nachhaltig und in von ihm später verfassten Zeitungsartikeln in der *Neuen Freien Presse*, die in drei Bänden gesammelt veröffentlicht wurden und in denen er seine teils wohl auch bedrückenden Erlebnisse und Erfahrungen nahezu verklärt,[201] brachte er seine Bewunderung für den hohen Lebensstan-dard der amerikanischen Arbeiterschaft und seine Leidenschaft für die Ver-einigten Staaten zum Ausdruck.[202] Seine eigenen Geschäftsmethoden wurden in der Presse später häufig als „amerikanisch" bezeichnet, er selbst zum „Ame-rikaner in Wien".[203] Aufgrund seiner euphorischen Artikel kam der Ruf nicht von ungefähr, gemeint war damit nicht nur Positives. Amerika stand für ein Land der Verheißungen, für den Traum des Aufstiegs vom Tellerwäscher zum Millionär (ein wenig stilisierte sich Wittgenstein zu einem solchen Aufsteiger), aber auch für harten Kapitalismus, für beinharte Geschäftsmethoden, für vie-les, das Karl Wittgenstein für viele verkörperte, eben den Amerikaner in Wien.

Für seine Eltern war er spätestens jetzt als der missratene Sohn ab-gestempelt.[204] Die Förmlichkeit Hermanns und das Unkonventionelle Karls vertrugen sich nicht, die Beziehung der beiden kühlte noch mehr ab. Zwar entsprach Karls Verhalten ganz den Vorstellungen Hermanns, dass es Ent-schlossenheit brauche, man allein sein Glück versuchen müsse, dass eine gewisse Abhärtung gut und notwendig sei, doch waren ihre Temperamente einerseits zu verschieden, andererseits wohl zu ähnlich, was ihren Eigen-sinn und ihr Unabhängigkeitsstreben betraf.[205] Paul und Louis, Karls Brüder, hatten sich jedenfalls bereitwilliger den beruflichen Wünschen des Vaters gefügt.

# SCHRITT FÜR SCHRITT:
## BERUFSEINSTIEG UND FAMILIENGRÜNDUNG

Nach seiner Rückkehr aus den USA holte Karl Wittgenstein 1867 als 20-Jähriger wie von den Eltern gewünscht die Matura nach und wurde zunächst bis Herbst 1867 zur Arbeit auf einen der Pachthöfe seines Vaters in Deutschkreutz (heute im Burgenland) geschickt. Anschließend schrieb er sich an der Technischen Hochschule ein. Mutter Fanny Wittgenstein hatte im Gegensatz zu Vater Hermann für einen technischen Beruf plädiert – also doch einmal erfolgreicher Widerstand der Mutter. Nachmittags praktizierte Karl schlechtbezahlt in der Maschinenfabrik der Staatsbahn. Sein Ingenieurstudium brach er nach einem Jahr ab. Nach mehreren Arbeitserfahrungen (1868/69 in der *Sigl'schen Maschinenfabrik* als Zeichner, danach bis Mitte 1870 als Assistent in Neuberg und Mariazell, aushilfsweise als Hilfskonstrukteur beim Schiffbauunternehmen *Adriatico Navale* in Triest,[206] bei einem Zivilingenieur als Fachmann im Turbinenbau, ab dem Frühjahr 1871 bei der ungarischen Nordostbahn in Szatmár und Budapest) arbeitete er 1872, 25-jährig, als Ingenieur bei den *Neufeld-Schoeller-Werken* in Ternitz, unter Direktor Paul Kupelwieser, und wurde mit Konstruktionsplänen für ein neues Walzwerk in Teplitz (Teplice) beauftragt. Das sollte den ersten Knackpunkt in Karl Wittgensteins Karriere bedeuten. Paul Kupelwieser war der Bruder von Wittgensteins Schwager Karl Kupelwieser, der seit 1869 mit Bertha Wittgenstein verheiratet war und der Karl Wittgenstein Paul empfohlen haben dürfte.[207] Paul Kupelwieser war überrascht vom außerordentlichen Fleiß, von der Genauigkeit und dem Geschick Wittgensteins.[208] Dieser folgte Kupelwieser schließlich auch in den Kurort Teplitz, wo er dann bei der Ausstattung des Walzwerks mit neuer Bessemer-Technologie mitarbeitete. Karl Wittgenstein verdankt somit sowohl Karl als auch Paul Kupelwieser die erste Etappe seines beruflichen Aufstiegs, Karl Kupelwieser wiederum verdankte den Wittgensteins, die er durch Paul Wittgenstein, den Bruder Karls, kennengelernt hatte, durch seine Einheirat seinen gesellschaftlichen Aufstieg und Eintritt in eine neue Welt. Gegenseitige Wertschätzung und Wichtigkeit verbanden die Familien zusätzlich.

Eine Hochzeit war es somit neuerlich, wie im Fall der Figdors eine Generation zuvor, die die Verbindung zwischen den Familien Kupelwieser und Wittgenstein intensivierte. Die Hochzeit im Jahr 1869 erregte nicht zuletzt Aufsehen, weil ein Katholik, Karl Kupelwieser, mit Bertha Wittgenstein eine Protestantin heiratete und dies noch dazu zu einer Auseinandersetzung der Familien über den Trauungsort führte, letztlich wurde in St. Stephan katholisch geheiratet. Berthas Mutter, Franziska Wittgenstein, hatte allerdings heftig interveniert und – aus Glaubensgründen – durchgesetzt, dass die Hochzeit nicht im Marienmonat Mai stattfand.[209] Aus der Ehe gingen vier Kinder hervor, zwei Töchter, Paula Franziska Johanna und Ida Kupelwieser, sowie zwei Söhne, Ernst Hermann Leopold (der 1892 18-jährig Suizid beging) und Johann Paul (Hans).

Kehren wir zu Karl Wittgenstein zurück. Durch die Vermittlung und Förderung der Kupelwiesers begann Wittgenstein wie erwähnt 1873 als technischer Zeichner für die neu gegründeten *Teplitzer Walzwerke* unter Generaldirektor Paul Kupelwieser in Nordböhmen zu arbeiten. Die *Teplitzer Walzwerke und Bessemerhütte* waren 1872 in Zuckmantel (Pozorka) zur Herstellung von Grobblechen gegründet worden und führten 1873 als erstes Walzwerk in Böhmen das Bessemer-Verfahren zur Stahlherstellung ein. Am Gründungskapital des Unternehmens waren neben dem Haus Liebieg (ein Textilimperium mit Zentrum in Reichenberg/Liberec) unter anderem die *Teplitzer Bank*[210], der *Länderbanken-Verein*[211] und mit einem geringeren Betrag auch Franziska Wittgenstein[212], Karls Mutter, beteiligt. Im Verwaltungsrat der *Teplitzer Bank* war Johann Liebieg (1836–1917)[213] Präsident, Mitglied des Verwaltungsrates war Carl Wolfrum jun. aus der Aussiger Wolfrum-Dynastie, Prokurist von Beginn an Max Feilchenfeld, der allerdings bei Gründung der *Teplitzer Bank* 1872 erst 20 Jahre alt war.[214] Die Bank wurde bereits ab 1877 liquidiert.[215] Der Verwaltungsrat der *Teplitzer Walzwerke* überschnitt sich personell teilweise mit dem der *Teplitzer Bank*, als späterer Konsorte Wittgensteins war Carl Ritter von Wessely von Anfang an im Verwaltungsrat dabei.[216]

Nahezu alle zuvor genannten Personen sollten zukünftig eine wichtige Rolle im Wittgenstein'schen Personennetzwerk einnehmen, und das teilweise über 35 Jahre bis zu Karl Wittgensteins Tod 1913. Karl Wittgenstein leitete in Teplitz zwei Jahre lang die Reparaturwerkstätte und die Eisengießerei. Er war erfinderisch, 1874 erhielt er ein Privileg „auf eine eigenthümliche Erzeugungsweise aller Gattungen Schaufeln aus wie immer geformten Eisen- und Stahlstücken".[217] Laut Hermine Wittgenstein, einer allerdings nicht gerade objektiven Betrachterin, was ihren Vater betrifft, machte er aus „Tag und Nacht, Werktag und Feiertag" keinen Unterschied, war „immer wieder im Werk zu finden".[218] Im hellen Sonntags-Sommeranzug war sich der nun als Ingenieur bezeichnete Karl Wittgenstein nicht zu schade, bei Werksbesuchen selbst kleine Reparaturen vorzunehmen und sich dreckig zu machen. Das könnte so gewesen sein, passt aber auch zu den typischen Heldengeschichten von paternalistischen, „herzensguten" Unternehmern und Karl Wittgenstein sollte noch andere Seiten seiner Persönlichkeit zeigen. Und so viel Zeit kann er gar nicht in Teplitz verbracht haben, bis auf Hermine kamen alle Kinder in Wien zur Welt.

Beruflicher Anfang und Liebe bzw. Familiengründung fielen bei Karl Wittgenstein zeitlich zusammen. Karl, gutaussehend, sportlich, ein blendender Fechter und Reiter,[219] machte durch einen Zufall und in der Folge die Vermittlung seiner Schwestern die Bekanntschaft von Leopoldine „Poldy" Kallmus (häufig auch Kalmus), *14. März 1850 in Wien, †3. Juni 1926 ebendort. Dem Mann einer der Schwestern Leopoldines, Major von Bruckner, war 1872 ein Trakt des Schlosses in Laxenburg, wo auch Wittgensteins logierten, als Dienstwohnung zugewiesen worden, und so lernten sich die Familien, vor allem die junge Generation, bei gegenseitigen Besuchen kennen.[220] Nicht zuletzt durch gemeinsames Musizieren kamen sich Karl und Leopoldine näher und Karl verliebte sich in sie. Leopoldine Kallmus stammte aus einer Prager jüdischen Familie, wurde aber katholisch erzogen und konvertierte zum Katholizismus. Ihr Vater Jakob Kallmus (1814–1870), ein aus einer jüdischen Großhändlerfamilie stammender Weinhändler, war 1832 zum Katholizismus konvertiert und heiratete bereits verwitwet die aus einer Kaufmannsfamilie in der Untersteiermark stammende Marie Stallner (1825–1911), die einzige nicht jüdische Vorfahrin der Wittgensteins. Deren Vater Johann Stallner war ein wohlhabender Kaufmann in Lichtenwald, ihre Mutter verlor Marie früh.[221] Marie war früh verheiratet worden und unter die Fittiche ihrer Schwiegermutter Sophie Anna Kallmus (1790–1859) geraten, in diesem Fall ein Segen, da diese, nach ihrer Konversion eine fromme Katholikin, eine gütige und selbstlose Frau war. Das Ehepaar Kallmus sparte einerseits, ein Abendessen gab es nicht, andererseits hatte es Jakob als Kaufmann zu einigem Wohlstand gebracht, hatte eine Villa auf der Hohen Warte in Döbling als Sommeraufenthalt gemietet und beschäftigte ein Dienstmädchen, Rosalie Herrmann, die über Jahrzehnte und für mehrere Wittgenstein-Generationen eine bedeutende Rolle in der Familiengeschichte einnehmen sollte.[222] Jakob und Marie Kallmus bekamen drei Kinder, Sophie (1846–1903), Gabriele „Ella" (1848–1925) und eben Leopoldine, Poldy, die jüngste, der erklärte Liebling ihres Vaters. Leopoldine war 20, als ihr Vater Jakob starb. Selbstlosigkeit, hohes Pflichtgefühl, Bescheidenheit, die Fähigkeit mitzuleiden, vor allem aber eine hohe Musikalität, sie spielte sehr gut Klavier, dürfte Leopoldine teils geerbt haben, teils ihrer Erziehung zu verdanken gehabt haben.[223] Zu ihrer Mutter Marie Kallmus, die ein hohes Alter erreichte und 1911 starb, hielt sie bis zuletzt ein enges Verhältnis. Auffällig ist, dass weder Stallners noch Kallmus in der Familiengeschichte so präsent sind wie etwa Figdors, obwohl spätere Prominenz wie ein Friedrich Hayek, Vertreter der Österreichischen (Wiener) Schule der Nationalökonomie und Theoretiker des Neoliberalismus, der 1974 den Nobelpreis für Wirtschaftswissenschaften erhielt, aus der Familie Stallner stammte.[224]

Leopoldine Kallmus kam aus vergleichsweise einfacheren Verhältnissen, das feierliche Zeremoniell bei Wittgensteins, etwa beim Essen, verstörte sie, schüchterte sie ein.[225] Hermann Wittgenstein beharrte nunmehr auf Seidenkleidern seiner Töchter beim Mittagessen und führte immer eine von ihnen selbst an den Tisch. Karl bezeichnete die häuslichen Mittagessen wegen ihrer steifen, würdevollen Art ironisch-abwertend als „das Hochamt", später sollte er bei derartigen Anlässen ähnlich steif wie sein Vater werden. Karls Schwestern bewunderten Poldy, wie sie in der Familie gerufen wurde, für ihre Selbstlosigkeit[226] und ihre große musikalische Begabung, mit Josephine und insbesondere Clara verband Poldy bald eine enge Freundschaft. Clara scheint wiederum auch Karls Lieblingsschwester gewesen zu sein, wie zahlreichen Briefen zu entnehmen ist, das von Karl häufig für Clara verwendete „Geliebte" befremdet ein wenig und verdankt sich wohl jugendlichem Übermut.[227] Die Schwestern halfen bei der Annäherung der beiden. Karl verlobte sich im September 1873, seinen Vater stellte er mehr oder minder vor vollendete Tatsachen. Hermann Wittgenstein stand der Brautwahl Karls skeptisch gegenüber. Als konvertierter Jude wollte Hermann Wittgenstein keine Schwiegerkinder mit jüdischen Wurzeln, eine durchaus verbreitete Reaktion vieler Konvertiten der ersten Generation, vielleicht verständlich(er) angesichts der schwierigen Situation, in der sich das Judentum in der Monarchie in der Periode der jüdischen Emanzipation befand. Vielleicht war es aber auch mehr die Skepsis gegenüber Karl.

Auch Karls Mutter war sich der Eignung ihres Sohnes zum Ehemann nicht sicher, obwohl sie von Leopoldine sehr angetan war und große Hoffnungen in sie setzte, wie auch ein Brief zum Ausdruck bringt: „Carl hat ein gutes Herz, hellen Verstand, aber – er ist zu früh aus dem Elternhaus gekommen. Die endgültige Erziehung, Regelmässigkeit, Ordnung, Selbstbeherrschung, das, hoffe ich, wird er durch Ihren liebevollen Umgang lernen."[228] Karl brauchte aber laut Gesetz die Einwilligung des Vaters, die dieser schweren Herzens gab. Hermann äußerte sich zur Verlobung bzw. zu seinem Sohn Karl in einem Brief an Leopoldine zustimmend, sich zurücknehmend, fast resignierend, wie es scheint: „Mein Sohn Carl ist von seiner frühesten Jugend an, im Gegensatz zu seinen Geschwistern, seine eigenen Wege und schliesslich nicht zu seinem besonderen Nachteil gegangen", und weiter: „… Da er so voll Ihres Lobes ist, in das auch seine Schwestern mit Wärme einstimmen, so habe ich mich nicht für berechtigt gehalten, ihm irgend welche Schwierigkeiten zu machen und wünsche ich von Herzen, dass Ihre und seine Wünsche und Hoffnungen, auf eine glückliche Zukunft in Erfüllung gehen mögen."[229] Aus dem abschließenden Satz des Briefes wird deutlich, dass Hermann Leopoldine noch nicht persönlich kennengelernt hatte, was befremdlich wirkt.[230]

Karl Wittgenstein und Leopoldine Kallmus heirateten am Valentinstag, dem 14. Februar 1874, getraut wurden sie in St. Stephan. Leopoldine, selbst zum Katholizismus konvertiert, ließ alle Kinder katholisch taufen, während Karl Wittgenstein Protestant (evangelisch AB) war. Mischehen waren verpönt, gesellschaftlich geächtet, nicht nur zwischen Judentum und Christentum, sondern auch zwischen Katholikinnen/Katholiken und Protestantinnen/Protestanten, das hatte ja bereits die Hochzeit Bertha Wittgensteins bewiesen. Gab es diesbezüglich wieder Widerstand gegen die Hochzeit von Karl und Leopoldine? Und wie sah es mit mit Religion und Glauben generell aus? Wie empfanden sich die Wittgensteins selbst, als protestantisch oder doch noch jüdisch, die Kinder Karls, allesamt katholisch erzogen, als katholisch? In der Generation Karls findet sich ein starkes Engagement für den Protestantismus. Vor allem Louis Wittgenstein engagierte sich wie oben geschildert nachhaltig in der evangelischen Kirche. Sein und das Andenken anderer Familienmitglieder wird in der Evangelischen Gemeinde bis heute hochgehalten. Janik und Toulmin sehen nicht nur in Karl Wittgenstein die Idealverkörperung von Max Webers „protestantischer Ethik", sondern finden diese auch bei seinem Sohn Paul Wittgenstein aufgrund dessen Entschlossenheit und Willen, seine Karriere nach dem Verlust des Armes fortzusetzen.[231] Als jüdisch dürfte sich die Generation Karls nicht mehr verstanden haben,[232] auch wenn man immer wieder darauf verwiesen wurde und sich zumindest mit der jüdischen Abstammung auseinanderzusetzen hatte. Auch Paul und Ludwig begegneten bereits in ihrer Kindheit Antisemitismus. Sie wurden, als sie einem Sportverein beitreten wollten, unter Hinweis auf den sog. „Arierparagraphen" abgelehnt und fanden sich damit konfrontiert, dass ein großer Teil ihrer Vorfahren jüdischer Herkunft war.

Das erste Ehejahr von Karl und Leopoldine verlief nicht ohne Schwierigkeiten und Turbulenzen. Kurz vor der Geburt des ersten Kindes, Hermine (*1.12.1874 in Eichwald/Dubí bei Teplitz), legte Wittgenstein im Herbst 1874 seine Stellung in Teplitz wegen Streitigkeiten zwischen dem Präsidenten des Verwaltungsrates und Vorsitzenden des Direktionsrates der *Teplitzer Walzwerke* Pechar und Werksleiter Paul Kupelwieser, auf dessen Seite sich Wittgenstein schlug, nieder. Seine Solidarität zu Kupelwieser in Ehren, leicht machte er es mit seiner Entscheidung zur Kündigung seiner Frau nicht. Wittgenstein hatte sich für seinen neuen Job mit seiner schwangeren Frau und seiner Schwiegermutter Marie Kallmus (Schwiegervater Jakob war 1870 verstorben – es ist von Anfangsschwierigkeiten zwischen Schwiegersohn und Schwiegermutter die Rede[233]) sowie deren Gesellschafterin Rosalie Hermann in einer „bescheidenen, aber reizenden" Villa in Dubí/Eichwald, etwa 4 km nördlich von Teplitz entfernt am Südhang des Osterzgebirges, niedergelassen.[234]

Nach dem oben erwähnten Konflikt blieb er zunächst in Eichwald und war fast ein Jahr lang ohne feste Anstellung. Paul Kupelwieser berichtet allerdings von einer sorglosen Zeit Wittgensteins, einer, in der er „das Glück seiner jungen Ehe zu genießen" schien.[235] Wahrscheinlich war es genau diese Zeit, die das gegenseitige enge Verhältnis zwischen Vater und Tochter Hermine entstehen ließ. Freundschaft verband das Ehepaar Wittgenstein mit Karl Wolfrum und dessen Gattin, mit Kupelwiesers und zwei weiteren Ehepaaren, die in unmittelbarer Nachbarschaft der Wittgensteins wohnten. Zurück nach Wien, hieß es nun wieder, gerade als man sich in Teplitz eingelebt und eine neue Existenz aufzubauen versucht hatte und in Ungewissheit über Karls berufliche Zukunft. Im Sommer 1875 ließ sich die junge Familie in der Villa XAIPE, einem reizenden zweistöckigen Schlösschen am Eingang Meidlinger Tor zum Schönbrunner Schlosspark nieder, wo sie die nächsten vier Jahre verbrachte.[236] Der prunkvolle Wohnsitz verrät, welche Vorstellungen Karl von seinem Leben hatte. Doch der große, fast über zwei Stockwerke gehende acht Meter hohe Saal erwies sich als nicht heizbar. Leopoldine Wittgenstein hatte sich eine kleinere Wohnung mit allen Zimmern in einem Stockwerk (aufgrund schlechter Erfahrungen mit der zu großen Villa in Eichwald) nahe ihrer Mutter am Parkring gewünscht. Dies traf auf die Villa in Meidling, zu dieser Zeit nur mit dem Stellwagen erreichbar, absolut nicht zu, doch Karl hatte eine Vorliebe für schlossähnliche Bauten und sich über den Wunsch seiner Frau hinweggesetzt. Hans und Kurt wurden dort geboren. Dem energischen, rastlosen, ungeduldigen Karl setzte Poldy die „freundlichste Ruhe" und „unerschöpflichste Geduld" entgegen, hinter der heute abfällig klingenden Bezeichnung „Herzensalte", die er für seine Frau ein Leben lang (hoffentlich nicht bereits für die junge Mutter) verwendete, verbarg sich wahrscheinlich die Anerkennung für diese Eigenschaften.[237] Aus dem Jahr 1874 ist uns ein rares Bild aller elf Kinder von Hermann Christian und Fanny Wittgenstein, anlässlich deren Silberhochzeit überliefert. Karl Wittgenstein hatte zu diesem Zeitpunkt schon einen ersten bedeutenden Schritt seines beruflichen Aufstiegs vollzogen.

Bereits ab Sommer 1875 begann Karl für kurze Zeit im Büro des Zivilingenieurs Prohazka zu arbeiten.[238] Und letztlich lohnte sich die Solidarität mit seinem Schwippschwager und Protégé. Paul Kupelwieser war von den Aktionären der *Teplitzer Walzwerke* als Direktor bestätigt worden, der frühere Gegner Pechar war zurückgetreten. Die Ergebnisse des Walzwerks waren in den ersten Jahren durchwegs nicht zufriedenstellend gewesen: Baukosten wurden überschritten, das Roheisen war zu teuer eingekauft worden und nach der Krise 1873 – in den Gründerjahren zuvor war es zu einem richtigen Eisenbahnbaubaum gekommen – sanken die Verkaufspreise für Schienen, sodass das Unternehmen auch liquiditätsmäßig Probleme bekam.[239] 1876 folgte eine organisatorische Neuaufstellung des Unternehmens durch Karl Wolfrum, der sich dabei die deutschen Vorschriften zum Vorbild nahm.[240] Wittgenstein wurde Aufsichtsrat, auch weil er bzw. seine Mutter seit Gründung des Werkes 1872 eine kleine Beteiligung aufwiesen. Karl Wolfrum jun. und Wessely, die von Beginn an im Verwaltungsrat vertreten waren und Wittgenstein aus dessen Ingenieurszeiten in Teplitz kannten, hatten Wittgensteins Wahl nach Pechars Rücktritt 1876 durchgesetzt. Karl Wittgenstein wurde somit nach wenig mehr als einem Jahr wieder in Teplitz eingestellt. Die neu ausgearbeiteten Statuten wurden Muster für alle späteren Wittgenstein-Gesellschaften. Die Bilanz per Mitte 1876 wies erstmals einen (geringfügigen) Gewinn aus. Als wichtig für Teplitz erwiesen sich die Verbindungen Wittgensteins zu Isidor Weinberger, eines bald weiteren Vertrauten Wittgensteins, der die Wiener Geschäfte der Eisen- und Stahlwerke der Staatsbahn in Reschiza (Resita) führte.[241]

An dieser Stelle sei ein kurzer Blick auf die Rahmenbedingungen erlaubt: Die Eisen- und Stahlproduktion der Monarchie befand sich in einem gewaltigen Umbruch. Revolutionäre technische Innovationen und neue Verfahren bewirkten rasche Veränderungen. Die Jahrhunderte lang so bedeutende Kleineisenindustrie erfuhr einen rasanten Niedergang. Dem Kapitalismus als im 19. Jahrhundert neuem Wirtschaftssystem wohnte etwas Zerstörerisches inne, „schöpferische Zerstörung", wie es Joseph Schumpeter bezeichnete.[242] Produktionsverfahren und Produkte bedurften einer ständigen Erneuerung.[243] Nahezu in jedem Bereich der Eisenindustrie, besonders deutlich beispielsweise in der Sensenindustrie, vollzogen sich im Laufe des 19. Jahrhunderts Konzentrationsprozesse. Die industrielle Produktion verdrängt das Handwerk, das sich auf Nischenprodukte und Dienstleistungen zurückziehen muss. Die Industrie schafft aber auch neue Berufe, auch Handwerke und Gewerbe. Karl Wittgenstein begann als technischer Zeichner, ein Beruf, der erst mit der Zunahme an Industriebetrieben und Mechanisierung aufkam und rasch an Bedeutung gewann. Viele standen den neuen Technologien jedoch zögerlich gegenüber, scheuten die hohen Kosten und das Risiko. So setzte sich die Erzeugung von Roheisen mittels Koks in der Monarchie – im Gegensatz zu Frankreich oder Preußen – oder die Anwendung des Puddelprozesses nur langsam durch. Das Puddelverfahren[244], das die Verwendung der österreichischen Braunkohle ermöglichte, wurde in Österreich um 1830/40 eingeführt. Dort, wo viel Holz vorhanden war, war der Widerstand auf Kohle umzusteigen erwartungsgemäß größer. Wer die Zeichen der Zeit erkannte, konnte sich als Pionier eine gute Ausgangsposition schaffen. Die neuen Technologien und sonstigen Innovationen erwiesen sich traditionellen Verfahren bald weit überlegen und steigerten die Produktionsmengen beträchtlich. Auch in den böhmischen Ländern begann die Ablösung traditioneller Stahlgewinnungsverfahren mit der Inbetriebnahme des ersten Puddelofens in Witkowitz im Jahr 1830.[245] Den Höhepunkt dieser Technologie bildete das Jahr 1857, als das Puddelverfahren in den böhmischen Ländern einen Anteil von 81 Prozent an der Schmiedeeisenerzeugung besaß. Ein Defizit an Roheisen aus eigener regionaler Produktion machte Importe aus England, Deutschland und Russland unerlässlich. Zunächst konnten Roheisen und Stahl nur mithilfe von Holzkohle erzeugt werden, im sog. Stückofen, Vorläufer des späteren Holzkohlenhochofens, und im Holzkohlenfrischfeuer. Neben Bemühungen zur Effizienzsteigerung der Holzkohlenfeuerung wurde in der Steiermark mit den dort befindlichen, nicht zur Verkokung geeigneten Braunkohlevorkommen operiert. Aus England übernommen wurde in der ersten Hälfte des 19. Jahrhunderts die Tiegelgussstahlerzeugung.

In vielen Industriezweigen und Wirtschaftsbereichen waren es kleine, oft geringfügige Änderungen und Verbesserungen, die zu Produktivitätsfortschritten beitrugen. In der Eisenindustrie des 19. Jahrhunderts ist jedoch von gewaltigen Veränderungen durch die neuen Technologien auszugehen. Das Bessemer-Verfahren, 1856 von Sir Henry Bessemer erfunden, war Voraussetzung für den Übergang von der Schweißstahl- zur Flussstahl- und damit zur Massenstahlerzeugung.[246] Das Thomas-Verfahren, dessen Patent Karl Wittgenstein 1880 erwarb, ermöglichte wiederum die Verarbeitung des in Bömen phosphatreichen Eisens.

## UNTERSTÜTZUNG AUF GEGENSEITIGKEIT:
## DIE FAMILIE KUPELWIESER

Die Geschicke der Familie Kupelwieser[247] sind ähnlich den Figdors mit den Wittgensteins über mehrere Jahrzehnte eng verbunden, im Fall der Figdor mit Hermann Christian Wittgenstein, im Fall der Kupelwieser (hier vor allem Paul und Karl Kupelwieser) mit Hermanns Tochter Bertha Wittgenstein und seinen Söhnen Paul und dann vor allem Karl Wittgenstein. Doch in diesem Fall war es weniger das Geld, das die Wittgenstein heirateten, sondern die geschäftliche und industrielle Expertise und das Umfeld bzw. Netzwerk, das die Brüder Kupelwieser geknüpft hatten, insbesondere deren Verbindungen zur Welt der Montanindustrie. Beide Familiengeschichten verdeutlichen eindrucksvoll, wenn auch mit unterschiedlicher Gewichtung, dass „die individuellen Fähigkeiten nicht allein ausschlaggebend waren, sondern Familien-, Verwandtschafts- oder Freundschaftsbeziehungen eine wichtige Rolle für sozialen Aufstieg und Etablierung spielten".[248]

Der heute wohl bekannteste Vertreter der Familie ist der Maler Leopold Kupelwieser (1796–1862), Sohn eines Hammerwerkbesitzers.[249] Obwohl bereits zu Lebzeiten ein angesehener Historienmaler und Akademieprofessor, verstarb er 1862 als relativ armer Mann. Seiner 1826 geschlossenen Ehe mit Johanna, geb. Lutz, entstammten zehn Kinder, die zwischen 1827 und 1845 geboren wurden. Zwei Kinder starben im Säuglingsalter, drei Mädchen und fünf Burschen überlebten. Diese wuchsen in einem, so Karl Kupelwieser, „orthodox-katholischen" Elternhaus auf,[250] geprägt von der Denkweise der nazarenischen Künstlerkreise, denen Leopold Kupelwieser angehörte. Leopold Kupelwieser hatte mit der Heirat und der Geburt seiner Kinder eine radikale Wandlung vollzogen, eine vom „Saulus zum Paulus". Er hatte 1817/18 der *Unsinnsgesellschaft* angehört, einem Männerklub, der etliche Maler und Schriftsteller sowie Franz Schubert umfasste und eine Zeitschrift namens *Archiv des menschlichen Unsinns* herausgab, später einem Künstler- bzw. Bohemienkreis um Schubert. Überliefert sind ausschweifende Feste mit anschließenden sexuellen Eskapaden. Wegen ihrer Mittellosigkeit erhielt die Witwe nach Leopold Kupelwiesers Tod von der Akademie 1.000 Gulden Pension zugewiesen, die unversorgten Kinder erhielten kleine Waisenpensionen von je 60 fl. Das Auskommen war damit kaum gesichert. Von den Töchtern Kupelwiesers ist relativ wenig bekannt. Die älteste Tochter Marie konnte durch Elfenbeinmalerei und Kopieren alter Pergamentbildchen ein wenig zuverdienen und kam dann als Kammerfrau zu Erzherzogin Sophie, ihre Schwester Elisabeth wurde Kammerfrau der vierten Gattin von Kaiser Franz, Caroline Auguste, und trat später in den Orden der Frauen vom Heiligen Herzen Jesu in Graz ein, die dritte Schwester Johanna heiratete 1867 einen Arzt.[251] Die Finanzierung der Studien der männlichen Nachkommen erfolgte mithilfe von Kaiser Franz Joseph gewährter Stipendien, der sich an Leopold Kupelwiesers künstlerisches Talent erinnerte, und wohl auch durch Interventionen Caroline Augustes. Der familiären Enge, „wo gewissenhafte Befolgung der Kirchengebote selbstverständlich war", entgingen die Söhne erst auf der Universität und bei Sommeraufenthalten durch die Gesellschaft junger, lebensfroher Männer und Frauen. Karl Kupelwieser berichtet, dass seinem Vater klar geworden wäre, dass er die heranwachsenden Söhne nicht mehr zu einer „ultramontanen" Kirchlichkeit zwingen könne, der, so Karl, „wir uns mit dem besten Willen nicht mehr anzupassen vermochten".[252] Ein Vater-Sohn(Söhne)-Konflikt, der aber scheinbar einen guten Ausgang fand. Der älteste Sohn Leopold schlug die Offizierslaufbahn ein, Karl entschied sich für ein Jusstudium. Drei Söhne, Paul, Franz und Max Kupelwieser, entschieden sich für das Studium der Montanistik an der Berg-Akademie in Leoben, „das damalige ‚Silicon Valley' in Europa, in dem alle Informationen über geplante Eisenbahnprojekte zusammenliefen".[253] Selbst wenn diese Zuschreibung ein wenig übertrieben scheint, so erwarben die Brüder Kupelwieser in Leoben eine hohe Expertise im Bereich der Montanistik und dazu kamen noch die Kontakte zu den anderen Studenten, die nahezu allesamt Bergbaukarrieren vor sich hatten und sich eventuell für das eigene Fortkommen als nützlich erweisen konnten. Hier unterrichtete unter anderem Peter (ab 1864 Ritter von) Tunner, Pionier der österreichischen Eisenindustrie.[254] Er hatte das Bessemer-Verfahren 1864 in Turrach eingeführt,[255] später das Siemens-Martin-Verfahren. Ab 1840 hatte er in der Steiermärkisch-Ständischen Montanlehranstalt in Vordernberg unterrichtet, die 1849 aus Platzgründen nach Leoben übersiedelte und 1861 zur Berg-Akademie aufgewertet wurde.

In den Biografien mehrerer Kupelwieser werden etliche Überschneidungen mit dem Leben Karl Wittgensteins deutlich, so vor allem bei seinem Schwager Karl Kupelwieser (1841–1925), der die familiären Bande zu den Wittgensteins knüpfte. Er gab sich bzw. galt als „fescher Dandy" und war in der noblen Wiener Gesellschaft gern gesehen. Seine Frau Bertha Wittgenstein lernte er über die Bekanntschaft mit Berthas und Karls Bruder Paul Wittgenstein, mit dem er sich als Student in Wien angefreundet hatte, kennen. Dessen Vater Hermann Wittgenstein öffnete ihm die Wege zu „den feineren Genüssen edlerer Menschen" und in die „Gesellschaftssalons der reichen Bourgeoisie".[256] Die Wittgensteins, die Einheirat in eine der reichsten Wiener Familien, ebneten somit den Weg für die Karriere und Wohlhabenheit Karl Kupelwiesers, in der Folge dann vor allem der Eintritt in Karl Wittgensteins (Finanzierungs-)Konsortium. Es heißt aber auch, dass ihm nicht zuletzt das Experten- bzw. Insiderwissen seiner Brüder, die im Eisensektor zuhause waren, und gute Kontakte zur Wiener Börse zu seinem späteren Vermögen verholfen haben. Hermann Wittgenstein stand der Heirat seiner Tochter Bertha mit Karl Kupelwieser nicht sehr positiv gegenüber, lebte die Familie doch zunächst vom geringen Konzipientengehalt des jungen Anwalts (obwohl dieser die Kanzlei seines Onkels Leopold Sonnleitner leitete) und den 500 Gulden, die Bertha als Beisteuer zum Haushalt von ihrem Vater erhielt. Dies änderte sich, als sich bei Karl Kupelwieser geschäftlicher Erfolg, nicht zuletzt durch erfolgreiche Aktienspekulationen (in den letzten Jahren vor dem Wiener Börsenkrach im Mai 1873), einstellte.

Karl Wittgensteins nunmehriger Schwager Karl Kupelwieser fungierte in den kommenden Jahren als Aktionär und juristischer Beirat in Wittgensteins Konsortium, womit sein Wohlstand begründet und ausgebaut wurde. Der wachsende Reichtum war aber zugleich rasch mit einem Wandel des

Lebensstils verbunden. Im Jahr 1871 errichtete Karl Kupelwieser mit seinem ersten aus der Advokatur erworbenen Geld eine Villa in Pörtschach am Wörthersee, wo sich im Sommer um den jungen Brahms ein Kreis von „Fans" des Komponisten bildete. Karls Frau Bertha schwärmte wie fast alle Wittgensteins leidenschaftlich für Brahms. Sowohl Karl als auch dessen Bruder Franz Kupelwieser zählten zu den Pionieren, die sich in Pörtschach Villen errichten ließen (Franz die Villa Elli, Karl die Villa Sole), aus Pörtschach einen Erholungs- und Fremdenverkehrsort machten und zum Image des Wörthersees als Destination der Reichen beitrugen. Das ist eine weitere Dimension des Wirkens des Großbürgertums: Es unterstützte jene Gemeinden, in denen es seine Sommersitze hatte, auf vielerlei Art und Weise, förderte den Fremdenverkehr, errichtete Gebäude oder trat als Finanzier auf, spendete für Kirchen, Vereine, Veranstaltungen etc.[257] Bekannt ist etwa Bertha und Karl Kupelwiesers Wohltätigkeit für die landwirtschaftliche Schule in Heuberg in der Gemeinde Pyhra und das Spital in Scheibbs – Bertha finanzierte anlässlich des Todes ihres älteren Sohnes Ernst den Rohbau,[258] Karl nach Berthas Unfalltod die Fertigstellung des Krankenhauses mit einer Denkmalbüste seiner Frau. Unterstützt wurde von ihm auch die Errichtung der Volksschule in Lunz am See. Mit Pyhra und Lunz am See, beide in Niederösterreich gelegen, sind wir an zwei weiteren Stationen im abwechslungsreichen Leben des Ehepaares Kupelwieser-Wittgenstein angelangt, wobei Bertha sich mit der Rolle der großbürgerlichen Ehefrau nicht zufriedengeben wollte.

Beide entwickelten eine Leidenschaft für die Landwirtschaft. Bertha finanzierte 1891 aus dem Erbanteil, den ihr ihre Mutter († 1890) hinterlassen hatte, das oben schon erwähnte Gut Kyrnberg in Pyhra nahe St. Pölten, aus dem sie einen Musterbetrieb machte und u. a. seit 1896 mit Markenschutz versehenen Kyrnberger Gervais-Käse produzierte.[259] Karl Kupelwieser erwarb wiederum 1897 um 175.000 Gulden[260] aus dem Besitz des Grafen Festetics von Tolna das ziemlich heruntergekommene Gut Seehof-Hirschtal bei Lunz am See und führte einen großzügigen Ausbau zu einem herrschaftlichen Landsitz (Schloss Seehof) durch. Karl Kupelwieser beschritt wissenschaftlich neue Wege. Er gründete 1905/06 in Lunz am See mit der Biologischen Station für Plankton-Forschung das erste Hydro-Biologische Institut im ostalpinen Raum, 1910 das Institut für Radiumforschung und Kernphysik in Wien (Kupelwieser spendete 500.000 K für Bau und Einrichtung). Dieses war das erste Institut der Welt, das sich der Erforschung der Radioaktivität widmete und Weltruf erlangte. Zwei seiner Mitarbeiter, Victor Franz Hess für die Entdeckung der kosmischen Strahlung, George de Hevesy für die Entwicklung der radioaktiven Indikatormethode, wurden mit dem Nobelpreis ausgezeichnet. Karl Kupelwieser war auch selbst an Forschung interessiert, wobei seine größte Leidenschaft der Ichthyologie (Fischkunde) galt. Zudem waren beide, Bertha und Karl Kupelwieser, als Kunstmäzene bekannt. Bertha starb wie erwähnt im Juni 1909 mit 61 Jahren bei einem Autounfall, bei dem auch Karl Kupelwieser und ihr Schwager Paul Kupelwieser bzw. der Chauffeur verletzt wurden, als sie ihre Schwester Clara in Laxenburg besuchen wollte.[261] Karl Kupelwieser starb 1925. Sein Sohn Hans, eigentlich Johann Paul Max Leopold (so viel zum Traditions- und Familienbewusstsein der Kupelwieser) Kupelwieser, Universitätsprofessor für Zoologie, setzte einiges fort, was der Vater aufgebaut hatte. Er übernahm 1908 die Leitung der Station.

## „Das Geld schien ... auf der Straße zu liegen"

PAUL KUPELWIESER[262]

Karl Kupelwiesers Bruder Paul (1843–1919) begann nach seinem Montanistik-Studium 1861 bis 1865 als Ingenieur zunächst in Andritz bei Graz in der Bessemer-Stahlhütte und dem Schienenwalzwerk unter Direktor Josef Hall[263] zu arbeiten.[264] 1868 wurde Paul Kupelwieser im Stahl- und Bessemerwerk in Ternitz (NÖ), einem Unternehmen Alexander Schoellers und bis 1868 auch von Hermann Krupp, Betriebsleiter mit einem Gehalt von 2.400 Gulden, stellte als Direktor seinen Bruder Karl, mittlerweile zum Juristen promoviert, ein, erhielt aber 1872 vom Direktor der *Dux-Bodenbacher Bahn*, Johann Pechar, das Angebot, im böhmischen Teplitz ein Stahlwerk zu bauen. Kohle, so wurde ihm versichert, sei dort im Überfluss vorhanden, der Transport des erforderlichen englischen Roheisens über Hamburg nach Teplitz deutlich billiger als jener über Triest nach Ternitz, sein Gehalt mehr als das Doppelte und mit dem Haus Liebieg ein finanzkräftiger Investor (das zu emittierende Aktienkapital sollte 1,2 Millionen Gulden betragen) vorhanden.[265] Der ungeheure Reichtum an Kohle in unmittelbarer Umgebung von Teplitz hatte zu einem Gründungsfieber von Fabriken und Werkstätten geführt, das „Geld schien ... auf der Straße zu liegen".[266] Zur Erstellung der Pläne für dieses neue Werk benötigte Kupelwieser zwei technische Konstruktionszeichner, der erste, der sich bewarb, war Karl Wittgenstein. Der mittlerweile 25-Jährige bekam die Stelle (mit einem Monatsgehalt von 80 fl.![267]), auch wenn Kupelwieser nur geringe Erwartungen an die neue Arbeitskraft hatte. Er kannte Wittgenstein flüchtig als Schwager seines Bruders Karl, hatte ihn von dessen Hochzeit als „besonders hübschen, klugen, vor der Maturitätsprüfung stehenden Gymnasiasten" in Erinnerung.[268] Doch Karl Wittgenstein errang aufgrund seiner Energie, seiner Ideen und seines Engagements rasch Anerkennung und erhielt eine Stelle mit vollem Gehalt (Jahreseinkommen 1.200 fl.). Paul Kupelwieser baute das Teplitzer Werk zur ersten funktionierenden Bessemerhütte aus und befreite es aus groben finanziellen Schwierigkeiten nach dem Börsenkrach von 1873. Liebieg hatte nur für 800.000 fl. Aktien verkauft und konnte den Restbetrag nicht aufbringen, einige Kunden hatten sich für zahlungsunfähig erklärt.[269] Über Karl Wolfrum, einen der Verwaltungsräte des *Teplitzer Walzwerks und Bessemerhütte*, bzw. dessen Vater wurde Kontakt mit der *Leipziger Kreditanstalt* aufgenommen und diese half aus der Patsche und erwarb die restlichen Aktien. Paul Kupelwieser gelang es bis 1876, den Schuldenberg des Unternehmens abzubauen. Paul ließ Arbeiterwohnhäuser errichten und nach dem Börsenkrach, der das Teplitzer Werk schwer getroffen hatte, und dem neuen Kreditarrangement zog er mit seiner Frau aus seiner Villa aus und bezog eines dieser Häuser. Als Paul 1876/77 die Direktorenstelle in Teplitz aufgab, übernahm sie nach einer kurzen Unterbrechung Karl Wittgenstein, der sich damit eine gute Ausgangsposition für seinen weiteren geschäftlichen und wirtschaftlichen Aufstieg schuf.

Paul Kupelwieser wechselte 1876 auf Anfrage Wilhelm von Gutmanns zu den *Witkowitzer Eisenwerken* (der späteren *Witkowitzer Bergbau- und Hüttengewerkschaft*), die Rothschilds und den Brüdern Gutmann gehörten.[270] Die *Witkowitzer Eisenwerke* wurden im 19. Jahrhundert zu einem der bedeutendsten Unternehmen der mährischen Schwerindustrie bzw. der Habsburgermonarchie. Die Anlagen umfassten zu ihrer Blütezeit Kohleförderung, Kokerei, Roheisenerzeugung, Stahlveredelung bzw. -verarbeitung sowie Maschinenbau. Die Werke sind heute ein wichtiger Gedächtnisort der Tschechischen Republik – Hochöfen und Kokerei haben seit 2002 den Status eines Nationalen Kulturdenkmals, was ihre historische Bedeutung unterstreicht – und bis 1918 steckt auch viel Österreich in diesen Werken. Ihr Ursprung liegt im Eisenwerk *Rudolfshütte*, das 1828 in Witkowitz nahe Mährisch-Ostrau (Ostrava), auf Anregung des Wiener Eisenbahn- und Hüttenfachmanns Franz Xaver Riepl, vom Olmützer Erzbischof und Kardinal bzw. habsburgischen Erzherzog Rudolph Rainer gegründet wurde. Nach dem Tod des Bischofs scheiterte Salomon Rothschild zunächst, das in den 1830er Jahren expandierende Werk zu erwerben, ehe ihm 1843 der Kauf gelang, der im Zusammenhang mit der Errichtung der *Kaiser Ferdinands-Nordbahn* für ihn einen wichtigen strategischen Hintergrund hatte. An der 1873 neu strukturierten *Witkowitzer Berg-*

*bau- und Hüttengewerkschaft* hielten die Rothschilds nur mehr 51 Prozent, die Wiener Kohlengroßhändler Gutmann die restlichen 49 Prozent. Dies blieb bis zur Enteignung bzw. „Arisierung" des Unternehmens aufrecht, als die Werke von der *Reichswerke Hermann Göring AG* übernommen wurden.

Das einst florierende Werk in Witkowitz war bei Pauls Antritt veraltet, darauf hatte Bruder Max, der in Witkowitz tätig war, Paul vorbereitet, der seinen Eindruck so wiedergibt: „Witkowitz war in der Tat in Anbetracht der Vielseitigkeit seiner Fabrikate und der räumlichen Ausdehnung seiner Anlagen damals das größte Eisenwerk in Österreich. Aber diese Größe war nur ein äußerer Schein. Es gab in Wirklichkeit in Österreich kein Eisenwerk, das bezüglich seiner Fabrikate und der Verläßlicheit der Lieferungen so diskreditiert war und dem Spotte seiner Konkurrenten diente, wie Witkowitz."[271] Kupelwieser war entsetzt, vor allem darüber, dass der Witkowitzer Tiefbau, die Kohleflöze, von Pachtgesellschaften betrieben wurden, dass Bergbau und Eisenindustrie getrennt waren, auch national, der Bergbau slawisch dominiert, die Eisenindustrie deutsch.[272] Er begann nach seinem Eintritt im Juli 1876 sofort mit der Modernisierung des Werkes, führte ein neues Lohnsystem ein und avancierte zum Generaldirektor. Einen Großteil seiner Ausführungen in seinen Memoiren zu Witkowitz nimmt die richtige Auswahl geeigneter Personen für das Unternehmen ein,[273] Menschenkenntnis, was die berufliche und charakterliche Eignung betrifft, befähigte und treue Menschen zu finden, etwas, was sich später auch Karl Wittgenstein zugutehalten konnte, war mit ein wesentlicher Schlüssel zum Erfolg. Witkowitz wurde unter Kupelwieser zum Technologie-Pionierunternehmen: 1878 erfolgte die erste Aufstellung eines Winderhitzungsapparates in Österreich, 1879 der Bau einer Martinofenanlage und das Erblasen einer ersten Thomascharge auf dem Kontinent. 1883 die Errichtung des ersten cisleithanischen Röhrenwalzwerkes, 1885 erste Koksöfen, 1888 errichtete Kupelwieser ein neues Gussstahlwerk mit vier Martinöfen und einer Stahlgießerei sowie einer Dampfziegelei. Witkowitz erhielt einen Bahnanschluss. Von den Essener Krupps hatte Paul ein lukratives Stellenangebot bekommen, das er ablehnte. Der Besuch der Fabriken dürfte ihn aber schwer beeindruckt haben. In Witkowitz wurde daraufhin erstmals in der Monarchie mit der Herstellung von Panzerplatten für Kriegsschiffe begonnen.

Wie bereits in Teplitz erwies sich Paul Kupelwieser auch in Witkowitz als Wohltäter, erneuerte und erweiterte die Infrastruktur (Wasserleitung, Kanalisation, Straßenbeleuchtung, Park), baute Arbeiter- und Beamtenwohnungen, ein Werkshotel, eine Kirche und eine Synagoge, förderte das Schulwesen, erneuerte das Werksspital und richtete eine Suppenanstalt, eine Turn- und eine Markthalle ein.[274] Es entstand eine Musterarbeitsstadt, mit Unterstützungsvereinen und Krankenversicherung. 1908 wurde Witkowitz zur Stadt erhoben – die Bevölkerungszahl war von 328 (1843) bis auf über 19.000 um 1900 angestiegen. Wesentlich und tatkräftig unterstützt wurde er bei diesen sozialen Aktivitäten von seiner Ehefrau Bertha.

In seiner Funktion war Paul Kupelwieser ein leitender Mitarbeiter, ein Angestellter Albert Salomon Anselm Rothschilds, der, obwohl jüngster Sohn, die Geschäfte seines Vaters Anselm nach dessen Tod 1874 weiterführte.[275] Brachte ihn dies in einen Gewissenskonflikt wegen seiner Beziehungen zu Wittgensteins? Wohl nicht, denn Paul Kupelwieser war nicht Teil jenes Konsortiums, das Karl Wittgenstein seinen Aufstieg ermöglichen sollte. Und die beiden Unternehmen, die *Teplitzer Walzwerke* und die *Witkowitzer Eisenwerke*, begannen eng zu kooperieren. Die *Witkowitzer Eisenwerke* blieben nach Wittgensteins Eroberungsfeldzug dennoch der einzige bedeutende Branchenkonkurrent – spät (1905) kam noch die *Österreichische Berg- und Hüttenwerks-Gesellschaft* als wichtiger Player hinzu. Schwierigkeiten mit Albert Rothschild, mit dem es nie gelang, ein Vertrauensverhältnis herzustellen, bzw. mit dessen Prokuristen Moritz Dub und mit Wilhelm Gutmanns jüngerem Bruder David, mit dem Kupelwieser Differenzen in Fragen der Personalpolitik und der Entlohnung hatte – als nur „leitender Angestellter" hatte er gegen die Eigentümer die deutlich schwächere Position – führten 1893 neben einer Häufung von Krankheiten, die auf die überfordernde Arbeit zurückgeführt wurden, zu Pauls Abgang nach 17 Jahren.[276] Witkowitz dankte mit der Ehrenbürgerschaft. Es war ein Ausstieg aus der Schwerindustrie, zugleich der Beginn hektischer Aktivitäten, ein Schritt in ein ganz neues Leben. Paul Kupelwieser erwarb 1893 um 75.000 Gulden (der Kaufpreis entsprach drei seiner Jahresgehälter als Generaldirektor der Stahlwerke) die verwahrlosten und durch Malaria bedrohten Brioni-Inseln (Brijuni, heute in Kroatien), die er zu einem Inselparadies und High-Life-Tourismusspot ausbaute. Die Inselgruppe besteht aus 14 Inseln, von denen nur Veli(ki) Brijun und Mali Brijun etwas größer sind, Paul kaufte zwölf davon. 1919 verstarb Paul Kupelwieser 76-jährig in Wien, Abenteurer war er bis zuletzt geblieben.

# KARL WITTGENSTEINS
## EROBERUNGSFELDZÜGE

1876 hatte Paul Kupelwieser das bereits erwähnte Angebot erhalten, als Direktor die Leitung der im Besitz von Anselm Rothschild und der Brüder Gutmann befindlichen *Witkowitzer Eisenwerke* zu übernehmen. Kupelwieser sagte unter der Bedingung zu, dass Witkowitz die Mehrheit an den *Teplitzer Walzwerken* übernehmen und Teplitz weiter betreiben würde. Den verbleibenden, also den nicht verkaufswilligen Aktionären sollten weiterhin besondere Rechte eingeräumt werden sowie ein kleiner Aktienanteil. Wittgenstein gelang es, den aktuellen, in Nöten befindlichen Hauptaktionären des Werks (*Johann Liebieg & Co.*, *Bankhaus Mayer* in Teplitz sowie der in Liquidation befindlichen *Teplitzer Bank*) einen Kaufpreis von 64 Gulden für eine Aktie im Nominale von 200 Gulden schmackhaft zu machen,[277] die Witkowitzer Werke erwarben somit die Mehrheit am Teplitzer Unternehmen zu einem „Spottpreis"[278]. Minderheitengesellschafter waren u. a. Karl Kupelwieser und Wittgenstein, der mit Mitteln von Familie und Freunden bereits ca. zwei Fünftel des Aktienkapitals hielt.[279]

Karl Wittgenstein wurde nach einer zeitweiligen Doppelfunktion Kupelwiesers als Direktor in Teplitz und in Witkowitz 1878 zum Generaldirektor des Teplitzer Werkes bestellt, erneut auf Vorschlag von Wolfrum und Wessely, weiter mit Sitz in Wien.[280] Es folgte eine mehrjährige Zusammenarbeit von Witkowitz und Teplitz, Wittgenstein war dabei für beide Unternehmen tätig. Nicht eingehaltene Versprechen, für die der Prokurist der Rothschilds, Moritz Dub, verantwortlich war, führten dann zum Bruch. Wie oft Wittgenstein zu dieser Zeit in Teplitz war, wie sehr seine leitende Direktorentätigkeit seiner persönlichen Anwesenheit bedurfte, wissen wir nicht. Wittgenstein wusste allerdings schnell ein Netz von Vertrauensleuten vor Ort zu knüpfen, die ebenfalls wichtige Unternehmensfunktionen ausübten oder in den Verwaltungsräten saßen. Die Jahre 1873 bis 1878 sind die Jahre des raschen, ja fulminanten Aufstiegs Karl Wittgensteins von einem kleinen Angestellten zum Generaldirektor des Teplitzer Walzwerks, es war laut Hermine die Zeit, in der er „neben seiner technischen Begabung auch seine kaufmännische in den Dienst des Teplitzer Walzwerks stellen konnte" und somit die „Vereinigung des Technikers mit dem Kaufmann" vollzogen wurde, jenes „Doppelberufs", den Wittgenstein für das absolut Größte hielt.[281] Auffällig ist, dass der berufliche Aufstieg Wittgensteins in eine Krisenzeit der bislang vor allem vom Eisenbahnbau stimulierten Montanindustrie fällt. Nach dem Börsenkrach von 1873 war es zu einem starken Einbruch der Eisennachfrage gekommen, die wichtigsten großen Bahnlinien waren fertiggestellt (dennoch erreichte der Anteil des Verbrauchs der Bahnen an der österreichischen Roheisenproduktion in den 1870er Jahren einen Höhepunkt).

Kurz darauf, am 19. Mai 1878, starb Karls Vater Hermann Wittgenstein mit 75 Jahren, im Jahr, in dem sein Enkel Kurt geboren wurde.[282] Er hinterließ seinen Kindern ein riesiges Vermögen, das er in weniger als 20 Jahren angehäuft hatte. Wenn bei Janik und Toulmin von einem „Mann aus dem soliden Mittelstand" die Rede ist,[283] bezogen auf die Zeit von Karl Wittgensteins Geburt (1847), scheint dies bereits leicht untertrieben, selbst wenn davon auszugehen ist, dass sich das Vermögen Hermann Wittgensteins in den 1850er und 60er Jahren noch deutlich vermehrte. Damit war dann auch Karl Wittgenstein nicht jener Selfmademan, als der er sich gerne selbst stilisierte. Es waren Karls ältere Brüder, Paul und Louis, die die unternehmerische Karriere des Vaters fortsetzten und im Holz- und Immobilienhandel sowie der Güterverwaltung tätig waren. Karl Wittgenstein aber sollte ein ganz anderer, fulminanter Aufstieg gelingen. Das Verhältnis von Hermann Wittgenstein zu seinem Sohn Karl nach dessen Rückkehr aus Amerika war noch schwieriger und angespannter geworden. Karls rascher Aufstieg und seine letztlich getroffene Entscheidung für den Industriellenberuf könnten dem Vater jedoch gefallen, vielleicht auch imponiert haben. Ob er sich selbst einen Teil dieser Entwicklung gutschrieb, ob und in welchem finanziellen Ausmaß er seinem Sohn unter die Hände griff, wir wissen es nicht, es scheint nicht so, während sehr wohl von finanzieller Unterstützung der Mutter und nicht zuletzt seiner Freunde die Rede ist. Insgesamt dürften die Kinder Hermanns zu dessen Lebzeiten nicht mit Geld überschüttet worden sein, sie sollten aus eigener Kraft ihren Weg machen, allerdings nach Möglichkeit jenen Weg, den Hermann Wittgenstein für sie vorgesehen hatte, ein Muster, das sich auf tragische Art wiederholen sollte.

In Hermanns knappem Testament blitzt durch, was später auch bei einigen Nachkommen auftaucht, „ein Gefühl für das Leben als Aufgabe". Für ihn bestand diese Aufgabe, so der Eindruck, einzig in einem anständigen und ordentlichen Geschäftsgebaren, dazu brauche es Tatkraft und Beharrlichkeit.[284] Diese „Aufgabe" hatte er wohl zu seiner Zufriedenheit erfüllt. Sein Leben hatte ganz dem protestantischen Arbeitsethos entsprochen. Er schreibt: „Ich habe unter andern sorgenvollen Umständen meine Carrière begonnen; auf eigene Kraft angewiesen war ich nie kleinmütig, habe nie um die Gunst eines Menschen geworben, oder sie empfangen und bestrebt es den Besseren gleich zu thun, war ich niemals von ihnen verachtet."[285] Stolz auf das Erreichte, stolz vor allem, wie er es erreicht hatte, spricht aus diesen Zeilen, was genau mit den „sorgenvollen Umständen" gemeint sein könnte, wissen wir nicht.

Hermanns Frau Fanny überlebte ihren Mann geraume Zeit, sie starb 1890. Die auferlegte Selbstdisziplin und die zahlreichen Geburten führten zu einer „Verhärtung ihrer Persönlichkeit, die im Alter von einer distanzierten Kühle zu ihrer Umgebung geprägt war."[286] Hermine Wittgenstein charakterisiert in den *Familienerinnerungen* die Großmutter als „kantige Persönlichkeit", „energisch und eher scharf", ihr fällt das „gut österreichische Wort ‚hantig' dazu ein, das Tüchtigkeit mit Schärfe gepaart ausdrückt".[287] Großeltern können im Alter milder und gewährender werden, verhätscheln und verwöhnen dann die Enkelkinder in einem Maß, das den eigenen Kindern nie zugestanden wurde, können manchmal aber – und das scheint bei Franziska Wittgenstein der Fall gewesen zu sein – im Alter auch härter und strenger werden. Ihre Hinterlassenschaft bestand aus mehreren Legaten, eines ging an ihre Kinder zu wohltätigen Zwecken.[288] Auch die Kinder spendeten zur Erinnerung an ihre Mutter diversen, vor allem evangelischen Einrichtungen und Krankenanstalten.

1879 zog Karl Wittgenstein mit Familie von der Villa XAIPE in die Innenstadt Wiens in die nahe der Ringstraße gelegene Schwarzenbergstraße, die erste „richtige" Wiener Adresse, dann 1881 an die renommierte Adresse Schwarzenbergplatz 2, wo man bis zum Umzug in die Alleegasse 1891 wohnte. Besitzer der Immobilie war der Finanzmann Eduard von Wiener, Ritter von Welten, Bankier und Präsident der Creditanstalt von 1874 bis zu seinem Tod 1886, das Palais wurde 1869 im Stil der Renaissance nach Entwürfen des in der Ringstraßenzeit populären Architektenduos August Schwendenwein und Johann Romano errichtet. Der Schwarzenbergplatz „nahm im Rahmen der differenzierten sozialen Hierarchie des Prachtboulevards den höchsten Rang ein"[289] und galt als am stärksten aristokratisch auf oder nahe der Ringstraße. Das Palais befand sich zudem gleich neben dem von Heinrich von Ferstel erbauten Palais des Erzherzogs Ludwig Viktor, des jüngsten Bruders Kaiser Franz Josephs, der für seine homosexuellen Neigungen und diverse Eskapaden als „Luziwuzi" bekannt war. Die Adresse war in vielerlei Hinsicht vorteilhaft, sie lag nahe dem Firmenbüro am Kolowratring 8[290] und nur die Länge eines Spaziergangs von der Wohnung von Leopoldines Mutter Marie Kallmus entfernt, die am Parkring, in Nähe des Stadtparks, logierte (auch das ein Vorteil für eine Mutter mit vielen Kindern) und die von den Kindern, nicht zuletzt auch wegen Rosalie Hermann, gerne aufgesucht wurde. Im Haus Salesianergasse 2, Ecke Heumarkt, unweit vom Schwarzenbergplatz, wohnten seit etwa 1874 Hermann, Fanny und Paul Wittgenstein.[291] Bereits 1870 war hier Clara Wittgenstein gemeldet, ab 1877 auch ihre Schwester Maria Pott. Paul, der ältere Bruder Karls, war aus der ehelichen Wohnung ausgezogen und lebte seither getrennt von seiner Frau Justine. Er zog dann in die Oelzeltgasse, später in die

Traungasse, wo sein Bruder Louis gewohnt hatte, danach in die Salesianergasse 7. Im Parterre des Hauses Salesianergasse 2 war seit 1874 (bis 1880) auch die Firma *Hermann Wittgenstein und J. Figdor und Söhne* untergebracht, eine „Holzhandlung", die „Handel mit ungeschwemmten ungarischen Brennhölzern" betrieb. Später firmiert sie als *H. Wittgenstein u. J. Figdor & Söhne, Generalpächter fürstl. Esterházy'scher Herrschaften*, danach als *Paul und Ludwig Wittgenstein u. J. Figdor & Söhne*. Ganz nahe in der Beatrixgasse 27 hatte sich 1880 (bis 1885) Louis niedergelassen. Die Adressen Salesianergasse 2 und 7 werden auch noch 1913 von Nachkommen der Familie bewohnt. Nahe Schwarzenbergplatz und Belvedere im 3. Bezirk hatte sich also gewissermaßen ein Cluster der Familie gebildet. Ebenfalls bereits in den 1880er Jahren besaßen die Wittgensteins in Neuwaldegg (Neuwaldegger Straße 38) am Rande Wiens eine Sommervilla mit Park. Eine Zeit lang war man dort eingemietet, 1881 erwarb Karl Wittgenstein schließlich die Villa.

Zurück ins Jahr 1878. Nach der traurigen Nachricht vom Tod Hermann Wittgensteins war 1878 das Jahr eines ersten großen geschäftlichen „Coups" Karl Wittgensteins.[292] Er verhalf den *Teplitzer Walzwerken* zu einem wichtigen Großauftrag mit Russland, einer Schienenbestellung für die russische Armee für den Russisch-Türkischen Krieg – gegen die anfangs übermächtig scheinende Konkurrenz von Krupp. Wittgenstein überredete den russischen Staatsrat und Berater von Zar Alexander II., Samuel Poljakow (oder Poljakoff), zum Kauf leichter Schienen, die in Teplitz bereitstanden, aber eigentlich für Notstandsbauten in Schlesien vom Handelsministerium bestellt worden waren. Die ursprünglich verlangten schweren Schienen hätte das Teplitzer Werk in der kurzen Zeit nicht herstellen können. Die Bahn, so argumentierte Wittgenstein, würde für die benötigte Zeit von drei Monaten mit den leichten Schienen auskommen. Später folgte noch eine weitere Schienenlieferung für die russische Armee. Dieser Coup gelang nicht zuletzt, weil er Poljakow versicherte, Gleise bereits lieferfertig zu haben, was nicht (ganz) der Wahrheit entsprach.[293] Wittgenstein hasardierte und blieb zeitlebens ein Hasardeur. Dazu brauchte es neben Risikobereitschaft und Geschick auch Glück und wohl nicht zuletzt Beziehungen. Wolfrum half die Sache mit dem Handelsministerium zu regeln, eine sofortige Lieferung war Wittgenstein nur durch einen Lieferaufschub im Inlandsgeschäft möglich. Dem Walzwerk, das vorher in großer Not gewesen war, ging es seit diesem Auftrag sukzessive besser.

Ebenfalls 1878, einem ereignisreichen Jahr für Karl, gelang unter seiner Initiative die Bildung eines Schienenkartells. Die Transportkosten für Kohle waren enorm hoch, deren Senkung war ebenso ein Ziel der Industriellen wie auf die Roheisenzölle Einfluss zu erlangen, die Absprachen betrafen Preise und Mengen. Die Geschichte des Schienenkartells hat Wittgenstein selbst dargestellt.[294] 1878 bestanden in Österreich-Ungarn neun Schienenwalz-werke mit einer jährlichen Produktionsfähigkeit von 120.000 Tonnen, in der Boomzeit des Eisenbahnbaus kein Problem, nach 1873 sank allerdings der Bedarf auf 50.000 bis 60.000 Tonnen, die Überproduktion wurde zum Problem. Wittgenstein benötigte für sein Teplitzer Werk ein Mindestquantum von 10.000 Tonnen, es war im Gegensatz zur Konkurrenz ausschließlich für die Erzeugung von Schienen gebaut worden. Als 1878 die *Kaiser Franz Josephs-Bahn* einen Schienenbedarf von jährlich 6.000 Tonnen ausschrieb, offerierte Wittgenstein zu einem Preis von 8 Gulden per 100 kg (üblich waren 9 fl.). Der Generaldirektor der Bahn ging zwar auf Wittgensteins Offert ein, teilte die Bestellung aber unter zwei weiteren Mitkonkurrenten auf, die ebenfalls diesen Preis boten. 2.000 Tonnen für jeden war das Resultat. Aus Ärger und aus der Not heraus schlossen sich die drei Werke, deren Direktoren zuvor nicht gerade freundschaftlich verkehrten, zusammen, es entstand so das erste Kartell in Österreich mit letztlich neun Mitgliedern[295] mit dem Ziel, die höchstmöglichen Preise zu erzielen, nach Maßgabe der ausländischen Konkurrenz und der Zölle.

1880 verbuchte Wittgenstein einen weiteren Erfolg. Er erwarb für die *Teplitzer Walzwerke* und wie es heißt für ganz Böhmen – mit Ausnahme der *Fürstlich Fürstenberg'schen Montanwerke* und späteren, unter Beteiligung Bontoux' 1880 gegründeten, *Böhmischen Montangesellschaft* –[296] das Patent für das Thomasverfahren, das die deutlich leichtere Verarbeitung des in Böhmen phosphatreichen Eisens sicherstellte.[297] Günther spricht von einem besonderen Coup, den Wittgenstein damit landete, und beschreibt den Ablauf wie folgt.[298] Generaldirektor Massenez von der *Dortmund-Hörder Hüttenunion* war eigentlich bereits dem Zentraldirektor der *Fürstenberg'schen Montanwerke* für die Erlangung der Lizenz im Wort, den definitiven Vertragsabschluss verhinderte Wittgenstein, indem er Massenez in ein berühmtes Lokal zu Speis und (reichlich) Trank einlud, bis die Fürstenberg gewährte Frist verstrichen war und letztlich Wittgenstein den Zuschlag erhielt. Günther findet Wittgensteins Vorgehen übrigens, weil es um „Gedeih oder Verderb" ging, „lobenswert", im Gegensatz zu Kritikern, die Wittgensteins Vorgehen in diesem Fall als unfair oder skrupellos bezeichneten.[299]

Fairness war tatsächlich nicht unbedingt eine Kategorie, die auf Karl Wittgenstein zutraf. Der Einzige, der so agierte, war er aber beileibe nicht. Ein Versuch des Konkurrenten Wittgensteins, der *Böhmischen Montangesell-schaft* bzw. des Bankiers Paul Eugène Bontoux, im Gegenzug die *Teplitzer Walzwerke* zu erwerben, scheiterte. Bontoux hatte 1878 die katholische Bankgründung *Union Générale* übernommen und machte sich daran, in der Habsburgermonarchie wichtige Industriepositionen aufzubauen.

Für die Transaktion, den Erwerb des Patents, mussten 550.000 Mark sofort bar beschafft werden, was nur bei der *Leipziger Kreditanstalt* möglich war. 250.000 Gulden in fünf Jahresraten waren für die Teplitzer Unternehmensanteile zu entrichten, Wittgenstein, ohne das Geld zu haben, sagte Ja. Die für diese Transaktion kurzfristigst erforderlichen Mittel beschaffte Wittgenstein gemeinsam mit Direktionsrat Karl Wolfrum durch die Übernahme persönlicher Kredithaftungen.[300] Das *Teplitzer Walzwerk* durfte statutenmäßig die noch 360.000 Gulden unbegebenen Aktien al pari verkaufen, um diese provisorische Schuld zu decken. Die Aktien wurden den Hauptaktionären der *Witkowitzer Eisenwerke*, Rothschild und Gutmann, sowie der *Creditanstalt*, aber auch dem *Bankhaus Ludwig Wolfrum* in Aussig angeboten. Wolfrum nahm als Einziger an.

Die Brüder Gutmann waren alte Bekannte und Geschäftspartner der Wittgensteins, sie hatten unter anderem das Vösendorfer Schloss gekauft. Gegen die Erwartungen der Gutmanns brachten Wittgenstein und seine Freunde die Mittel auf, die Aktien des Teplitzer Werkes, die Witkowitz vor vier Jahren um 64 Gulden gekauft hatte, um 200 Gulden zu übernehmen.[301] Witkowitz verkaufte letztlich seine Aktien mit Gewinn an Wittgenstein, die Trennung zwischen Witkowitz und Wittgenstein war vollzogen. Damit war das *Teplitzer Walzwerk* Patentinhaber des Thomasverfahrens für ganz Böhmen, vor allem aber waren Wittgenstein und seine Mitstreiter nun Mehrheitseigentümer des Unternehmens, Wittgenstein selbst war mit drei Achteln beteiligt, vom Angestellten war er nun zum Industriellen und Großaktionär aufgestiegen.[302] „Das Thomasverfahren machte aus dem Teplitzer Walzwerk eine förmliche Goldgrube.“[303] Das benötigte Roheisen wurde vertraglich von der *Ilseder Hütte* zu einem sehr günstigen Preis (gegen einen Anteil vom Reingewinn) bezogen. 1880 wurden die Aktien der *Teplitzer Walzwerk- und Bessemerhütte* auch an der Wiener Börse zum Handel zugelassen.[304] Die Geschichten um beide „Coups“ Wittgensteins sind aber natürlich mit aller Vorsicht zu genießen, entsprechen zu sehr den Erzählungen vom großen Helden, wurden oft von den Protagonisten selbst überliefert und immer mehr ausgeschmückt und überhöht. Fest steht allerdings, dass Wittgenstein die mächtige *Böhmische Montangesellschaft*, der die größten phosphorhaltigen Eisenerzvorkommen gehörten, ausgebootet hatte. Der Erwerb des Thomas-Patents für Böhmen stellt auch eine wesentliche Zäsur für die Eisen- und Stahlindustrie Cisleithaniens dar, er schwächte die Bedeutung der anderen alpenländischen Eisenregionen und machte Böhmen zu deren Zentrum. Zugleich war es ein erster Meilenstein beim Aufstieg Wittgensteins zum Beherrscher der cisleithanischen Eisenindustrie.

Zum Erwerb der Aktienmajorität hatte sich Karl Wittgenstein, selbst noch nicht dreißigjährig, mit einigen Freunden zusammengeschlossen, mit denen er ein Übereinkommen traf, wonach diese an allen geschäftlichen Transaktionen, die er später unternehmen würde, in einem bestimmten Verhältnis beteiligt werden sollten, ein Übereinkommen, das, so Günther, „getreulich gehalten" wurde.[305] Dazu Paul Kupelwieser: „Wie ich von meinem Bruder hörte, hatte Wittgenstein, als er die Minorität der Aktien des Teplitzer Walzwerkes abzulösen hatte, ein Konsortium gebildet, an welchem er selbst mit drei Achtel, Direktor Karl von Wessely mit zwei Achtel, J.[306] Weinberger, Karl Wolfrum und mein Bruder Karl, der Schwager Wittgensteins, mit je einem Achtel beteiligt waren; Quoten, die, wie ich glaube, bei allen ferneren Unternehmungen Wittgensteins immer dieselben geblieben sind."[307] Dies war die Geburt des „Wittgenstein-Clans" oder unverfänglicher der Wittgenstein-Gruppe, eines Netzwerks von Freunden, Bekannten und Verwandten, das bis zu Karl Wittgensteins Tod 1913 Bestand haben sollte. Die vier genannten Konsorten bildeten den Kern von Wittgensteins Netzwerk, gelegentlich werden auch Paul Kupelwieser und Max Feilchenfeld genannt.[308] Es waren in der Folge nicht nur die Geldmittel seiner Freunde, die Wittgensteins Aufstieg ermöglichten, sondern auch ihre Beziehungen, die sie spielen ließen. Nur ein Beispiel: „Durch Weinberger kam ich in sehr günstige Verbindung mit dem Generaldirektor der Staatseisenbahn-Gesellschaft, der uns große Bestellungen an Schienen zukommen ließ."[309] Und auch die Familie hatte anfänglich ausgeholfen, zuerst seine Mutter, dann hatte sich Karl, der über kein Bargeld verfügte, um die erste Rate zu bezahlen, auch 20.000 Gulden von seiner Frau ausleihen müssen. Großaufträge ermöglichten die folgenden Ratenzahlungen.

## DER „WITTGENSTEIN-CLAN": EIN NETZWERK VON „BIG LINKERN"

Verwandtschaft war ein wichtiger Anknüpfungspunkt. Wir haben die Familien Figdor und Kupelwieser schon näher behandelt. Karl Wittgenstein wird folgendes Zitat zugeschrieben: „Unsere Familie ist ein autarker Betrieb und ein Versicherungskonzern. Für alles ist gesorgt."[310] Er verglich sie mit einem Schlüsselbund, mit dem jede Tür geöffnet werden könne, „zu Forschungsinstituten und führenden Militärs, zu Gerichten und Behörden, protestantischen und katholischen Würdenträgern, zu Visa, Lizenzen und Sondergenehmigungen". Was mit wenigen Ausnahmen fehlt in der Familie, sind Heiraten, wo es vordergründig um geschäftliches Kalkül ging. So bedurfte es noch weiterer Türöffner, bedurfte es Beziehungen.

„Meinen Beziehungen zu … verdanke ich …", diese und ähnliche Formulierungen finden sich in zahlreichen Lebenserinnerungen von Vertretern des österreichischen Wirtschaftsbürgertums. Die Bedeutung der „Heiratspolitik" wurde bereits angedeutet, hier geht es um das, was man im Wienerischen „Freunderlwirtschaft" nennt: Beziehungen zu haben. Beziehungen, ein Zauberwort, gewann man durch Orden, Titel, Mitgliedschaften in Clubs und Vereinen, gemeinsamen Schulbesuch, Spenden, Gefälligkeiten, durch ein Netz von Freunden und Bekannten und durch Verwandte. Diese Beziehungen öffneten andere Türen, zu Ministern, zu Aufträgen etc. Es gab ein weiteres Zauberwort: Protektion. „Ohne Protektion sei in Österreich nichts und mit ihr alles zu erreichen", so der niederösterreichische, aus Norddeutschland stammende Statthalter Graf Kielmannsegg.[311] Bereits an einigen Stellen zuvor wurde deutlich, dass Wittgenstein den Auf- und Ausbau seiner Positionen in der Industrie (auch) einer Gruppe von Freunden, angeheirateten Verwandten und Bekannten verdankte. Karl Wittgenstein entstammte zwar einer vermögenden Familie, gleichwohl war sein spektakulärer und aufsehenerregender Aufstieg zum mächtigsten Mann der österreichischen Eisenindustrie innerhalb von 25 Jahren nicht ohne Hilfe möglich. Selbst der reiche Wittgenstein brauchte finanzielle Unterstützung, vielleicht Absicherung, denkt man an seine riskanten Geschäftsmanöver, und er brauchte Beziehungen, Vertrauensleute in den Ministerien und Ämtern, in politischen Kreisen. Er flocht ein dichtes, und wie sich zeigen sollte, verlässliches, über Jahrzehnte stabiles und andauerndes Netzwerk von Freunden, Vertrauten und fähigen Experten, auch zeitgenössisch war bereits von der „Gruppe Wittgenstein" die Rede, wobei es selbstverständlich echte, tiefgehende Freundschaften darunter gab. Wittgenstein selbst war einer der wenigen (neben den Kupelwieser), der neu in die Branche, ohne familiäre Vorbelastung, in die Eisenindustrie einstieg. Bei etlichen seiner Bekannten hatten bereits die Väter einschlägige Branchenerfahrungen, oft wichtige Positionen in der Montanindustrie aufzuweisen, woraus sich ein weiteres Beziehungsnetzwerk ergab, das Wittgenstein wohl zugutegekommen sein dürfte. Wittgenstein scharte seine Vertrauensleute, seinen „Clan", und dieser Begriff ist nicht abwertend oder negativ gemeint, um sich und entsandte sie in die Verwaltungsräte seiner Industrieunternehmen. Ein Schaubild mit den Verwaltungsratsmandaten der Mitglieder der Wittgenstein-Gruppe und der Dauer ihrer Präsenz in den Wittgenstein'schen Unternehmen soll dies veranschaulichen:

So verschaffte man Freunden auch Geldeinnahmen. Paul Kupelwieser berichtet, dass ihm Karl Wolfrum und Karl Wittgenstein zu Verwaltungsratssitzen verhalfen, die ihm über Geldschwierigkeiten wegen Brioni hinweghalfen.[312] Für seine Freunde setzte man sich gegebenenfalls ein, intervenierte für sie, ließ ihnen Posten, Mandate und Geschäfte zukommen, Praktiken, die uns wohl allzu bekannt vorkommen, „Freunderlwirtschaft" eben, auch wenn dieser Terminus verharmlost. Vieles wissen wir schlechthin nicht, kann nur vermutet werden, einiges war durchaus legale Praxis, wenn auch aus anderen – moralischen – Gründen verwerflich. Und es lohnte sich, zu Wittgensteins Freunden zu gehören. Einem Nachruf eines dieser Freunde, Max Feilchenfeld, auf Karl Wittgenstein kann Folgendes entnommen werden: „Wer mit ihm [Karl W.] in Berührung kam, hat aus dieser seiner großherzigen Freundschaft Nutzen gezogen und alle seine Mitarbeiter, wer immer eine halbwegs maßgebende Stellung im Kreise seiner Freunde, Vertrauten und unmittelbar Untergebenen hatte, der ist zu Wohlstand gelangt und mächtig gefördert worden."[313] Schenkt man Georg Günther Glauben, einem Mitglied dieses Netzwerks bis 1904, verband die Chefs des Wittgenstein-Konzerns eine tiefe Beziehung, oft Freundschaft. „Alle, die ihm angehörten, bildeten eine Gemeinde, die voll Liebe und Respekt zu ihrem Führer aufblickte und mit ihm und untereinander untrennbar verbunden war."[314] Wer der „Leader of the Gang" war, war also klar. Es gab einen engeren Kern von Freunden, die sogenannte „Schweineschlachtfestgenossenschaft", die alljährlich am 8. April und zwei folgenden Tagen Karl Wittgensteins Geburtstag auf der Hochreith zelebrierten, Spaziergänge machten, Tarock spielten etc. Dabei zeigte sich Wittgensteins eigenartiger Humor: „Zur Einleitung dieser Feste hatte Wittgenstein stets einen ganz besonderen Schabernack ersonnen, der häufig zu Lasten eines der Teilnehmer eine frohmütige Stimmung erzeugte. Wer in diese Gemeinschaft, die Schweineschlachtfestgenossenschaft – nach entsprechend langem Noviziat – aufgenommen werden wollte, mußte die Zeremonie des Ritterschlages mit einem Schweinsknochen über sich ergehen lassen."[315] Karl Wittgensteins Scherze waren originell, aber oft derb. So ließ Wittgenstein eine Nachricht von einem Mord an „Frau Nutsch", ermordet von einem Fleischergesellen, auf seinem Gut in der Morgenzeitung erscheinen, worauf eine Untersuchungskommission auf der Hochreith erschien, um dem Fall nachzugehen. Wittgenstein klärte auf, dass es sich bei Frau Nutsch (im Österreichischen eine liebevolle Bezeichnung für ein Ferkel) um ein Schwein gehandelt habe und musste die verärgerten, weil getäuschten Mitglieder der Untersuchungskommission zum Essen einladen, um sie zu besänftigen.[316]

Zu dieser Gemeinschaft um Karl Wittgenstein gehörten Isidor Weinberger, Carl (Karl) von Wessely, die Brüder Karl und Otto Wolfrum, der Advokat Dr. Karl Kupelwieser und dessen Bruder Paul, der Banker Max Feilchenfeld, Oskar Rothballer, Guido Hell von Heldenwerth (Generaldirektor der *Oesterreichisch Alpine Montangesellschaft*), Anton von Kerpely (erst technischer

Direktor, dann Generaldirektor der Alpine, der die technische Umgestaltung des Unternehmens durchführte), Johann Blaschczik (Zentraldirektor der *Königshofer Zementfabrik*), Wilhelm Kux in der *Niederösterreichischen Escompte-Gesellschaft*, Generaldirektor Dr. Hermann Rosche von der *Aussig-Teplitzer Bahn*, die ebenfalls Wittgenstein unterstand, dazu Wilhelm Kestranek, bald eine zentrale Figur. Dazu kamen noch der Schwager Kestraneks, der kommerzielle Direktor der *Prager Eisenindustrie-Gesellschaft* Robert Lenk – die Frau Kestraneks, Marie, war eine gebürtige Lenk – und Georg Günther selbst. Dies waren die Mitglieder der Schweineschlachtfestgenossenschaft. Fast alle von ihnen finden sich 1910 auf der Liste der reichsten Wiener.

Beginnen wir mit den vier Mitgliedern des von Wittgenstein gebildeten Konsortiums, und hier mit k.k. Baurat Carl Ritter von Wessely (1912 71-jährig verstorben, es findet sich auch das Geburtsjahr um 1852 und das Todesjahr 1914,[317] 1879 in Ritterstand erhoben). Er besaß seit 1891/92 ein Palais in der Alleegasse 23 nach Plänen von Hermann Helmer und Ferdinand Fellner ganz nahe dem Wittgenstein'schen Wohnsitz, eine Villa in Tulln und führte die Bezeichnung als Großgrundbesitzer (ab 1897 Erwerb und Umbau von Schloss Zinkovy in Westböhmen nach Plänen Helmers). Er war Direktor der *k. k. priv. Österreichisch-ungarischen Staatseisenbahngesellschaft*, einem entgegen dem Namen privaten Eisenbahnunternehmen, und einer der Erbauer der Arlberg-Bahn, die 1884 eröffnet wurde. Wessely gehörte dem engeren Kreis um Karl Wittgenstein und dem Gründungskonsortium an.

Carl Friedrich Wolfrum junior (1842–1924) und Otto Wolfrum (1844–1920),[318] beide in Aussig an der Elbe geboren, waren Textilunternehmer mit einer *Fabrik wollener Damenkleiderstoffe* in Aussig. Das Familienunternehmen war von ihrem Vater Carl Georg Wolfrum senior (1813-1888), der aus ärmlichen Verhältnissen stammte, als Färberei 1836 im sächsischen Meerane gegründet worden und wurde ab 1843 zur Textilfabrik mit Färberei für wollene und seidene Mischgewebe mit dem neuen Standort in Aussig. Carl Wolfrum sen. wurde einer der bedeutendsten Geschäftsmänner von Aussig, er wurde 1861 in den böhmischen Landtag gewählt, war von 1867 bis 1885 Mitglied des Abgeordnetenhauses, nach 1871 Präsident der *Aussig-Teplitzer Eisenbahn* und zudem Gründer des für die Stadt wichtigen *Aussiger Anzeigers*. Er gilt als Altliberaler und schloss sich dem gemäßigten Club der deutschen Linken an. Überliefert ist höchste Sparsamkeit in diesem evangelischen Haushalt, Carls Frau wurden nur 600 Gulden für Ausgaben jährlich zugebilligt.[319] Über die Söhne wissen wir weniger. Carl jun. und Otto waren schon in 1860er Jahren an der Leitung der Firma beteiligt, übernahmen das Unternehmen 1876 und realisierten die Umstellung auf Reinwollwaren. Carl Wolfrum jun. gehörte dem oben erwähnten Wittgenstein'schen Gründungskonsortium an.

Ein weiteres Mitglied des Konsortiums war Kommerzialrat Isidor Weinberger (1838–1915), Angestellter der ungarischen Werke der *Österreichisch-ungarischen Staatseisenbahn-Gesellschaft* in Dognáczka im Banat.[320] Er wurde später in die Direktion nach Wien berufen und lernte Paul Kupelwieser und Karl Wittgenstein kennen. Gemeinsam mit seinem Freund Wittgenstein erwarb er in Böhmen ein stillgelegtes Eisenwerk. Dessen Inbetriebnahme und der gewinnbringende Verkauf der früher auf Halde geschütteten Thomasschlacke begründeten das Vermögen Weinbergers. Als Präsident des Verwaltungsrats und Zentraldirektor der *Böhmischen Montangesellschaft* erwarb er deren Aktien sowie Aktien der *Prager Eisenindustrie-Gesellschaft*. Wittgenstein hatte zwei Drittel, Paul Kupelwieser und Weinberger je ein Sechstel Anteil. 1909 befand sich Isidor Weinberger mit einem Jahreseinkommen von über 733.000 K auf Nummer 42 auf der Liste der höchsten Einkommensbezieher Wiens.[321] Er ließ auf Brioni die Villa Weinberger errichten. Sein Wohnsitz in Wien befand sich in der Schwindgasse 20 im 4. Bezirk, nahe beim Palais Wittgenstein, um das sich – zufällig oder nicht – ein richtiger „Wittgenstein-Cluster" gebildet hatte. Weinberger war auch durch seine 100.000 Objekte umfassende Mineraliensammlung bekannt, Mitbegründer der *Wiener Mineralogischen Gesellschaft* im Jahr 1901 (heute *Österreichische Mineralogische Gesellschaft*) und um 1900 eines der bedeutendsten Mäzene des k. k. Naturhistorischen Hofmuseums. Über das letzte Konsortiumsmitglied Karl Kupelwieser wurde bereits ausführlicher berichtet, detto über dessen Bruder Paul, einen zwar auch Konkurrenten, aber doch Freund Wittgensteins.

Zum vielleicht wichtigsten Kontakt und Partner Wittgensteins nach 1890 wurde der österreichische Industrielle Wilhelm „Vilmos" Kestranek (*1863 in Vranovice/Branowitz, Mähren, †1925). Er galt bald als einer der engsten Vertrauten Wittgensteins, gleichwohl 14 Jahre jünger als dieser.[322] 1893 heiratete Wilhelm Kestranek Maria Lenk und der Ehe entsprangen vier Kinder, je zwei Söhne und Töchter. Neben seiner durch seine Heirat hergestellte Verbindung mit den Lenks war Kestraneks Schwester Ida seit 1908 mit dem Juristen Eugen Herz verheiratet, einem Prokuristen der *Prager Eisenindustrie-Gesellschaft*, dann (General-)Direktor der *Österreichisch-Alpine Montangesellschaft* und Vater von Stefan Herz-Kestranek. Schwester Jenny war seit 1884 mit Max Kupelwieser, dem Oberinspektor der *Witkowitzer Bergbau- und Eisenhüttengewerkschaft*, verheiratet, Schwester Anna seit 1890 mit Johann Blaschczik (1865–1936), einem der engeren jüngeren Mitarbeiter Karl Wittgensteins. Ein Paradebeispiel für „brancheninterne Heiratspolitik". Blaschczik war ebenfalls in der *Prager Eisen* vertreten und besaß eine Portlandzementfabrik in Königshof (Králov Dvur). Der Wiener Wohnsitz des Ehepaars befand sich in der Heugasse 72. Auch Blaschcziks unterhielten wie Kestranek eine Villa in St. Gilgen und wurden beide Ehrenbürger der Gemeinde, so wie auch Kestranek und dessen Schwiegervater Robert Lenk sen. († 1915).[323] Die zentrale Figur war aber zweifellos Kestranek. Kestranek, „ein Mann von höchster Geistigkeit, stärkster Willenskraft und Initiative, ein glänzender Gesellschafter und ein hinreißender Redner, dem leider Temperament und Ehrgeiz manche Schwierigkeiten bereiteten",[324] wurde zum Ingenieur ausgebildet. In den frühen 1890er Jahren arbeitete er bei der *Witkowitzer Gewerkschaft* unter Generaldirektor Paul Kupelwieser. 1893 vertrat er als „Leiter des kommerziellen Zentralbüros" die *Prager Eisenindustrie-Gesellschaft*, die *Böhmische Montangesellschaft* und das *Teplitzer Walzwerk* in Kartellverhandlungen. 1894 wurde der erste Vertrag des Eisenkartells unterzeichnet. Ab 1896 hob seine Karriere förmlich ab, er wurde Verwaltungsrat der *Teplitzer Schaufelwerke*, der *Königshofer Zementwerke*, der *Rudolfs-* und der *Poldihütte*, als Nachfolger Guido Hells von Heldenwerth wurde er Zentraldirektor der *Böhmischen Montangesellschaft*. 1898 folgte Wilhelm Kestranek Wittgenstein als Zentraldirektor der *Prager Eisenindustrie-Gesellschaft*. Er führte das Unternehmen aus dem Einflussbereich der *Creditanstalt* in jenen der *Niederösterreichischen Escomptegesellschaft* und vertrat Wittgensteins umstrittene Kartellierungs- und Hochpreispolitik mit viel Durchsetzungsvermögen. Seine Mittel waren umstritten. Ähnlich Wittgenstein wurde er für viele Medien zur Feindfigur. Karl Kraus schrieb über Kestranek in seiner bekannt sarkastischen Art, in Anlehnung an das lobende Wort „Er war ein Mann von Eisen und Stahl" mit großem Wortwitz, hier aber vernichtend: „Er war ein Mann von Eisen, und stahl."[325] Kestranek war in nahezu jedem Verwaltungsrat des Wittgenstein-Konzerns vertreten, ein klassischer „Big Linker", unter anderem war er eine Zeit lang Vizepräsident der *Niederösterreichischen Escomptegesellschaft*, später Präsident der *Alpine Montangesellschaft*, diese Funktion musste er nach der Übernahme durch Hugo Stinnes abgeben.[326] Seit 1908 war er Besitzer einer Villa in St. Gilgen, wo sich eine kleine Bankiers- und Industriellenkolonie etablierte und sich neben Blaschczik und Lenk mit Max Feilchenfeld ein weiteres Mitglied der Wittgenstein-Gruppe niedergelassen hatte.

Max Feilchenfeld (1852 in Frankfurt an der Oder geboren, † 1922) lernte das Bankgeschäft in Teplitz, war längere Zeit Direktor einer kleinen Bank in Steyr und gründete in den 1880er Jahren eine eigene Bank in Teplitz als Filiale der *Böhmischen Escompte-Bank* (BEB).[327] Als junger Direktor der *Teplitzer Bank*, die das *Teplitzer Walzwerk* gegründet hatte, lernte Feilchenfeld den Vorstand der Bessemerhütte, Ingenieur Wittgenstein, kennen. Feilchenfeld engagierte sich an der Seite Karl Wittgensteins in der Stahlindustrie und vollzog einen Aufstieg. Feilchenfeld wurde 1884 Direktorstellvertreter, 1890

Direktor der *BEB*. In der Folge wird er als Beherrscher der *BEB* und der *Böhmischen Unionbank* bezeichnet, beides böhmische Industriebanken, die bis 1918 deutschsprachig dominiert waren. Nachdem die *Niederösterreichische Escompte-Gesellschaft* (*NEG*) die *BEB* unter Wittgensteins geheimer Mitbeteiligung übernommen hatte (oder umgekehrt), wurde Feilchenfeld Direktor der *NEG* sowie Präsident des *BEB*-Verwaltungsrates und verstärkte die Allianz mit Karl Wittgensteins *Prager Eisenindustrie-Gesellschaft*. Die *NEG* besaß vor allem bedeutende Engagements in der böhmischen Eisenindustrie, der angestammten Domäne Wittgensteins, und viele vermuteten in Wittgenstein den eigentlichen Beherrscher der *NEG* vor sich zu haben, der ja 1899 seine Interessen auf diese Bank übertragen hatte. Feilchenfeld ließ 1913 bis 1915 an der Stelle des ehemaligen Hofkriegsratsgebäudes (Am Hof 2) die neue Zentrale der *NEG* errichten (später *Länderbank*, heute Hotel Park Hyatt Wien). Er war zum „richtigen Österreicher" geworden und zum Katholizismus übergetreten, ein, so Carl Fürstenberg in seinen Erinnerungen, Musterbeispiel der Verschmelzung norddeutscher Schärfe und Gründlichkeit mit dem weicheren und phantasievolleren Wiener Temperament. „Er trug einen Spitzbart, war klein von Figur und wurde mit dem Altern noch etwas kleiner. Er und sein Busenfreund, der Hüne Kestranek, bildeten ein merkwürdiges Paar ... Don Quichotte und Sancho Pansa konnten keine würdigere Verkörperung finden." Er errichtete zwischen 1906 und 1909 eine prächtige, ja mächtige Villa in St. Gilgen (heute Hotel Billroth), bestehend aus Haupthaus, Pförtnerhaus, Glashaus, Boots- und Badehaus, Gartenpavillon, Kegelbahn, Eiskelleranlage und Tennisplatz. 1910 wird er bei Sandgruber mit einem Jahreseinkommen von 527.919 K als 72. unter den reichsten Wienerinnen und Wienern geführt. Günther beschreibt Feilchenfeld als „von durchdringendem Verstand und erstaunlicher Urteilskraft ... besonders in finanziellen Fragen", „... ein Mann von aufrechter Gesinnung und einem köstlichen, nie versiegenden, mit feiner Ironie gewürzten Humor." „Wo immer er erschien, war es, als ob lichter Sonnenschein den Raum erhelle."[328] Sein Tod kam abrupt und war äußerst unglücklich. Er stürzte auf dem Heimweg von seiner Bank 1922 70-jährig in einen nicht abgesicherten Schacht zu Tode.

Auch der Bankier Wilhelm Kux (1864–1965) gehörte zum Umfeld Karl Wittgensteins. Er trat 1883 in die *Länderbank* ein und wechselte 1904 zur *Niederösterreichischen Escompte-Gesellschaft*, wo er zum Generaldirektor avancierte. Kux, ein Vetter der Privatbankiers-Familie Rosenfeld, mit der er zusammen in einem Haus in der Rathausstraße 20, in dem sich auch das Bankhaus Rosenfeld befand, wohnte, war Ehrenmitglied der Wiener Gesellschaft der Musikfreunde und Förderer junger Talente. Er sammelte selbst Musikinstrumente bzw. -manuskripte. Er galt, was unter Bankiers und Industriellen bzw. im großbürgerlichen Milieu selten anzutreffen war, als Freund der Sozialdemokratie. 1910 gründete Kux mit Dr. Paul Hammerschlag den Verband österreichischer Banken und Bankiers. Die Zahl seiner Direktoren- und Verwaltungsratsposten war enorm, auch er, wie Kestranek und Feilchenfeld zuvor, ein „Big Linker", ein bedeutender Player in der österreichischen Banken- und Industrielandschaft, die eng miteinander verflochten waren. In den 1920er Jahren war er auch in leitender Funktion in der *Alpine Montangesellschaft* tätig.

Georg Günther (geb. 1869 in Ilsenburg im Harz, gest. 1945, evangelisch, später katholisch)[329] trennen bereits 20 Jahre von Karl Wittgenstein, eine fast schon Vater-Sohn-Beziehung. Vielleicht oder wahrscheinlich kannte Karl Wittgenstein auch dessen Vater, Otto Günther (1845–1914). Dieser hatte es als Ingenieur durch die Übernahme und Leitung der Wiener Eisengießerei *R. Ph. Waagner* und später als Brückenkonstrukteur in Österreich zu Ansehen gebracht. Das Unternehmen wurde nicht zuletzt wegen der Erweiterung der Produktpalette in eine AG umgewandelt und zu einem der bekanntesten Wiener Industrieunternehmen. 1905 wurde die Firmenbezeichnung in *AG R. Ph. Waagner L. und J. Biro und A. Kurz* umgewandelt, 1924 in *Waagner-Biro AG* geändert. Sohn Georg begann nach seinem Studium an der Montanistischen Hochschule in Leoben 1888–1892 als Hütteningenieur in den *Witkowitzer Eisenwerken*. 1898 wurde er von Wittgenstein zum Zentraldirektor der *Böhmischen Montangesellschaft* ernannt. Von 1904 bis 1909 war Georg Günther Generaldirektor der *Škoda-Werke* in Pilsen, die neben Steyr zur Waffenschmiede der Monarchie avancierten. Günther verringerte durch eine Neustrukturierung die Produktionskosten und verlegte die Firmenzentrale nach Wien, um näher an der Heeresadministration zu sein. Nach 1909 erfolgte unter seiner Regie die Reorganisation der Ostrauer Hüttenwerke, der *Österreichischen Berg- und Hüttenwerksgesellschaft* (in deren Leitung verblieb Günther bis 1927), für deren Mehrheitseigentümer, die *Bodencreditanstalt* (*BCA*). Der Wechsel zu *Skoda*, die Werke standen unter Einfluss der *Creditanstalt*, wie der später erfolgte Wechsel in ein Unternehmen des *BCA*-Konzerns dürften den Beziehungen zu Wittgenstein nicht geschadet haben, auch wenn die Hauptquelle für diese Behauptung, Günthers *Lebenserinnerungen*, eine höchst subjektive Quelle ist. Darin finden sich zahlreiche, im vorliegenden Buch teils wiedergegebene Passagen über die Wittgenstein-Gruppe, was auch den Stellenwert Wittgensteins und des Personenkreises um ihn für Günthers Berufs- und Privatleben verdeutlicht. Günther kann mit seinen zahlreichen Funktionen ebenfalls als „Big Linker" in der österreichischen Industrie bezeichnet werden. Josef Redlich bezeichnete ihn als „einen übermuthigen Parvenü der Eisenindustrie".[330]

Drei aufeinanderfolgende Generaldirektoren der *Österreichisch-Alpine Montangesellschaft*, alle allerdings zu einer Zeit, als sich Wittgenstein bereits aus den Geschäften zurückgezogen hatte, zählten zu Wittgensteins Vertrauten.[331] Guido Hell von Heldenwerth studierte in Dresden und war danach in verschiedenen italienischen Maschinenfabriken und Schiffswerften tätig, ehe er als Maschinentechniker in die zur *Prager Eisenindustrie-Gesellschaft* gehörende *Hermannshütte* eintrat, wo er Betriebsführer und dann Direktor wurde.[332] Dies lenkte die Aufmerksamkeit Karl Wittgensteins auf ihn, der Hell Anfang der 1890er Jahre nach Wien berief. Er machte sich insbesondere um den Aufschwung der *Tiegelgussstahlfabrik Poldihütte* verdient. 1893 folgte er Weinberger in dessen Funktion als Zentraldirektor der *Böhmischen Montangesellschaft* und führte in den folgenden vier Jahren eine Reorganisation des Unternehmens durch. 1897 wurde er in der *Alpine* zum Generaldirektor-Stellvertreter ernannt, 1898, als der bisherige Generaldirektor Eduard Palmer zum Gouverneur der *Länderbank* ernannt wurde, zum Generaldirektor. Zwischen 1897 und 1902 erfolgte ein umfassendes Bauprogramm, eine Reihe von Werken wurden im Gegenzug verkauft. Guido Hell von Heldenwerth starb 49-jährig 1904.

Der Montanist Anton Kerpely Ritter von Krassai (1866–1917) war mit Berta Kupelwieser verheiratet, einer Tochter von Paul Kupelwieser, in zweiter Ehe mit Selma Wetzler. Auch er entstammte bereits einer einschlägigen Familie, sein Vater Antal Kerpely (1837–1907), 1875 geadelt, Bergrat und Ministerialrat, war ab 1869 Professor der Metallurgie an der Bergakademie Schemnitz (Banská Stiavnica), und seit 1881 Generaldirektor der ungarisch staatlichen *Eisenwerke in Ruszkabánya* (Rusca-Montana, Rumänien). Anton Kerpelys Karriere führte von der Bergakademie über die *Eisenwerke Trzynietz* nach Witkowitz (Leitung des Gussstahlwerkes, berufen von Paul Kupelwieser), ab 1893 in die *Poldihütte*, wo er in leitender Funktion die Geschoßerzeugung sowie die Herstellung von Kanonenstahl und Gewehrläufen einführte. 1897 wurde er zum Technischen Direktor und 1904 als Nachfolger Guido Hells zum Generaldirektor der *Österreichisch-Alpine Montangesellschaft* bestellt, die er technisch und organisatorisch neu aufstellte.[333] 1913 erkrankte er und ging 1915 in den Ruhestand. Gemeinsam mit V. Peithner von Lichtenfels und G. Veit entwickelte er den ersten Drehrostgenerator (*Kerpelyscher Drehrostgenerator*), der 1904 erstmals in der *Alpine Montangesellschaft* eingesetzt wurde und zu einer bahnbrechenden Neuerung wurde, mit ein Grund für den wirtschaftlichen Aufschwung, den das Unternehmen erfuhr. Nachfolger Anton Kerpelys wurde Oskar Rothballer (1870–1922), auch er ein langjähriger Bekannter Wittgensteins. Er war zunächst Leiter des Verkaufsbüros des Syndikates von *Witkowitzer Eisenwerken*, *Prager Eisenindustrie-Gesellschaft* und *Böhmischer Montangesellschaft*, später Leiter des Eisenkartells. 1906 wurde er Prokurist und kommerzieller Direktor der *Österreichisch-Alpine Montangesellschaft* und war von 1915 bis zu seinem Tod Generaldirektor der *Alpine*. Er schied 1922 „nach heldenhaft getragenem schwerem Leiden" aus dem Leben, wenig später starb übrigens auch Max Feilchenfeld.[334] Oskar Rothballer war der Schwiegervater von Ernst Ritter von Gutmann und ein enger Vertrauter Kestraneks.[335] Auch die Familien Rothballer und Günther verband eine herzliche Freundschaft.

Felix Stransky (1871–1950) wies eine jahrzehntelange Auslandstätigkeit in Berlin, Bukarest, St. Petersburg und Zürich auf, übersiedelte bzw. wechselte 1905 nach Wien und erhielt in der *Niederösterreichischen Escompte-Gesellschaft*, der er von 1905 bis 1932 angehörte, eine Leitungsposition als Vorstandsmitglied und Direktor.[336] Er stieß also erst spät zur Wittgenstein-Gruppe und war wohl eher eine Randfigur. Auch er, so wie Kestranek, Feilchenfeld oder Kux ein typischer Big Linker, wies an die 40 Verwaltungsratsmandate bzw. Präsidentenposten auf und nahm zahlreiche Funktionen in Wirtschaftsverbänden ein.

Darüber hinaus gehörten noch einige andere zu den Vertrauten Wittgensteins, die nicht so häufig genannt werden. Erinnert sei hier an den Advokaten Edmund Benedikt, er war in den Verwaltungsräten der *Prager Eisenindustrie-Gesellschaft* (*PEG*) und der *Österreichisch-Alpine Montangesellschaft* vertreten und war Rechtsberater von Karl Wittgenstein, aber auch vom Kohlenmagnaten Max von Gutmann, ganz sicher eine spannende und zentrale Figur, über die wir so gut wie nichts wissen.[337] Eine wichtige Rolle dürfte auch der Teplitzer Industrielle Friedrich Schneefuss gespielt haben. Er hatte sich in der *PEG* zum Direktor der *Josefshütte* emporgearbeitet und war 1884/85 von Wittgenstein an die Spitze der eben gegründeten *Rudolfshütte* gesetzt worden, die er bis 1897 leitete. Schneefuss findet sich auch in anderen Verwaltungsräten des Wittgenstein-Imperiums.[338] Die zentrale Figur dieses Personenkreises war aber Karl Wittgenstein, die Verehrung groß. Hans Blaschczik schreibt seinem Sohn Willy kurz nach Wittgensteins Tod: „War er es doch, der meinem ganzen Berufsleben Inhalt und Form gab, war er es auch, an dem sich meine Entwicklung gleichsam wie ein Baum an einem verlässlichen Pfahl entfaltete. Ihm verdanke ich alle meine Erfolge, seinen Lehren, seiner Geduld und Ermunterung alles, was ich geworden."[339]

# DIE ÜBERNAHME DER BÖHMISCHEN MONTANGESELLSCHAFT UND DER PRAGER EISENINDUSTRIE-GESELLSCHAFT

Mithilfe seiner Freunde setzte Karl Wittgenstein seinen Eroberungsfeldzug fort. Noch gab es für Karl Wittgenstein weitere mächtige Gegenspieler. Mit der Übernahme des Thomaspatents für Böhmen hatte Wittgenstein zwei Hauptkonkurrenten im Land in die Defensive gebracht: die *Prager Eisenindustrie-Gesellschaft* und die *Böhmische Montangesellschaft* (*BMG*). Letztere besaß den reich- (und phosphor-)haltigen Erzberg in Nuschitz (Nučice) und Hochöfen, musste zur Verarbeitung nun aber Patentgebühren an das *Teplitzer Walzwerk* bezahlen und war mangels ausreichender Liquidität nicht in der Lage, selbst ein Walzwerk zu errichten. Die *BMG*, an die Fürst Fürstenberg seine Erzbergkonzessionen und seine Hüttenwerke hatte verkaufen müssen, war auf Initiative von Paul Eugène Bontoux gegründet worden. Bontoux streckte nach Gründung der katholischen Bank *Union Générale* (1875/78) seine Arme nach etlichen Unternehmen in der Habsburgermonarchie aus, sein gescheiterter Übernahmeversuch an den *Teplitzer Walzwerken* wurde bereits erwähnt. 1881 erfolgte die Gründung der *Österreichisch-Alpine Montangesellschaft*, unter Mithilfe der 1880 gegründeten *Länderbank*, die unter Bontoux' Einfluss stand. Die Gründung der „katholischen" *Länderbank* zielte auf die Brechung der Vorherrschaft der „jüdischen" Wiener Großbanken, allen voran der „Rothschild-Bank" *Creditanstalt*. 1882 kam es zum Crash der *Union Générale* und zur sogenannten *Bontoux-Panik* an der Pariser Börse. Folge war unter anderem der Fall der Aktien der *Länderbank* und der *BMG*. Wittgenstein hatte somit leichtes Spiel. 1884 verkauften Bontoux' französische Banken sämtliche Aktien der *BMG* an das uns bereits bekannte Konsortium mit Wittgenstein, Karl Kupelwieser, Isidor Weinberger, Karl von Wessely und Karl Wolfrum,[340] wobei für das auf zwei Millionen heruntergesetzte Aktienkapital 400.000 Gulden bezahlt wurden[341]. Wittgenstein war es gelungen, sich des Reservefonds der *BMG* zu bemächtigen, der 300.000 fl. betrug, womit der Kaufpreis zu drei Viertel gedeckt war. Der Verwaltungsrat wurde unmittelbar mit den Brüdern Kupelwieser, den Brüdern Wolfrum, Karl Wessely, Freiherr von Seiller (Advokat in Wien), Karls Onkel Gustav Figdor sowie Paul und als Präsident Karl Wittgenstein neu besetzt.[342] Bald stieß Weinberger dazu und wurde Vizepräsident. Die beiden tauschten später die Funktion, Weinbergers Funktion als Zentraldirektor übernahm Guido von Hell. Damit war der Verwaltungsrat der *Böhmischen Montangesellschaft* mit dem (kleineren) der *Teplitzer Walzwerke* so gut wie ident. Wittgenstein hatte ein weiteres Unternehmen erobert.[343] Das

*Teplitzer Walzwerk* wurde durch den Erwerb der *BMG* von der *Ilseder Hütte* unabhängig, da es jetzt selbst mit den Nuschitzer Erzvorkommen in Königshof Roheisen herstellen konnte. Es ging von der Schienenerzeugung zur Produktion von Blechen, Trägern und Halbfabrikaten über.

Es folgte eine Expansion bzw. Umstellung im Eilzugstempo.[344] In Kladno und Königshof wurde Hochofen um Hochofen errichtet und in beiden Werken sowie in Teplitz das Thomasverfahren angewandt. Die Hochöfen produzierten Roheisen zu niedrigsten Selbstkosten, die Erzgewinnung aus den Nuschitzer Lagern war billig. Koks wurde aus Westfalen, später aus Niederschlesien bezogen. Um auf dem Koksmarkt Druck ausüben zu können, hatten die *Prager Eisenindustrie-Gesellschaft* und die *BMG* gemeinsam die Aktienmajorität der *Schlesischen Kohlen- und Kokswerke* in Gottesberg in Niederschlesien erworben. In Teplitz gründete Wittgenstein 1884/85 – gemeinsam mit Wiener Realitäten- und Fabriksbesitzern sowie Johann Pechar, dem Prager Betriebsdirektor der Staatsbahnen, und der für den Transport aus Teplitz wichtigen *Dux-Bodenbacher Bahn* – mit der *Rudolfshütte* das bald bedeutendste Feinblechwalzwerk der Monarchie.[345]

Auch Kooperationen mit der *Prager Eisenindustrie-Gesellschaft* (PEG) konnten indes nicht darüber hinwegtäuschen, dass diese als nächste Akquisition Wittgensteins auserkoren war. Sie war der größte Konkurrent der beiden Wittgenstein-Firmen *Teplitzer Walzwerk- und Bessemerhütte* sowie *Böhmische Montangesellschaft* und bot im Jahr 1886 nun ihrerseits zur Bereinigung des Marktes – und zum Erwerb des Thomas-Patentes – an, die *Teplitzer Walzwerke* zu erwerben. Dahinter stand die *Creditanstalt*, wichtigster Finanzier der *PEG*, die Wittgenstein mit dazu übernehmen wollte. Zu diesem Zweck erhöhte die Prager Gesellschaft ihr Kapital und bezahlte mit den neuen Aktien den Kaufpreis für alle Aktien der Teplitzer Firma. Wittgenstein wechselte nur unter der Bedingung zur *PEG*, dass diese die im Besitz der Wittgenstein-Gruppe befindlichen Aktien des *Teplitzer Walzwerks* übernahm und dafür mit Aktien der *PEG* bezahlte. Wittgenstein & Co. erhielten Aktien mit einem Wert von 382 Gulden für eine Teplitzer-Aktie im Nominalwert von 200 Gulden und waren nun mit etwas mehr als einem Viertel an der Prager Gesellschaft beteiligt.[346] Wittgenstein, der schon vor Fixierung der Übernahme Aktien der *Prager Eisen* gekauft hatte,[347] wurde 1886 zum Zentraldirektor der Gesellschaft ernannt und war damit in Personalunion Präsident (dann Vizepräsident) des Verwaltungsrates der *Böhmischen Montangesellschaft*[348], Direktor der *Teplitzer Walzwerk- und Bessemerhütte* und der *PEG*. Robert Lenk, der schon vorher kommerzieller Direktor bei der Prager Gesellschaft war, wurde Stellvertreter Wittgensteins. Das Präsidium des Verwaltungsrates der *PEG* war bis dahin maßgeblich mit Funktionären der *Creditanstalt* besetzt gewesen. Unmittelbar nach der Fusion zogen Karl Kupelwieser, Isidor Weinberger und Carl Ritter von Wessely, ein Jahr darauf auch Carl Wolfrum in den Verwaltungsrat der Prager Firma ein. Diese Zusammensetzung blieb im Wesentlichen bis 1897, bis zum Streit um die Spezialreserve, gleich. Ein weiteres, ganz wichtiges Etappenziel Karl Wittgensteins war damit erreicht worden, der dominante Einfluss auf einen Giganten der habsburgischen Eisenindustrie.

Die *Prager Eisenindustrie-Gesellschaft* war 1857 von Adalbert Lanna und den Gebrüdern Klein in Kladno bei Prag gegründet worden (bereits 1854 war mit der *Adalberthütte* ein Grundstein dafür gelegt worden – Kladno erhielt neben dem Steinkohlebergbau mit dem Eisenhüttenwesen ein zweites Standbein).[349] Bis 1860 wurden vier neue Koks-Hochöfen errichtet sowie Maschinen und Kessel von *Boulton & Watt* aus England geliefert.[350] 1868 wurde ein neues Puddel- und Walzwerk errichtet, das vor allem Eisenbahnschienen und -brücken lieferte. Auch die Rohre für die Erste Wiener Hochquellwasserleitung wurden in Kladno erzeugt. Um 1875 bildeten die Anlagen ein Eisenwerk mit geschlossenem Produktionskreis, bestehend aus Hochöfen, Gießerei, Stahl- und Walzwerk. Die Hochöfen belgischen Typs wurden 1880 durch sog. *Lürmann-Öfen* nach schottischer Art ersetzt. Gleichzeitig hielt das Thomasverfahren Einzug in Kladno, womit die phosphorreichen böhmischen Eisenerze konkurrenzfähig verhüttet werden konnten. Kladno wurde zum ersten Standort auf dem europäischen Festland, wo dieses Verfahren angewandt wurde.[351] Die Stadt wuchs allein zwischen 1849 und 1869 von knapp über 2.100 Einwohnerinnen und Einwohnern auf über 10.000, bis 1910 auf fast 20.000. Unter Wittgenstein stellte die *PEG* große Teile der eigenen Verkokung, die sich bei steigenden Produktionszahlen als unrentabel erwies, ein, Steinkohle wurde aus Westfalen importiert, von den Wittgenstein'schen *Schlesischen Kohlen- und Kokswerken*.

Wittgenstein amtierte von 1886[352] bis 1898 als Zentraldirektor der *Prager Eisenindustrie-Gesellschaft*. Neben der Übernahme und Gründung weiterer Stahlwerke vereinigte Wittgenstein 1886 als Zentraldirektor die *Teplitzer Walzwerke* und die *Böhmische Montangesellschaft* mit der *PEG* zu einer mächtigen Gruppe im ersten österreichischen Eisenkartell, die mit der *Witkowitzer Bergbau- und Eisenhüttengewerkschaft* ein Übereinkommen über die Aufteilung der Produktion und einen gemeinschaftlichen Verkauf schloss.[353] Das Eisenkartell setzte bei festgesetzten Verkaufsquoten die Mindestverkaufspreise fest, überließ den Verkauf aber den Beteiligten.[354] Vorläufer des Kartells war ein Verkaufssyndikat der Unternehmen mit gemeinsamen Büros in Prag und Wien, Letzteres von Oskar Rothballer geleitet, der später auch die Leitung des Kartells übernahm. Verkauf und Verteilung der Aufträge erfolgten nach einem festgesetzten Schlüssel. Der Export war frei. Zum Nachfolger Rothballers hatte Wittgenstein eigentlich Guido Hell von Heldenwerth, den späteren *Alpine*-Generaldirektor vorgesehen, Kupelwieser schlug Kestranek, damals Ingenieur bei der *Nordbahn* und Schwager seines Bruders Max, vor. Kestranek übertraf alle Erwartungen und sollte wenige Jahre später Wittgensteins Nachfolger in der *PEG* werden. Allem Anschein nach verlief die Kooperation mit Witkowitz unter Generaldirektor Paul Kupelwieser trotz der Konkurrenzsituation weiterhin harmonisch. Wittgenstein trieb die Kartellierung voran, nach Gründung des ersten Schienenkartells Österreich-Ungarns 1878 wurde 1880 das Kartell der Tyres-(Bandagen-)Walzwerke errichtet. 1884 folgte das Stabeisenkartell, dessen Bildung wegen der betroffenen zwei Dutzend Unternehmen schon weit schwieriger war. Es handelte sich dabei um eine Reihe von Artikeln, Träger, Bleche, Brückeneisen, Draht. Bald darauf entstanden das Feinblech- und das Drahtstiftekartell.

> *„Der Industrielle muß wagen,*
> *er muß, wenn es der Moment erfordert,*
> *imstande sein, auch alles*
> *auf eine Karte zu setzen"*
>
> KARL WITTGENSTEIN[355]

Wittgenstein führt in einem seiner Artikel in der *Neuen Freien Presse* die Entstehung dieser Kartelle darauf zurück, dass es sich um Industrien auf einem relativ kleinen Markt handelte, wo die Leistungsfähigkeit der einzelnen Betriebe weit über dem Bedarf lag und nicht einer oder eine Gruppe groß genug war, die Konkurrenz zum Stillstand zu bringen.[356] Diese Situation des Überangebots hätte dazu geführt, dass sich die Händler billige Preise sichern konnten. Sie mussten nur einen Produzenten finden, der bereit war, billiger zu offerieren als die Konkurrenz, „bis auf ein Niveau, bei dem der Fabrikant sicheren Verlustes ist".[357] Im Fall der Schienenproduzenten waren es die drei bis vier maßgeblichen Eisenbahngesellschaften, die das Gros der Aufträge ausmachten und die Preise (mit)bestimmen konnten. Hätte man sich nicht einen dieser Aufträge gesichert, drohten Zinsentgang eines oder mehrerer Jahre, die Vernichtung sämtlicher, im Unternehmen angelegten Kapitalien und oft die Schließung.[358] Wittgenstein versteht die Konsumentensicht, die sich billigere Waren wünscht, „einerlei, ob der Fabrikant dabei prosperiere oder nicht" und die für die Ermäßigung der Zölle agitiert, gibt aber zu, „nicht objektiv genug" zu sein, „um bei diesem Streite mitreden zu können".[359] Der Artikel ist eine einzige Rechtfertigung des Kartellwesens (auch für die Schutzzölle, die es erlauben, höhere Preise zu erzielen), ein Nachweis für die Wichtigkeit der hohen Kartellierung in Österreich. Wittgenstein sah voraus, dass es für eine weitere Kartellierungs- und Konzernbildung der Unterstützung der Großbanken bedurfte, so erklärt sich wohl auch seine Zuwendung zur *Creditanstalt* und dann zur *Niederösterreichischen Escomptegesellschaft*. Die Gegner der Kartell- und Schutzzollstrategie, darunter nach der Jahrhundertwende auch große Teile der Roheisenindustrie, kritisierten, dass die Kartelle, obzwar die Produktionskosten gesenkt werden konnten, eine wettbewerbsverzerrende monopolistische Erhöhung der Preise und eine den Preissteigerungen entsprechende Drosselung der Produktion bewirkten.

Bis auf Witkowitz und die *Österreichisch-Alpine Montangesellschaft* dominierte Wittgenstein nunmehr die cisleithanische Eisenindustrie. Mit den *Witkowitzer Werken*, im Besitz der Rothschilds und Gutmanns, hatte Wittgenstein durch geschäftliche und seine verwandtschaftlichen Beziehungen zu deren Generaldirektor Paul Kupelwieser zumindest längere Zeit ein freundschaftliches Verhältnis hergestellt.[360] Dies mag andererseits bezweifelt werden, zählten doch die Gutmanns, mehr noch aber die Rothschilds zu den größten Konkurrenten Wittgensteins. Kupelwieser dürfte hier bis zu seinem Abgang bei etwaigen Konfliktsituationen vermittelnd tätig gewesen sein, hatte aber selbst seine Schwierigkeiten mit seinen neuen Arbeitgebern. 1889/90 gründete Karl Wittgenstein in Kladno ein weiteres Werk, die Tiegelgussstahl-Fabrik *Poldihütte*, benannt nach dem Kosenamen seiner Frau. Mit diesem Erwerb verbunden war der Kauf einiger größerer Kohleterrains. 1891 erfolgte im Federnwerk des ersten Maschinenbaubetriebs der *Poldihütte* die Produktionsaufnahme, 1893 die Eintragung der Marke *Poldi* (1910 dann in der heute bekannten Form – das 2015 neu geschaffene Logo der Firma behielt die Silhouette Leopoldine Wittgensteins bei), ein zweiter Maschinenbaubetrieb kam mit der Gewehrkugelwerkstatt hinzu. 1897 wurden die ersten Kurbelwellen hergestellt, für deren Erzeugung die Firma Berühmtheit erlangen sollte, zunächst für Schiffsmotoren, ab 1904 für Autos (z. B. für *Austro-Daimler*, *Daimler-Benz* und *Saurer*), ab 1907 für Flugzeuge. 1900 wurde hier der „Poldihammer" entwickelt, ein handliches Gerät zur Härteprüfung. 1903 wurde die Produktion von Werkzeugen aufgenommen, 1910 erstmals Walzen für Kaltwalzwerke hergestellt, 1916 die Serienproduktion von Kurbelwellen gestartet.[361] 1890 erfolgte die Gründung der *Teplitzer Schaufel- und Zeug-*

*waaren-Fabrik* zur Erzeugung von diversen Werkzeugen.[362] 1890 nahm auch die *Königshofer Patent-Portland- und Puzzolan-Cement-Fabrik*, die Wittgenstein gemeinsam mit seinen Konsorten und Freunden gründete,[363] ihren Betrieb auf. Betriebsgegenstand war die Weiterverarbeitung der bei der Eisenerzeugung anfallenden Schlacke zu Zement. Weitere Beteiligungen bzw. Interessennahmen in Böhmen waren folgende: Als Kohlengewerkschaften zu nennen sind die *Grube Habsburg* in Brüx[364] (Verkauf 1900[365]), die *Victoria Tiefbau*[366] (Verkauf 1900[367]), die *Kaisergrube*[368] und die bereits erwähnten *Schlesischen Kohlen- und Kokswerke* (im Besitz der *Prager Eisenindustrie*)[369]. Damit gelang es, den Hochöfen eine ausreichende Kohlenbasis zu sichern. Bei der *Aussig-Teplitzer Eisenbahn-Gesellschaft* war Wittgenstein schon 1883 in den Verwaltungsrat gewählt worden.[370] Zu dieser Zeit war von Wittgensteins Bekannten nur Carl Wolfrum als Präsident im Verwaltungsrat. Dies änderte sich erst 1901, als Wittgenstein trotz Rücktritten in den anderen Gesellschaften noch immer im Verwaltungsrat vertreten war und mit seinen Konsorten die Mehrheit hatte.[371]

Nicht nur in Böhmen war Wittgenstein geschäftlich tätig. 1887 kaufte er die *St. Egydyer Eisen- und Stahlindustrie Gesellschaft* in St. Aegyd am Neuwalde bzw. in Furthof mit einer Drahtseil- und Feilenproduktion im Bezirk Lilienfeld in Niederösterreich, Karl und Paul Wittgenstein, Isidor Weinberger sowie Karl Kupelwieser traten in den Verwaltungsrat ein, 1890 erwarb er die Aktienmajorität. Die Akquisition diente der Absatzsicherung des in der *Poldihütte* produzierten Stahls. Das Unternehmen war in den Jahren 1810 bis 1820 als Stahlguss- und Drahtseilwerk entstanden, wurde 1869 zur *St. Egydy-Kindberger Eisen- und Stahlindustrie Gesellschaft*, ehe es 1887 an Wittgenstein geriet. St. Aegyd, ein alter Industriestandort im Traisen-Gölsental, liegt ganz in der Nähe der Gemeinde Hohenberg, wo sich Wittgenstein später niederlassen sollte. Die energisch betriebene Rationalisierung und die Zentralisierung der Erzeugung auf diese beiden Werke wurden von einem vierwöchigen Streik der Feilenhauer im Oktober 1891 begleitet, Wittgenstein reagierte mit der Aussperrung der 300 Arbeiter.[372] Das *Furthofer Walzwerk* wurde aufgelassen, die Drahtstifte- und Nadelmaschinenproduktion aus St. Aegyd verkauft, als Ersatz für die aufgelassenen Betriebe ließ er die Feilenproduktion in Furthof erweitern. Durch die Eröffnung der Bahnstrecke Scheibmühl–Kernhof 1893 verwendete das St. Aegyder Werk anstelle der bisherigen Holzkohle nur mehr Steinkohle, wovon Hunderte Köhler brotlos wurden. Wenn vorher von den amerikanischen Geschäftsmethoden die Rede war, bezog sich dies unter anderem auf solche, von Wittgenstein beinhart durchgezogenen Rationalisierungen. 1899 übernahmen die *Böhlerwerke* die Aktienmehrheit der *St. Egyder Eisen- und Stahlindustrie Gesellschaft*, die damals einen Wert von rund

800.000 Kronen repräsentierte, was wohl in Zusammenhang mit Wittgensteins geschäftlichem Rückzug stand.[373] Wittgenstein trat als Präsident des Verwaltungsrates, dem er von 1888 bis 1899 angehört hatte, ab und vergrößerte seinen Wald- und Grundbesitz beträchtlich. In Ungarn bestand eine Interessennahme an der *Ungarischen Stahlwarenfabriks-AG*, hier fungierte Anton von Kerpely als leitender Direktor. Der Schwerpunkt der Wittgenstein'schen Industrieinteressen lag eindeutig auf der Eisen- und Stahlindustrie und verwandten Branchen. Eine Ausnahme gab es: Nach der Kapitalerhöhung und Umwandlung in eine Aktiengesellschaft der Brauerei Großpriesen, vormals Eckelmann und Wolfrum, im Jahr 1896 wurde Wittgenstein in deren Verwaltungsrat gewählt[374] und verblieb dort bis zu seinem Tod 1913.[375]

Die Poldihütte in Kladno: Das Unternehmen existiert noch heute.

St. Aegyd am Neuwalde, N.-Oe.

Draht- und Drahtseilfabrik. Unteres Werk.

KURORT EICHWALD.

## ATEMBERAUBENDE EXPANSION

*Hochofen folgte auf Hochofen, Akquisition auf Akquisition.*
*Im Bild oben das „Eisenwerk Teplitz" der Prager Eisenindustrie-Gesellschaft,*
*deren Zentraldirektor Wittgenstein 1886 wurde. Links die Draht- und*
*Drahtseilfabrik in St. Aegyd am Neuwalde, links oben der Abstich an einem*
*Hochofen. In Eichwald (Dubí, Ansichtskarte oben) bewohnten Karl und Poldy*
*Wittgenstein 1874/75 eine „bescheidene, aber reizende" Villa, in der Tochter*
*Hermine zur Welt kam. Das elegante Coupé 12/16 von De Dion-Bouton*
*(kleines Bild links oben) erwarb Autofan Karl Wittgenstein erst 1912.*

113

## DIE BIG LINKER

*Karl Wittgenstein konnte auf die Loyalität seiner Direktoren, Manager und Freunde absolut zählen. Links Paul Kupelwieser, 1876–1893 Generaldirektor der Witkowitzer Eisenwerke, Porträt von Kazimierz Pochwalski, rechts der Banker Max Feilchenfeld, Direktor der Niederösterreichischen Escompte-Gesellschaft, Gemälde von Philip Alexius de László, 1902. Im Bild unten ganz rechts Wilhelm „Vilmos" Kestranek, links neben Wittgenstein Isidor Weinberger. Foto, 1897.*

## DIE FREUNDE MACHEN KARRIERE

*Georg Günther (kleines Bild rechts) wird 1898
Direktor der Böhmischen Montangesellschaft
und schafft von hier den Sprung an die Spitze der
Škoda-Werke in Pilsen. Foto von Georg Fayer, 1927.
Wittgensteins enger Vertrauter Wilhelm „Vilmos"
Kestranek ist 1893 an den Kartellverhandlungen
um das Walzwerk in Teplitz (oben, Federzeichnung
von Hugo Charlemont) beteiligt und wird 1898
Zentraldirektor der Prager Eisenindustrie-
Gesellschaft. Karl Kraus schrieb über ihn das böse
Wort: „Er war ein Mann von Eisen, und stahl."
Im Bild rechts mit seiner Frau Marie „Mizzi",
geborene Lenk. Foto von Fritz Luckhardt, um 1900.*

Mit der Welt des übermächtigen Vaters finden sie sich nicht zurecht: die Wittgenstein-Geschwister Helene, Rudi, Hermine, Ludwig, Gretl, Paul, Hans und Kurt (von links). Ferrotypie, um 1891.

# DAS DESASTER
# DES „ÜBERVATERS"

## KARL WITTGENSTEINS
## ERZIEHUNGSMETHODEN

Karl Wittgensteins Frau Leopoldine bringt neun Kinder zur Welt. Allein zwischen 1874 und 1882 werden sieben Kinder geboren. Trotz aller Hilfe durch Hausangestellte kann man sich vorstellen, wie es Leopoldine Wittgenstein ging: von einer Schwangerschaft in die nächste, körperlich wie psychisch, ohne Erholung, ohne Zeit, sich intensiver um die Säuglinge und Kleinkinder, aber auch sich selbst zu kümmern. Das erinnert stark an ihre Schwiegermutter Franziska Wittgenstein und entsprach großbürgerlichen Vorstellungen. Hermine (Mining) kommt 1874 zur Welt, Dora, die zweitälteste Tochter, verstirbt bei der Geburt 1876, ein erster schwerer privater Schicksalsschlag neben der zu dieser Zeit grassierenden Unsicherheit über die berufliche Zukunft ihres Mannes. Fehl- und Todgeburten waren neben Abtreibungen und Kindesweglegungen nicht ungewöhnlich in den unteren sozialen Schichten, seltener im Großbürgertum. Leopoldine wird keine Zeit zur Erholung von diesem Schock gegeben. 1877 folgt der erste Sohn Johannes (Hans), Konrad (er wird Kurt gerufen) kommt 1878 zur Welt, Helene (Lenka) 1879, Rudolf (Rudi) 1881, Margarethe (Gretl) 1882. Danach erstmals ein paar Jahre Ruhe. Paul (geb. 1887) und Ludwig (geb. 1889, er wird von seinen Schwestern „Luki", „Lucki", „Lukas" „Lukerl" oder „Herzensluckerl" genannt) sind Nachzügler und dementsprechend gestaltet sich auch das Verhältnis zu ihren älteren Schwestern, teils fast mütterlich, vor allem zu Hermine, 13 bzw. 15 Jahre älter als Paul und Ludwig, vielleicht notgedrungen, da Mutter Leopoldine überfordert ist und häufig kränkelt.

Die Erziehung der Kinder kann als typisch für diese Gesellschaftsschicht bezeichnet werden.[376] Wichtig war es, den Vater zu verehren, Mutter und Vater selten zu sehen, im Beisein von Onkeln und Tanten sich möglichst ruhig zu verhalten.[377] Wichtig war es, so wurde ihnen vermittelt, ehrlich zu sein, seine Pflichten zu erfüllen und sich gegenüber Dienstpersonal und Abhängigen verantwortungsvoll zu benehmen. Die religiöse Erziehung der Kinder spielte bei Wittgensteins eine ungleich geringere Rolle. Doch gleichzeitig lag eine nie nachlassende Spannung, eine wie Hermine es nennt „merkwürdige Erregtheit"[378] über der Familie. Vom gewöhnlichen Leben, vom Alltag der großen Mehrheit der Bevölkerung bekam man wenig bis gar nichts mit, woraus eine gewisse Weltfremdheit und wohl auch Arroganz resultierte.

### HERMINE

Als Erste in der Geschwisterreihe kam Hermine „Mining" Wittgenstein (*1874 Eichwald, † 1950 Wien), die wir ja bereits mehrmals zu Wort kommen ließen, besondere Bedeutung zu. Hermine, nach ihrem Großvater benannt, war – vielleicht als Erstgeborene und weil ihre Geburt mit einem Wendepunkt in Karls beruflicher Laufbahn zusammenfiel – immer Karls Liebling gewesen.[379] Ihre Leidenschaft galt der Malerei, sie nahm Unterricht bei den Malern Anton Nowak und Franz Hohenberger, die zu den Gründern der Wiener Secession zählen,[380] malte und zeichnete mit Talent. Sie spielte zudem ausgezeichnet Klavier und organisierte musikalische Veranstaltungen im Familienkreis. Hermine schrieb Karl Wittgensteins und später ihre Lebenserinnerungen auf. Sie blieb ihr Leben lang unverheiratet, blieb das „gnädige Fräulein"[381]. Hermine wirkte auf Leute, die sie wenig kannten, arrogant. Ein mangelndes Selbstwertgefühl erschwerte ihr den Kontakt mit Fremden und ließ scheinbar auch keine Annäherungsversuche von Männern zu, obwohl es ein, zwei Verehrer gegeben hatte. Sie verkehrte bald nur mehr in einem engen Kreis von guten Bekannten. Als „Macke" rieb sie sich oft das Gesicht, was Hautrötungen nach sich zog.[382] Eine gewisse Exzentrik kam auch darin zum Ausdruck, dass sie selbst an den heißesten Tagen schwere und unpassende Kleider trug. Häufig wird von ihr das Bild des farblosen „Vatertöchterchens" gezeichnet.[383] Hermine begleitete ihren Vater häufig auf dessen Inspektionsreisen zu seinen Fabriken, aber auch auf privaten Reisen, weil Leopoldine nicht wollte oder kränkelte, und befand sich dann gewissermaßen in der Rolle der Ehegattin. Sie beriet mit ihrem Kunstsachverstand den Vater beim Aufbau seiner Gemäldesammlung, in architektonischen und künstlerischen Belangen, und organisierte für ihn, einer Sekretärin ähnlich, Geschäftsempfänge. Somit war auch die Rolle als „Vatertöchterchen" nicht nur vorteilhaft, bedeutete, stark in Anspruch genommen zu werden, was nichts an Hermines Bindung zum Vater änderte, vielleicht im Gegenteil.

In Hermines Familienerinnerungen, mehr noch aber in ihren Tagebüchern taucht der Vater als verehrter „Karl der Große" auf. Vorausgeschickt werden muss, dass es sich bei Hermine nicht nur um Karls Liebling(stochter) handelte, sondern auch Hermine ihren Vater verehrte. Karl Wittgenstein sind dementsprechend lange, fast huldigende Ausführungen gewidmet. Alleine das erste Drittel ihrer Aufzeichnungen stellt den Vater in den Vordergrund, ist fast eine Hommage an ihn. Alles an ihm ist außergewöhnlich, glänzend, natürlich auch sein Äußeres. „Er war ein kräftiger, wohlgebauter Mann, guter Fechter und Reiter, ein Mann, dem man die Energie und Unerschrockenheit auf hundert Schritte ansah. Er hatte ein schönes, männliches Gesicht, ohne im Geringsten das zu sein, was man mit einem leisen Beigeschmack einen schönen Mann nennt und er war ausgezeichnet angezogen, ohne eine Spur von Dandyhaftigkeit, dazu wirkte er viel zu imponierend."[384] Negative Eigenschaften finden keine Erwähnung, sehr wenig findet sich zum Selbstmord der Brüder, den naheliegenden Schluss, dass sie an den Erwartungen des Vaters zerbrachen, der sie ins Geschäft drängte, zieht Hermine Wittgenstein nicht. Diese Teile der Familiengeschichte streift Hermine nur, klammert sie nahezu aus, ein typischer Verdrängungsmechanismus, vielleicht nicht unverständlich, weil eben mit so heftigen Folgen verbunden. Und mehr Kritik am väterlichen Verhalten hätte wohl an dessen Heiligenbild gekratzt. Zudem lagen die Ereignisse schon Jahrzehnte zurück, was ihre Dramatik vielleicht gemildert erscheinen lässt, einiges verdrängt wurde, womöglich gar schon vergessen ist.

Auffällig und erklärungsbedürftig bleibt auch das unterschiedliche Gewicht, das den sonstigen Familienmitgliedern in Hermines Ausführungen zukommt, auch bzw. vor allem ihre Geschwister betreffend. Ludwig bewundert sie in einem ganzen Kapitel und führt in unzähligen Episoden aus, wie „seelisch ungeheuer empfindlich" ihr jüngster Bruder Ludwig, der „interessanteste und wertvollste der Brüder", war.[385] Sie beschreibt ihn als Einzelgänger und Sozialneurotiker, als einen, der zu viel von sich und anderen verlangte.[386] Die stereotypen Bilder in der Wittgenstein-Literatur sprechen Hermine neben der Zuschreibung als „farbloses Vatertöchterchen"[387] die Rolle einer Art Mutterersatz für Ludwig zu. Hermine schlüpfte sehr schnell in die Mutterrolle, als Ludwig und Paul, 15 bzw. 13 Jahre jünger als sie, auf die Welt kamen, ob freiwillig oder ob sie nicht auch dazu gedrängt wurde, ist ein weiteres Fragezeichen. Hermine war zweifellos Ludwigs Lieblingsschwester und umgekehrt Ludwig Hermines Favorit, sie verehrte ihn ähnlich ihrem Vater: „[I]ch wollte dir nur das Eine gesagt haben, dass Du für mich immer mit Allem was gut und gross und schön in dieser Welt ist, unlöslich verknüpft bist, mehr und anders als irgend ein Mensch."[388] Blieb sie deshalb unverheiratet, weil sie gerade als Heranwachsende mit zwei kleinen Brüdern konfrontiert wird, diese sie stark in Anspruch nehmen, sie vielleicht überforderten im Zusammenspiel mit der starken Vater-Beziehung?

Hermine selbst charakterisiert sich in ihren Erinnerungen „als ‚schweigsame' und ‚weltfremde'" Frau, „beschreibt die Unterlegenheit gegenüber ihren Geschwistern, untertreibt ihre Talente und ihren Einfluss".[389] Besonders groß zeichnet Hermine Wittgenstein den Abstand zu ihrer Schwester Margarethe, „Gretl". Sie wird geradezu zum Gegenpart Hermines stilisiert, als emanzipiert, modern, weltoffen, zielorientiert, aktiv und fordernd beschrieben, Hermine im Selbstbild als zweiflerisch, orientierungslos und passiv.[390] „[I]hre Güte, ihr Verstand, ihre vielseitige Begabung einschliesslich ihrer Schönheit und ihrer Verachtung jeglicher Konvention",[391] das alles zeichnet Gretl aus, und man könnte hinzufügen, steht im Gegensatz zu Hermine, doch war das wirklich so? War Hermine neidisch auf ihre Schwester? Gretl ist für Hermine die ihr „so unendlich nahestehende und doch von ... [ihr] so unendlich verschiedene Schwester".[392] Von den anderen Geschwistern kommt Hans ganz gut weg, aber kaum vor, über Helene, Paul und Rudi sagt sie fast nichts, über Konrad (Kurt) detto, hingegen weit mehr über einige Onkel und Tanten, der Familie nahestehende Personen und über die Haushälterin Rosalie.

Der Blickwinkel Hermine Wittgensteins in ihren Familienerinnerungen, die sie 1944 im Alter von 69 Jahren begonnen hatte und im Oktober 1948 krankheitsbedingt beendete, kann nicht anders als subjektiv sein. Hermine ist merklich um ein harmonisches Bild der Familie bemüht. Konflikte und Spannungen innerhalb der Familie werden eher umgangen, höchstens angedeutet und dann zu einem guten Ende gebracht, bemüht wird im Sinne einer kohärenten Familienchronik ein Bild des Zusammenhalts.[393] Gelegentlich wird Hermine Wittgenstein aber auch sehr persönlich, ihr Urteil ist dann hart. So beschreibt sie viele positive Züge ihrer Mutter, aber auch die Mängel, die Überforderung, die ständige Nervosität, die dadurch im Haus herrschte. Wirklich überraschen kann das nicht, anhand des elterlichen Erziehungsversagens, das sie ihrer Mutter weit mehr anzulasten scheint als ihrem Vater. Hermines Aufzeichnungen hinterlassen einen konservativeren Eindruck von der Familie und von ihr selbst. Trotz ihres vielleicht außergewöhnlich modernen Kunstgeschmacks stand sie genau für die großbürgerliche „Lebensform der Eltern, die als Kunstmäzene gleichsam den Idealtypus des zu Wohlstand gekommenen Wirtschaftsbürgertums" verkörperten, „einen familiären Rahmen, an dem der Bruder (Ludwig, P.E.) leidet und von dem er zeitlebens flüchtet."[394] Flüchten wurde für einige Familienmitglieder zum zentralen biografischen Element. „Der stilisierte Gegensatz zur ‚modernen' Schwester Margarethe verleiht ihr einen häuslichen, konservativen und konventionellen Charakter", eine Polarisierung, die – so Immler – „in der Wittgenstein-Literatur einen unhinterfragten Niederschlag fand". Ein Bild, das auch aus meiner Sicht zurechtzurücken ist. Wohl nicht nur, weil sie die Älteste der Geschwister war, nahm sie eine Art Führungsstellung unter ihnen ein, trotz der Selbstcharakterisierung als weltfremd. „Weltfremd" andererseits ist ein wohl passender Ausdruck für die Wesensart einiger Wittgensteins. Noch viel ungewöhnlicher als ihr ewiger Ledigenstatus[395] war, dass ihr in der Familie nachgesagt wird, dass sie niemals verliebt war. Ob das (immer schon so) beabsichtigt war oder nicht, bleibt ungeklärt. Einige, etwa Prokop, führen diesen Umstand auf die übersteigerte Vater-Tochter-Beziehung zurück.[396] Immler weist zu Recht darauf hin, dass die Ehelosigkeit mehrere Gründe gehabt haben könnte: die zwiespältige Beziehung zur Mutter, Hermines introvertiertes Naturell und/oder ihre Rolle als Familienoberhaupt,[397] die sie als Erbin der elterlichen Liegenschaften und als Älteste der Geschwister innehatte. Bereits 1913, nach dem Tod des Vaters, erbte sie das Anwesen Hochreith, um das sie sich schon zuvor am meisten gekümmert hatte, und wird zum Ruhepol der Familie. Nach dem Tod der Mutter 1926 kam das Haus in der Alleegasse hinzu. Als Familienoberhaupt und nicht nur als heimliches, sondern als anerkanntes, nahm Hermine eine in dieser Zeit eigentlich Männerrolle an. Ihre Briefe vor allem an Ludwig und ihre tagebuchähnlichen Aufzeichnungen (bezeichnenderweise von ihr mit dem Vermerk „Nach meinem Tode zu verbrennen" versehen)[398] zeichnen ein Bild einer höchst intellektuellen, blitzgescheiten Frau, die sich über Philosophen wie Nietzsche, Weininger oder Kierkegaard ausließ.

### HANS

Nachdem die zweite Tochter Dora bald nach der Geburt 1876 verstarb, kam im Jahr darauf der erste Sohn Johannes „Hans" Wittgenstein (*1877 in Wien, † 1902 Chesapeake Bay, USA vermisst, vermutlich Suizid) zur Welt. Hans war hochgewachsen und ungelenk, eigensinnig und schwer zu bändigen, zugleich eher schüchtern. Den Eltern zufolge soll sein erstes gesprochenes Wort „Oedipus" gewesen sein.[399] Ich lasse das unkommentiert. Beim Wiedergeben von Fakten und Zahlen oder beim Kopfrechnen zeigte er außergewöhnliche Begabung, etwas, was ein wenig an Formen des Autismus (sog. Savants) erinnerte, doch seine wahre Leidenschaft galt der Musik. „Hans hatte [...] nichts als Musik im Kopf, und zwar seit seiner frühesten Kindheit."[400] Er blätterte in Partituren wie andere in Bilderbüchern. Großmutter Fanny Wittgenstein bezeichnete ihn als „musikalisches Phänomen", mit neun spielte er jeden Sonntag in der Peterskirche beim Hochamt die Geige.[401] Julius Epstein, Lehrer Mahlers und ein bedeutender Klavierpädagoge am Wiener Konservatorium, feierte ihn als „Genie", doch charakterisierten Hans' musikalische Darbietungen „äußerste Heftigkeit und eine aggressive Spannung", was Hermine auf die gespannte Atmosphäre in der Familie zurückführt[402] und uns später auch bei Paul begegnen wird. Hans wollte sich ganz der Musik widmen, wofür er vom Vater nur Unverständnis erntete, und komponierte aus Angst vor dem Vater heimlich im Keller, vor dem seine Schwester Margarethe Wache hielt.[403] Am Beispiel von Hans führt Hermine noch am deutlichsten das Versagen der elterlichen Erziehung aus, „ein eigenartiges Kind … schon von frühester Kindheit an", das für die schwierige Beziehung zum Vater eines Vermittlers bedurft hätte.[404] Hans und Hermine werden auf Wunsch Karl Wittgensteins von einem Hauslehrer in Latein und Mathematik, von einer Lehrerin in Französisch unterrichtet. Sein Vater besteht darauf, dass Hans Karriere in der Industrie machen soll und schickt ihn ins Ausland, um dort in einigen Betrieben notwendige Kenntnisse zu erwerben. Vergebens, Hans flüchtet, wie sein Vater, nach Amerika.

### KONRAD (KURT)

Konrad, in der Familie „Kurt" (*1878, † 1918), war um einiges kleiner als Hans und Rudi und seine um neun bzw. elf Jahre jüngeren Brüder Paul und Ludwig und im Gegensatz zu diesen muskulös, blond und blauäugig.[405] Durch seine Sorglosigkeit galt er in der Familie als oberflächlich und als sog. „Kindskopf", Hermine bezeichnet ihn als „harmlos heiter veranlagt".[406] Er war ein guter Rechner, lernte Reiten und Fechten. Kurt übernahm nach Hans' Verschwinden die Position des Ältesten, zeigte früh Allüren, jagte gerne und fuhr schnelle Autos. Auch er war ein begabter Musiker, spielte Klavier und Cello. Und er erfüllte den Plan seines Vaters und wurde 1899 Ingenieur. Nach dem Studium an der Technischen Universität von Hannover diente er ein Jahr als Freiwilliger, 1903 errang er den Rang eines Reserveoffiziers, obwohl er als ungeeignet für den aktiven Dienst bezeichnet wurde. Er schlug, dem Wunsch des Vaters entsprechend, eine Industrielaufbahn ein und baute, mit 20.000 Kronen finanziell unterstützt vom Vater, mit seinem Partner Sebastian Danner 1906 das Stahlwerk Judenburg mit neuartigen, „Lichtbögenöfen" genannten Hochöfen auf. Kurt war nie verheiratet, zwei Heiratsversuche waren gescheitert[407]. Dass er Ende des Ersten Weltkriegs Suizid beging, steht außer Zweifel, nicht ganz klar ist die Motivation.

### HELENE

Helene „Lenka" Wittgenstein, verh. Salzer (*1879 Wien, † 1956 Wien), ein „munteres, aber ausgeglichenes Kind"[408], wird als weniger kämpferisch und eigensinnig als ihre Geschwister beschrieben. Sie sang wunderbar, spielte mit Talent Klavier und – für eine(n) Wittgenstein ungewöhnlich – sie lachte sehr viel. Sie galt als psychisch Ausgeglichenste in der zu Neurosen neigenden Familie, vielleicht weil ihr als „Sandwichkind" innerhalb der großen Ge-schwisterschar wenig Aufmerksamkeit gewidmet worden war,[409] was nicht darüber hinwegtäuschen konnte, dass auch sie an neurotischen Spannungen litt und etwa panische Angst bei Gewittern empfand.[410] Helene galt zunächst als leichtsinnig. Sie entzog sich durch Gründung einer eigenen Familie früh dem Druck ihrer Herkunft und heiratete 1902[411] 20-jährig ihren Cousin, den aus Siebenbürgen eingewanderten, elf Jahre älteren Dr. Maximilian Salzer (1868–1941), einen Juristen und Ministerialbeamten, der einen raschen Auf-stieg bis zum zuletzt Sektionschef nehmen sollte und eine Säule der protes-tantischen guten Gesellschaft wurde, Sohn von Friedrich Franz Salzer und Ida Franz. Max Salzer war wie Oscar Wollheim, ein späterer Freund der Fa-milie, um die Jahrhundertwende als Ministerialkonzipist in das Finanzmi-nisterium eingetreten und nahm einen raschen Aufstieg.[412] 1906 wurde er Ministerial-Vizesekretär, 1910 Ministerialsekretär, 1913 Sektionsrat und 1916 Regierungsrat (fast alles parallel mit Wollheim). Nach dem Krieg war er unter Finanzminister Kienböck als Sektionschef einer der fünf leitenden Beamten des Ministeriums (und macht Helene zur „Frau Sektionschef"[413]). Salzer soll-te nach dem Ausscheiden aus seinem Amt (1924)[414] das Vermögen der Familie Wittgenstein verwalten. Doch bald darauf erkrankte er und seine geistigen Fähigkeiten ließen stark nach, sodass man ihn angeblich nur mehr pro forma seine Aufgaben erledigen ließ.[415] Helene bildete mit ihrer durchaus bürgerli-chen Ehe, so wirkte es nach außen und so ist es überliefert, die Ausnahme un-ter den sonst eher ungewöhnlichen Beziehungsgeschichten. Sie war die viel-leicht Lebenslustigste der Geschwister und gewissermaßen die „Normalste" unter den Wittgensteins. Mit Ludwig konnte sie stundenlang herumalbern, „blödeln".[416] Ludwig erwähnt das unzählige Male in seinen Briefen: „Ich denke viel an Euch, und an Dich insbesondere, wenn ich blödeln möchte – und das ist <u>oft</u>."[417] Ludwig bezeichnet Helene als „die einzige von uns die eine ganz harmlose Fröhlichkeit und einen Sinn für gesellschaftliche Gemüt-lichkeit hat".[418] Ähnlich Hermine war der Blick zumeist auf die anderen Ge-schwister gerichtet. Wie empfand sie das selbst? Fühlte sie sich zurückgesetzt oder war sie froh, nicht im Mittelpunkt zu stehen? Über sie wissen wir wenig, ähnlich wenig wie von Kurt, Hans und Rudi, deren Leben aber viel früher – und jeweils tragisch, wie sich zeigen wird – endete.

Helene brachte vier Kinder zur Welt und war ihren Kindern eine „Mut-ter von unerbittlicher Strenge": Marie Salzer-Wittgenstein (1900–1948, hei-ratete den Konsulenten im Bundeskanzleramt Fritz-Lothar Ritter von Sto-ckert, der 1973 auf der Hochreith verstarb), Fritz Salzer (1902–1922, mit 20 an Kinderlähmung verstorben), Felix Salzer (1904–1986, ein berühmter Mu-sikwissenschaftler, der sich seinen Eltern früh entzog)[419] und Clara Salzer-

Wittgenstein, später Sjögren (1913–1978). Zur Zeit des Todes des Vaters Helenes und schon geraume Zeit lebten Salzers ganz in seiner Nähe am Brahmsplatz 4. Fast nur Freunde wohnten in diesem Haus: In den 1920er Jahren der pensionierte Sekretär der Wittgensteins, Arthur Trenkler, der Verwalter aus der Alleegasse, Anton Groller, in den 1930ern Max Salzers Freund Oskar Wollheim, den Margaret Stonborough-Wittgenstein 1942 über Kuba nach New York holen wird.[420] Ludwigs Freund Rudolf Koder übersiedelt 1941 in die Nachbarwohnung Helenes. Ein Bruder von Max Salzer, Hans, ist mit einer Cousine der Geschwister Wittgenstein verheiratet und ein international bekannter Lungenarzt und Chirurg.[421] Marie(chen) Stockert-Wittgenstein, die selbst sieben Kinder zur Welt bringt und 48-jährig kurz nach der Feier ihrer Silbernen Hochzeit stirbt, wird zur Lieblingsnichte und Adoptivtochter von Hermine und ihr ist ein ausführlicher Teil der *Familienerinnerungen* gewidmet.[422] Sie wurde protestantisch erzogen, trat jedoch aus tiefer Überzeugung zum katholischen Glauben über und erzog ihre Kinder streng katholisch. Sie zeigte besonderes Interesse an der Hochreith und wurde 1939 Mitbesitzerin.[423] Sie liebte es, wenn ihre Kinder Freundinnen und Freunde einluden, die das Familienblockhaus mit Leben füllten.

### RUDOLF

Rudolf „Rudi" Wittgenstein (*1881 Wien, †1904 Berlin), als eher ängstliches Kind beschrieben, hatte früh eine Leidenschaft für Literatur, Theater und Fotografie entwickelt, neben jener für Musik wie seine Geschwister. Er wird allseits als intelligent, gebildet und gutaussehend charakterisiert. Greiner beschreibt ihn andererseits als „immer so nervös und wurlert, und manchmal verstand er nicht alles, was gesprochen wurde".[424] Aufgrund seiner starken Neigung fürs Theater war es Rudis Wunsch, Schauspieler zu werden, auch bei ihm also etwas Musisches. Die Leidenschaft kam nicht von ungefähr, auch im Hause Wittgenstein wurden Theaterstücke von Familienmitgliedern aufgeführt. Ein besonders enges Verhältnis hatte er zu seiner um ein Jahr jüngeren Schwester Margarethe. Beide verband ihre Freundschaft mit Harry und Willy von Zitkovsky.

### MARGARETHE (MARGRET)

Margarethe[425] Anna Maria, in der Familie stets „Gretl", auch „Greti" genannt, verh. Stonborough (*1882 in Neuwaldegg, †1958 in Wien) gilt als lebhafteste der Geschwister. Sie war fünf Jahre lang die Jüngste in der Familie, ehe ihr die Rolle des Nesthäkchens von Paul streitig gemacht wurde. Sie war nicht unschwierig, vielleicht auch kein Wunder angesichts der Erziehungsmethoden der Eltern. Gretl war kein braves Kind, war unangepasst, verhielt sich oft aggressiv gegen Tanten und andere Familienmitglieder. Ihre gekräuselten Haare waren als Kind kurz geschnitten, auf Anraten der Kinderfrau zur Förderung des Haarwuchses, wie Brahms bei einem Besuch berichtet wurde.[426] Dieser ließ ein Glas mit Champagner einfüllen, dem „probateren und besten Haarwuchsmittel der Welt", und bespritzte Margarethe damit, ein derber Scherz, den Margarethe im Gegensatz zu den übrigen, die Brahms' „Taufe" als köstlichen Spaß empfanden, gar nicht lustig fand. Margarethe war so beleidigt und gedemütigt, dass sie ihre Mutter aufforderte, diesen „Dodl" nicht mehr ins Haus kommen zu lassen, was Leopoldine Wittgenstein empört ablehnte. „Wenn du keinen Humor hast und den liebevollen Spaß nicht verstehst, so ist das deine Sache."[427] Die von Margarethe als entwürdigend empfundene Lockenwäsche Brahms' wird von Hermine ganz neutral geschildert,[428] als harmloser Scherz, ein Knicks vor Brahms, dem richtig gehuldigt wird von Hermine, oder merkte Hermine nichts von der Demütigung ihrer Schwester? Noch viel später war Margarethe für ihre Kraftausdrücke bekannt, sie mochte wie viele in der Familie derbe Witze, nahm sich kein Blatt vor den Mund. Und sie verstieß insbesondere gegen Töchtern auferlegte Benimm- und Verhaltensregeln. Ihr „Mädchen"-Zimmer scheint das genaue Gegenteil gewesen zu sein, eine Ansammlung ungewöhnlicher Gegenstände, mit selbstverfertigten Zeichnungen, Stickereien und sonstigen Objekten.[429] Gretl hatte auch nie eine Mädchenfreundschaft, ihre liebste Gesellschaft waren Rudi und dessen Freunde, die Zitkovskys. Auch ihre Interessen, für Mathematik, Biologie und Physik, waren „männlich", wurden zu dieser Zeit als männlich verstanden. Ihre zweifellos große intellektuelle Begabung konnte bzw. durfte sie jedoch nie wirklich entfalten. Einiges war ungewöhnlich an Margarethe, vieles passte nicht zum herkömmlichen Rollenverständnis.

## PAUL

Paul Wittgenstein (*1887 Wien, † 1961 Manhasset, New York) sollte eine Weltkarriere machen. Zunächst zu Hause unterrichtet, wurde er nach dem Tod von Hans auf das humanistische Gymnasium Babenbergerring in Wiener Neustadt geschickt. Paul und Ludwig waren die Nachzügler in der Geschwisterreihe und grundverschieden, was auch ihre Leidenschaften verdeutlichen. Paul liebte die Natur, Ludwig bastelte. Paul, zwei Jahre älter als Ludwig, war „stets der praktischere und weltklügere" der beiden.[430] Paul galt als ein Mann von umfassender Bildung, war (hierin allerdings den meisten seiner Geschwister ähnlich) an Literatur interessiert und unternahm alleine lange Wanderungen. Er war hitzig, konnte aber schweigsam und verschlossen sein, wie sein vor der Familie geheim gehaltenes Doppelleben beweist.[431] Sein ihn charakterisierender spöttischer Humor erinnerte an seinen Vater. Nach bestandener Matura arbeitete Paul auf Wunsch des Vaters kurz in der Rothschild-Bank. Klavierunterricht nahm er bei dem blinden Komponisten und Pianisten Josef Labor, der ein enger Freund der Familie war und eine Vaterfigur für Paul und Ludwig werden sollte. Paul war fanatisch und vielleicht gerade, weil sein Klavierspiel als nicht so virtuos galt, sein Talent nicht so ausgeprägt, er aber unbedingt Konzertpianist werden wollte, was für einen Jungen seines Familienhintergrunds als unschicklich galt, nahm er in seinen Ferien Stunden bei Marie Baumayer, einer Freundin der Familie, und ließ sich gegen den Willen der Eltern beim berühmten Klavierpädagogen Theodor Leschetizky als Pianist ausbilden. Dieser war für seine Eskapaden und seine emotionalen Ausbrüche berühmt und galt zudem als Erotomane.[432] Auch Leschetizky entwickelte sich zu einer bewunderten Vaterfigur für Paul. Den Kontakt vermittelt hatte ihm Malwine Brée, bei der er mit elf Jahren Unterricht zu nehmen begonnen hatte und deren berufliches Leben ganz in den Dienst Leschetizkys gestellt war. Paul dürfte noch beim Vater durchgesetzt haben, sich zum Pianisten ausbilden zu lassen.[433] Rund ein halbes Jahr nach dessen Tod, am 26. Juni 1913[434], gab Paul Wittgenstein sein Debüt im Wiener Musikverein und erhielt einige lobende Rezensionen.

### LUDWIG

Ludwig Josef Johann Wittgenstein (*1889 in Wien, †1951 in Cambridge) war der Jüngste der Geschwister, das Nesthäkchen der Familie, 15 Jahre jünger als Hermine, sieben Jahre jünger als Margarethe. Er war ein ausgesprochen hübsches Kind „mit feingezeichnetem, mädchenhaftem Gesicht unter dunklen Locken", ein Gesicht zum Verhätscheln und Liebkosen, doch der kleine Ludwig, „Luki" oder „Lukerl" genannt, war für seine Zornausbrüche bekannt, bei seinen Geschwistern galt er als „kleiner Wüterich".[435] Am meisten gebärdete er sich, wenn ihm niemand zuhörte, doch ihm zuzuhören war manchmal schwierig. Er redete so schnell und vergaß dabei häufig, Luft zu holen. Man liebte ihn wegen „seiner untadeligen Höflichkeit, seines Einfühlungsvermögens und seines Gehorsams".[436] Ludwigs Temperament war „zart und empfindlich", wie seine Gesundheit.[437] Mit zu viel Verstand und zu dünner Haut auf die Welt gekommen,[438] dies charakterisiert Ludwig Wittgenstein sehr gut, der sich immer mehr zu einem Eigenbrötler entwickelte. Bis spät in seine Kindheit galt er als der Unbegabteste aller Geschwister, zeigte weder besonderes musikalisches, literarisches oder sonstiges künstlerisches

Talent, begann erst mit vier Jahren zu sprechen und durchlief offenbar eine autistische Kindheitsphase.[439] Musik hatte aber auch für ihn – sein Leben lang – große Bedeutung. Im Pfeifen brachte er es zu wahrer Meisterschaft. Zur Freude seines Vaters zeigte er praktische Fertigkeiten und technischen Verstand. An der Eigenwilligkeit nicht nur Ludwigs scheiterten etliche Hauslehrer, vielleicht ein zusätzliches Motiv, Paul und Ludwig letztlich doch auf öffentliche Schulen zu schicken. Während Paul auf ein humanistisches Gymnasium geschickt wird, erweisen sich Ludwigs Wissenslücken als zu groß, um dort aufgenommen zu werden. Ludwig ging 1903 auf die weniger akademisch geprägte, aber einen vorzüglichen Ruf genießende Linzer (Ober-) Realschule. Das Verhältnis Ludwigs zu seiner Familie ist zwiespältig, ähnlich wie bei Margarethe. Einerseits flüchtet Ludwig sein Leben lang vor der ihn strangulierenden Wittgenstein-Sippe, gleichzeitig ist er immer wieder gebeutelt von einer kindlichen Sehnsucht nach Zuhause. Hierin ähnelte er Gretl, der er zwar durchaus zugetan war, mit der er aber auch heftige Sträuße focht. „An Gretl musste sich Ludwig reiben, in Mining fand er eine Ersatzmutter, zu seiner heiteren Schwester Lenka hatte er ein herzlich-unbekümmertes Verhältnis."[440] Hermine erhöhte ihn, selbst wenn sie ihn vorsichtig kritisierte, Margarethe durfte Ludwig ein wenig härter anpacken, kritisierte seine Rechthaberei oder machte sich über seine Freunde lustig.[441] Doch auch sie bewunderte bald das große intellektuelle Format ihres „kleinen Bruders".

Der Kindersegen kann nicht darüber hinwegtäuschen, dass da erziehungsmäßig etwas falsch gelaufen sein muss, dazu verläuft die Familiengeschichte zu tragisch. Die drei erstgeborenen Söhne nahmen sich das Leben. Die vielen Geburten dürften Leopoldine Wittgenstein geschwächt haben, sie wird als zwar liebevoll, aber auch neurotisch geschildert, offensichtlich nervlich und psychisch überfordert von der Erziehung ihrer Kinder. Leicht erregbar, neigte sie dazu, schon bei Kleinigkeiten gereizt zu reagieren. Margarethe urteilt im Rückblick vernichtend: „Meine Mutter litt an einer unaufhörlichen Überlastung der Nerven [...] ihr erregtes Wesen war mir unerträglich."[442] Hermine äußert sich zur Mutter bzw. zu deren Versagen einerseits fast entschuldigend, dann aber doch scharf: „Wir begriffen unter anderem nicht, dass sie so wenig eigenen Willen und eigene Meinung hatte, und bedachten nicht, wie unmöglich es war, neben meinem Vater eigene Meinung und Willen zu bewahren. Wir standen ihr eigentlich verständnislos gegenüber, aber auch sie hatte kein wirkliches Verständnis für die acht sonderbaren Kinder, die sie geboren hatte, ja, bei aller ihrer Menschenliebe hatte sie merkwürdigerweise kein wirkliches Verständnis für Menschen überhaupt."[443] Leopoldine „Poldy" Wittgenstein hatte Mitleid und zeigte sich nachsichtig, aber Ursachen des jeweiligen Handelns auf den Grund zu gehen, eben einen Menschen verstehen zu wollen, war ihr „gänzlich fremd", bezeichnete sie als „Haarspaltereien".[444] Hermine charakterisiert ihre Mutter andererseits als personifizierte Güte und Selbstlosigkeit und betont ein wohl schon übersteigertes Pflichtgefühl.[445] Wenn sie Schmerzen hatte, verheimlichte sie diese. Der Grund, warum die Kinder dieses selbstlose Pflichtgefühl nicht ausreichend schätzten, lag für Hermine „in der Tragik ..., dass das getane Gute sich weniger oft belohnt als sich das Unterlassene rächt!" Und auch ihre Schwiegermutter erkannte und warnte in einem Brief: „Liebe Poldy. Es gibt ein Wörtchen ‚zu', man kann auch *zu* gut, *zu* selbstlos sein."[446]

Zur Kindheitsatmosphäre bzw. Vater und Mutter schreibt Hermine: „Was wir Kinder von Jugend auf stark empfanden, war eine merkwürdige Erregtheit in unserem Elternhaus, ein Mangel an Entspanntheit, der nicht allein von der Aufgeregtheit meines Vaters herrührte. Auch meine Mutter war sehr erregbar, wenn sie auch ihrem Mann und ihrer Mutter gegenüber die freundliche Ruhe nie verlor ..."[447] Hermine erinnert sich an ihre Mutter als nervöse, wenig präsente und neurotisch veranlagte Frau. Und zur Ehe ihrer Eltern berichtet Hermine Folgendes: „So glücklich, ja unendlich glücklich die Ehe meiner Mutter war, so war es doch die Ehe einer ausgesprochen zum <u>Dulden</u> geborenen Frau mit einem ausgesprochen zum energischen <u>Handeln</u> geborenen Mann."[448] Manche werden jetzt vielleicht sagen, na, das trifft sich ja gut, aber dazu wissen wir zu wenig über Leopoldine Wittgenstein und ihre Gefühle, ob wirklich bereits zum Dulden geboren oder nicht erst dazu gemacht, vielleicht schon vor der Ehe, vielleicht in der Ehe. Leopoldine ordnete sich jedenfalls ganz ihrem Mann unter und zusätzlich ihrer alternden Mutter.

Es gibt auch schöne Erinnerungen. Wenn Leopoldine aufblühte, dann hing das mit Musik zusammen.[449] Das verband sie auch mit ihren Kindern und später Enkelkindern, denen sie diese Leidenschaft weitergeben konnte. Begeistert sangen die Kinder die Mendelssohn'schen Chorlieder mit ihr, seine Duette oder Schumanns Terzette: „Am Klavier spielte Poldy ihre Rolle als Frau und Mutter am besten und hielt durch ihre Stimme Vater und Söhne zusammen ..."[450] Besonders beliebt bei den Kindern waren die Spiele, wo je nach der Lautstärke der Musik ein versteckter Gegenstand gesucht werden musste, so lange Musik gemacht werden musste, bis der Gegenstand gefunden wurde. Die Mutter musste die Kinder immer beobachten, um zu wissen, ob sie lauter oder leiser spielen musste. In ihrem Klavierspiel „phantasierte sie unaufhörlich ... und der Faden ging ihr nie aus". Auch als Erzählerin von Märchen blühte sie auf. Schwerer als diese positiven Erinnerungen wiegt aber ihr Versagen in ihrer Vermittlerrolle zwischen Söhnen und dem Vater, als Bezugs- bzw. Erziehungsperson, als Mutter. Wie sehr sie der Tod ihrer Kinder getroffen hat, darüber wissen wir nichts. Der Tod ihres Gatten trifft sie schwer.

In späteren Jahren plagten sie regelmäßig wiederkehrende Migräneattacken und Venenentzündungen in den Beinen.[451]

Eine wichtige, ja umso wichtigere Rolle aufgrund des Mangels an elterlicher Zuneigung nahm demnach die Kinderfrau Elis[452] im Haushalt der Wittgensteins ein. Doch auch diesbezüglich hatten die Kinder kein Glück. Elis führte 21 Jahre lang ein strenges Regiment, war lieblos, ja tyrannisch, in Hermines Worten „eine gänzlich unfähige, alte grantige Kinderfrau, die uns Kinder [...] weder beschäftigte noch erzog, ja nicht einmal körperlich gut pflegte"[453]. Die meisten wohlhabenden Wienerinnen beschäftigten Ammen und/oder Kindermädchen.[454] Von den Ammen der Kinder gibt es nur Fotos. Die Kinderfrau der Wittgensteins dürfte ihre Aufgaben stark vernachlässigt haben, wurde aber nicht entlassen. Geborgenheit und Zuwendung dürften die Kinder von dieser Seite kaum erfahren haben. Die Kinder, vor allem die Buben, stritten viel, bis in das Erwachsenenalter, miteinander und mit anderen. Und dann war da noch der strenge Vater mit seinen ganz eigenen Auffassungen von Erziehung. Er setzte durch, dass alle Kinder von Hauslehrern unterrichtet wurden, und das in erster Linie in Mathematik und Latein.[455] Die sog. „weichen" Fächer, Geografie, Biologie oder Geschichte, weniger wichtig aus seiner Sicht, sollten sie sich mithilfe von Büchern aneignen. Hauslehrerinnen und Hauslehrer waren in großbürgerlichen Haushalten wie jenen der Wittgensteins trotz Unterrichtspflicht weit verbreitet, ein Nachweis gehobenen Lebensstils. Doch die gewählten Lehrpersonen erfuhren weder Anerkennung noch Kontrolle und erwiesen sich bei Wittgensteins oft „als unfähig und wenig motiviert".[456] Denkt man an die weiteren Lebenswege und die künstlerischen, wissenschaftlichen, philosophischen oder sonstigen Leistungen und Fähigkeiten der Wittgensteins, verwundert das ein wenig, selbst wenn man den Genen große Bedeutung zumisst. Karl Wittgenstein jedenfalls war überzeugt, dass nur ein streng disziplinierter Privatunterricht die angemessene Grundlage wirklicher Bildung sein konnte, das Haus sollte nur zu bestimmten, etwa kulturellen Anlässen verlassen werden.[457] Nicht nur Janik und Toulmin erscheint diese Tatsache „aufschlussreich für ein Verständnis der idiosynkratischen Atmosphäre im Wittgenstein'schen Haus".[458] Auch Hermine meint in ihren Erinnerungen, dass ein Schulbesuch wohl einige Erziehungsdefizite hätte korrigieren können.[459] Damit fehlte es auch an gleichaltrigen Spielkameraden. Die Kinder hatten wenige Freundinnen und Freunde, Hermine nennt Cousin Franz Oser (der auch eng mit Hans Wittgenstein war) und Mitze Salzer.[460] Selbst Mutter Leopoldine erkannte bei ihren beiden Jüngsten dieses Defizit und riet zum Spielen mit den Kindern der Hausangestellten, was Paul und Ludwig empört zurückwiesen. So wuchsen die Brüder zu starken Individualisten heran, die sich auch später schwertaten mit dauerhaften, engen Beziehungen.[461] Aus dieser Isolation einer Außenwelt gegenüber erwuchs sicher eine engere Beziehung der Geschwister zueinander (wobei gerade Paul und Ludwig auch einige Kämpfe ausfochten), je nach zeitlichem Abstand, der zwischen ihnen lag, sogar ein fast mütterliches Verhältnis der älteren Schwestern gegenüber den jüngsten Nachzüglern. Gleichzeitig waren die Kinder anscheinend zu verschieden, um sich zu einer Einheit zusammenzuschließen.

## *„Zärtlichkeit, Wärme und Gemütlichkeit und vor allem dauerhafte Friedenszustände ... derlei gab es bei uns nicht."*

MARGARET STONBOROUGH-WITTGENSTEIN[462]

Großer Wert wurde im Hause Wittgenstein auf körperliche Ertüchtigung gelegt, die damals in großbürgerlichen Kreisen beliebt geworden war. Die Kinder sollten alle Arten von Sport pflegen, wofür Reitknecht Johann abgestellt wurde, der die größeren Kinder auch täglich auf ausführlichen Spaziergängen durch den an der Ringstraße gelegenen Stadtpark begleitete. Fotos zeigen die Geschwister im Wiener Eislaufverein fröhlich ihre Runden ziehend.[463] An Wochenenden und im Sommer wurden vom Vater Bergwanderungen angesetzt, die häufig so strapaziös ausfielen, dass die jüngeren Kinder Schwächeanfälle erlitten und in „Erschöpfungsweinen" ausbrachen,[464] von Rücksichtnahme keine Spur. Ein besonders drastisches Beispiel der schrecklichen Erziehungsmethoden Karl Wittgensteins (vielleicht oder wahrscheinlich seiner Zeit generell) schildert Waugh. Als Karl Wittgensteins Söhne klein waren, nahm er sie bei den Ohren. „Wenn sie stillhielten, rief er ‚Hochgeboren!', wenn sie weinten oder vor Schmerzen aufschrien, brüllte er: ‚Nichtgeboren!'"[465] Nicht von ungefähr spricht Margarethe in ihrem Tagebuch von fehlender „Zärtlichkeit, Wärme und Geborgenheit" und einer lieblosen Erziehung.[466] Wir müssen uns der meist drastisch, ja inhuman anmutenden Erziehungsmethoden dieser Generation bewusst sein. Kupelwieser berichtet etwa von der „damaligen ärztlichen Mode, der Aufziehung zarter Kinder unter Verwendung von viel rohem Fleisch mit etwas Rotwein"[467]. Das, was einen allerdings immer wieder staunen lässt, ist die Härte Karl Wittgensteins, der doch in seiner eigenen Kindheit und Jugend gegen den Vater wegen dessen Strenge und Härte rebelliert hatte. War das ein ewiges Schuldgefühl dem Vater gegenüber, wollte Karl so wiedergutmachen, was er selbst seinem Vater schuldig geblieben war? Ich bin kein Psychologe, und Karl Wittgensteins Verhalten gerade seinen Kindern gegenüber gibt viele Rätsel auf. Wie in seinen Firmen, so agierte Karl Wittgenstein auch im familiären Umfeld in der Art eines autoritären Patriarchen, der seine Kinder konsequent überforderte und demütigte. Dass einige Söhne ganz andere Träume und Vorstellungen als ihr Vater entwickelt hatten, musischen Leidenschaften nachgehen wollten, woran die Eltern eine Mit-, wenn nicht Hauptverantwortung trugen, kam für Karl Wittgenstein nicht infrage.

Unter den Töchtern geriet Margarethe, die Lebhafteste der Geschwister, am heftigsten mit den häuslichen Autoritäten über Kreuz. Der Grund waren meist Lappalien: ungebürstete Haare, eine dreckige Schürze, schmutzige Schuhen oder freche Antworten. Noch mit großem zeitlichem Abstand urteilt Margarethe harsch über Erziehung und Elternhaus, wenn sie auch all das Gute erwähnt, das sie von Zuhause mitbekam: „Zärtlichkeit, Wärme und Gemütlichkeit und vor allem dauerhafte Friedenszustände [...] derlei gab es bei uns nicht [...] Wenn ich auf meine Kindheit zurückblicke, so überwältigt mich einmal der Gedanke wie viel an uns gesündigt worden ist. So schlecht ist kaum jemand erzogen worden lieblos ohne die geringste Unterstützung im Guten oder Förderung der Begabung & dann gleich darauf überwältigt mich wieder der Gedanke wie viel Gutes wir von zuhause mitbekommen haben. Ja so schlecht ist kaum je ein Mensch erzogen worden. Ja so reich ist kaum jemand ausgestattet worden. Beides ist wahr." Und sie schließt: „Ja was ist wichtiger Liebe & Güte oder Selbstzucht."[468] So reich ausgestattet ist wahrscheinlich wörtlich gemeint, Selbstzucht etwas, was allen Geschwistern auferlegt wurde.

Wichtig war in der Familie die gemeinsame Lektüre bzw. der Austausch darüber. Hier sind etwa die Märchen der Brüder Grimm und Tolstois *Volkserzählungen* zu nennen.[469] Teile von Theaterstücken und Gedichte wurden auswendig gelernt und finden sich später zitiert in den autobiografischen Dokumenten. Die Kenntnis klassischer deutscher Autoren wie Lessing, Goethe oder Schiller war selbstverständlich. Verehrt wurden Gottfried Keller und Johann Peter Hebel. Viele Briefe erwecken den Eindruck, als wären Autoren (wie Keller, später vor allem für Ludwig Tolstoi und Dostojewski) zu „Familienmitgliedern" geworden, zumindest zu langjährigen Begleitern. Zu Geburtstagen und anderen Familienfesten wurden bei Wittgensteins gerne Theaterstücke aufgeführt, etwa Grillparzers *Die Ahnfrau*, in der die 16-jährige Gretl als Berta gefeiert wurde,[470] aber auch selbst geschriebene. Diese Events waren Teil der großbürgerlichen Selbstinszenierung wie die Kostümfeste (etwa ein Biedermeier-Gartenkostümfest 1903, festgehalten vom berühmten Porträtmaler Ferdinand Schmutzer)[471] oder sog. *Tableaux-Vivants*-Aufführungen. Auch Vater Karl übte sich gerne als Schauspieler, bezeichnete sich selbst als „Knallcharge". Seine bevorzugte Rolle war der Titus Feuerfuchs aus Nestroys *Talisman*, wobei er mit knallroter Perücke auftrat. Von Ludwig wird berichtet, dass er dabei aus Angst regelmäßig zu heulen anfing, allen Kindern war der Vater in seiner vielleicht übertriebenen Lustigkeit nicht geheuer. Bei einer Aufführung des Zweipersonenstücks *Die Affäre Rue de Lourcine* von Eugène Labiche spielten Margarethe und Rudi. Margarethe dichtete für das Ende ein Couplet, es geht um spießbürgerliche Moral und man kann sich des Eindrucks nicht erwehren, dass sie dabei (auch) an ihre eigene Familie gedacht hat.[472]

> „Sie geh'n in die Kirch, wie sich's gehört
> Und spenden reichlich und edel,
> und beten, daß sich ihr Reichtum vermehrt,
> und lieben die süßen Mädel.
> Hauptsache, die Fassade bröckelt nicht."[473]

Dass die Fassade nicht bröckelt, das war jedenfalls zweifellos wichtig bei Wittgensteins. All die beschriebenen kulturellen Aktivitäten klingen zweifellos faszinierend, könnten aber auch eine Überforderung für die Kinder bedeutet haben. Es war anstrengend, sich immer vernünftig, wie es hieß, zu beschäftigen, selbst die Unterhaltungen bei Tisch, im Familienkreis oder mit Gästen, stellten „strenge Anforderungen".[474] Stete geistige Betätigung von Kindheit an, wohl kein Honiglecken, hier als Kind aufzuwachsen. Es gab aber auch Personen, die mehr Verständnis für die Kinder aufbrachten, ihnen mehr Liebe und Verständnis entgegenbrachten. Eine wichtige Rolle als Bezugsperson nahm Tante Clara ein, eine Schwester Hermanns und für dessen Kinder eine Art Mutterersatz.[475] Sie dürfte jene Wärme ausgestrahlt haben, die die Kinder an ihrer Mutter, ihren Eltern vermissten, bei ihr fanden die Geschwister Liebe, Verständnis und Geborgenheit. Clara oder Clärchen, die in Laxenburg residierte, blieb ihr Leben lang unverheiratet und war für ihre Zeit eine sehr freisinnige, freigeistige Frau. Als „Seele der Familie Oser" wird von Hermine eine weitere Schwester Hermanns, Josefine „Fine" Oser, bezeichnet, die „alle Verschiedenheiten in Harmonie" brachte, das brauchte man in der „streitsüchtigen" Familie Wittgenstein.[476] Ebenfalls sehr positiv kommt bei Hermine Maria Kallmus, Großmutter mütterlicherseits, weg, das Verhältnis zur väterlichen Großmutter Franziska Wittgenstein war hingegen kühl und distanziert. Beide Großväter waren bereits in den 1870er Jahren verstorben. Maria Kallmus' Stadtwohnung am Parkring 20 und ihre Reichenauer Sommervilla wurden für die Kinder Inbegriff von Geborgenheit und Gemütlichkeit.[477] Immer aufs Liebevollste empfangen, mit den Lieblingsspeisen verwöhnt, ungewohnte Aufmerksamkeit für die Kinder, und dann kam noch wer dazu, Rosalie Herrmann (*1839, † 1916).

Die langjährige Hausangestellte Rosalie Herrmann, die insgesamt 52 Jahre im Haushalt der Kallmus bzw. Wittgenstein tätig war, wurde von allen geliebt.[478] Dies belegt eindrucksvoll Folgendes: Das von Robert Oerley 1912/13 gestaltete Familiengrab (Gruppe 32 B, Nr. 24)[479] befindet sich auf dem Zentralfriedhof. Hier liegt neben einigen Familienmitgliedern (Karl, seiner Frau Leopoldine und seinen Kindern Hermine und Rudolf Wittgenstein, der erst später, nach Karls Ableben, hier bestattet wurde) auch Rosalia/Rosalie Herrmann, eine zentrale Figur im Leben der Wittgensteins. Sie dürfte eine Seele von Mensch und ein Original gewesen sein. Sie war als junges Mädchen mit 20 Jahren zunächst als Nähhilfe in den großmütterlichen Haushalt Kallmus geholt worden, um bald den ganzen Haushalt zu „schupfen". Tochter Leopoldine war zu diesem Zeitpunkt neun Jahre alt und zwischen den beiden entspann sich eine Jugendfreundschaft, umso mehr als Leopoldines ältere Schwestern Ella und Sofie häufig mit ihr stritten.[480] Für Rosalie bildete Leopoldine „Poldy" Kallmus-Wittgenstein den „Mittelpunkt" ihrer Welt, wie es Hermine nennt, um den sich „der Poldy ihr Mann", „der Poldy ihre Mutter", Poldys Kinder und Enkel, dann weitere Verwandte gruppierten.[481] Rosalie Herrmann wurde von Leopoldine Wittgenstein „gute Rosl" genannt, von den Kindern, als sie schon älter war, weniger schmeichelhaft, aber liebevoll gemeint „das alte Ross" oder „Rosshaar".[482] Sie stand zwar in Diensten von Großmutter Kallmus, doch in engem Kontakt zu Wittgensteins. Nach dem Erwerb der Hochreith waren Rosalie Herrmann und Großmutter Kallmus dort alljährlich ein paar Wochen zu Gast. Rosalie liebte Blumen und die Gegend bot diesbezüglich einiges, sie „lobte und bewunderte" Karl Wittgenstein für den Hochreith-Kauf.[483]

Die Kinder von Karl und Leopoldine liebten Rosalie, Paul wohl am allermeisten, und sie liebte die Kinder, wobei auch sie Paul bevorzugte. Hermine schreibt (1923) voller Zuneigung: „Wir wussten, ohne dass es je ausgesprochen worden wäre, dass Rosalie alles für uns getan hätte ... In ihrer Nähe war einem immer wohl, war man gesund oder krank, lustig oder traurig, – sie passte dazu."[484] Und: „Sie bedeutete uns Kindern viel durch die unbeschreibliche Gemütlichkeit, die von ihr ausstrahlte..."[485] „Gemütlichkeit", das war etwas, was die Eltern Karl und Leopoldine mit Sicherheit nicht vermittelten, im Kontrast zur immer „erregten" Atmosphäre stand. Nach dem Tod von Großmutter Kallmus war Rosalie Herrmann mit Geld und Möbeln ausgestattet worden und konnte sich eine luxuriöse Wohnung am Brahmsplatz, also nicht weit vom Palais Wittgenstein und im selben Haus wie Helene, und ein Dienstmädchen leisten. Als Rosalie krank wurde, kehrte sie wieder ins Palais zurück und bekam ein großes Zimmer. Paul besuchte sie täglich, brachte ihr frische Blumen, erzählte Geschichten, machte Witze, las ihr vor oder spielte Klavier. Nach langem Leiden, das sie stoisch ertrug, kam sie im Mai 1916 ins Krankenhaus, wo sie nach kurzer Zeit verstarb. Rosalie Herrmann bekam ein ehrenvolles Begräbnis und wurde in der Familiengruft der Wittgensteins beigesetzt, wohl auch, weil sie sich den Ruf einer Friedensschlichterin, einer Mediatorin in der häufig von Unheil und Unfrieden heimgesuchten Familie erworben hatte. Als Mitglied der Familie betrachtete man sie zudem ohnehin. Ob sie wohl selbst gern ein Eheleben geführt hätte, eigene Kinder gehabt hätte? Das Leben als Haushälterin machte vieles nicht möglich.

Die Kinder Karl Wittgensteins wurden im Gegensatz zur vorigen Generation bereits in eine exklusive großbürgerliche Welt hineingeboren, in der kein strenges Arbeitsethos vonnöten war, es war ausreichend Vermögen vorhanden. Sie konnten sich eigentlich dem Müßiggang hingeben, aber das wollten normalerweise weder die Eltern, vor allem die Väter nicht, noch sie selbst. Ein Ausdruck des materiellen Aufstiegs, den die Wittgensteins vollzogen hatten, war der Bezug eines neuen Wohnsitzes.

## DAS NEUE DOMIZIL: DIE ALLEEGASSE

1890 erwarb Karl Wittgenstein von Gräfin Milena Zurlo Nákó um 240.000 Gulden[486] das Grundstück und Palais in der Alleegasse 16,[487] nahe der Karlskirche, welches 1871–1873 vom Architekten Friedrich Schachner (1841–1907) ursprünglich für einen Auftraggeber namens Franz Pranter, einen Häuusermakler, der bankrottgegangen war, letztlich für den ungarischen Grafen Nákó im Stil der Neorenaissance errichtet worden war. Karl ließ es adaptieren und bezog es Ende 1891. Die straßenseitige Fassade des Palais war ganz in Werkstein, die Gartenseite als Rohziegelbau mit bunten Terrakotten ausgeführt.[488] Über ein mit grauem schlesischem und rotem ungarischem Marmor verkleidetes Stiegenhaus gelangte man zu der mit einer Glasdecke versehenen sogenannten „Galerie" im Piano Nobile, von der aus man Zutritt zu den herrschaftlichen Wohnräumen hatte, die durch prachtvolle Holzdecken und Wandverkleidungen geschmückt waren. An der Straßenseite gruppierten sich Musikzimmer, der große und kleine Salon sowie ein Kaminzimmer, während die eigentlichen Wohnräume zum Garten hin lagen. Am Ende der Stiege empfing den Besucher eine Skulptur vor einer Gobelin-Wand. „Der für die Badezimmer sowie für den großen Gartensaal verwendete pompejanische Stil ... stellte für damalige Wiener Verhältnisse (frühe 1870er Jahre, P. E.) eine Rarität dar. Die Malereien stammten von den Brüdern Jobst, die Deckenbilder des Speisesaales von Fux und Schönthaler.“[489] Karl Wittgenstein dürfte baulich wenig am Urzustand verändert haben, neu hinzukamen reiche Schmiedeeisenarbeiten im Vestibül, die Aufstellung des Brunnens von Mestrovic und im ersten Stock die Einrichtung eines Musiksalons mit Orgel, der 1892 feierlich eröffnet wurde. Das Palais soll über Jahrzehnte zum Familiensitz der Wittgensteins werden. Es diente vorrangig als Winterpalais. Die Eröffnungsfeier des Salons, dessen Name und bald Ruhm sich rasch verbreitete, fand 1892 statt, mit einer von Brahms gewünschten privaten Aufführung seines im Jahr zuvor uraufgeführten *Klarinetten-Quintetts h-Moll, op.115*. Dazu wurde das von Gustav Mahlers Schwager Arnold Rosé gegründete und später Weltruhm erlangende Rosé-Quartett[490] engagiert, bei Hermine weiters der Klarinettist Steiner,[491] in Bruno Walters Erinnerung war es Richard Mühlfeld[492]. Hermine berichtet ganz stolz davon, dass beim Souper danach in zwei Zimmern gedeckt worden war, im großen Speisezimmer für die Ehrengäste, im Rauchersalon daneben für die Jugend. Weil eine Frau fehlte, geleitete Karl Wittgenstein sie, seine 17-jährige Tochter, zu den Ehrengästen – für sie unvergesslich, ausgewählt worden zu sein.

Adolf Loos bezeichnete das Haus im Rahmen seiner Architekturspaziergänge im Jahr 1914 als „das sympathischste Wiener Palais“[493], wohl wegen der großen Strenge und Klarheit des Gebäudes. Wenig später machte Loos über Vermittlung des Schriftstellers und Verlegers Ludwig von Ficker dann die Bekanntschaft Ludwig Wittgensteins. Ficker war Wittgenstein bei der Suche nach unterstützungswürdigen Künstlern behilflich und mit dem Kreis um Loos vertraut. Ob Loos bei seinem Urteil geblieben wäre, hätte er das Innere des Hauses gekannt? Die Bilder, die uns davon überliefert sind, zeigen den beeindruckenden Stiegenaufgang, den Roten Salon um das Jahr 1910 und den Musiksalon um 1930. Zum Teil in Vitrinen ausgestellt, waren wertvolle Musikhandschriften, Autografen von Bach, Mozart, Beethoven, Schubert, Brahms, darunter Mozarts *Kleine Nachtmusik* oder das *Forellen*-Lied von Schubert. Kostbares Mobiliar, diverse Kunstgegenstände, Bilder, Wandteppiche, eine Statue, Holzdecken, ein schwerer Luster, elektrische Kerzenleuchter, kostbare Schnitzarbeiten, Klaviere – die Alleegasse, wie sie in der Familie genannt wurde, war eher für Besuche und halböffentliche Veranstaltungen wie den „Salon“ eingerichtet als ein Ort privater Behaglichkeit.[494] Die Einrichtung in der Alleegasse, die edlen Materialien, Marmor, die Treppen und langen Gänge mit ihren Teppichen, vieles war auf Inszenierung aus. Die Familie, natürlich auch Gäste profitierten von an die größten Zimmer angrenzenden, zahlreichen Waschräumen und Klosetts, Wasserhähne und Becken darin waren vergoldet (ich würde meinen, fast ein „neureiches", eher geschmackloses Attribut).[495] Von Loos'scher Abkehr von der Ornamentik war jedenfalls nichts zu merken, erst viel später, bei Umbauten der Wittgenstein-Immobilien nach dem Tod Karl Wittgensteins 1913, am deutlichsten, als Margaret Stonborough-Wittgenstein ab 1926 ihr neues Haus in der Kundmanngasse von Paul Engelmann und mehr noch ihrem Bruder Ludwig errichten ließ. Zusätzlich bestand der große, schlossartige Besitz in Neuwaldegg (zunächst gemietet, 1881 erworben, 1972 abgerissen), einem Wiener Vorort und ab 1890/92 Teil des 17. Bezirks, in dem anfänglich die Sommermonate verbracht wurden, ehe andere Sommersitze außerhalb Wiens hinzutraten.

Der Immobilienbesitz der Wittgenstein war umfangreich und wuchs im Lauf der Jahrzehnte. Er umfasste zahlreiche Miethäuser, häufig in der Innenstadt oder anderen prominenten Wiener Lagen, aber auch schlossartige Anwesen. Hier sind im Folgenden nur einige Ankäufe erwähnt, die die Wittgensteins vor dem Ersten Weltkrieg tätigten. Die Liste ist bei Weitem nicht vollständig. 1876 erwarb Fanny Wittgenstein das Haus Franzensring 18 um 583.379 Gulden.[496] 1881 kaufte sie das Haus Reichsratsstraße 15 um 350.000 fl.[497], ebenfalls 1891 das „Arcadenhaus", Reichsratsstraße 6, um denselben Betrag[498].

Die elf Kinder Hermanns erweiterten den Immobilienbesitz. 1912 kaufte Ludwig Wittgenstein das Haus Karolinengasse 31.[499] Spätestens 1907 erwarb die Familie Wittgenstein, nachdem man sich schon vorher dort einquartiert gehabt hatte, das 1698 bis 1703 vermutlich nach Plänen des Architekten Domenico Martinelli errichtete Barockpalais Kaunitz in Laxenburg, das unter Staatskanzler Wenzel Graf Kaunitz 1775 zu seinem heutigen Aussehen umgebaut wurde, wobei unter anderem Clara Wittgenstein und ihre Brüder Paul und Ludwig als Inhaber geführt werden, ab 1910 war Clara die Hauptbewohnerin des Hauses.[500] Wie die Kinder Hermann Wittgensteins, setzten auch die Nachfahren von Karl diese Praxis fort und legten ihr Vermögen teils in Immobilien an. Im März 1913 erwarben Hermine Wittgenstein und Helene Salzer sicher aus ihrem Erbe nach Karl Wittgensteins Tod die Häuser Führichgasse 1–3 und Maysedergasse 2–4.[501] Nicht alle Immobilien wurden von Familienangehörigen selbst bewohnt, doch war es üblich, mehrere Wohnsitze zu nutzen. Borchard berichtet über Clara Wittgenstein, dass sie umgeben von standesgemäßem Personal abwechselnd im Palais Kaunitz in Laxenburg, in einer Wohnung am Opernring oder in ihrem Sommersitz, dem Land- und Waldgut Griesau in Zell am See, logierte.[502] Eine weitere häufig genannte Adresse als Wiener Wohnsitz Claras war Salesianergasse 2, eine traditionsreiche Wittgenstein-Adresse.

Eigentlich war die Ringstraße zur Adresse des aufstrebenden Wirtschaftsbürgertums, der neuen Reichen geworden, viele davon (ehemals) jüdisch, aber Karl Wittgenstein zählte sich bewusst nicht zu diesen, vielleicht auch das ein Grund für Karl Wittgenstein, sich woanders anzusiedeln. Henrik de Waal, Urenkel und Familienbiograf der Ephrussis, erschien die Ringstraße „wie ein riesiger jüdischer Korso: Ephrussi, Lieben, Schey, Todesco, Königswarter, Epstein, Biedermann, Zinner, Springer, Gomperz, Wertheim, Gutmann".[503] Wohnort der Wittgensteins wurde der 4. Bezirk, die Wieden, wo sich zwischen Schwarzenbergplatz und dem Belvedere, in dem der Thronfolger Quartier genommen hatte, ein Nobelviertel etablierte, das sich neben Diplomaten bald unter Bankiers und Industriellen großer Beliebtheit erfreute. Die größte Strahlkraft unter den hier ansässigen Superreichen wiesen die Rothschilds auf. Albert Salomon Anselm Freiherr von Rothschild (1844–1911) hatte sich in der Heugasse 20–22 (seit 1911 Prinz-Eugen-Straße) 1879–1884 nach Plänen des französischen Architekten Gabriel-Hippolyte Destailleur ein Palais im Stil der französischen Neorenaissance errichten lassen. Ganz in der Nähe entstand in der Theresianumgasse 14–16 das Palais seines Bruders Nathaniel Meyer von Rothschild (1836–1905), erbaut 1872–1884 vom französischen Architekten Jean Girette. Ähnlich, wie sich viele Prominente und Reiche nahe dem Schloss Schönbrunn und dem Kaiserhaus in angrenzenden Teilen Hietzings niederließen, konzentrierten sich Bankiers und Industrielle um die Rothschild-Palais. Das „Grätzl der Millionäre" erstreckte sich vom Schwarzenbergplatz, über die Schwarzenbergstraße, die Heugasse (Rothschild oder Miller-Aichholz) den Brahmsplatz, die Theresianumgasse, Brucknerstraße, Wohllebengasse (Rudolf v. Drasche, Moriz Benedikt und Moriz Gallia) und Schwindgasse (hier wohnte beispielsweise der zu Wittgensteins Freunden zählende Isidor Weinberger, aber auch Henrik Bäckström, gebürtiger Schwede und Technischer Direktor der Alpine Montangesellschaft, auf Nummer 14 David und Ludwig Gutmann, Ferdinand Bloch-Bauer, der langjährige Minister Johann Frh. von Chlumecký oder der Papierfabrikant Fritz Hamburger).[504] Hier und nicht zuletzt auch in der Alleegasse, wo die Wittgensteins auf Nr. 16 Logis bezogen hatten, häuften sich die Wohnsitze der (Super-)Reichen, geballt, wie sonst kaum wo. Unmittelbare Nachbarn der Wittgensteins waren die Industriellenfamilie Haymerle, des Weiteren hatten sich auch der Porzellanwarenfabrikant, Warenhausbesitzer und Tourismuspionier am Kärntner Wörthersee Ernst Wahliss, Baron Sándor Hatvany-Deutsch, Franz Mayr von Melnhof, Johann Nepomuk Reithoffer oder Robert von Lieben hier niedergelassen. Von Wittgensteins Bekannten bzw. Freunden logierten hier Kupelwieser und Wessely.

Besonders zelebriert wurde in der Alleegasse die Musik. Gemeinsames Musizieren hatte bereits Hermann und seine Gattin verbunden, nicht anders war das bei Karl und Leopoldine. Kultur im Haus Wittgenstein hieß in erster Linie Musik. Leopoldine Wittgenstein lebte dies als ausgezeichnete Pianistin vor (es heißt, sie spielte besser als ihre Kinder Hans, Rudi und Paul)[505], Karl war ein begabter Violinist. „Die Musik war der Liebe Nahrung, die Verlobten fanden im eifrigen Duo-Spiel zu Gemeinsamkeiten, die es außerhalb der Musik nicht allzu reichlich gab."[506] Und die Liebe zur Musik war auf die Kinder übergegangen. Davon zeugen auch die Briefe der Geschwister, oft ging es nur oder hauptsächlich um gehörte Musikstücke und ihre Interpretationen. Fast alle waren hochmusikalisch. Ein Instrument zu erlernen und/oder zu singen gehörte gewissermaßen zur bürgerlichen Grundausstattung und stand bei Wittgensteins an oberster Stelle. Der musisch zweifellos Begabteste war Hans, der älteste Sohn, der mehrere Instrumente wie Geige, Orgel und Klavier virtuos beherrschte. Kurt war Cellist, Rudi und Paul spielten Klavier. Nur Ludwig schlug gewissermaßen ein wenig aus der Art, doch auch ihm war Musik sein Leben lang wichtig, er spielte Geige und Klavier und erlernte als angehender Volksschullehrer das Klarinettenspiel, es hieß, dass er als Kind zu aller Begeisterung ganze Symphonien pfeifen konnte.[507] Auch in Hermine Wittgensteins Familienerinnerungen werden das Klavierspiel und Musik „überhöht zu einem die Familie einigenden Moment", die gemeinsame Kammermusik bildet „das zusammenhaltende Element zwischen den Eltern, aber auch zwischen Eltern und Kindern".[508] Ähnlich große Bedeutung, hier für Ludwig, misst auch McGuinness der Musik in seiner Wittgenstein-Biografie zu.[509] Helene sang, Hermine und Margarethe interessierten sich mehr für andere Künste, Hermine, die auch als talentierte Pianistin und gute Sängerin galt, begann zu malen und beriet bald ihren Vater in Kunstfragen, Margarethe öffnete sich der Literatur (war von Beginn an eine begeisterte Karl-Kraus-Leserin) und Philosophie, Klavier zu spielen, war nicht das ihre. Margarethe entsprach am ehesten dem Typus der Rebellin. Sie war geistig aufgeschlossen, zu einer Zeit, „als die kulturellen Kriterien der Eltern noch mit den antiken und den deutschen Klassikern identisch waren", stand den neuen modernistischen Strömungen in Literatur, Philosophie, Architektur offen gegenüber und interessierte sich früh für Freud und die Psychoanalyse.[510] Ähnlich offen und vielfältig waren die Interessen Ludwig Wittgensteins, der Otto Weininger, Kraus und Loos, mit dem er persönlich befreundet war, bewunderte.[511]

Wittgensteins genossen Reichtum und Ansehen, luden Freundinnen und Freunde, sehr viele aus der Kunstwelt, zu Essen und Konzerten ein. Große Bekanntheit in der Wiener Gesellschaft erlangten die musikalischen Soireen im Hause Wittgenstein, zu denen allerlei Prominenz, als Ausübende oder als Publikum, geladen war. Margret Greiner beschreibt eine derartige Soiree: Empfangen wurde man im Roten Salon, beleuchtet von einem prächtigen Murano-Luster. Gereicht wurden Kaffee und süße Häppchen.[512] Über die ausladende Stiege schritt man später in den Musiksalon, das Herzstück des Wittgenstein-Palais. Dieser Raum wurde immer dunkel gehalten, nur bei Anlässen von zehn bronzenen Stehleuchtern erhellt. Die Kassettendecke war aus vergoldetem, verziertem Holz, die Wände mit wertvollen Tapisserien mit Jagdszenen ausgekleidet. An der Stirnseite des Salons stand eine zwei-manualige Orgel, die die ganze Wand einnahm, reich verziert mit Malereien im präraffaelitischen Stil. An einer der Längsseiten standen sich zwei Bösendorfer-Flügel gegenüber, vis-à-vis waren Sitzmöbel aufgereiht, „eher zierliche Biedermeierschemel als opulente Fauteuils".[513] Im Musikzimmer befanden sich noch weitere Flügel. Auf einem hohen Sockel sah man den sitzenden Ludwig van Beethoven, aus einem einzigen weißen Marmorblock gemeißelt, eine Vorstudie Max Klingers für sein bekanntes Denkmal. Nach den musikalischen Darbietungen wurde wieder ins Erdgeschoss in das große Speisezimmer gewechselt, wo auf einem Buffet edle Pasteten, Terrinen und geräucherte Fische bereit zum Verzehr standen. Champagner wurde zum Anstoßen entkorkt, die Kinder wurden von ihrem Vater vorgestellt, alle ja musikliebend und teils selbst begabt musizierend. Hermine beschreibt die musikalischen Abendgesellschaften als „immer etwas sehr Festliches, fast Feierliches, und die schöne Musik war die Hauptsache."[514]

Der Salon zog Prominenz an. Der berühmte Geiger Joseph Joachim nahm immer wieder gerne die Möglichkeit wahr, im Haus seiner entfernten Verwandten mit seinem Quartett aufzutreten bzw. für Wien-Konzerte zu proben.[515] Auch Johannes Brahms, der sich in Wien auf der Wieden, dem 4. Bezirk, wo auch Wittgensteins logierten, niedergelassen hatte und dem ein eher „stacheliges Wesen" zugeschrieben wurde, als das er sich auch selbst bezeichnete, schätzte die Gastfreundschaft und den Musikverstand der Wittgensteins und war hier oft zu Gast.[516] Geschätzter und häufigster Gast im Haus war Josef Labor, Klavier- und Kompositionslehrer, der neben Paul Wittgenstein auch die junge Alma Schindler, später Alma Mahler, unterrichtete.[517] Leopoldine hatte Labor, dessen Name und Musik außer unter wahren Fans heute längst vergessen sind, ins Haus gebracht. Für Paul und Ludwig war er eine Art Vaterfigur, die ganze Familie war in ihn vernarrt. Wittgensteins waren wichtige Mäzene Labors: Leopoldine bezahlte Labor eine neue Orgel, Karl ließ zum 70. Geburtstag Labors dessen Kompositionen im Universal Verlag publizieren.[518] Man unterstützte den blinden Komponisten auch auf andere Art und Weise. Zu den regelmäßigen „Labor-Abenden" waren Dienstpersonal und Angestellte eingeladen und dazu aufgefordert, besonders laut zu klatschen, wonach Labor hocherfreut über die Begeisterung des Publikums war. Als sich eine mildtätige Gründung, der Labor-Bund, für die Ehrung des Komponisten einsetzte, reagierten Wittgensteins eifersüchtig, war er doch der ihre.

Zu Gast im Palais Wittgenstein waren unzählige Berühmtheiten, Musikerinnen und Musiker wie Gustav Mahler, Clara Schumann, Bruno Walter, Pablo Casals,[519] Marcella Pregi[520] oder Erica Morini,[521] die mit Wittgensteins näher bekannten Marie Baumayer[522] und Marie Soldat-Roeger,[523] die Komponisten Arnold Schönberg und Alexander Zemlinsky, der Maler Rudolf von Alt, der Architekt Josef Hoffmann, der gefürchtete Musikkritiker der *Neuen Freien Presse* Eduard Hanslick, diverse Sängerinnen der Hofoper. Richard Mühlfeld[524] spielte Brahms' Klarinettensonaten, Richard Strauss Duette mit Paul Wittgenstein. Geigerinnen wie Marie Soldat durften auf Geigen Karl Wittgensteins spielen, der eine wertvolle Sammlung von Streichinstrumenten besaß: eine Stradivari-Geige von 1716, eine Amati-Viola, zwei Celli von Velanzano und Ruggiero und eine Guadagnini-Geige.[525]

Doch es war nicht nur Prominenz, die im Haus Wittgenstein auftrat, auffällig sind die vielen musikalischen Begabungen im Verwandten- und Bekanntenkreis, darunter viele Frauen, Sängerinnen oder Instrumentalistinnen. Elsa Stradal, geb. von Bruckner, war die Tochter von Leopoldine Wittgensteins Schwester Sophie, geb. Kallmus. Sie war mit dem Regierungsrat Dr. Karl Eduard Stradal (1863–1932) verheiratet, lebte in Teplitz und aufgrund ihrer schönen Stimme ein gern gesehener Gast bei der Familie Wittgenstein, wo sie bei Musikabenden als Sängerin auftrat.[526] Der Musikgeschmack der Wittgensteins war mit Sicherheit konservativ. Karl Wittgenstein begeisterte sich wie die anderen Wittgensteins an Mozart, Beethoven und Brahms, unterstützte aber auch Arnold Schönberg. Auf Paul Wittgensteins Vorlieben werden wir noch zurückkommen. Eingeladen zu den Konzerten wurden Verwandte, etwa Tante Clara aus Laxenburg, Geschäftspartner, Freunde und Bekannte.[527] Ernst Wilhelm von Brücke[528] wird ebenso genannt wie Hermann Bonitz[529]. Das Verhalten Karl Wittgensteins bei derartigen gesellschaftlichen Anlässen wird als „zurückhaltend und kurz angebunden" beschrieben.[530]

Natürlich war es in großbürgerlichen Kreisen üblich, gehörte es zum guten Ton, der Kunst zu huldigen, doch die Kunst- und Musikliebe der Familie Wittgenstein ging weit über derartige „Modeerscheinungen" hinaus. Bruno Walter, Dirigent und einer der vielen namhaften Gäste der Wittgensteins, konstatierte:

„Der eigentlichen Wiener ‚Gesellschaft' bin ich bis auf wenige Ausnahmen aber fern geblieben. Eines der musikergebenen Wiener patrizischen Salons muß ich aber gedenken, des Hauses Wittgenstein in der Alleegasse. Die Wittgensteins setzten die edle Tradition jener tonangebenden Wiener Kreise fort, in denen die Künste und Künstler seit jeher ‚Protektion' gefunden haben und nicht nur aus dem Gefühl der Verpflichtung durch ihre gesellschaftliche Prominenz, sondern aus echter Kunstbegeisterung."

Und weiter: „Daß mich die Familie Wittgenstein an ihr Herz genommen hatte, war mir ein beglückendes und symbolisches Erlebnis. Ich fühlte mich bestätigt in meinem Gefühl der Zugehörigkeit zu dem kulturgeschichtlichen Kreis, an dessen ‚Legitimität' ich von je geglaubt hatte."[531]

Zum dritten Wohnsitz der Familie neben der Alleegasse und Neuwaldegg wurde die Hochreith. Wie es zum Kauf des Gutes nahe Hohenberg kam, beschreibt Hermine Wittgenstein.[532] Sie berichtet von jährlichen Urlauben Karl Wittgensteins bis 1894 im Hochgebirge mit seiner Frau und laut Hermine nur mit ihr, um sich bei Bergtouren körperlich zu ertüchtigen, bei denen er seine Frau vielfach überforderte, die ohnehin an Kopfschmerzen und Migräne litt und nicht schwindelfrei war. Nach so einer Überforderung bei einer Wanderung in der Schweiz fasste Wittgenstein den Entschluss, sich ein Gut im Mittelgebirge zuzulegen. Keines der vorgeschlagenen Objekte gefiel, bis Wittgenstein auf ein gänzlich abgewirtschaftetes, aber herrlich, wenn auch einsam gelegenes Anwesen aufmerksam gemacht wurde, mit Blicken auf die Gipfel des Traisentals und Richtung Schwarzatal auf den Schneeberg: die Hochreith.[533] Karl Wittgenstein zögerte nicht. Hermine spricht von über 4.000 Joch, rund 2.300 Hektar,[534] die das Gut letztlich nach mehreren Arrondierungskäufen umfasste. So wichtig Freunde für das Gedeihen seiner Geschäfte waren, bei Weitem am wichtigsten war Karl die Familie (fraglich, ob das die Kinder auch so sahen), stark aber zugleich sein Bedürfnis, sich abzuschließen. Auf der Hochreith hatte er bald nach dem Ankauf in einigem Abstand von der ursprünglichen Ansiedlung, einem Bauernhaus, von Eduard Frauenfeld jun. ein Blockhaus errichten lassen, das er bei seinen Besuchen mit seiner Frau bezog, um dem Trubel im Haupthaus zu entgehen, und nur zu den Hauptmahlzeiten verließ.[535] Das Ensemble bestand in der Folge aus zwei roten Blockhäusern, von denen das größere für die Kinder gedacht war. Das kleinere Haus, das für Karl und seine Frau vorgesehen war, war jenes, das 1905/06 von Josef Hoffmann im Stil der Wiener Werkstätte neugestaltet wurde. Dazu kam später ein sehr großes weißes Steinhaus. Von nun an wurden die Ferienmonate von allen zusammen auf der Hochreith verbracht. Hermine schwärmt von der aufgrund der jahrelangen Vernachlässigung naturbelassenen und verwilderten Gegend, die von Karl Wittgenstein einer grundlegenden Umgestaltung, die nicht in Hermines Sinn war, unterzogen wurde. Ohne den Urzustand des Anwesens zu kennen, versteht man Hermines Schwermut über die Veränderungen nicht ganz, noch heute handelt es sich um eine wunderschöne, größtenteils landwirtschaftlich kultivierte Naturlandschaft.

Die Ringstraße war zur Adresse des aufstrebenden Wirtschaftsbürgertums geworden, Karl Wittgenstein zählte sich aber bewusst nicht zu diesem. Abends auf der Ringstraße in Wien. Kolorierte Zeichnung von Wilhelm Gause, um 1900.

## EIN MÄZEN DER KÜNSTE UND KÜNSTLER

*Große Bekanntheit erlangten die musikalischen Soireen, zu denen die Familie Wittgenstein in ihr Palais in der Alleegasse 16 einlud. Im Bild oben das imposante Stiegenhaus des leider nicht mehr existierenden Gebäudes. Karl Wittgenstein spendete einen Großteil des Geldes, das für die Errichtung des Ausstellungsgebäudes der Secession durch Joseph Maria Olbrich notwendig war.*
*Plakat für die V. Kunstausstellung der Wiener Secession, Farblithografie, 1899.*

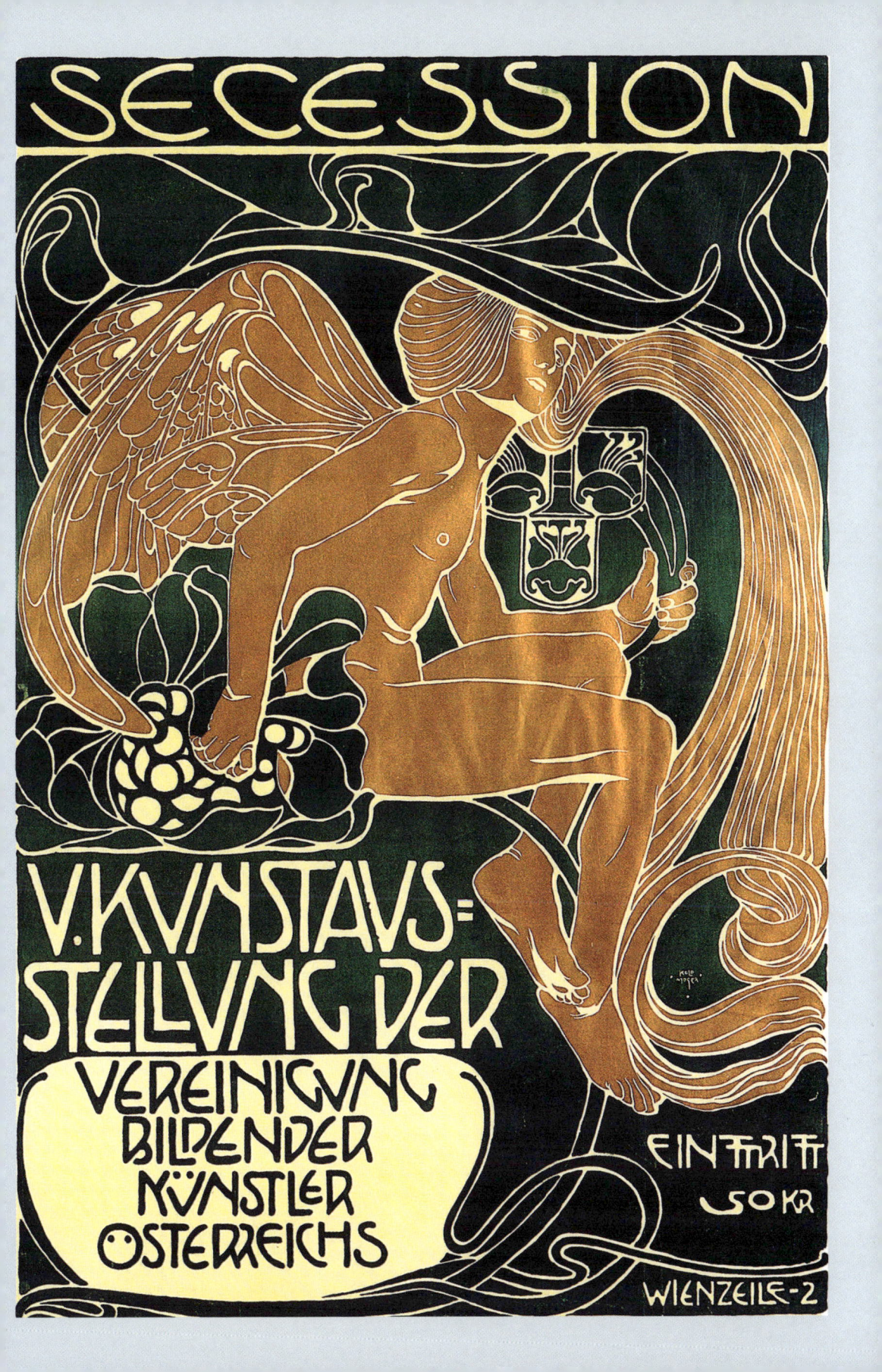

Das legendäre Herzstück des Wittgenstein-Palais:
der Musiksalon. Malereien im präraffaelitischen Stil und
kostbare Tapisserien schmückten die Wände, auf hohem
Sockel wachte Ludwig van Beethoven, gemeißelt aus
weißem Marmor von Max Klinger.

„Ein Mann, dem man die Energie und Unerschrockenheit auf hundert Schritte ansah" (Hermine Wittgenstein): Karl Wittgenstein in seinem Büro. Foto von Ferdinand Schmutzer, 1908.

# DER „ALLGEWALTIGE DER ÖSTERREICHISCHEN EISENINDUSTRIE"

## AM HÖHEPUNKT DER MACHT

1890/91 konzentrierte Wittgenstein nach dem Erwerb einiger krisenge-schüttelter Sensenwerke durch die *Prager Eisenindustrie-Gesellschaft* die obersteirische Sensenindustrie in den *Vereinigten Sensenwerken* von Judenburg, auch hier galt das Engagement dem Absatz des Wittgenstein-Stahls. Die Stilllegung von vier Sensenwerken sollte jede Konkurrenz beseitigen. Es war eines der wenigen Engagements, das er – noch zu Lebzeiten, allerdings längere Zeit nach seinem Rücktritt – 1905 wieder abwarf. 1890 ist auch das Sterbejahr von Karls Mutter, Franziska Wittgenstein, geb. Figdor, die im Oktober im Alter von 76 Jahren einem Schlaganfall in ihrer Villa in Mauer erlag. Gerühmt wird in den Todesnachrichten der Zeitungen ihr „eminente[r] Wohltätigkeitssinn, den sie besonders auch aufstrebenden Gelehrten und Künstlern gegenüber bethätigte".[536] Und es ist tatsächlich selbst unter der wohltätigen Familie der Wittgenstein auffällig, dass sich Fanny Wittgenstein besonders generös zeigte, sich unzählige Male in den Zeitungen als Spenderin findet. Auffällig ist jedenfalls auch, dass in den Zeitungen lange Spendenlisten veröffentlicht wurden, selbst wenn nur vergleichsweise kleine Beträge wie 15 Gulden gespendet wurden. Fanny Wittgensteins Spenden bewegten sich allerdings meist in einer Höhe zwischen 100 und 2.000 fl. In ihrem Testament hinterließ sie ihrer unverheirateten Tochter Clara verhältnismäßig wenig, ihrer wegen Krankheit entmündigten Tochter Clothilde nur den Pflichtteil.[537] Ihr restliches Vermögen vermachte sie den zum Großteil noch minderjährigen

Kindern ihrer Töchter Anna Franz, Marie Pott, Fine Oser, Bertha Kupelwieser, Milly von Brücke und Lydia von Siebert, unter deren Übergehung. Das Vermögen sollte den Enkelkindern erst nach 30 Jahren ausbezahlt werden. Das sieht nach Misstrauen aus, nach Vorsichtsmaßnahme. Das Vermögen wurde bei Gericht deponiert und mündelsicher (in Staatspapieren oder Grund und Boden) angelegt. Nur Bertha Kupelwieser kaufte das Gut Kyrnberg für ihre Kinder, alle anderen wählten Staatspapiere. Der Vormund der Pott'schen Söhne, Louis Wittgenstein, umging die Vorschriften, indem er Geld auf diese Papiere auslieh und in Industriewerten investierte, aus deren Erträgnissen er die Zinsen an die Bank begleichen konnte. Zu diesem Zeitpunkt, 1890, konnte niemand ahnen, was auf Österreich zukommen sollte – das Ende der Monarchie und die folgende Inflation fraßen das Vermögen auf. 1920 sollten die Erben dann fast wertlos gewordene Papiere beheben.

Der rasche Aufstieg Wittgensteins und seine Expansionspolitik hinterließen mediale Spuren, Bewunderung und Hochachtung auf der einen Seite, Misstrauen, Neid und Ablehnung auf der anderen. Die Zeitungsberichterstattung verdeutlicht die oft zeitliche Überschneidung von Erfolgsnews und Ehrungen auf der einen Seite und Skandalmeldungen auf der anderen Seite. 1891 präsentierten sich Wittgenstein bzw. die *Prager Eisenindustrie-Gesellschaft* (*PEG*) in prominenter Weise auf der Landesausstellung in Prag. In sieben Hallen eines eigens errichteten Ausstellungsgebäudes zeigte die *PEG* hier auch Maschinen und Produkte der *Poldi-* und *Hermannshütte* in Kladno, der *Teplitzer Walzwerke und Bessemerhütte*, der *Rudolfshütte*, der *Teplitzer Zeugwaren- und Schaufelfabrik* sowie der Königshofer und Althüttener Werke.[538] Im Mai 1892 wurde die Errichtung eines eigenen Pavillons von Karl Wittgenstein, Generaldirektor der *PEG* und Verwaltungsratspräsident der *Poldihütte*, für die Weltausstellung in Chicago angekündigt.[539] Die Orte seines Wirkens ehrten ihn mit Auszeichnungen. Am 27. Oktober 1892 erhielt Wittgenstein die Ehrenbürgerschaft von Nürschan (Nýrany), wo sich aufgrund von Steinkohlevorkommen ein Hütten- und Blechwalzwerk der *PEG* befand,[540] am 16. Dezember 1892 verkündete die Gemeinde Hohenberg in Niederösterreich die Verleihung der Ehrenbürgerschaften an Karl und Paul Wittgenstein[541].

In letzterem Fall ist die zeitliche Parallelität von Licht und Schatten besonders augenscheinlich. Denn kurz vor der zweiten Auszeichnung war es im November 1892 zur sog. Sensenaffäre gekommen, einer Beschlagnahme von Sensen ohne Marken in Werken Wittgensteins in Judenburg, Kindberg und Mürzzuschlag. Wittgenstein wurde bezichtigt, solche markenlosen Sensen in Verkehr zu setzen und sah sich in der *Neuen Freien Presse* zu einem Artikel und, nachdem die *Deutsche Zeitung* ausführlich über die Affäre berichtete, einer weiteren, sehr technischen und juristisch spitzfindigen Stellungnahme veranlasst.[542] Er rechtfertigte sich damit, dass diese Sensen die Fabriken niemals ohne Markensiegel verlassen hätten und nur gelagert worden wären, weil der Bedarf im Sommer nicht auszurechnen sei, daher werde auf Vorrat produziert.[543] Es wäre gegen das eigene Interesse gewesen, Sensen ohne Marke zu verkaufen. Obwohl Wittgenstein Einsicht in alle Bücher gewährt hätte und diverse Nachweise geliefert habe, sei es zur Beschlagnahmung gekommen und die Sensen teils als verfallen erklärt worden. Alle Bemühungen Wittgensteins um Aufklärung wären umsonst gewesen. Wittgenstein fühlte sich „durch diese Maßregel" in seiner Ehre „auf das tiefste gekränkt", abgesehen vom beträchtlichen materiellen Schaden, die beschlagnahmten Waren repräsentierten einen Wert von ca. 180.000 Gulden.[544] Die Statthalterei in Graz entschied als letzte Instanz, dass die Beschlagnahmung der Sensen rechtens gewesen sei, ein Gnadengesuch an den Kaiser wurde abgelehnt und schließlich 280.000 Sensen vernichtet. Die Angriffe der *Deutschen Zeitung* nahm Karl Wittgenstein sehr ernst, weil die Zeitung einer seiner schärfsten Kritiker war oder weil sie vielleicht der Wahrheit relativ nahekam und Wittgenstein tatsächlich Markenschwindel betrieb. Wir wissen es nicht, allerdings war er etliche Jahre später, im Jänner 1900, erneut in eine Markenschutzaffäre verwickelt, er ließ zehn Marken eintragen, die große Ähnlichkeit mit der Marke der *Fa. Carl v. Winkler* in Waidhofen aufwiesen. Im sog. *Rössel-Prozess* ging es dann um die Löschungen bestimmter Marken. Der Prozess der *Fa. Wittgenstein, Vereinigte Sensenwerke Leoben, Kindberg* gegen die *Fa. Carl v. Winkler* wurde von vielen Zeitungen aufgegriffen. Weiter oben war von unseriösen Geschäftspraktiken die Rede, ein wenig erinnert all dies daran, diese Häufung von Ereignissen und sich ähnelnden Vorwürfen wird wohl kein Zufall gewesen sein. (Vielleicht liege ich aber ganz falsch, und man stilisierte Wittgenstein nur aus Neid zur allmächtigen Feindfigur!?)

Für die Sensenproduzenten – die Sensenindustrie war eine durchaus lukrative Branche, die auf hohe Exportzahlen verweisen konnte – war Wittgenstein ein rotes Tuch, er galt als Zerstörer der Branche und vieler alpenländischer Betriebe. Auch für einige Medien. Im Mai 1898 äußerte die *Arbeiter-Zeitung* Kritik an den geplanten Reorganisationsmaßnahmen in der *Alpine Montangesellschaft*, vermutet wurde letztlich eine eindeutige Bevorzugung der böhmischen Betriebe. Wittgenstein wolle „den Rest von Selbstständigkeit der steirischen Eisenindustrie gänzlich zerstören", der Autor verweist auf Wittgenstein als Verantwortlichen für den Ruin der großen steirischen Sensenindustrie und bezieht sich auf die Fabrikation „steirischer" Sensen aus minderwertigem böhmischem Stahl, auf den („Holländer'schen")[545] Markenschwindel, der mit der Konfiskation in Kindberg endete.[546] Wittgenstein verlor offensichtlich das Interesse an diesem Geschäftszweig, sämtliche (noch aktiven) Betriebe der *Vereinigten Sensenwerke* verkaufte er 1905 an den dortigen Direktor,[547] nachdem er schon vorher das Werk in Kindberg geschlossen und Grund und Boden an die dortige Gemeinde verkauft hatte[548].

Doch nicht nur in der Wittgenstein'schen Sensenindustrie gab es Konflikte. Im Kohlenbergbau waren heftige Arbeitskämpfe die Regel. Die Arbeitsbedingungen in den Kohlegruben, den Eisen- und Stahlwerken waren hart, Streiks in den Anfangstagen der sich formierenden Arbeiterbewegung häufig, auch Wittgensteins Werke waren betroffen. Im Mai 1889 kam es zum Streik der Kohlenarbeiter im Steinkohlerevier von Kladno in Gruben der *Prager Eisenindustrie-Gesellschaft*.[549] Die Arbeiter hatten Akkordlöhne, wurden nach Fördermengen bezahlt und erhielten durchschnittlich 1 fl. 40 kr. bis 1 fl. 50 kr. pro Tag. Gefordert wurde eine achtstündige Arbeitsschicht, zugestanden wurden eine maximal neunstündige bzw. bei Beibehaltung einer zehnstündigen Arbeitsschicht Lohnerhöhungen. Wenige Wochen nach Beendigung des Streiks kam es zu Ausschreitungen und Plünderungen in Kladno. Hauptziele waren die Villen der *Prager Eisenindustrie-Gesellschaft* und des Bergrats Gottfried Bacher (mit einer Wohnung Karl Wittgensteins, Bacher war der Vater von Hermine „Mima" Bacher, die eine enge Freundin der Familie wurde) und das Haus des Bürgermeisters Joseph Hrabe.[550] Militär und Gendarmerie schritten ein. Die Auseinandersetzungen resultierten in drei Toten und etlichen Schwerverletzten, gegen 22 Beteiligte wurde ein Prozess begonnen.[551] 1893 war erneut von einem Streik in Kladno bzw. im Duxer Steinkohlenrevier die Rede. Auch im Jänner 1900 kam es zu einer Arbeitsverweigerung der Kohlenarbeiter in Kladno und in böhmischen Kohlenrevieren, der bis zum Ausstand im Ostrau-Karwiner Revier führte, gefolgt von einer Debatte über den Kohlenarbeiterstreik im Abgeordnetenhaus im März 1900.[552] Den Arbeiterinnen und Arbeitern wurde mit dem Verlust ihrer Ansprüche an die Bruderlade[553] gedroht. Die Bergwerksbesitzer hatten sich geweigert, die Einigungsämter zu beschicken und der Belegschaft die Wasserleitungen abgesperrt. Die *Arbeiter-Zeitung* sprach in ihrem Bericht am 16. Januar 1900 von einem „niederträchtig schmutzigen System" des „Herrn Wittgenstein", für das er die Verantwortung trage.

Immer wieder, 1892, 1895, 1896, ergaben sich auch Probleme mit Bruderladen von Hütten der *Prager Eisenindustrie-Gesellschaft*, z. B. Beschwerden über die Bruderlade der *Adalbert-Hütte*[554]. Karl Kraus wiederum warf Wittgenstein vor, mit den von ihm gezahlten „Hungerlöhnen" für die Tschechen die deutsche „höhercultivierte" Arbeiterschaft zu vertreiben und damit die „Slavisierung" Österreichs zu fördern.[555]

Eine weitere Auswirkung des Schaffens von Männern wie Wittgenstein wurde immer augenscheinlicher. Ganze Regionen verwandelten sich in – viele sag(t)en wohl zu Recht blühende – Industrielandschaften, die Gegenden um Aussig, Teplitz, Kladno oder Brüx. Doch wurde die Natur vielerorts bedenkenlos zerstört, der Kohlenbergbau drang immer weiter unter die Erde vor. Nicht zuletzt wegen der zahlreichen Kohlenflöze kam es 1895 zur Katastrophe von Brüx, über 2.400 Personen wurden durch ein Grubenunglück, einen Schwimmsandeinbruch, obdachlos, drei Bewohner starben, von einer Senkung des Bodens waren Wohnhäuser, Straßen und der Bahnhof betroffen. Der abgeglittene Treibsand floss in Abfuhrkammern der Grube *Annahilfsbau* und weiter. Ähnliche Einbrüche ereigneten sich in den Folgejahren 1896 und 1897, zurückzuführen auf den immer weiter vorangetriebenen Kohlebergbau, der zur Haupterwerbsquelle der mittlerweile Industriestadt geworden war. Brüx hatte 1870 durch die *Aussig-Teplitzer Bahn* einen Eisenbahnanschluss erhalten, was die Transformation der Stadt beschleunigte und ihre Bevölkerungsstruktur veränderte, von einer rein deutschsprachigen Stadt in eine mit knapper tschechischer Mehrheit. Die Katastrophen taten der wachsenden Bedeutung der Stadt keinen Abbruch, 1896 fand in Brüx die *Nordwestböhmische Ausstellung für deutsche Industrie, Gewerbe und Landwirtschaft*, eine Leistungsschau aller damaligen technischen Errungenschaften, statt.

In den 1890er Jahren intensivierte Wittgenstein seine Kontakte bzw. Geschäftsbeziehungen zur *Österreichischen Creditanstalt für Handel und Gewerbe*. 1855 durch eine Finanzgruppe um Salomon Rothschild gegründet, hatte sich die *Creditanstalt* (*CA*) zur größten und wichtigsten Universalbank Österreich-Ungarns entwickelt. Es scheint, als hätte Wittgenstein stärkere finanzielle Unterstützung für seine Transaktionen gesucht, die die ihm nahestehende *Böhmische Escomptebank* nicht leisten konnte. Einige Geschäfte während dieser Zeit der Annäherung bleiben im Dunkeln. So 1896, als das Wittgenstein feindlich gesinnte *Deutsche Volksblatt* von einer Übernahme von Aktien (*Prager Eisenindustrie-Gesellschaft*, DDSG, *Eisenwerk Rimamurány-Salgótarján*) durch ein Syndikat von Wittgenstein, *CA* und den *Bankhäusern Gomperz* und *Lieben* berichtete.[556] 1897 verstärkte Wittgenstein seine Beziehungen zur „Rothschild-Bank" *CA* und wurde mit 1. April 1897 als wichtigster Exponent der Stahlindustrie und Fachmann für Unternehmensfusionen in den Verwaltungsrat gewählt.[557] Die *Creditanstalt*, zunächst reserviert gegenüber dem Finanzierungsgeschäft der Eisen- und Stahlindustrie, vollzog eine Wende, die *Prager Eisenindustrie-Gesellschaft* unter Wittgenstein zählte für kurze Zeit zum Einflussbereich der *CA*. Karl Wittgenstein entschied sich aber nach einem Streit mit der *CA* für die *Böhmische Escomptebank* bzw. die *Niederösterreichische Escompte-Gesellschaft*, die eng miteinander liiert waren, als „Hausbanken". Wie es scheint, unfreiwillig, denn die *CA* trennte sich von Wittgenstein, nicht umgekehrt. Grund der Trennung waren dubiose Geschäftspraktiken und Börsenmanöver Wittgensteins.

Diese betrafen einerseits die Geschehnisse um die *Österreichisch-Alpine Montangesellschaft* (*ÖAMG*). Wittgenstein, nun Verwaltungsrat der CA, und einige Freunde hatten Aktien der *Alpine* seit Frühjahr 1897 wahrscheinlich aus reiner Spekulationslust gekauft. Im Juni 1897 besaßen Wittgenstein und sein Konsortium bereits 140.000 Aktien.[558] Die *Prager Eisenindustrie-Gesellschaft* hatte eine Option auf 20.000 Aktien, womit die Mehrheit des Wittgenstein-Konsortiums auf jeden Fall gesichert war. Einer anderen Version zufolge konnte Wittgenstein die *CA* 1897 zur Übernahme der *ÖAMG* überreden (bei der *Alpine*-Generalversammlung vertrat die *CA* 60.000 Aktien von 300.000), wobei sich die Bank allerdings nach zwei Jahren aus dem spekulativen Geschäft zurückzog, in das Wittgenstein nur als Drahtzieher, nie als Aktionär involviert war. Während der Vorsitzende der Direktion der *CA* Gustav von Mauthner jede Absicht auf Einflussnahme bei der *Alpine* bestritt,[559] setzte Wittgenstein seinen Mann, Guido von Hell, im Juli 1897 in die Direktion, bald an die Unternehmensspitze. Auch im Fall der *Alpine*-Übernahme, lässt Günther durchklingen, handelte es sich um einen besonderen „Coup".[560] Wittgenstein gab einem Privatbankier, dem er vertraute, den Auftrag, die Aktienmajorität der Alpine zu erwerben, dem dies, wie auch immer, gelang. Leicht anders die Version von Paul Kupelwieser. Im Zusammenhang mit den Finanzproblemen von Paul Bontoux ergab sich für Wittgenstein und seine Konsorten die Möglichkeit, eine deutliche Mehrheit an der Firma zu übernehmen. Arnold Rapoport (oft auch Rappaport), Rechtsberater der *Länderbank*, vertrat ein Aktienpaket von knapp weniger der Hälfte aller Aktien der *Prager Eisen* wie auch der *Alpine Montangesellschaft*. Rapoport bot dieses Paket zu einem Kurs von 72 Gulden den Witkowitz-Aktionären Rothschild und Gutmann an, die ablehnten.[561] Ob diese Aktien tatsächlich und in voller Höhe von Wittgenstein und Co. erworben wurden – wie Kupelwieser andeutet –, ist nicht feststellbar, im Verwaltungsrat hatte Wittgenstein ab Juni 1897 eine Mehrheit und konnte sich zur Verblüffung (und Empörung) vieler als Herr der *Alpine* deklarieren. Spannend stellt sich die Kursentwicklung der *Alpine*-Aktien dar. Der Aktienkurs erreichte fast nie das Nominale von 100 fl., im März 1897 (vermuteter Kaufbeginn Wittgensteins) lag er bei 81,80 fl., danach stieg er bis Anfang Juni auf 98,90, Anfang August auf 137,30 und lag Ende des Jahres bei 131,70 fl. Hätten Wittgenstein und Konsorten zu pari gekauft, wie einer Zeitungsnotiz zu entnehmen ist, hätte die Transaktion in Summe 14 Millionen Gulden gekostet, ein Betrag, den sich das Konsortium wohl leisten konnte, aber vermutlich liquiditätsmäßig von der *CA* vorfinanzieren lassen musste. Dies erklärt wohl auch den Bedarf der Konsorten nach Liquidität in Form einer Spezialdividende der *Prager Eisen* in Höhe von 4 Millionen Gulden, die im Herbst 1898 zur Auszahlung gelangen sollte und zu einem

Streit führte. Der Kurs der *Alpine*-Aktien stieg nach der Übernahme weiter an, er lag zu Jahresende 1898 bei 199,25 fl. (unter Annahme eines Ankaufs zum Nominale ein Gewinn von 100 %) und stieg bis Ende 1899 auf 275,25 fl. Die *Neue Freie Presse* stellte bereits im Jänner 1898 fest, dass Wittgenstein wusste, dass die Aktiva der *Alpine* unterbewertet waren, das Unternehmen mehr wert als gedacht.[562] Nach Dividendenzahlungen von zwei bis drei Gulden in den Vorjahren wurde 1898 für das Geschäftsjahr 1897 eine Dividende von 10 fl. pro Aktie ausgeschüttet.

War Wittgenstein um bzw. nach 1895 bereits eine Zentralfigur der österreichischen Eisenindustrie, so erlangte er 1897 mit dem Erwerb der Aktienmehrheit an der *Österreichisch-Alpinen Montangesellschaft* (*ÖAMG*), die den Eisenmarkt in der Steiermark und Kärnten beherrschte, den Höhepunkt seines Einflusses. Dies gelang nunmehr mit Unterstützung durch elf[563] seiner besten Freunde als Strohmänner, man kann fast schon sagen, den üblichen Verdächtigen, darunter Max Feilchenfeld, Isidor Weinberger, Karl von Wessely, Karl und Otto Wolfrum, Karl und Paul Kupelwieser sowie Wilhelm Kestranek. Die *ÖAMG* war eine Gründung und ein Konzernunternehmen der *Österreichischen Länderbank*. Mit dem Rücktritt Samuel von Hahns als Gouverneur der *Länderbank* – sein Nachfolger wurde Eduard Palmer, bis dahin Generaldirektor der *Alpine Montan* – wurde der „Weg frei" für Wittgenstein. Es folgten zahlreiche Personalrochaden, obwohl vorher geleugnet worden war, dass dies passieren würde. Wittgensteins Gefolgsleute füllten die Verwaltungsräte. Guido Hell von Heldenwerth (bisher Zentraldirektor der *Böhmischen Montangesellschaft*) übernahm Ende 1897 die Position des Generaldirektor-Stellvertreters, ein Jahr später Generaldirektors der *ÖAMG*, Anton Ritter von Kerpely wechselte von der *Poldihütte* als technischer Direktor bzw. stellvertretender Generaldirektor zur *Alpine Montan*, ihm folgte der frühere kommerzielle Direktor der *Poldihütte*, Alexander Pazzani. Feilchenfeld wurde Präsident des Verwaltungsrates der *Poldihütte*, Kestranek wechselte von der *Böhmischen Montangesellschaft* in die *Prager Eisenindustrie-Gesellschaft*. Mit den Verwaltungsräten Franz Kupelwieser und Otto Wolfrum wurde die Wittgenstein-Gruppe in der *Alpine* gestärkt, wobei auch die *Länderbank* noch längere Zeit einige Repräsentanten stellte.

Auch in der *Österreichisch-Alpine Montangesellschaft* trimmte Wittgenstein konsequent Produktionsabläufe auf Effizienz, die Gestehungskosten sanken von Monat zu Monat und der Aktienkurs stieg auf 1.000 Kronen[564] und mehr. Wittgenstein bewies immer wieder große Menschenkenntnis, was die Auswahl seiner Vertrauensleute betraf. Der Ruhm der Sanierung gebührte beispielsweise wesentlich Guido Hell von Heldenwerth, der eine neue Berechnungsmethode einführte, die die Arbeitsweise eines Betriebs als rationell oder nicht rationell nachwies.[565] Hell und Kerpely, ein weiterer „Wittgensteinianer", trieben um die Jahrhundertwende die technische und organisatorische Umgestaltung der *ÖAMG* mit einer Konzentration des Betriebes auf den Standort Donawitz und der Auflassung der Kärntner Betriebe voran. Fusionen und Schließungen, die man Wittgenstein anlastete, riefen heftige Proteste hervor, sowohl unter der betroffenen Belegschaft wie unter Wittgensteins Kunden, die sich von dessen Eisenkartell preislich zunehmend übervorteilt sahen. Schließlich sah sich sogar die Regierung veranlasst, offiziell Untersuchungen zu Wittgensteins Geschäftspraktiken einzuleiten. Scheinbar glaubte niemand an einen wirklichen Rückzug Wittgensteins (der zu diesem Zeitpunkt bereits erfolgt war) und die Wittgenstein-Gruppe dominierte weiterhin die *Alpine*. Nach dem frühen Tod Hells 1904 wurde Kerpely Generaldirektor, 1913 wurde Kestranek Präsident, Feilchenfeld Vizepräsident des Verwaltungsrates. Kerpely verstarb 1917, auf ihn folgte Oskar Rothballer, zuvor langjähriger kommerzieller Direktor der *Alpine*.

Die spektakuläre Erfolgs- und Aufstiegsgeschichte Karl Wittgensteins währte nur kurz: Die Übernahme der *Alpine* hatte das Feindbild Wittgenstein in Teilen der Presse noch verstärkt. Schon im August 1897 erschien eine böse, ja widerwärtige antisemitische Karikatur Wittgensteins im *Kikeriki*.[566] Im Dezember 1897 trat Karl Wittgenstein angesichts der jüngsten Ereignisse und Streitereien eine Weltreise an, um zu einer endgültigen Entscheidung über einen Rückzug von den Geschäften zu gelangen, um sich zu überzeugen, ob sich die von ihm eingerichtete Organisation seiner Unternehmungen bewährte und ob „die an die Spitze derselben gestellten Männer auch ohne seine Führung ihre Aufgabe so gut erfüllt hätten, daß er sich fernerhin von seinen Geschäften zurückziehen" könne.[567] Er beauftragte seinen mittlerweile engen Vertrauten, Wilhelm Kestranek, neben der Leitung der *Böhmischen Montangesellschaft* auch bei der *Prager Eisenindustrie* nach dem Rechten zu sehen. Die Büros lagen benachbart. Wittgensteins Reise führte ihn in die Vereinigten Staaten, den Süden Indiens, nach Ceylon, über Penang nach Singapur und weiter Ende Februar 1898 nach Hongkong, wie er in einem Artikel in der *Neuen Freien Presse* berichtet, dessen Fokus aber auf dem Gegensatz zwischen Engländern und Deutschen liegt.[568] Mitte Mai 1898 kehrte Wittgenstein nach Wien zurück und es kam es zu einigen bedeutsamen Veränderungen. Kestranek und andere dürften sich bewährt haben.

Noch im Mai 1898 erfolgte Wittgensteins Rücktritt als Zentraldirektor der *Prager Eisenindustrie-Gesellschaft* (er blieb zunächst Verwaltungsrat), zugleich seine Demission als Vizepräsident des Verwaltungsrates der *Böhmischen Montangesellschaft* und als Verwaltungsratspräsident der *Rudolfs-* und der *Poldihütte*.[569] Insgesamt war Wittgenstein zum Zeitpunkt seiner Demission an 14 Unternehmen der Montan- und Zementindustrie beteiligt sowie in weiteren Unternehmen vertreten, von denen er nur im Verwaltungsrat der *Aussig-Teplitzer Eisenbahn* und der *Gelsenkirchener Montangesellschaft* verblieb.[570] Ein Rückzug erfolgte auch aus der Verwaltung der *Egidier Eisengewerkschaft*, zuvor verkaufte Wittgenstein seinen Aktienbesitz an die Firma Böhler. 1900 veräußerte er seine Kohlenkuxen an Isidor Petschek, der sich mit Weinmann und Gutmanns den Kohlehandel teilte.

Als Anlass für den Rücktritt nennt McGuinness Gespräche zwischen dem Handelsminister Di Pauli und Kestranek, denen zufolge die Regierung durch die Androhung von Steuererhöhungen das Stahlkartell bewegen wollte, die Preise zu senken.[571] Wittgenstein überraschte mit seiner Entscheidung viele, er fühlte sich zu Unrecht angegriffen und hatte genug von den ständigen Presseattacken, er resignierte, so eine Auslegung; andererseits, heißt es nicht, man solle zurücktreten, wenn man am Zenit seines Erfolgs steht? Auch so könnte man Wittgensteins Rücktritt interpretieren.

Ein zweiter maßgeblicher Grund für die Missstimmung zwischen *Creditanstalt* und Wittgenstein war, dass die *CA* sich gegen die von Wilhelm Kestranek, ab 1898 Wittgensteins Nachfolger in der *Prager Eisenindustrie-Gesellschaft* (*PEG*), geforderte Auszahlung einer (erst kurz zuvor angesammelten, geheimen) Spezialreserve des Unternehmens in der Höhe von vier Millionen Kronen stellte, die dieser unmittelbar nach seinem Antritt gefordert hatte und die aufgrund der Höhe und der vermuteten vorangegangenen Steuervermeidung in Presse und Regierung höchst umstritten war. Der Beschluss zur Auszahlung von 95 Gulden pro Aktie aus diesem Spezialreservefonds, zugleich die Ankündigung einer Neubildung erfolgte am 9. Dezember 1898 und löste Empörung aus.[572] Die Transaktion erweckte den Eindruck eines durchsichtigen Börsenmanövers,[573] „in einem bei uns glücklicherweise noch nicht vorgekommenen Stile", so Karl Kraus, der zu den schärfsten Kritikern Wittgensteins (und seiner Gruppe) zählte, in der *Fackel*[574]. Es entspann sich ein regelrechter Pressekrieg. Das Vorgehen wurde auch in der offiziösen *Wiener Abendpost* aufs Schärfste verurteilt. Bis Ende des Jahres häuften sich die, teils sehr ausführlichen und weiterhin kritischen Artikel über Wittgenstein. Die Ablehnung einte die politischen Lager. Selbst das politische Organ der österreichischen Arbeitgeber *Die Arbeit* stellte sich gegen Wittgenstein, den Spekulanten (es wird ein Vortrag Wittgensteins zitiert „Der Industrielle muß ein Speculant sein", von „egoistischem Dictat" ist die Rede).[575] Auch die *Arbeiter-Zeitung* kritisierte Wittgenstein heftig, der auf eine Fusion von *PEG* und *Alpine Montangesellschaft* abzielen würde.[576] Der Antrag auf Ausschüttung der Spezialreserve wurde schließlich „mit Rücksicht auf den Widerspruch der Regierung, trotz seiner entgegengesetzten Ueberzeugung und unter Protest gegen die erhobenen Vorwürfe" zurückgezogen[577] (ein Jahr später jedoch sanktioniert). Der *PEG*-Verwaltungsrat verwahrte sich allerdings dagegen, dass verdienstvolle Männer „so dargestellt werden, als ob ihre durch 13 Jahre angehäufte Arbeit in ihrem Schlußresultate nur einem ‚Börsenmanöver' hätte dienen sollen."[578] In der Wittgenstein feindlich gesinnten Presse taucht die Summe von rund vier Millionen Gulden auf, die Wittgenstein an diversen Spekulationen mit vor allem *Alpine-* und *Prager Eisenindustrie*-Aktien verdient haben soll.[579] (Neuerlich, bilden Sie sich selbst Ihre Meinung!).

In der *Prager Eisenindustrie-Gesellschaft* schieden die *CA*-Repräsentanten von Mauthner und Max von Gomperz, der als Präsident agiert hatte, wegen des Streits um den Spezialreservefonds aus dem Verwaltungsrat aus, im Dezember 1898 legte Karl Wittgenstein fast zwangsläufig seine Stelle als *CA*-Verwaltungsrat nieder und näherte sich in der Folge mit der Wittgenstein-Gruppe der *Böhmischen Escomptebank* und der *Niederösterreichischen Escompte-Gesellschaft* an. Gomperz' Funktion in der *PEG* übernahm Friedrich Wannieck, Karl Kupelwieser und Emil v. Skoda wurden Vizepräsidenten. Die CA vollzog eine Trennung von der *PEG* und von Wittgenstein. Kestranek reichte seine Demission als *PEG*-Zentraldirektor ein, wurde aber im Amt bestätigt.[580] Im Verwaltungsrat der *PEG* finden sich sonst noch Max Feilchenfeld, Paul Kupelwieser, Robert Lenk, Richard Lieben, H(ermann) v. Löbbecke (aus einer alteingesessenen deutschen Kaufmannsfamilie), Isidor Weinberger, Carl von Wessely, Karl Wolfrum und Karl Wittgenstein himself, bis auf Wannieck, Löbbecke und Skoda, die nicht unmittelbar dem Wittgenstein-Kreis angehörten, lauter uns bereits bekannte Namen. Friedrich Wannieck (oft Waniek) war Ingenieur und Maschinenfabrikant, seine Firma hatte er mit der *Ersten Brünner Maschinen-Fabriks-Gesellschaft* (einem Konzernunternehmen der *Böhmischen Escomptebank*) fusioniert und agierte als deren Präsident wie auch als Präsident der *PEG* bis 1918/19. Er war Mitglied des Mährischen Landtags und von 1894 bis 1897 Mitglied des Abgeordnetenhauses (1894 Klubmitgliedschaft bei der *Vereinigten Deutschen Linken*, ab 1896 im *Freien Verband deutscher Abgeordneter*). Er war ein Förderer des völkischen Schriftstellers Guido von List und 1908 Mitgründer der *Guido von List-Gesellschaft*.[581] Emil von Skoda war der Präsident der *Skodawerke* in Pilsen, eines der wichtigsten Rüstungsunternehmen der Habsburgermonarchie, das sich erst später auf die Erzeugung von Automobilen konzentrierte. Auch Skoda war politisch aktiv, er war Mitglied des österreichischen Herrenhauses und des Böhmischen Landtags. Wannieck und Skoda saßen bereits Ende der 1880er Jahre im Verwaltungsrat der *Teplitzer Walzwerke* nach der Fusion mit der *Prager Eisenindustrie-Gesellschaft*.

All dies zog Personalrochaden in weiteren Wittgenstein-Unternehmen nach sich. 1898 trat Georg Günther, von dem schon mehrmals die Rede war, seine Stelle bei der *Böhmischen Montangesellschaft* (*BMG*) an. Die *BMG* bestand aus Erzbergbauen in Nuschitz und Horelitz, dem Hauptwerk in Königshof sowie kleineren Eisenwerken, einem Stabeisen- und einem Draht- und Feinblechwalzwerk.[582] In Königshof waren vier Hochöfen, ein Thomasstahlwerk und eine größere Röhren- und Kommerzgießerei in Betrieb. Die hier erzeugten Stahlblöcke wurden zum Teil in den eigenen Walzwerken verarbeitet bzw. an das Feinblechwalzwerk *Rudolfshütte* bei Teplitz und später an die *Mannesmann-Röhrenwerke* in Komotau geschickt. Günther wurde von Wittgenstein gefragt, ob er die Leitung der *BMG* als Zentraldirektorstellvertreter übernehmen wollte.[583] Günther wollte, er war keine 29 Jahre alt. Nicht zuletzt deshalb standen ihm die Direktoren anfänglich reserviert gegenüber.[584] Günther wurde bald definitiv Zentraldirektor. Der Verwaltungsrat des Unternehmens bestand in der Hauptsache aus Vertrauensleuten Wittgensteins, Präsident war Isidor Weinberger, ursprünglich Direktor der *k. k. priv. österreichisch-ungarischen Staatseisenbahngesellschaft*, einer jener Personen, die Wittgenstein am Beginn seiner Karriere mit Kapital zur Seite gestanden waren. Weinberger war auch einer der Vorgänger Kestraneks und Günthers als Zentraldirektor der *BMG*. Der Wechsel von Direktion und/oder Vorstand in den Verwaltungs- bzw. Aufsichtsrat und umgekehrt oder auch Doppelfunktionen waren durchaus üblich. Das Ausscheiden aus einem lukrativen Amt wurde damit abgegolten. Günther verweist auf sein freundschaftliches Verhältnis zu Weinberger, dieser war ein „sehr kluger, besonders in finanziellen Dingen hocherfahrener und bewährter Mann" mit einem „klare[n], intuitive[n] Urteil in allen finanziellen Fragen".[585] Günther erneuerte in der Folge die *Rudolfshütte*, das Feinblechwalzwerk in Teplitz-Eichwald. Zur Erzeugung der für die Feinblechfabrikation benötigten Halbfabrikate ließ er auf dem Werk Althütten der *BMG* ein ganz modernes Platinenwalzwerk errichten. Zwar prosperierte darauf die *Rudolfshütte* wieder, doch die hohen Transportkosten zwischen Althütten und Teplitz bewogen Günther schließlich dazu, die *Rudolfshütte* nach Königshof zu verlegen und ihre Fusion mit der *BMG* zu vollziehen. Ein neues Feinblechwalzwerk ersetzte den alten Standort *Rudolfshütte*. Genutzt wurde dabei die neue Technologie der Gasgebläse, die in den Hochöfen in Königshof Anwendung fand. 1904 fusionierten die *Böhmische Montangesellschaft* und die *Prager Eisenindustrie-Gesellschaft* und es entstand ein Gigant mit einem Aktienkapital von 24,5 Millionen Kronen, das bis 1912 auf 36 Millionen anwuchs, der Nettogewinn betrug in diesem Jahr 16 Millionen Kronen.[586] Was nach außen schnell an eine Erfolgsgeschichte der Modernisierung erinnert, hat oft seine Schattenseiten, an die hier erinnert werden soll. Was bedeutet die Fusion eines Werkes mit einem anderen, was Rationalisierung und Modernisierung: oft Auflassung eines Standortes,

Entlassung eines Großteils der Belegschaft, Verödung der Region, der Städte und Gemeinden, hohe soziale Folgekosten.

Es waren zwei Banken, die für Wittgenstein im Gefolge all dieser Transaktionen große Bedeutung erlangten, fast als seine „Hausbanken" bezeichnet werden können. Zur Finanzierung der großen Transaktionen beteiligte sich die Wittgenstein-Gruppe an der *Böhmischen Escomptebank* in Prag, später auch an der *Niederösterreichischen Escompte-Gesellschaft*, einer Wiener Großbank, „deren Machthaber Wittgenstein wurde".[587] Die *Niederösterreichische Escompte-Gesellschaft* (*NEG*) war 1853 nach Vorbild des belgischen *Comptoir d'Escompte* und der Berliner *Disconto-Bank* gegründet worden, mit der Aufgabe, Eskontkredite zu vergeben, übernahm eine Pionierfunktion im österreichischen Mobilbankenwesen und widmete sich bald vorwiegend dem Wechsel- und Kontokorrentkreditgeschäft. Um die Jahrhundertwende zählte sie bereits zu Österreich-Ungarns Großbanken. Zu ihren Beteiligungen gehörten die *Brown-Boveri-Werke*, *Hutter & Schrantz*, später *Hofherr-Schrantz-Clayton-Shuttleworth*, die *Schwechater Brauerei*, die *Grazer Waggonfabrik* und die *Simmeringer Waggon- und Maschinenfabrik*. Die *Böhmische Escomptebank* (*BEB*) war 1863 von der *NEG* als eine von zwei selbstständigen Banken (neben der *Mährischen Escomptebank*) gegründet worden. Ähnlich den Wiener Großbanken erwarb sie eine Reihe von Industriebeteiligungen und baute sich einen Industriekonzern auf. Im Gegensatz zu den Wiener Banken unterkapitalisiert, wurde sie 1901 von der *NEG* übernommen. Undurchsichtige Transaktionen, in deren Zentrum die Wittgenstein-Gruppe stand, verunmöglichen aber einen eindeutigen Befund, wer hier wen übernommen hat. Zur *BEB* bestand seitens Wittgenstein durch die Freundschaft mit Max Feilchenfeld eine Beziehung. Die Bank hatte eine geschäftspolitische Umorientierung vollzogen. Das Verhältnis der für Dritte bzw. für Aktionäre ausgestellten Wechsel verschob sich eindeutig in Richtung Aktionäre, weiters wurde auch die Kreditvergabe immer weiter eingeschränkt.[588] Die Bank bediente also in erster Linie ihre Aktionäre. Etliche Indizien legen den Schluss nahe, dass sich Wittgenstein und seine Freunde zuerst der *BEB* bemächtigten und in der Folge – bereits nach dem offiziellen Rückzug Wittgensteins – der größeren und mächtigen *NEG*, die in der Folge als Finanzier der böhmischen Eisenindustrie agierte und eine Zeit lang als „Wittgenstein-Bank" bezeichnet werden kann. Die Beurteilung der Rolle der *BEB* bleibt trotz Informationen über den Verwaltungsrat und einigen Angaben zu den Bilanzen schwierig. Erst Ende 1900, als ein Ankauf sämtlicher Aktien der *BEB* durch die *NEG* diskutiert und auch finalisiert wurde, finden sich deutlich mehr Quellen, auch mit den üblichen Untertönen (antisemitisch in *Reichspost*, *Wiener Sonntags-* und *Montagszeitung* et al., „neutral" in *Neue Freie Presse*), die folgende Schlüsse zulassen:

Max Feilchenfeld, ein Vertrauensmann Wittgensteins, war vom Filialleiter der *Böhmischen Escomptebank* in Teplitz zum Direktor-Stellvertreter und ab 1890 (bis 1898) zu einem von zwei Direktoren der *BEB*-Zentrale aufgestiegen – Wittgenstein selbst war dort nie vertreten.[589] In den Wittgenstein-kritischen Blättern[590] wird darauf hingewiesen, dass Wittgenstein & Co. Großaktionäre der böhmischen Bank wären und durch einen Coup ihre Anteile vor der Fusion auch noch günstig vergrößert hätten, die Übernahme der *NEG* vorbereitet hätten. Offensichtlich wurden im August 1899, also Monate vor der Fusion, 10.000 Stück neue Aktien der *BEB* ausgegeben, beabsichtigt war zuerst zum Nominale von 200 Gulden, dann offensichtlich von 400 fl., der Börsenkurs[591] lag zu dieser Zeit um + 800 fl. Es ist tatsächlich schwer vorstellbar, dass zu diesem Zeitpunkt nicht bereits Überlegungen, eher wohl sogar schon Gespräche über die Fusion (nur vier Monate später!) stattgefunden haben und dass den Beziehern der neuen Aktien (Wittgenstein & Co.) nicht klar war, dass sie dafür Aktien der *NEG* erhalten würden. Die Fusion selbst (wobei es nicht zu einer Verschmelzung der Banken kam, sondern zu einer Aktienübernahme durch die *NEG*) war in der erforderlichen Generalversammlung der *BEB* wenig[592], in der der *NEG* deutlich stärker umstritten[593]. Streitpunkte waren die Frage, ob die Bilanz der *BEB* dubiose Aktiva (nicht begebene Aktien der *Škoda-Werke*) enthielt und vor allem, dass Aktien der *BEB* 1:1 gegen Aktien der *NEG* getauscht werden sollten, das Nominale der böhmischen Bankaktien betrug 200 fl., das der *NEG* 500 fl. Argumentiert wurde mit dem Börsenkurs der Aktien zum Zeitpunkt der Fusionsgespräche, der annähernd gleich war (*BEB*: 1.470 fl., *NEG*: 1.520 fl.), und der auf das Kapital bezogenen stärkeren Rentabilität der *BEB*. Die Fusion wurde letztlich von beiden Generalversammlungen genehmigt, einstimmig in Prag, mit immerhin Dreiviertelmehrheit in Wien, die *BEB* (und auch die enge Beziehung zu ihr) blieb bestehen. Max Feilchenfeld amtierte als Vizepräsident des *NEG*-Verwaltungsrates, mit Guido Hell von Heldenwerth, Wilhelm Kestranek und Gustav Figdor (bereits seit 1884) waren weitere Wittgenstein nahestehende Personen in den Verwaltungsrat der Bank kooptiert worden bzw. schon vertreten.[594] Die *NEG* vermehrte ihr Aktienkapital um das Dreifache und übernahm die wertvolle Wiener Industriekundschaft der *BEB*, die böhmischen Unternehmen der Wittgenstein-Gruppe firmierten alle in Wien. 1904 wurde in der *NEG* ein neuer Vorstand gebildet, dessen Vorsitzender Feilchenfeld wurde, weiters im Vorstand zu finden waren Maxime Krassny, Wilhelm Kux und Felix Stransky, im Verwaltungsrat rückte Kestranek neben Feilchenfeld zum Vizepräsidenten auf, Kux war Präsident.

Vieles deutet diesbezüglich auf einen weiteren Coup Wittgensteins hin, sich einer Wiener Großbank zu bemächtigen, das war bislang keinem Industriellen geglückt. Und die Wiener Großbanken waren mächtig, wiesen allesamt umfangreiche Industriebeteiligungen auf und wurden von oft bedeutenden Persönlichkeiten – häufig jahrzehntelang – geführt. Karl Morawitz war Präsident der *Anglobank*, Eugen Minkus Präsident der *Unionbank*, in der *CA* hatten neben Rothschild u. a. die Gomperz das Sagen, im *Wiener Bankverein* Bernhard Popper von Artberg, in der *Bodencreditanstalt* Theodor Ritter von Taussig. Die früher so dominanten Privatbankiers bzw. -banken verloren an Bedeutung und gerieten häufig unter den Einfluss der großen Aktienbanken. Und das Geschäft wurde zunehmend härter, die Geschäftspraktiken schärfer. Die Wiener Großbanken, die bislang unbehelligt von Attacken auf ihre industriellen Einflussbereiche geblieben waren, begannen sich gegenseitig Positionen streitig zu machen. Dies wurde Taussig von der *Bodencreditanstalt* nachgesagt wie vor allem dessen Nachfolger Rudolf Sieghart. Wie zuvor ausgeführt, traf dies aber auf die *NEG* ebenso zu wie auf die *CA*. Und viele verbanden mit diesen neuen Geschäftspraktiken, den Geheimverhandlungen, Mauscheleien, Absprachen und Aktienspekulationen, nur zu häufig den Namen Wittgenstein.

## EIN RÜCKZUG AUF RATEN

Ende 1898 bzw. im Jänner 1899 trat Karl Wittgenstein 52-jährig unter dem Einfluss massiver öffentlicher Kritik wegen der beabsichtigten Ausschüttung der Reserven der *Prager Eisenindustrie-Gesellschaft* (*PEG*) von allen ihm verbliebenen Ämtern und Funktionen zurück, auch als Verwaltungsrat der *Creditanstalt*. Doch unterhielt er weiter ein Büro in der Krugerstraße, von dem aus er mit wachem Auge die Entwicklungen in der Industrie verfolgte und wohl weiterhin vereinzelt seinen Einfluss geltend machte. Wittgenstein verlässt die Walfischgasse, wo er 1899 die Vertretung der Tiegelgussstahlfabrik *Poldihütte* etabliert hatte, und betreibt um 1900 eine Niederlassung im Haus des Großindustriellen Skene am Kolowrat-, heute Schubertring 8, wo ab 1880 bereits die Firma *Hermann Wittgenstein & J. Figdor u. Söhne* ihren Sitz hatte.[595] Ab 1904 bis zu seinem Tod 1913 unterhält Wittgenstein sein Büro im Palais Schey, in dem sein Bruder Paul (ab 1899) wohnte. Er spricht in seinem Demissionsschreiben an den *PEG*-Verwaltungsratspräsidenten Wannieck davon, dass sein Verbleiben in den Verwaltungen den betreffenden Gesellschaften sowie der Eisenindustrie insgesamt Schaden zufügen würde, sein Rückzug die Beziehungen zum Ministerium verbessern würde.

Die Reaktion bzw. Einschätzung der Presse zu Wittgensteins Rückzug fiel unterschiedlich aus. In der *Neuen Freien Presse*, die meist hinter Wittgenstein stand, wird sein Rückzug angezweifelt, ob es sich um einen wirklichen Abgang handeln würde, oder ob nicht eher dadurch eine graue Eminenz, ein *Spiritus rector*, im Hintergrund entstehen würde,[596] Wittgenstein wird einerseits kritisiert („Die letzten Finanzpläne des Herrn Wittgenstein waren unhaltbar ...“), andererseits werden seine großen Leistungen hervorgestrichen („Niemand wird bestreiten“, dass er „zu den ersten deutschen Montanisten zählt“). Im Gegensatz zur *Neuen Freien Presse*, die auch den Standpunkt vertritt, dass es Neid sei, der sich hinter den Angriffen, z. B. der Regierung, auf Wittgenstein verberge, argumentiert das *Deutsche Volksblatt*, dass die Regierung keineswegs Anstand daran nehme, „**daß** Herr v. Wittgenstein sehr reich geworden, sondern daran, **wie** er es geworden ist“.[597] Bedauern wird im *Prager Tagblatt* über den Rücktritt Wittgensteins geäußert, hier wird auf die zahlreichen industriellen Schöpfungen und deren Ausbau durch Wittgenstein verwiesen, besonders hervorgehoben werden die Wohlfahrtseinrichtungen, und hier besonders das Krankenhaus in Kladno.[598] Und weiter: „Es ist geradezu sprichwörtlich geworden, daß die Beamten, die in den Wittgensteinschen Unternehmungen Unterkunft gefunden, für Lebenszeit bestens versorgt sind.“[599] Ein Kommentar der *Arbeiter-Zeitung* über Wittgensteins Rückzug endet mit den Worten: „Mit dem Rücktritt Wittgenstein's ist der österreichischen Industrie nicht im mindesten geholfen; was sie braucht, ist die Ermäßigung der Eisenpreise, die sofort zu erreichen ist, wenn Herr Dipauli (der Handelsminister, P.E.) Verstand und ernsten Willen hat.“[600] Wittgenstein wird erneut Gegenstand der Witzblätter.[601]

Karl Wittgenstein begann ein Leben als Privatier. Er verkaufte die Aktien der *St. Egydyer Eisen- und Stahlindustriegesellschaft AG* 1899 an die *Böhler AG* und erwarb im Gegenzug Waldbesitz im Ausmaß von 5.000 Hektar. Er widmete sich von nun an seinem Gut Hochreith. Und er pflegte seine Leidenschaften, Reiten, Jagen (er galt als passionierter Jäger), Schwimmen, Bergwandern, für Kunst und das Violinspiel, er las viel. Eine ganz besondere Liebe Karl Wittgensteins galt dem Fechtsport, bei unzähligen Turnieren und Fechtabenden taucht er im Ehrenkomitee auf. Waren Fechten und die Jagd eher traditionelle Beschäftigungen, so gehörten die Wittgensteins aber auch zu den frühen Automobilisten. 1905 besuchte Karl Wittgenstein das Werk des Automobilherstellers De Dion-Bouton in Puteaux bei Paris und war von der „kolossalen Ausdehnung“ und technischen Ausstattung der Fabrik so beeindruckt, dass er, ohnehin bereits Besitzer eines Dion, gleich einen weiteren kaufte, und zwar einen 15HP Dion-Landaulet.[602] Um 1900 war dieses Unternehmen mit 400 gebauten Wagen und 3.200 Motoren der größte Automobilhersteller der Welt. 1907 erwarb Wittgenstein dann einen weiteren De-Dion-Bouton-Wagen.[603] Wenn er in Wien weilte, war er täglich vormittags in seiner Privatkanzlei anzutreffen. Den Erlös seiner Industrieverkäufe transferierte er in die Schweiz, die Niederlande und in die USA und investierte in Immobilien, Aktien und Anleihen. So überstand sein Vermögen sowohl den Ersten Weltkrieg als auch die Zeit der Weltwirtschaftskrise. Während der dem Ersten Weltkrieg folgenden Hyperinflation konnte das Vermögen durch eine geschickte Anlagenpolitik sogar noch weiter vergrößert werden.

1900 tauchte das Gerücht über eine Auswanderung Karl Wittgensteins nach Amerika auf, wahrscheinlich um Kursdruck auf die Montanwerte auszuüben, gleichzeitig ging die Fama, dass Wittgenstein seinen Besitz an Montanwerten teilweise bereits veräußert hätte.[604] 1901 wird für Karl Wittgenstein zum Jahr der Entgegnungen.[605] In der *Fackel* distanziert er sich zweimal vom Vorwurf, etwas von den Abmachungen der *Niederösterreichischen Escompte-Gesellschaft* mit der *Böhmischen Eskomptebank* gewusst zu haben. Karl Kraus hatte von einem Treffen kurz vor der Fusion von Feilchenfeld, Weinberger und Kestranek auf Wittgensteins Landsitz Hochreith berichtet. In der *Zeit* bestreitet er in einer Berichtigung, dass er jemals Kartellpolitik und Preisabsprachen betrieben hätte. Entgegengehalten wird ihm sein Vorgehen bezüglich des Übereinkommens der *Böhmischen Montangesellschaft* und der *Prager Eisenindustrie-Gesellschaft*.

Viele Kontrahenten sind der Wittgenstein-Gruppe nicht mehr verblieben, doch in Ungarn gibt es mit der *Rimamurány* noch mächtige Konkurrenz. Die *Eisenwerk Rimamurány-Salgótarján AG* war 1881 gegründet worden. „Der von den Herren Wittgenstein, Kestranek, Feilchenfeld und Comp. mit ihren Alliierten aus der Hochfinanz eröffnete Krieg gegen ihre ungarischen Genossen vom Eisencartell wurde an der Börse zur Austragung gebracht. Der Raubzug der Wittgensteinleute endete mit einem glänzenden Erfolge"[606], liest man in der *Reichspost*. Dies zu einem Zeitpunkt, zu Beginn 1901, lange nach Wittgensteins Rücktritt, als die Übernahme der *Böhmischen Escomptebank* durch die *Niederösterreichische Escompte-Gesellschaft* unmittelbar bevorsteht (und der Montanbesitz des Erzherzogs Friedrich von der Wittgenstein-Gruppe heftig umworben wird). Die Existenz einer solchen Gruppe wird also auch nach Karl Wittgensteins Rückzug von niemandem angezweifelt. 1902 ist der Präsident des *American Steel Trust*, Charles Schwab, in Wien und Karl Wittgenstein, der ihn von einer Reise kennt, versammelt den Präsidenten der *Alpine Montan* Hell von Heldenwerth sowie den Direktorstellvertreter Kerpely und Zentraldirektor Kestranek von der *PEG* und begleitet Schwab auf die Reise nach Budapest.[607] Anders lautet die Darstellung im Leitartikel der *Wiener Sonn- und Montags-Zeitung*. Von einem gemeinsamen Lunch bei Wittgenstein ist auch die Rede (hier wird auch der Miteigentümer der *Neuen Freien Presse*, Moriz Benedikt, als Gast genannt), aber auf der Fahrt nach Budapest wurde hier Schwab nicht von Wittgenstein oder einem anderen Mitglied der Wittgenstein-Gruppe, sondern von Bankdirektor Moritz Bauer vom *Wiener Bankverein* begleitet, dem Repräsentanten des Aktiensyndikats (gemeinsam mit der *Deutschen Bank*) der großen ungarischen Konkurrenz, der Rimamuranyer Werke, um die seit geraumer Zeit ein Streit entbrannt war.[608] Die Zeitung vermutet, dass Schwab über den Weg einer Syndikats-Beteiligung Einfluss auf die europäische kontinentale Eisenindustrie erlangen und die Form des amerikanischen Trusts hier einführen möchte. Und Wittgenstein scheint bei derartigen Überlegungen noch immer eine Rolle zu spielen.

Wittgenstein taucht noch Jahre nach seinem Rückzug in den Medien auf, vor allem in Zusammenhang mit der Sensenindustrie. Bis ins Jahr 1911 begleiten Wittgenstein die Sensen, im Mai klagen mehrere ehemalige Sensenarbeiter Wittgensteins diesen an, ein 1890 abgegebenes Versprechen bezüglich der Anlage eines Arbeiterfonds nicht eingehalten zu haben. Der Prozess verzögert sich.[609] 1912 ist der *Murtaler Zeitung* zu entnehmen, dass Wittgenstein verpflichtet wurde, einen Altersversorgungsfonds einzurichten, die Einrichtung scheitere allerdings daran, dass sich 48 betroffene Arbeiter noch nicht gemeldet hätten. Das könnte man als Kleinigkeiten abtun. Doch wie stand es mit dem Einfluss Wittgensteins nach seinem Rückzug auf die früher von ihm dominierten Unternehmen, auf die *Prager Eisen*, die *Poldihütte*, die *Alpine Montangesellschaft*, auf die *Niederösterreichische Escompte-Gesellschaft*? Die Besetzung der wichtigsten Posten in der Bank legt einen möglichen Einfluss Wittgensteins auf die *NEG* noch lange nach seinem Rückzug nahe. Hier nur ein Blick auf das Todesjahr Karl Wittgensteins: 1913 wurde Feilchenfeld Präsident des *NEG*-Verwaltungsrates, mit Kestranek als seinem Vize und den Verwaltungsräten Kerpely, Rothballer und allenfalls Figdor bestimmte er die Geschäftspolitik der beiden Escomptebanken. Besaß Karl Wittgenstein nach seinem Rückzug Aktien der *NEG* oder *BEB*? Hatte er all seine Beteiligungen verkauft und in ausländische Wertpapiere angelegt, waren Feilchenfeld und Co. nur Erben und Profiteure? So scheint es, doch nahm er weiterhin Einfluss auf die Geschäftspolitik? Oder hatte er das Interesse am Geschäftemachen tatsächlich verloren, vielleicht auch, weil dramatische Ereignisse in der Familie bevorstanden, die ihn womöglich stärker in Anspruch nahmen? In das wirtschaftspolitische Geschehen mischte er sich mit zahlreichen Artikeln in der *Neuen Freien Presse* durchaus ein.

Gemeinsames Musizieren als willkommener Freiraum:
Der Chor der Geschwister Helene, Hermine, Gretl, Kurt und
Rudi (von links) wird von Hans auf der Geige begleitet.
Ferrotypie, um 1891.

*„Unausgesprochene Emotionen werden niemals sterben. Sie sind lebendig begraben und kommen später in hässlicher Weise hervor."*

---

SIGMUND FREUD

# FAMILIENTRAGÖDIEN
## UND SCHICKSALSSCHLÄGE

Im Mai 1899 wurde Silberhochzeit bei Wittgensteins gefeiert. Ein Foto zeigt die große Familie versammelt. Es liegen turbulente Jahre hinter Karl Wittgenstein, es sollten turbulente Jahre trotz seines Rückzugs folgen. Einige persönliche Tragödien warteten auf die Familie, die erste betraf den ältesten Sohn, Hans. „Mit Hans sollte sich das Drama, das in der vorherigen Generation sein Vater und sein Großvater gespielt hatten, wiederholen: diesmal mit tragischem Ende."[610] Karl Wittgenstein bot seinen Söhnen bei der Entscheidung über ihre Berufswahl noch weniger Freiheit, als sein Vater ihm gelassen hatte. Die Söhne waren keine Macher wie ihr Vater, sein Durchsetzungsvermögen fehlte ihnen, doch hatten sie seinen Eigen- und Starrsinn geerbt. Überhaupt scheinen die Söhne ihrem Vater auch in einigem zu ähneln. So Ludwig, der etwa in seinen vielen Briefen an Paul Engelmann Überlegungen über „moralische Verwerfungen" anstellt, „diese müssen im Lichte einer Moralität der absoluten Pflicht gelesen werden, mit ihrer bedingungslosen Ablehnung aller Heuchelei und jedes Kompromisses" und hier stark an seinen Vater erinnert.

Die Nachfahren aus wirtschaftsbürgerlichen Kreisen entwickeln oft ganz andere Interessen, ihre umfassende Bildung ermöglicht bzw. eröffnet ihnen Zugang zu künstlerischen und wissenschaftlichen Interessen und Neigungen, die sie dann ausleben. Es ist oft das „schöne Leben", das einigen von ihnen vorschwebt, nicht das harte, arbeitsreiche und stressige Leben ihrer Väter bzw. Eltern, ihrer Onkel und Großväter. Viele erahnten diesen Konflikt. Paul Kupelwieser, ein Förderer Wittgensteins, fürchtete, dass „die Art des Naturells und der Begabung meiner Söhne und die von ihnen von Jugend an von ihrer Umgebung gehörte Behauptung des Reichtums ihres Vaters sie nicht die Geduld und Ausdauer aufbringen lassen würde, welche für die als normal geltende Schulung junger Leute besserer Stände üblich erscheint."[611] Zum geerbten Geld hat man einen anderen Bezug als zum selbst erarbeiteten, so tritt dann gelegentlich ein Hang zur Sorglosigkeit oder Verschwendung hinzu, sich dem Konsumrausch hinzugeben, prassen und Feste feiern, ein Hang zur Leichtfertigkeit. All dies traf auf die Kinder Karl Wittgensteins nicht zu. Sie wollten arbeiten, sich der Gesellschaft als nützlich erweisen, wenn auch auf ganz andere Art und Weise und in anderen Bereichen, als es dem Vater vorschwebte. Konrad war der Einzige, der in der Branche blieb, doch die Fähigkeiten seines Vaters besaß er nicht.

Hans und Paul Wittgenstein wollten ihre Leidenschaft zum Beruf machen, was Vater Karl schlichtweg ablehnte. Paul wurde, der Vater war inzwischen verstorben, letztlich Musiker, auch wenn selbst in der Familie sein Klavierspiel als wenig raffiniert und zwanghaft im Gegensatz zu dem seines Bruders Hans abqualifiziert wurde. Hans, der wahrscheinlich Talentierteste, durfte entgegen seinem Herzenswunsch nicht Musik studieren. Er sollte bzw. musste seine außergewöhnliche musikalische Begabung einer Karriere in der Industrie oder Finanz opfern. Jener klassische „Jahrhundertwende-Typus des Generationenkonflikts – der eher lebenspraktische Vater gegen den künstlerischen Sohn – nahm hier durch den Starrsinn, den Hans von seinem Vater geerbt hatte, einen tragischen Ausgang".[612] Der Starrsinn von Hans soll schuld gewesen sein oder nicht doch eher der Starrsinn des Vaters? Zwar liebte auch Karl Wittgenstein die Musik, doch er verabscheute Hans' fast krankhafte musikalische Obsession und verbot diesem, außerhalb streng festgelegter Zeiten ein Instrument zu spielen. „Musik war für ihn etwas Persönliches, Privates, Intimes, nichts jedenfalls, woraus man in seiner Familie einen Broterwerb gewann", und dies, obwohl im Haus Wittgenstein zahlreiche Musiker ein- und ausgingen (durchaus auch solche, die gut davon lebten).[613] Seine Söhne sollten etwas „Anständiges" lernen, am besten etwas Technisches oder Kaufmännisches, um eines Tages sein Wirtschaftsimperium übernehmen zu können.

Und so schickte er den 20-jährigen Hans nach Böhmen, Deutschland und England, damit er in den dortigen Fabriken die praktische Arbeit lernte. Wenig erfolgreich, Hans' Desinteresse war ebenso offensichtlich wie seine wahre Leidenschaft, in Böhmen stellte er ein Orchester zusammen, mit dem er musizierte.[614] Nachgesagt wird ihm neben einer phänomenalen mathematischen Begabung und einer beeindruckenden musikalischen Vorstellungskraft, ja musikalischem Genie, aber eben auch eine gehörige Portion Eigensinn. Zurück in Wien gab es heftige Auseinandersetzungen zwischen Vater und Sohn. Was Karl Wittgenstein mit seiner Weigerung erreichte, war das Gegenteil dessen, was er gewünscht hatte. Hatte er gehofft, durch unaufhörlichen Druck seinen Sohn auf den richtigen Weg bringen zu können, nämlich ein bedeutender Geschäftsmann, Unternehmer und Industrieller zu werden und so in die Fußstapfen des Vaters zu treten und das aufgebaute Lebenswerk fortzusetzen, so entzog sich Hans der autoritären väterlichen Maßregelung durch Flucht ins Ausland, genau wie rund 30 Jahre zuvor sein Vater. 1901 verschwand Hans in die USA, in das vom Vater als „Ort der praktischen Lebensschulung hochgelobte Amerika".[615] Keiner der Wittgensteins ahnte, dass er für immer aus ihrem Leben verschwunden war.

Am 15. April 1902 wurde die 14. Kunstausstellung der Secession als glanzvolles Fest zur Verehrung Beethovens eröffnet. Höhepunkte waren Max Klingers Beethoven-Skulptur und der Beethoven-Fries von Gustav Klimt. Karl Wittgenstein, einer der Hauptfinanziers des Secessionsgebäudes, und seine

Töchter Hermine und die 19-jährige Margarethe, wohl die Jüngste unter den geladenen Gästen, sind bei der Eröffnung dabei.[616] Noch immer waren die Secessionisten umstritten, die aufsehenerregende Ausstellung und die gezeigte Kunst stießen auch auf Gegnerschaft. Eigentlich hätte die Stadt Wien die Beethoven-Statue Klingers ankaufen sollen, doch nach hitzigen Kontroversen im Gemeinderat und in der Presse wurde sie schließlich von Karl Wittgenstein erworben und im Musiksalon aufgestellt.[617] Drei Wochen nach dieser Ausstellungseröffnung traf bei Wittgensteins die Nachricht ein, dass Hans verschollen sei. Während einer Kanufahrt in der Chesapeake Bay zwischen Virginia und Maryland sei er spurlos verschwunden, man vermute Suizid.[618] Das *Neue Wiener Tagblatt* hält am 6. Mai 1902 neutral fest: „Der Großindustrielle Carl Wittgenstein wurde von einem schweren Verlust betroffen. Sein ältester Sohn Hans, ein junger Mann von 24 Jahren, ist vor ungefähr drei Wochen in Amerika, wo er sich auf einer Studienreise befand, während einer Kanufahrt verunglückt."[619] Die Vermutung, dass es kein Unfall gewesen sein dürfte, erhärtete sich, wir wissen nicht wodurch. Die Leiche wurde nie gefunden, auch Grund bzw. Anlass des Suizids bleiben unklar. Stand er mit dem familiären Zerwürfnis in Zusammenhang, den unerfüllten künstlerischen Wünschen oder mit Hans' sehr wahrscheinlicher Homosexualität? Unklar ist auch, ob die Eltern nicht doch noch Hoffnung schöpften, ihren Sohn lebendig wiederzusehen, hielt sich Hans vielleicht nur versteckt? Gerüchte über mögliche Aufenthalte in Südamerika oder Kuba tauchten auf.

Margarethes schnelle Verlobung mit Jerome Stonborough[620] im Jahr 1903 könnte mit dem Tod von Hans in Zusammenhang stehen, der ihren Wunsch, dem Elternhaus den Rücken zu kehren, bestärkt haben dürfte. In der Familie wurde der Tod von Hans jedenfalls rasch als Suizid gedeutet bzw. hingenommen. Eingestanden wurde er erst 1903, als in der Öffentlichkeit die Selbsttötung des 23-jährigen Philosophen Otto Weiningers enormes Aufsehen erregte, spektakulär auch, was den Ort betraf, im Sterbehaus Beethovens und einem langjährigen Wohnort Lenaus. [621] Die größtenteils feindseligen Reaktionen auf Weiningers im Frühjahr erschienenes Opus Magnum *Geschlecht und Charakter* dürften ihn dazu bewogen haben. Weiningers Suizid galt vielen als logische Konsequenz seines Denkens, galt „als moralische Handlung, als mutiger Vollzug tragischer Notwendigkeit" und fand zahlreiche Nachahmer.[622] Alle Wittgensteins waren erschüttert von Hans' Tod, die Reaktionen jedoch höchst unterschiedlich. So unglaublich und nicht nachvollziehbar dies klingen mag, finden sich in der Literatur Hinweise auf eine sehr harte und kalte Reaktion Karl Wittgensteins auf das Verschwinden und den Suizid des Sohnes, zumindest keine gravierende Haltungsänderung den verbleibenden Kindern gegenüber, mit einer Ausnahme, dem Schulbesuch, der Paul und Ludwig nun, ab Herbst

1903, zugestanden oder aufgezwungen wurde.[623] Gerade mit dieser Entscheidung ging Karl Wittgenstein aber von einem seiner Prinzipien ab, was doch auf einen Lernprozess hindeutet. Auch Monk spricht von einem „Sinneswandel".[624]

Nur zwei Jahre später sollte ein weiterer Schicksalsschlag die Familie treffen, der Katastrophen im Hause Wittgenstein war kein Ende. Es ist der 3. Mai 1904, als die Familie erneut eine Schreckensnachricht ereilt.[625] Auch Rudi hatte sich das Leben genommen. Karl Wittgenstein und seine Frau verstehen die Welt nicht mehr, sind von Schmerz erfüllt, aber auch zornig über die Söhne, die ihr Leben einfach wegwerfen. Nach Hans nunmehr Rudi. Bei Hans hatte Wittgenstein gehofft, der Amerika-Aufenthalt würde ihm die Flausen, Künstler zu werden, austreiben. Amerika hatte ja auch aus ihm selbst einen vernünftigen Menschen und erfolgsorientierten Pragmatiker gemacht. Erfolglos. Nach Hans hatte sich nun Rudi umgebracht, der immer ein ängstliches Kind gewesen war. Vor die Wahl gestellt, Volkswirtschaft, Maschinenbau oder Physik zu studieren, hatte sich Rudi für Chemie entschieden, gerade noch vom Vater akzeptiert. Zum Studium war Rudi nach Berlin geschickt worden, seine Briefe berichten von Theateraufführungen und gelesenen Büchern, nicht aber vom Studium.

Rudi endete durch einen spektakulären, nun nicht mehr zu verheimlichenden Suizid. Er schluckte öffentlich in einem Berliner Restaurant Zyankali. Theatralisch inszeniert, er bestellte beim Pianisten des Lokals das populäre Lied von Thomas Koschat „*Verlassen, verlassen, verlassen bin ich*" und nahm während des Liedes das Gift zu sich, das seine sofortige tödliche Wirkung entfaltete. Rudi, selbst homosexuell, engagierte sich für die Abschaffung des Paragrafen 175 (der sexuelle Handlungen, Handlungen „widernatürlicher Unzucht", zwischen Männern für strafbar erklärte), dürfte aber letztlich an seiner Homosexualität zerbrochen sein. Aus Abschiedsbriefen, jenen an die Eltern überließ Karl Wittgenstein Hermine und Gretl, geht hervor, dass er sich aus Trauer um einen Freund umbringe.[626] Nicht formuliert, aber angedeutet wird, dass es sich dabei um eine homosexuelle Beziehung gehandelt habe. Er habe, so ein Mitstudent, dem er sich anvertraut hatte, gefürchtet, dass seine Homosexualität über die Veröffentlichung einer Organisation, bei der er Hilfe gesucht hatte, bekannt würde und er verabscheue seine „perverse Veranlagung". Dabei galt Berlin als diesbezüglich aufgeschlossene Metropole, in der sich früh eine Homosexuellen-Szene mit einschlägigen Lokalen entwickelt hatte. In Berlin war es 1897, initiiert vom Sexualwissenschaftler Dr. Magnus Hirschfeld, zur Gründung der weltweit ersten Homosexuellenvereinigung, des *Wissenschaftlich-humanitären Komitees* gekommen.[627] In einem der Bände deren *Jahrbuchs für sexuelle Zwischenstufen unter besonderer Berücksichtigung der Homosexualität* fand sich 1904 eine Fallstudie Hirschfelds über einen homosexuellen Studenten in Berlin, Rudi Wittgenstein. Dieser fürchtete, trotz Anonymität aufzufliegen und entschloss sich zum Selbstmord, so eine Version. Im Jahrbuch VI/1904 heißt es dann, eine Berliner Tageszeitung zitierend, der junge Mann habe „aus Verzweiflung über seine perverse Veranlagung" Selbstmord begangen.[628] Die Berliner Zeitungen berichteten in aller Ausführlichkeit. Die Geschichte gab ja auch einiges her.

Die sexuelle Orientierung spielt hier durchaus eine Rolle, da sich Rudi offensichtlich einer unglücklichen homosexuellen Beziehung wegen und aufgrund der Unmöglichkeit, seine Homosexualität offen zu leben, umgebracht hatte. Auch bei den Suiziden der beiden anderen Brüder ist ein homosexueller Hintergrund wahrscheinlich. Homosexuell zu sein, bedeutete meist ein Versteckspiel. Oft wurde nach außen versucht, den Schein zu wahren, vielleicht sogar geheiratet. Viele wollten ihre Homosexualität nicht wahrhaben, waren sich wahrscheinlich nicht einmal dessen bewusst, homosexuell zu sein, ließen diese Gefühle nicht zu. Homosexualität galt als Schande, als Perversion, musste unterdrückt und versteckt werden, (nahezu) egal in welchen Kreisen und Gesellschaftsschichten, wurde als „Sodomie" bezeichnet. Robert Musils offene Andeutungen über die Homosexualität in Militärschulen in den *Verwirrungen des Zöglings Törleß* lösten beim Erscheinen des Romans 1906 einen kleinen Skandal aus, die Spionageaffäre um den homosexuellen Oberst Redl 1913 einen großen, internationalen. Und Homosexualität war strafbar. Letzteres traf auch auf die Liebe unter Frauen zu – über lesbische Beziehungen sind wir noch weniger informiert, auch wenn bei Sidonie Csillag (recte Margarethe Csonka von Trautenegg) als Liaisonen oder Bekanntschaften Namen wie Maria (Pussy) Kupelwieser, Grete Weinberger, Helene und Werja Rothballer auftauchen[629], allesamt aus Familien stammend, zu denen die Wittgensteins teils enge Beziehungen unterhielten, wie auch zu Marie Fillunger und Eugenie Schumann.

Wann erkannten Hans und Rudi, wann Ludwig, dass sie homosexuell waren? Empfanden sie das als Krankheit, schämten sie sich, verbargen sie ihre Homosexualität auch innerhalb der Familie? Rudi selbst sprach von „seiner perversen Veranlagung".[630] Ich habe eingangs erwähnt, nicht alle Fragen beantworten zu können, ich kann nur darauf verweisen, wie schwierig es war, um 1900 seine homosexuelle Identität zu finden, zu akzeptieren und zu leben, wobei es für Homosexuelle aus den oberen sozialen Schichten einfacher gewesen sein könnte, aufgrund ihrer materiellen Mittel, ihre Sexualwünsche zu befriedigen. Doch war es das, was man wollte? Schwierig war es zweifellos auch für die Eltern Wittgenstein und dennoch wäre (mehr) Verständnis ihrerseits zu erwarten gewesen. Das Thema wurde tabuisiert. Dass ihnen die Homosexualität ihrer Kinder ganz verborgen blieb, ist nahezu auszuschließen, aber dass sie die Augen verschlossen und derartige „Neigungen" nicht wahrnehmen wollten auf der anderen Seite mehr als wahrscheinlich, viele werden jetzt vielleicht sagen, auch zu viel verlangt für die damalige Zeit. So falsch es wäre und so ungerecht gegenüber dem Ehepaar Karl und Leopoldine, hier mit heutigem Maßstab und Verständnis zu messen, es gab auch andere Verhaltensweisen, mehr Verständnis bzw. Verstehen-Wollen.

Ähnlich „skandalös" empfunden wurde in bürgerlichen Kreisen ein Suizid, wobei es auch eine „ehrenvolle" Variante gab, wenn ein Mann Konsequenzen aus einem Scheitern zog. Damals sprach man von „Selbstmord",[631] – wenn man darüber sprach. Auch dieser sollte möglichst verschwiegen werden, was aber bei den vorherrschenden Begräbnisvorschriften (christliche Begräbnisse wurden verweigert) schwierig zu verbergen war. 1897 war Émile Durkheims berühmte Studie über den Suizid erschienen, demzufolge er dem Suizid eine jeweilige Zeitgebundenheit zuordnete: „Zu jeder gegebenen Zeit bestimmt sich die Zahl der Selbstmorde aus der moralischen Verfassung der Gesellschaft ... Die Handlungen des jeweils Betroffenen, die auf den ersten Blick nur Ausdruck seines persönlichen Temperaments zu sein scheinen, sind in Wirklichkeit Folge und verlängerte Wirkung eines sozialen Zustands, der sich durch sie manifestiert."[632] Und tatsächlich ist auch die Liste der durch Suizid ums Leben Gekommenen vor, um bzw. kurz nach der Jahrhundertwende in Wien lang. Sie umfasst neben Otto Weininger den Erbauer der Staatsoper Eduard van der Nüll, Ludwig Boltzmann, Otto Mahler, den Bruder Gustav Mahlers, oder Richard Gerstl, mit Kronprinz Rudolf den wohl prominentesten,[633] wie es scheint, gerade häufig im großbürgerlichen Milieu. In der Familiengeschichte der Wittgensteins gab es bereits eine Tante und einen Cousin, die auf diese Weise ums Leben kamen, weitere Beispiele unter Freunden und Bekannten. Auch von Ludwig und Paul weiß man von derartigen Überlegungen, Ludwig begleiteten sie nahezu ein Leben lang. Er behauptete, er habe schon um 1900, 1901, jedenfalls vor dem tragischen Ende von Hans und Rudolf, an Suizid gedacht und schämte sich zuweilen, sich nicht umgebracht zu haben. Aber, so Ludwig: „Ich weiß, daß der Selbstmord immer eine Schweinerei ist. Denn seine eigene Vernichtung *kann* man gar nicht wollen und jeder, der sich einmal den Vorgang beim Selbstmord vorgestellt hat, weiß, daß der Selbstmord immer eine *Überrumpelung* seiner selbst ist. Nichts aber ist ärger, als sich selbst überrumpeln zu müssen."[634]

Rudi Wittgenstein wurde – auf Wunsch des Vaters – auf dem „Selbstmörderfriedhof", dem *Friedhof der Namenlosen* am Alberner Hafen, bestattet, erst später nach Karl Wittgensteins Tod im Familiengrab auf dem Wiener Zentralfriedhof.[635] Es ist Margarethe, die letztlich ein schlichtes Holzkreuz mit seinem Namen auf sein Grab stellt, wenige Monate später die Blüten ihres

Hochzeitsstraußes vom gemeinsamen Freund aus Kindheitstagen Willy Zitkovsky auf dem Grab verstreuen lässt und jedes Jahr seines Todestages gedenkt.[636] Karl Wittgenstein litt unsäglich, fühlte sich zugleich tief gedemütigt und schämte sich für das Verhalten seiner Söhne. Er verfügte, dass niemand, weder seine Frau noch andere Verwandte, in Zukunft in seiner Gegenwart den Namen Rudis, der die Ehre der Familie „geschändet" habe, erwähnen dürfte. Dass er so hart reagierte, ich wiederhole mich, ist schwer nachvollziehbar, erscheint unverständlich. Waugh zufolge handelte Karl Wittgenstein nicht aus Mangel, sondern aus „Übermaß an Gefühl, das sich, unkontrolliert hervorbrechend, als zerstörerisch erweisen konnte" und er wollte mit seiner Reaktion verhindern, dass die Familie in Trauer versinken würde.[637] Die harsche Reaktion mag schon auch Ausdruck eines riesigen Schmerzes gewesen sein, vielleicht war sich Karl auch einer Mitverantwortung bewusst, doch mich schreckt die Erwähnung des Begriffs „Schande". Ob diese in der Selbsttötung bestand oder in der Homosexualität oder beidem, wer vermag das zu sagen? Es war aber wohl beides, die rasch nach dem Tod Rudi Wittgensteins auftauchenden Gerüchte über seine Homosexualität und die in diesem Fall nicht zu leugnende Tatsache eines in aller Öffentlichkeit vollzogenen Suizids, über das Karl Wittgenstein nicht hinwegkam. Rudis Geschwister verstanden die Reaktion des Vaters nicht. Das führte, so Waugh, zu einer tiefen Spaltung zwischen Eltern und Kindern. Geredet wurde natürlich weiterhin über Rudi und seinen Tod, wenn auch im Geheimen, auf diese Weise entstanden diverse Gerüchte um die Gründe der Selbsttötung. Gleichzeitig muss man gewissermaßen als Ehrenrettung für Karl Wittgenstein anführen, dass er für die Söhne nach Rudis Selbstmord mehr Geduld aufbrachte, Ludwig später zum Beispiel auf eigenen Wunsch der Linzer Schule fernbleiben durfte, um sich, so Karl in einem Brief, „einmal ordentlich auszufaulenzen".[638] Und ganz entgegen seinem früheren Starrsinn: „Will Lucki zu Hause lernen, ist es recht; will er in eine Werkstätte für die nächsten Monate gehen ..., so ist es auch recht." Ludwig und Paul bewahrten gute Erinnerungen an den Vater – auch das könnte auf einen Sinneswandel Karls hinweisen – oder, so relativiert McGuinness, „gestatteten sich keine anderen"[639].

Für Margarethe Stonborough-Wittgenstein, in der Familie für alle Gretl, brach eine Welt zusammen. Gretl war für beide, Rudi und Hans, eine wichtige Bezugsperson gewesen. Ein besonders enges Verhältnis hatte zu Rudi bestanden, bei dessen Suizid sie 22 Jahre alt war. Margarethe gibt nicht von ungefähr ihrem Vater die Schuld. „Als Vater hat er vollständig versagt."[640] Hermine ist versöhnlicher, doch auch sie weiß von der Mitverantwortung des Vaters – „Außer ihm wusste jeder, dass aus Hans und Rudi niemals Ingenieure und Geschäftsmänner würden. Aber er konnte das nicht akzeptieren." –, weist aber auf dessen Situation, dessen Enttäuschung hin, mit fünf Söhnen gesegnet zu sein, die allesamt nicht das werden wollen, was ihr Vater von ihnen wünschte. „Es war tragisch, [...] dass mein Vater Söhne bekommen hat, die von ihm selbst so verschieden waren, als hätte er sie aus dem Findelhaus angenommen! ... Eine der grössten Verschiedenheiten aber, und die tragischste, war der Mangel an Lebenskraft und Lebenswillen seiner Söhne in ihrer Jugend, und diesem Mangel wurde durch die unnormale Erziehung noch Vorschub geleistet."[641] McGuinness zufolge hatten sie von Vater wie Mutter ein ausgeprägtes strenges Pflichtgefühl geerbt, die Söhne aber auch einiges vom Temperament der Mutter, ein „Temperament der Passivität, der Empfindsamkeit und der Selbstzweifel", während ihnen Karls „nachgerade manische Überzeugung, alles sei machbar", fehlte.[642] Der (stille und nie in seinem Beisein geäußerte) Vorwurf in der Familie an den Vater lautete, auf seine Söhne einen unerträglichen Karrieredruck ausgeübt zu haben.[643] Die Töchter hielten den Vater zwar für hauptverantwortlich an den Selbstmorden, unterstellten ihm, so Schwaner, aber nicht unbedingt eine bewusste Schuld, eher habe seine „alles vereinnahmende Persönlichkeit und fraglose Selbstgewissheit seinen so anders gearteten Söhnen keinen anderen Ausweg gelassen".[644] Die Mutter wurde von den Töchtern angeklagt, weil sie sich nicht wehrte gegen ihren autoritären Mann, dass sie so manches nicht sah, sehen wollte.

Hermine schildert eine bezeichnende Begebenheit. Als eine Lehrerin bei einer Volksschulprüfung Leopoldine Wittgenstein auf den nervösen Charakter des siebenjährigen Rudi aufmerksam machen wollte, reagierte diese mit Kopfschütteln. Dass eines ihrer Kinder übernervös sein könnte, hielt sie, selbst übernervös, für unsinnig und auch lange später noch für ausgeschlossen. Wohl eine Abwehrreaktion, um über ihre eigene Schwäche hinwegzutäuschen. Und die Empörung bestärkte sie in der Entscheidung, die Kinder nicht in öffentliche Schulen zu schicken. Das Schicksal, auch noch den dritten Selbstmord eines Sohnes miterleben zu müssen, blieb Karl Wittgenstein dann erspart. Konrad „Kurt" Wittgenstein nahm sich Ende 1918 nach der Kapitulation der österreichisch-ungarischen Streitkräfte als Rittmeister im k. k. Schützen-Regiment Nr. 5 das Leben, wahrscheinlich um nicht in italienische Gefangenschaft zu geraten.[645]

Nach dem Verschwinden von Hans änderte sich das Verhalten des Vaters, zumindest den jüngeren Kindern gegenüber, für die er nun mehr Verständnis aufzubringen schien, ein gewisser Widerspruch zur Darstellung bei Janik und Toulmin. Die beiden jüngsten Söhne Paul und Ludwig sollen jetzt öffentliche Schulen besuchen, um Beziehungen zu Menschen außerhalb der Familie aufzubauen und Freunde kennenzulernen, Paul in einem humanistischen Gymnasium, Ludwig in der naturwissenschaftlich orientierten Oberrealschule in Linz, die auch vom jungen Adolf Hitler besucht wurde. Hitler war jedoch trotz selbem Alter zwei Klassen über Ludwig und verließ die Schule zu dieser Zeit.[646] Nach Hermine Wittgenstein war es wegen des „sonderbaren Unterrichtsplanes" des Vaters, dass für Ludwig keine passende Schule in Wien gefunden werden konnte.[647] Er war jedenfalls ein durchschnittlicher Schüler und eher praktisch und technisch interessiert, das Eingangsexamen hatte er erst nach einer Zeit intensiven Privatunterrichts absolviert. In der Schule empfanden ihn die anderen (und wohl vice versa) als Fremdkörper, er verachtete seine Mitschüler, siezte sie, alleine das „wirkte wie eine Barrière".[648] In Linz wohnte er bei Dr. Josef Strigl, einem der Lehrer des Linzer Akademischen Gymnasiums, in Untermiete, dessen Sohn Pepi sein einziger und enger Freund[649] während der Linzer Zeit werden sollte, Strigls wurden in Zukunft von Wittgensteins unterstützt.[650] 1906 verließ Ludwig Linz. Sein Interesse galt dem Ingenieurswesen, dessen Studium damals im deutschsprachigen Raum ganz auf die Beherrschung der theoretischen Physik ausgerichtet war.

Nach der Matura schrieb sich Ludwig auf der renommierten *Technischen Hochschule für Maschinenbau* in Berlin-Charlottenburg ein, Schwerpunkt Heißluftballontechnik,[651] worüber sich Vater Karl sehr freute, sah er doch seinen Wunsch, endlich einen Nachfolger gefunden zu haben, damit verwirklicht, und wohnte Ludwig damit in der Nähe Margarets.[652] Nach drei Semestern wechselte Ludwig 1908 an die Universität Manchester in die Abteilung für Ingenieurswissenschaften und beschäftigte sich mit Flugzeugtechnik. Er experimentierte mit dem Bau von Flugdrachen und wurde schließlich Forschungsstudent für Aeronautik mit Schwerpunkt Propellerbau. „Er konstruiert eine neue Antriebstechnik, bei der die Brennkammern an den Blattspitzen des Rotors angeordnet sind. Mit dem ‚Wittgensteinschen Antrieb' benötigt man kein Getriebe und keinen Heckrotor als Drehmomentausgleich und kann nach dem Prinzip leichter und billiger bauen." 1911 ließ er seine Erfindung patentieren, diese wird aber vorerst nicht gebaut und vergessen. Erst im Zweiten Weltkrieg wird man mit dieser Technik bauen. Wie privilegiert er durch seine Herkunft war, zeigt Folgendes: 1910, als junger Student, versteuerte Ludwig Wittgenstein ein Jahreseinkommen von über 237.000 Kronen (zum Vergleich: ein Mittelschulprofessor verdiente 2.800 bis 3.300 K).[653]

Bei seinen technischen Versuchen stößt er auf Grundlagenprobleme der Mathematik, sein Interesse für Probleme der mathematischen Logik wächst, er besucht (den damals wenig bekannten) Friedrich Ludwig Gottlob Frege[654] (inspiriert von dessen *Grundgesetzen der Arithmetik*) in Jena und geht auf dessen Rat hin nach Cambridge zu Bertrand Russell, der zu dieser Zeit an der *Principia Mathematica* arbeitet und bei dem er 1912 am Trinity College Logik und Philosophie zu studieren beginnt.[655] Ludwig arbeitet an seinem ersten philosophischen Werk, der *Logisch-philosophischen Abhandlung*, die er im Sommer 1918 vollendet. Diese erschien 1921 in den *Annalen der Naturphilosophie*, 1922 in zweisprachiger Fassung in einem englischen Verlag unter dem heute bekannten Titel der englischen Übersetzung *Tractatus logico-philosophicus*. Seine Annäherungen an Russell, um an dessen berühmten philosophischen Seminaren teilnehmen zu dürfen, würden wir heute als Stalking deuten. Er dringt in dessen Privaträume ein und redet teils stotternd in stundenlangen unverständlichen Monologen auf Russell ein. Russell fühlt sich bald auf Schritt und Tritt verfolgt. Dennoch (vielleicht auch wegen dieses exaltierten Verhaltens) erwirbt Ludwig Wittgenstein rasch den Ruf, ein Genie zu sein. Selbst Russell zeigt sich bei einem Besuch Hermine Wittgensteins in Cambridge 1912 begeistert: „We expect the next big step in philosophy to be taken by your brother.“[656] Hermine ist hin und weg von diesem Urteil, galt doch Russell seit der Veröffentlichung der *Principia Mathematica* als „neuer Star in der logischen Sektion des Philosophenhimmels“.[657] Wittgenstein schließt Freundschaft mit dem Philosophen Georg Edward Moore, mit John Maynard Keynes und mit Russell, obwohl er diesem aufgrund seiner Exzentrik auch ein wenig unheimlich bleibt. Durch diese Bekanntschaften gelangt Ludwig sogar in die elitäre Geheimgesellschaft *Cambridge Apostles* (*Cambridge Conversazione Society*), Russell, selbst Mitglied, war nicht so begeistert über die Aufnahme Wittgensteins, wollte seine Bekanntschaft mit diesem Genie wohl nicht mit anderen teilen.[658]

1912 lernte Ludwig Wittgenstein bei Experimenten zum Rhythmus von Sprache und Musik den Mathematikstudenten David Pinsent kennen, seinen ersten und einzigen Freund, wie er sagt.[659] Musik war es, die die beiden von Anfang an verband. Ob es eine sexuelle Beziehung war, geht selbst aus den *Geheimen Tagebüchern*, die von der Sehnsucht nach David zeugen, nicht eindeutig hervor.[660] Doch wie viel diese Freundschaft Wittgenstein bedeutete, wird aus folgenden Zeilen deutlich: „Täglich denke ich an Pinsent. Er hat mein halbes Leben mit sich genommen. Die andere Hälfte wird der Teufel holen.“[661] Nach einem Urlaub in Island, bei dem ziemlich geprasst wurde, und einem weiteren Aufenthalt in Norwegen ließ er noch vor dem Ersten Weltkrieg in Skjolden ein von ihm selbst entworfenes Holzhaus aufstellen, das er im Oktober 1913 bezog.[662] Zu Wittgensteins Haus gelangte man nur mit einer Bootsfahrt, das Haus lag ganz einsam ein bis zwei Kilometer vom Ort entfernt und er genoss, wie es seinem Einzelgängertum entsprach, die Stille, den „stillen Ernst“ der „wunderbaren Landschaft“.[663] Skjolden selbst war nicht so einsam, keine Einöde, wie oft beschrieben, es lag am Sognefjord, dem längsten Fjord der Welt, der seit der Jahrhundertwende zu Norwegens touristischen Highlights zählte, wenn auch am entlegensten Winkel, wohin die Anreise noch immer beschwerlich war.[664]

Am 7. Jänner 1905 – wegen Rudis Selbstmord um ein halbes Jahr verschoben – erfolgte die Heirat der 22-jährigen Katholikin Margarethe in der Reformierten Stadtkirche H. B. in der Dorotheergasse mit dem neun Jahre älteren Protestanten Dr. Jerome Stonborough jüdischer Herkunft (geb. als Steinberger, die Namensänderung erfolgte 1900, er war der Sohn eines New Yorker Importeurs von Kinderhandschuhen, Hermann Steinberger, der Bankrott gegangen war und 1900 Suizid begangen hatte, seine Mutter Delia eine gebürtige Bach). Die Kirche hat eine besondere Bedeutung für die Familie, drei Familienmitglieder hatten hier glänzende Tafeln in die Wände eingelassen, mit den Worten „Dein Reich komme", „Selig sind, die Gottes Wort hören und bewahren" und „Alles, was Odem hat, lobe den Herrn halleluja!"[665] Margarethe blieb aber weiterhin katholisch. Familie Stonborough war einigermaßen wohlhabend, wodurch Jerome es sich leisten konnte, seinen Neigungen und Interessen nachzugehen, ohne einen Brotberuf auszuüben, doch war der Reichtum keineswegs mit Wittgensteins vergleichbar. Jerome war mit den Guggenheims, den bedeutenden US-Bergbauindustriellen, verschwägert und Karls Zustimmung zur Heirat könnte mit dieser Verwandtschaftsbeziehung zusammenhängen. Als Jerome einige Jahre später, 1907, ein lukrativer Posten in einer der Guggenheim-Gesellschaften angeboten wird und Jerome nicht zuletzt wohl wegen des Widerstands von Margarethe ablehnt, scheint Karl Wittgenstein wenig begeistert gewesen zu sein.[666]

Was die beiden zusammenführte und verband, wissen wir nicht, vieles an ihnen war geradezu gegensätzlich, äußerlich, sie attraktiv, er weniger, sie zudem größer als er. Sie genoss die Gegenwart anderer, er mied Menschen, er ein „feuriger Liebhaber", sie „kühl bis zur Frigidität".[667] Einiges an Jeromes Charakterzügen erinnert – teils frappierend – an Karl Wittgenstein: „Ungeduld, dominierendes Wesen, beherrschende Präsenz, unvermittelte Stimmungsumschwünge."[668] Gemeinsam war Margaret und Jerome die Leidenschaft für die Medizin und die Naturwissenschaften. Der bereits promovierte Wissenschaftler Jerome Stonborough hatte in Wien bei dem Pathologen Rudolf Maresch Medizin studiert, Maresch (1868–1936, 1931/32 Rektor der Universität Wien) war Trauzeuge der beiden, bei ihm hatte sich das Paar kennengelernt.[669] In späteren Jahren studierte Stonborough auch Ägyptologie bei Hermann Junker. Vielleicht waren es die breiten Interessen Jeromes, die auf Margarethe anziehend wirkten. Denn auch sie war vielseitig interessiert und begabt, den Naturwissenschaften, aber auch der Mathematik zugeneigt. Sie befasste sich mit Karl Kraus, dessen Kritik an ihrem Vater sie natürlich kannte. Sie las Ibsen, Schopenhauer, Weininger, in späteren Jahren vor allem Kierkegaard.[670] Sie interessierte sich für Sozialwissenschaften, Pädagogik und Psychologie und setzte sich intensiv mit Freuds Psychoanalyse auseinander.

Zeit ihres Lebens war sie sozial eingestellt und engagierte sich beim familiennahen *Verein gegen Armut und Bettelei*, Leopoldine Wittgenstein war 1897 Gründungsmitglied des Vereins gewesen, Louis Wittgenstein langjähriger Obmann. Vereinsziel war es, neben der materiellen Hilfeleistung, verarmten Menschen zu höheren sittlichen Werten zu verhelfen. Mit ein Grund für Margarethes Heirat könnte der Wunsch gewesen sein, nach den schrecklichen Ereignissen in der Familie dieser zu entkommen, sich zu emanzipieren, wobei eine Heirat für junge Frauen ihres Standes wohl die einzige Möglichkeit bot.[671] Die Geschwister Gretls mochten Jerome von Anfang an nicht, Jerome blieb ein Außenseiter, Waugh spricht von Hass.[672]

Neben dem Porträt von Klimt (dazu später) bekam Margarethe zur Aussteuer ein silbernes, von Josef Hoffmann entworfenes Essbesteck für 18 Personen, sechs Lagen in einer Eichenholzkassette, 297 Teile.[673] Sie erhielt mit der Heirat die amerikanische Staatsbürgerschaft und anglisierte ihren Vornamen auf Margaret. Laut Prokop[674] graute ihr davor, was ihr in der Hochzeitsnacht auf der Hochreith bevorstand. Für eine junge Frau ihres Standes war das gleichbedeutend mit dem ersten Mal Geschlechtsverkehr. Für Männer galt anderes. Frauen wurden auf Sex nicht vorbereitet, Angst war die Folge. Bei Margaret kam noch eine besonders sittenstrenge Familie hinzu und ihr bisheriges Verhalten ließ Schwierigkeiten mit ihrem Geschlecht, ihrer Geschlechterrolle erahnen. Jerome scheint verständnisvoll gewesen zu sein. Diskret, aber unmissverständlich schreibt sie an ihre Schwester Mining: „So ein erster Abend ist schauerlich. Hoch ist hier wieder Jerome zu preisen gewesen, ich glaube wirklich niemanden ist es leichter gemacht worden wie mir."[675] Ihr positives Urteil über ihren Ehemann wird nicht lange anhalten. Bereits auf ihrer mehrmonatigen Hochzeitsreise nach Ägypten vermisst sie ihre Geschwister, ihr Elternhaus, die Abende in Theatern, Oper und Konzertsälen.[676]

Es muss deutlich ruhiger geworden sein in der Alleegasse in den Jahren nach Rudis Selbstmord, die Kinder Paul und Ludwig außer Haus, Ludwig bald im Ausland, Margaret, verheiratet, ebenso. 1905 erfolgte auf Wunsch von Jerome der Umzug nach Berlin, wo eine 10-Zimmer-Wohnung in der Nähe des Tiergartens auf Wunsch Margarets, die ein ästhetisch durchgestaltetes Gesamtkunstwerk vor Augen hat, ganz im Stil der *Wiener Werkstätte* von Josef Hoffmann und Kolo Moser, der persönlich angereist war, eingerichtet wird, die Zimmer alle in schwarz-weißer Geometrie, ja auch Besteck, Geschirr und Gläser waren Produkte der *Wiener Werkstätte*, schön und edel, aber häufig unpraktisch. Ludwig fühlte sich anlässlich eines Krankenbesuchs wie in „Ausstellungsräumen, in denen an allen Möbeln und Objekten nur die Preisschilder fehlten",[677] eine wunderbare Formulierung, wie ich finde. Relativ rasch wird Margaret schwanger. Ihren Briefen lässt sich große Angst vor

Schwangerschaft und Geburt entnehmen. Im Jänner 1906 kommt es zur schwierigen Geburt des Sohnes Thomas, „Tommy" († 1986), Margarets „Herzpinke(r)l". Dass sie ihn auch „Mitzi" oder „Lili" nennt, deutet darauf hin, dass sie gern ein Mädchen geboren hätte.[678] Noch im selben Jahr kommt die Nachricht von Karl Wittgensteins schwerer Krebserkrankung.

Es wird ein ruheloses Leben, zunächst zieht das Paar in die Schweiz nach Zürich, dann nach Paris. Für Zürich mit seinem großen kulturellen Angebot begeistert sich Margaret und es dürfte eine vergleichsweise glückliche Zeit gewesen sein, die das Ehepaar dort verbrachte, getrübt allerdings durch die voranschreitende Krankheit ihres Vaters. Margaret arbeitet eine Zeit lang in einem chemischen Labor, 1909 macht sie die Externistenmatura und beginnt an der Universität Zürich, einer der wenigen für Frauen bereits zugänglichen Universitäten, Physik und Mathematik zu studieren, bricht das Studium gezwungenermaßen ab (die Familie übersiedelt – wir kennen den Grund nicht – noch im Herbst 1909 nach Paris) und setzt es später fort. Der Briefkontakt mit Wien bleibt eng, Wittgensteins berichten aus Wien von einer Séance, vielleicht gedacht, um eine Besserung des Gesundheitszustandes Karls zu erreichen. Einem Brief Margarets ist zu entnehmen, dass die Geschwister sich schon länger mit derartigen Themen und Methoden befasst hatten,[679] Hypnose erfuhr gerade einen Hype. 1911 stirbt die geliebte Großmutter Maria Kallmus und der väterliche Gesundheitszustand wird immer schlechter. 1912 bringt Margaret in Wien einen zweiten Sohn, John Jerome, Ji oder Ji-Ji genannt († 2002), zur Welt. Das Ehepaar nimmt in Wien Wohnsitz, erst in der Villa in Neuwaldegg, bald einer Wohnung im 3. Wiener Gemeindebezirk in der Salesianergasse 29, in einem vornehmen, großbürgerlichen Viertel und, wie bereits erwähnt, einem weiteren Wittgenstein-Wohncluster.

## DER „ÜBERVATER"

Als Familienvater hat Karl Wittgenstein versagt. Er bescherte seinen Kindern unermesslichen Reichtum, glücklich machen konnte er sie nicht. Das ist wohl keine waghalsige oder unzulässige Interpretation. Vielleicht ist das aber auch eine falsche Erwartungshaltung an einen großbürgerlichen Vater seiner Zeit. Kaum jemand unter diesen dürfte wohl viel Zeit mit der (früh)kindlichen Erziehung und Betreuung verbracht haben. Von Müttern dürfte dies (auch wenn man sich im großbürgerlichen Milieu auf die Hilfe zahlreicher Hausangestellter stützen konnte) wohl eher zu erwarten gewesen sein. Leopoldine Wittgenstein erfüllte diesbezügliche Erwartungen nicht, konnte dies nicht, war überfordert. Die Familie, so die Überlieferung, war für Karl das Wichtigste im Leben. Die Tragik der Familiengeschichte Karl Wittgensteins erinnert an jene Albert Rothschilds und seiner Kinder, der jüngste Sohn Oscar Ruben beging 1909 Selbstmord, einer, Georg, landete in einem psychiatrischen Sanatorium, eine Tochter, Charlotte, verstarb früh, die zweite Tochter, Valentine Noemi, die 1911 Sigismund Baron Springer heiratete, war taubstumm.[680] Generell ist es auffällig, wie häufig Suizide, Unglücksfälle oder psychische Krankheiten im großbürgerlichen Milieu auftauchen. Der Druck, der in erster Linie als potenziellen Nachfolgern auf den Söhnen lastete, die „gläserne Decke", die den Töchtern ein gleichberechtigtes Leben verunmögliche, mögen hier eine Rolle gespielt haben, neben einer Reihe ganz spezifisch individueller Faktoren, die uns verschlossen bleiben. Verschlossen geblieben, das ist ein passendes Stichwort und trifft auf viele der Betroffenen zu. Sich als homosexuell zu outen ein Kraftakt, den viele nicht aufbrachten, gegen die Normen zu verstoßen, aufzubegehren, auch das etwas, das viele scheuten und gegen Verstecken spielen, Depressionen und psychisches Unbehagen eintauschten. Doch im Fall von Karl Wittgenstein und seinen Kindern scheint doch große Verantwortung für das, was passiert ist, bei Karl Wittgenstein zu liegen. Es bleibt ein mehr als zwiespältiges Bild von Karl Wittgenstein.

Speziell für Paul dürfte der Tod des Vaters, der sich so gegen dessen musikalische Karriere gewandt hatte, letztlich auch eine Befreiung gewesen sein. Zwar hatte sich Paul 1910 auf Wunsch des Vaters an der Technischen Hochschule in Wien einschreiben lassen und danach eine Banklehre in Berlin begonnen, doch war klar, was sein größter Wunsch war, Konzertpianist zu werden. Es gibt Hinweise, dass sich der Vater zuletzt versöhnlich gezeigt hatte, ja sich abgefunden hatte mit Pauls Berufswahl. Paul wurde von der ganzen Familie für nur mäßig begabt gehalten und es wurde ihm übel genommen, dass er aus ihrem, zwar leidenschaftlich betriebenen, aber doch „Amateurvergnügen" eine ernsthafte Profession machen wollte. Hierin steckte sicherlich ein Gutteil großbürgerlichen Dünkels, Paul brach mit seiner Berufswahl eine Familientradition.[681] Paul gab sein Debüt, fünf Monate nach dem Tod des Vaters, am 26. Juni 1913 im Großen Saal des *Wiener Musikvereins*. Er hatte zahlreiche Freikarten für seine weitläufige Verwandtschaft gekauft (die enge Familie bis auf Helene fehlte, vielleicht auch ein Ausdruck ihrer Skepsis Pauls Klavierkünsten gegenüber) und diesen prunkvollen Konzertsaal gemietet, um seinem Konzert mehr Aufmerksamkeit zu verleihen,[682] und erhielt einige beachtenswerte Kritiken.[683] Begleitet wurde er vom *Wiener Tonkünstlerorchester* unter Oskar Nedbal, dem früheren Dirigenten der *Tschechischen Phil-*

*harmoniker.* Pauls Programm war ungewöhnlich, vier Konzerte für Klavier und Orchester sollten aufgeführt werden, eine auch körperlich anstrengende Leistung, es handelte sich um Werke des weitgehend unbekannten irischen Komponisten John Field, von Mendelssohn, Labor und Liszt. Es folgten eine Reihe weiterer Konzerte in Wien und Graz, teils Solo, teils hochrangig besetzt. Stücke von Labor und Field waren meist Bestandteile. Ludwig war bei diesem ersten Konzert Pauls nicht anwesend, er war drei Monate zuvor von Cambridge nach Norwegen gezogen, wollte sich, wie er schreibt, aus einer Welt zurückziehen, in der er „immer nur Verachtung für andere hegt und andere durch sein nervöses Temperament aufbringt". Er litt unter Todesahnungen und wollte seine philosophischen Überlegungen noch rechtzeitig veröffentlichen. Beschleunigt wurde sein Entschluss durch die Entscheidung seiner Schwester Margaret und seines Schwagers Jerome, nach London zu ziehen. Die Aussicht auf regelmäßige Besuche, vor allem seines ihm verhassten Schwagers, war Ludwig unerträglich.

Vom Erbe Karl Wittgensteins waren größere Summen durch den hohen moralischen Anspruch der Familie gespendet worden. Im Juni 1914, kurz vor dem Attentat auf den österreichisch-ungarischen Thronfolger Franz Ferdinand in Sarajevo, spendete Ludwig Wittgenstein, dessen Jahreseinkommen bei 300.000 Kronen lag, aus seinem Erbanteil insgesamt 100.000 K (er überwies diese Summe an Ludwig von Ficker, Herausgeber der Innsbrucker Zeitschrift *Brenner*, den er bat, diese an würdige Künstler zu verteilen) an insgesamt 16 „unbemittelte österreichische Künstler", darunter Georg Trakl, Rainer Maria Rilke, Carl Dallago (die mit je 20.000 K den höchsten Betrag erhielten), Else Lasker-Schüler, Adolf Loos, Oskar Kokoschka, Theodor Haecker und Theodor Däubler, und an die Redaktion des *Brenner*.[684] Trakl hat die für ihn unermesslich hohe Summe nie behoben. Angeblich wagte er es nicht, das Bankgebäude zu betreten. Ludwig Wittgenstein hätte ihn gerne persönlich getroffen, im Krieg schien sich in Krakau eine Möglichkeit zu ergeben, doch Trakl starb wenige Tage zuvor († 3.11.1914). Über Ficker machte Wittgenstein 1914 die Bekanntschaft von Adolf Loos, woraus sich eine Beziehung von gegenseitigem Respekt entwickelte. Auch Paul spendete, antikommunistischen und antianarchistischen Bewegungen, was Schlüsse auf seine politische Gesinnung zulässt.

Auszeit von den Geschäften: Karl Wittgenstein
mit seiner Frau Leopoldine in Ägypten.

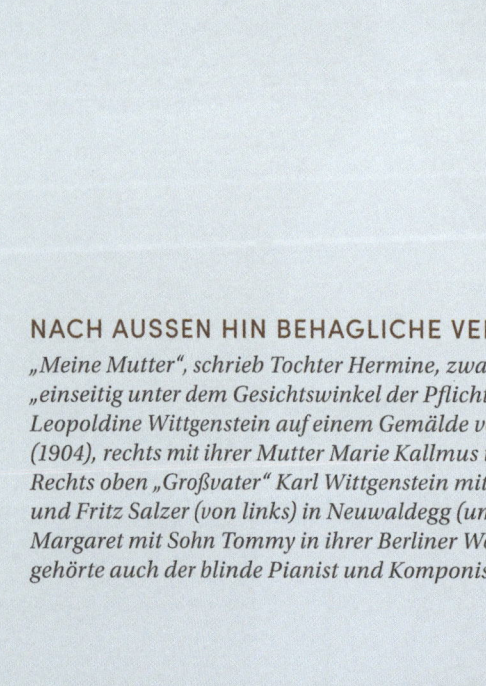

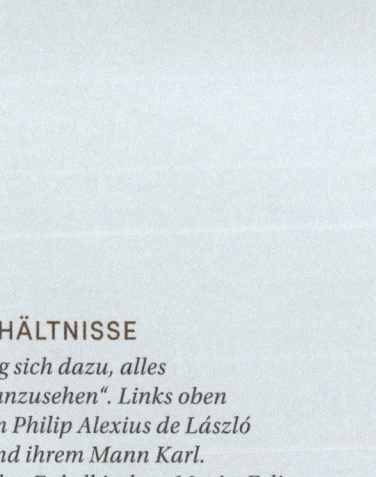

## NACH AUSSEN HIN BEHAGLICHE VERHÄLTNISSE

*„Meine Mutter", schrieb Tochter Hermine, zwang sich dazu, alles*
*„einseitig unter dem Gesichtswinkel der Pflicht anzusehen". Links oben*
*Leopoldine Wittgenstein auf einem Gemälde von Philip Alexius de László*
*(1904), rechts mit ihrer Mutter Marie Kallmus und ihrem Mann Karl.*
*Rechts oben „Großvater" Karl Wittgenstein mit den Enkelkindern Marie, Felix*
*und Fritz Salzer (von links) in Neuwaldegg (um 1907), unten links Tochter*
*Margaret mit Sohn Tommy in ihrer Berliner Wohnung (1906). Fast zur Familie*
*gehörte auch der blinde Pianist und Komponist Josef Labor (unten rechts).*

187

## VERLORENES ERBE

Die „Villa Wittgenstein" in der Neuwaldegger Straße 38,
das Geburtshaus einiger Wittgenstein-Kinder, wurde 1972 abgebrochen.
Für die Geschwister Hermine, Helene und Margaret, Paul und Ludwig
(rechts oben) sowie Rudi (rechts unten) war die geräumige Villa
mit ihrem großzügig angelegten Garten ein wahres Paradies.

## DIE TRAGIK DER SÖHNE

*Konrad Wittgenstein, in der Familie „Kurt" genannt (links oben),*
*schlug als einziger Sohn die Industrielaufbahn ein. Er erschoss sich 1918*
*an der italienischen Front. Hans Wittgenstein (links unten) verschwand*
*im April 1902 spurlos in der Chesapeake Bay in Virginia, vermutlich nach*
*Suizid. Die Leiche wurde nie gefunden, im Oktober 1903 ließ ihn die Familie*
*für tot erklären. Rechts Ludwig Wittgenstein mit seinem Pferd „Monokel",*
*einem Geschenk von Bruder Kurt, auf der Hochreith. Das Foto machte*
*Bruder Rudi, um 1897.*

Der große Konkurrent Karl Wittgensteins im Wettlauf
um Geld und Macht: Albert Freiherr von Rothschild,
der mit Abstand reichste Mann der Monarchie.
Foto von Samuel Kohn, aufgenommen in Karlsbad.

# *UNFASSBAR REICH: ROTHSCHILD, GUTMANN UND KONSORTEN*

## DIE KONKURRENZ WITTGENSTEINS

Was vielleicht auch den Einfluss, sicher aber das Vermögen betrifft, gab es für Karl Wittgenstein nur zwei Konkurrenten bzw. konkurrierende Familien: die Rothschilds, Beherrscher einer Privatbank, mit der *Creditanstalt* einer Wiener Großbank und eines gewaltigen Industrieimperiums, und die Gutmanns, die Kohlenbarone Wiens. Die teils noch größeren Vermögen der Habsburger und des Hochadels lassen sich schwerer bemessen, bestanden sie doch vorwiegend in Immobilien, Grundbesitz, Kunstgegenständen und Schmuck. Durch eine von Roman Sandgruber ausgewertete Namensliste sind wir über die 929 größten Steuerzahler*innen Wiens und Niederösterreichs im Jahr 1910, jene mit einem Jahreseinkommen von über 100.000 Kronen, informiert.[685] Nur zum Vergleich: Das Jahreseinkommen eines Arbeiters lag zwischen 500 und 1.500 K, das eines Dienstmädchens bei 100 bis 300 K. Lehrerinnen und Lehrer verdienten je nach Schultyp 1.000 bis 3.000 K jährlich, Gehälter hoher Militärs, Beamter und Direktoren mittlerer Betriebe betrugen zwischen 10.000 und 20.000 K, vereinzelt mehr.[686] Die großen Vermögen waren noch dazu äußerst gering versteuert, der Spitzensteuersatz der 1896/98 eingeführten progressiven Einkommenssteuer (bei Einkommen über 200.000 K) betrug fünf Prozent! In den Zeitungen wurde immer wieder das Missverhältnis in der „Besteuerung der Millionäre" thematisiert im Gegensatz zu den Steuerleistungen eines Gewerbebetriebs, von Banken etc. Genannt werden Rothschild, Gutmanns und Wittgenstein.[687] Es war nicht nur

Neid, sondern verständliche Empörung über diese soziale Ungerechtigkeit, die hinter derartigen Vorwürfen steckte. Doch weil viele unter diesen neuen Reichen Juden oder jüdischer Abstammung waren, und da scheinen protestantische und katholische Taufen wenig daran geändert zu haben, gedieh der in Wien ohnehin unselige Tradition besitzende Antisemitismus, angeheizt durch den Gründerkrach 1873, den man den „Börsejuden" und dem überbordenden Liberalismus zuschrieb.

Baron Albert Salomon Rothschild (1844–1911) versteuerte 1910 ein Jahreseinkommen von 25,7 Millionen Kronen, er war unbestritten der reichste Wiener, einige behaupten der reichste Europäer.[688] Sein 1911 hinterlassenes Vermögen wird auf etwa 700 Millionen bis eine Milliarde K geschätzt.[689] Er war Pferdezüchter und Rennstallbesitzer und Mitglied des *Jockey-Clubs* (neben dem viertreichsten Wiener, Baron Springer, das einzige jüdische Mitglied), des *Golf-, Automobil-* und *Aeroclubs*.[690] Auf Platz 24 findet sich Alfons Meier Freiherr von Rothschild, ältester und zum Nachfolger bestimmter Sohn Alberts, Besitzer einer hervorragenden Kunst- und einer Briefmarkensammlung von Weltruf.[691] Die Leitung der Geschäfte ging allerdings an den zweitältesten Sohn Louis (der auf der Liste noch fehlt) über, ein Grandseigneur, aber kein Unternehmer oder Banker. Louis Rothschild blieb auch nach dem Ersten Weltkrieg der reichste Österreicher. In mehreren Etappen verringerte sich das Rothschild'sche Vermögen, wobei der Zusammenbruch der *Creditanstalt* 1931 und letztendlich die Machtübernahme der Nationalsozialisten 1938 die gravierendsten Vermögenseinbrüche nach sich zogen. Über den österreichischen Zweig der Rothschilds sind wir, nicht zuletzt durch eine weitere Publikation von Sandgruber, sehr gut informiert.[692] Der Rothschild'sche Familienbesitz umfasste die Wiener Palais in der Heugasse, Theresianumgasse bzw. Plösslgasse sowie Schlösser in Langau, Enzesfeld, Schillersdorf, Beneschau und Reichenau sowie in Waidhofen an der Ybbs. Allein in Niederösterreich betrug ihr Grundbesitz ca. 32.000 Hektar.

Auf Albert Salomon Rothschild folgte als Nummer 2 auf der Liste der Superreichen der Gouverneur der *Allgemeinen österreichischen Bodencreditanstalt* (*BCA,* oft nur „Boden") Theodor Ritter von Taussig (1849–1909) mit 4,9 Millionen Kronen Jahreseinkommen.[693] Taussig hatte sich aus niedrigen Verhältnissen hochgearbeitet, was eher selten war. Sein steiler Aufstieg vom Handelskommis in Prag und Kohlenhändler zum Bankdirektor und seit 1908 Gouverneur der *Bodencreditanstalt* begann 1862. Nach der Übersiedlung nach Wien und dem Besuch der Höheren Handelslehranstalt wurde er ab 1866 im *Bankhaus Landauer & Goldschmidt* tätig, 1871 Vizedirektor der *Wiener Wechselstuben-Gesellschaft*, 1872 deren Direktor, 1873 erfolgte der Eintritt in die *BCA*, 1874 wurde er hier Direktor. Vier Jahre lang hatte er zuletzt auf die

Bestellung zum Gouverneur warten müssen, der Titel war ihm nicht sehr lange vergönnt.[694] Die *BCA*, ursprünglich ein Hypothekenkreditinstitut, wurde von Taussig zu einer führenden Wiener Großbank ausgebaut, Taussig selbst galt bald als einer der bedeutendsten österreichischen Bankiers und Wirtschaftsführer und war ähnlich umstritten wie Wittgenstein. Mit ihren Beteiligungen in der Eisenindustrie waren Taussig und die *BCA* auch ein Konkurrent der *Niederösterreichischen Escomptegesellschaft* bzw. der Gruppe um Wittgenstein. Die *BCA* verwaltete das mobile Vermögen der kaiserlichen Familienfonds und wurde vom Kaiserhaus und der österreichischen Regierung als Gegengewicht zum *Bankhaus Rothschild* (und zur *Creditanstalt*) angesehen. 1879 wurde Taussig nobilitiert, er war und blieb ein bedeutendes Mitglied der jüdischen Gemeinde und von 1901 bis 1906 Vorstandsmitglied der Israelitischen Kultusgemeinde Wiens. Seine monumentale Villa in der Gloriettegasse 47–49 ließ er sich von dem bekannten Architekten Carl König errichten. In einem Nachruf bezeichnet ihn die *Neue Freie Presse* geradezu als Gegenteil Karl Wittgensteins, des modernen Finanzmannes mit Talent zur industriellen Organisation. Taussig wird als „Händler" und nicht „Schöpfer" charakterisiert. „Niemand verstand es besser, sehr billig zu kaufen und sehr teuer zu verkaufen." Zugleich wird darauf verwiesen, dass Taussig es sehr geschickt verstanden hatte, die *BCA* in den Kreis der Rothschild-Gruppe einzubringen, dort eine Führungsposition einzunehmen und über Jahrzehnte großen Einfluss auf die jeweiligen Regierungen auszuüben.[695] Karl Kraus sah hingegen wenige Unterschiede zwischen Taussig und Wittgenstein. „Die Wiener Börse fürchtet Gott, Taussig und Wittgenstein",[696] beide werden als „eisenfressende Bestien"[697] bezeichnet.

Platz 3 unter den Superreichen belegte Maximilian Ritter von Gutmann (1857–1930, 4,54 Mio. K). Noch auffälliger ist: Unter den zehn höchsten Jahreseinkommen entfielen allein fünf auf die Familie Gutmann, neben Maximilian auf David (Platz 5), Rudolf (6), Wilhelm Hermann (8) bzw. Hans Emil Gutmann (9), die Familie besaß zu Beginn des Ersten Weltkriegs (zählt man den Besitz Rudolf von Gutmanns zum Familienbesitz), um die 50.000 Hektar an Grund und Boden.[698] Die Wichtigkeit von Kohle (personifiziert in den Gutmanns) und Eisen (personifiziert in Wittgenstein) für den Prozess der Industrialisierung und das ganze 19. Jahrhundert wird hier noch einmal höchst augenscheinlich und finanziert wurden die Industrien zunächst von Privatbanken und dann von den großen Mobilbanken (personifiziert in Albert Rothschild), die Trias des aufkommenden Kapitalismus des 19. Jahrhunderts. Unter den „Top Ten" befanden sich weiters auf Nummer 4 Gustav Freiherr von Springer mit 4,1 Millionen K Jahreseinkommen, auf Platz 7 der Bierindustrielle Anton Dreher sr. und auf Platz 10 Paul Ritter von Schoeller.

Springer (1842–1920) war Großindustrieller (mit mehreren Presshefefabriken u. a. in Frankreich) und Großgrundbesitzer, mit einer Königswarter verheiratet, neben einem Ringstraßenpalais und dem sog. Springer-Schlössl in Meidling verfügte er über umfangreichen Zinshausbesitz.[699] Er besaß bis 1912 (neben Viktor Mautner von Markhof und Anton Dreher jun.) einen der größten Rennställe der Monarchie, war seit 1870 Mitglied des elitären Jockey-Clubs und Stifter und Mitbegründer des Wiener und des Badener Trabrennvereins.

Den ersten Wittgenstein findet man hingegen mit Karl erst auf Platz 38 mit einem Jahreseinkommen von rund 800.000 Kronen. Angegebenes und versteuertes Einkommen und vor allem Vermögen (sein gewaltiges Vermögen hatte Karl Wittgenstein zu diesem Zeitpunkt ja in ausländischen Papieren angelegt) sind jedoch zwei verschiedene Paar Schuhe. 1910 zählten aber 26 Familienmitglieder der Wittgensteins zu den 929 reichsten Wiener Personen.[700] Allein von den namentlichen Wittgensteins befinden sich sechs Familienmitglieder unter den höchsten Einkommensbeziehern Wiens: Karl (38), dessen Bruder Ludwig auf Platz 48, Schwester Klara auf Platz 336 und Bruder Paul auf Platz 547. Von Karls Kindern finden sich Ludwig (Platz 254) und Paul (Platz 220) 1910 auf der Liste der größten Einkommen. Übertroffen nur, rechnet man die Familienmitglieder zusammen, von Rothschild und Gutmanns. Auch die Mitglieder der Familie Schoeller, allen voran Paul Ritter von Schoeller (Platz 10 auf Sandgrubers Liste), der das Bank- und Großhandelshaus ausbaute und einen Mischkonzern unterschiedlicher Industriebranchen schuf, gehörten zu den Großverdienern Wiens.[701] Familien wie Lieben, Auspitz, Dumba, Figdor, Gerngross, Mautner von Markhof, Miller zu Aichholz, Pollack von Parnau bzw. von Parnegg etc. hatten mehrere Familienmitglieder auf der Liste, aus einer Generation, häufig auch zwei. Der Reichtum war in vielen Fällen geerbt. Er erstreckte sich auf die engere Familie, meist auch auf die erweiterte, auf Onkeln, Tanten, Neffen, Nichten, Cousins und Cousinen. Doch am Beispiel der Figdors zeigte sich bereits, dass nicht alle Mitglieder einer oft weit verzweigten „reichen" Familie begütert waren.

Rothschilds, Wittgensteins und Gutmanns, die Familien besaßen ein riesiges Vermögen, das noch nicht sehr lange zurückreichte, sich nach 1800 (im Fall Rothschilds) bzw. nach 1850 (bei Wittgensteins und Gutmanns) enorm vergrößert hatte und dieser schnelle Reichtum war es wohl auch, der den Neid vieler entfachte. Jetzt kann man einwenden, was ist schon ein österreichischer Millionär im Vergleich zu internationalen Krösussen, denkt man an die Gegenwart, ist das sicher richtig, doch um die Jahrhundertwende war Österreich-Ungarn ein territorial und bevölkerungsmäßig großer europäischer Staat, wenn auch von schwindender Bedeutung. Der Eisen- und Stahlmagnat Karl Wittgenstein machte binnen relativ weniger Jahre seine

Familie – nach den Rothschilds – zu einer der reichsten von ganz Österreich-Ungarn. International war Wittgenstein einzig und allein mit Andrew Carnegie und den Krupps zu vergleichen, so Ulrich Weinzierl in einem Artikel.[702] Rothschilds zählten ohnehin zu den reichsten Familien Europas, aber auch andere österreichische Vermögen (Kunstsammlungen, Immobilien, Gutsbesitz) brauchen den Vergleich mit Vertretern anderer europäischer Großmächte nicht zu scheuen.

Wie Rothschilds und im Gegensatz zu Wittgensteins hatten Gutmanns ihrer jüdischen Religion nicht abgeschworen. Begründet hatte den Reichtum der Familie Wilhelm Isaak Wolf Gutmann (1826–1895), 1878 nobilitiert, von 1891 bis 1892 Präsident der Israelitischen Kultusgemeinde.[703] Früh verwaist, aus ärmlichen Verhältnissen stammend, an denen er nicht ganz unverschuldet war, die geringen Familienersparnisse gingen wegen eines missratenen Engagements Wilhelms im Getreidehandel verloren, war Wilhelm, der eigentlich Lehrer gewesen war und dem Geschäftsleben abgeneigt, zu Beginn der 1850er Jahre ins Kohlengeschäft eingestiegen. Er verdankte den Aufbau seines Vermögens dem Handel mit oberschlesisch-preußischer Kohle und gründete 1853 zusammen mit seinem Bruder David (1834–1912, 2/5-Anteil) das Unternehmen *Gebrüder Gutmann*, das bald eine zentrale Stellung in der Kohleversorgung Österreich-Ungarns einnehmen sollte und Kunden wie die *Staatseisenbahn-Gesellschaft*, die *DDSG* und zuletzt die *Kaiser Ferdinands-Nordbahn* gewann.[704] Das Unternehmen stieg nach dem Erwerb einiger Kohlegruben im Ostrauer Revier direkt in die Kohleproduktion ein. Da die Gruben in Ostrau nicht mit der Eisenbahn verbunden waren, musste die Kohle zunächst aus Oberschlesien eingeführt werden. So wurde 1866 der *Steinkohlenbergbau Orlau-Lazy* erst gepachtet, 1877 erworben. Und genau zur richtigen Zeit begannen die Gutmanns, auch auf Kohle als Heizmittel für Privathaushalte zu setzen. Seit 1865 in Kontakt mit Anselm Salomon von Rothschild, schlossen sich die Brüder Gutmann mit ihm und zwei Partnern 1871 zur *Österreichisch-ungarischen Hochofen-Gesellschaft* und zum Ausbau der nahe Mährisch-Ostrau gelegenen *Witkowitzer Eisenwerke* zusammen. Rothschild und Gutmanns errichteten in Witkowitz eine regelrechte kleine Arbeiterstadt für bis zu 7.000 Personen.[705] Ähnliches wird, wie wir bereits gehört haben, Paul Kupelwieser, dem Langzeit-Generaldirektor der *Witkowitzer Werke*, zugeschrieben. Zwar dürften alle Genannten ihren Anteil daran gehabt haben, in der Selbstdarstellung von Witkowitz wird besonders Kupelwieser hervorgehoben. Die gewährten Sozialleistungen bzw. -einrichtungen verdankten sich auch nicht unbedingt humanitären Erwägungen, sondern dienten der beabsichtigten Hebung der Leistungsfähigkeit der Belegschaft. Das Unternehmen der Brüder Gutmann diversifizierte sich und umfasste Firmen unterschiedlicher Branchen, mehrere Zuckerfabriken oder die *Floridsdorfer Mineralölfabrik*. Dabei kooperierten die Gutmanns oft mit anderen Großindustriellen, mit Schoeller, Kuffner, Miller von Aichholz oder Hochstetter.

Wilhelm Gutmann ließ sich 1869–71 ein Palais am Beethovenplatz 3 errichten (der Besitz erstreckte sich bis in die Kantgasse und zum Ring), 1882 eine Villa in Baden (Helenenstraße 72) und erwarb 1884 die 10.000 Hektar große Herrschaft Jaidhof (Gföhl). Er war 1875 Gründer des *Industriellen Klubs* (Vorläufer der heutigen Industriellenvereinigung) und des *Vereins der Montan-, Eisen- und Maschinenindustriellen*. Auch als Philanthrop betätigte er sich, mit seinem jüngeren Bruder David war er Mitbegründer der *Israelitischen Theologischen Lehranstalt* sowie Förderer des *Beth ha-Midrasch*,[706] Stifter des Israelitischen Mädchenwaisenhauses in der Ruthgasse in Wien-Döbling und Gründer des *Philanthropischen Vereins* Wien. In der Folge wurde er von der Handelskammer in den niederösterreichischen Landtag gewählt. 1878 wurden Wilhelm und David in den erblichen Ritterstand (Ritter des Ordens der Eisernen Krone III. Klasse) erhoben. Wilhelm Gutmann war zweimal verheiratet, seine erste Frau Leonore geb. Latzko (1827–1867) starb früh, der Ehe entstammten die Kinder Berthold, Max und Rosa. Die zweite Ehe schloss er mit Ida geb. Wodianer (1847–1924 – ihr Vater Philipp/Fülöp Wodianer war ein wohlhabender Drucker, Verleger und Gutsherr), die vier Kinder zur Welt brachte, Marianne, Moritz, Elisabeth genannt Elsa und Rudolf. Ein ausführlicher Nachruf erschien zu seinem Ableben (er erlag einer schweren Lungenentzündung) im Mai 1895 in der *Neuen Freien Presse*. Hier wurde Wilhelm Gutmann mit folgenden Worten „gehuldigt": „Wilhelm v. Gutmann war ein Industrieller von ungewöhnlichem Zuschnitte, ein Mann mit warmem Herzen, von großer Belesenheit, mit nicht geringem Interesse für geistiges Streben, wie er denn auch an dem geselligen Verkehre in Wien keinen geringen Antheil hatte. Persönlich bedürfnislos, führte er sein Haus im Style eines großen Kaufmannes und Industriellen. Im glänzendsten Erfolge bewahrte er die ursprüngliche Einfachheit und Herzensgüte."[707] So bedürfnislos dürfte er schon nicht gewesen sein, denkt man an seine Besitzungen. Und es gab nicht nur Erfolge, worauf im Nachruf auch dezidiert hingewiesen wird, das Nordbahn-Geschäft wurde von der *Creditanstalt* übernommen, mit Rothschild kam es zu gröberen Meinungsverschiedenheiten etc. Im Artikel ist zudem von einer „schweren Nervenkrise" vor einigen Jahren die Rede, ob diese mit seiner geschäftlichen Tätigkeit in Zusammenhang stand, ist nicht bekannt, immer wieder tauchen aber Differenzen mit seinem jüngeren Bruder David auf, so bezüglich der Einschätzung ihrer Söhne.[708]

David stand Wilhelm Gutmann sonst um nichts nach.[709] Sein Palais am Schwarzenbergplatz 11 ließ er 1875 errichten, 1887 erwarb David Schloss

Tobitschau (Tovačov) in Mähren, das er vom jüdischen Architekten Max Fleischer umbauen ließ, wohl zur Zufriedenheit der Familie, denn Fleischer errichtete später das oben erwähnte Mädchenwaisenhaus und zum Ableben Wilhelms ein prächtiges neugotisches Mausoleum in der Israelitischen Abteilung des Wiener Zentralfriedhofs. Wie sein Bruder war auch David Gutmann wohltätig. Er war langjähriger Präsident der *Israelitischen Allianz* sowie Präsident der *Baron Hirsch-Stiftung*, die sich für eine Verbesserung der Juden in Galizien einsetzte, und gilt als Mitbegründer der Wiener Poliklinik, des Rudolfinerhauses in Döbling oder der Lungenheilanstalt in Alland. Sohn Dr. Ludwig Ritter von Gutmann (1860–1900) war Besitzer einer Villa in Baden in der Weilburgstraße 16.[710] Auch eine Tochter Davids, Irma, Freifrau von Mayer-Ketschendorf (1866–1945), besaß in der Weilburgstraße 18, direkt benachbart zu ihrem Bruder, eine Villa, in der sowohl David als auch seine Frau Sophie von Gutmann geb. Latzko (1832–1902, eine Nichte von Leonore Latzko-Gutmann; Wilhelm und David hatten in dieselbe Familie, die Latzkos,[711] eingeheiratet) verstarben, die sich in den Sommermonaten regelmäßig bei ihren Kindern in Baden aufhielten. Irmas Ehemann Siegwart Baron Mayer-Ketschendorf (1861–1929) war ein enger Vertrauter, Gesellschafter und Mitarbeiter der Fa. *Gebr. Gutmann*. Er stammte aus einer 1889 geadelten Familie, sein Vater war Getreidegroßhändler, und er hatte 1891 als Guts- und Schlossbesitzer in Ketschendorf bei Coburg seinen Namen mittels eines Ministerialdekrets auf Siegwart Freiherr von Mayer-Ketschendorf geändert.

Ein noch höheres Einkommen als David Gutmann versteuerte 1910 sein Neffe, Bergrat Dr. Maximilian Ritter von Gutmann (1857–1930)[712], Sohn von Wilhelm. Max Gutmann trat nach einem Studium an der Technischen Hochschule und an der Montanistischen Hochschule in Leoben 1883 in die väterliche Firma ein und wurde 1888 Teilhaber. Er förderte die Entwicklung der *Witkowitzer Eisenwerke* und verteidigte gemeinsam mit Albert von Rothschild deren Unabhängigkeit gegen den die österreichisch-ungarische Montanindustrie dominierenden Karl Wittgenstein. In der Steiermark erwarb er zwischen 1896 und 1912 Ländereien im Umfang von 12.000 Hektar (Gut In der Strechen, Rottenmann). Max Gutmann wird ein großes soziales Engagement zugeschrieben, er setzte sich in seinen Betrieben und auf politischer Ebene für die Verbesserung der Arbeitsbedingungen ein.[713] 1917 wurde er Mitglied des Herrenhauses. Max von Gutmann förderte Bertha von Suttners Friedensbemühungen großzügig. Er war Präsident des Industriellen Klubs und des Zentralverbandes der Industriellen Österreichs. 1922 gründete er das *Bankhaus Gutmann*, gedacht als Bündelung und Finanzverwaltung der Industriebeteiligungen und des internationalen Kohlehandels der Familie. Im Gegensatz zu seinen Vorfahren konvertierte er zum Katholizismus. Er war mit der aus einem christlichen Elternhaus stammenden Emilie Hartmann (1877–1953), Tochter des Schauspielerehepaars Ernst Hartmann und Helene Schneeberger, verheiratet. In der Zwischenkriegszeit waren Hans Emil (1891–1937, Sohn von Ludwig von Gutmann) und Rudolf Gutmann (1880–1966, jüngster Sohn Wilhelms)[714] Gesellschafter der familieneigenen Unternehmen.

Überschneidungen mit den Wittgensteins waren vielfältig. Gutmanns waren eng mit der Familie Hochstetter befreundet, deren Tochter Justine Paul Wittgenstein, den Bruder Karls, heiratete. Justines Vater, Carl Christian Hochstetter (1818–1880), war ein Fabrikant, der sich besonderer Verdienste um die junge chemische Industrie Österreichs rühmen durfte.[715] Wilhelm Gutmann hatte Familie Hochstetter auch Paul Kupelwieser als künftigen Direktor von Witkowitz vorgestellt.[716] Max von Gutmann war ähnlich wie Karl Wittgenstein ein großer Förderer der Musik. Er unterstützte z. B. das Geigenwunderkind Bronisław Huberman, in der Folge Schüler Joseph Joachims. Auch Johannes Brahms befand sich in beider Freundeskreis. Dazu kommen weitere Parallelen, die den Schluss nahelegen, dass man sich immer wieder, bei Wittgensteins, bei Gutmanns, in der Oper, im Theater oder sonst wo begegnet sein dürfte. Auch bei Gutmanns versteckt sich manch Tragik hinter dem Glanz des Reichtums, Söhne, die als Verschwender unter Kuratel gestellt wurden (Hans Emil Gutmann, der Rositta Wiener, geb. 1882 und neun Jahre älter als er, eine bekannte „Kurtisane" von außergewöhnlicher Schönheit, heiratete und als warmherzig und karitativ tätig beschrieben wird)[717] oder wie Moritz Ritter von Gutmann (1872–1934) „wegen ungenügender Festigkeit des Charakters und physischer Schwäche" unter Vormundschaft. Wir begegnen Leidenschaften neben der Kunst wie der Jagd, als Wilhelm Hermann „Willy" Gutmanns Leidenschaften galten wiederum „... Frauen, Billard, Bridge und Autos", er war sechsmal verheiratet.[718]

Das Röhrenwalzwerk in Witkowitz.
Ab 1873 war neben dem Haus Rothschild auch die Firma
Gebrüder Gutmann an dem Eisenwerk beteiligt.

Auf der Hochreith lebte Karl Wittgenstein seinen „amerikanischen" Traum von Freiheit und Wildnis: Stolz präsentiert er dem Fotografen seine Jagdbeute.

# KARL
# WITTGENSTEIN:
# EINE ART
# NACHRUF

---

## ALLES „ERFUNDEN,
## ERDICHTET UND UNWAHR"

1906 machten sich bei Karl Wittgenstein erste Anzeichen einer schwereren Krankheit bemerkbar, doch Wittgenstein hielt nicht viel von Ärzten. Es handelte sich um ein Plattenepithelkarzinom, einen Tumor in der Mundschleimhaut, wahrscheinlich hervorgerufen, zumindest befördert durch den Genuss von zwölf Havannas täglich. Eine erste Operation erfolgte durch den berühmten Chirurgen Anton von Eiselsberg.[719] 1909 wurde bei Wittgenstein eine Neubildung am Gaumen festgestellt.[720] Im Rahmen der vom Schweizer Emil Theodor Kocher (1841–1917) in Bern vorgenommenen Behandlung erfolgten mehrere schwere Operationen, die letztlich eine „Wiederkehr des Leidens" nicht zu verhindern vermochten. Kocher war einer der prominentesten Chirurgen seiner Zeit und gilt als Wegbereiter der modernen physiologischen Chirurgie. Er erhielt 1909 für seine Forschungen zur Schilddrüsenchirurgie und -physiologie als erster Chirurg den Nobelpreis für Physiologie oder Medizin. Der Krebs fraß sich durch Karl Wittgensteins Körper, befiel die Schilddrüse, dann das Ohr, die Kehle und schließlich die Zunge. Sommer und Herbst 1912 hatte er noch einmal in seinem geliebten Landhaus Hochreith verbracht. Auch von einem Aufenthalt an der französischen Riviera, nach dem er sein Krankenzimmer nicht mehr verließ, ist die Rede. Bei einer letzten Operation im November 1912 durch von Eiselsberg war ein großer Teil von Karls Unterkiefer amputiert worden, um überhaupt weitere Behandlungen vornehmen zu können, vergeblich.

Seine Frau Leopoldine stand ihm aufopfernd zur Seite, sie schien die tödliche Natur der Krankheit zu ignorieren, täuschte dies zumindest vor oder wollte es wirklich nicht wahrhaben. Der Krankheitszustand Karls verschlechterte sich rapide, konstant hohes Fieber fesselte den energischen und dynamischen Karl Wittgenstein ans Bett, machte ihn apathisch. Noch im Dezember diktierte er Hermine „stichwortartig, wie er sich selbst sah."[721] Ludwig verbrachte wie jedes Jahr Weihnachten 1912 mit der Familie und war sich nicht sicher, ob er bleiben solle, ahnte aber, dass der Verfall, der einen rapiden Verlauf nahm, zum baldigen Tod führen würde. Ludwig blieb, Karl Wittgenstein starb 65-jährig am 20. Jänner 1913. Er hatte, so Ludwig, „den schönsten Tod, den ich mir vorstellen kann; ohne die mindesten Schmerzen … und ich glaube, dieser Tod war ein ganzes Leben wert."[722] Karl Wittgensteins Tod bedeutete für alle eine Erlösung.[723] Am 22. Januar 1913 fand in der Lutherischen Stadtkirche die Einsegnung statt. Danach erfolgte die Beisetzung in der nun ehrenhalber gewidmeten Familiengruft auf dem Wiener Zentralfriedhof. Ganz Wien nahm Abschied.[724]

Das im Dezember 1912 verfasste Testament Karl Wittgensteins wurde bislang in der Literatur ignoriert.[725] Alle sechs Kinder, Hermine, Konrad, Helene, Margarethe, Paul und Ludwig erbten zu gleichen Anteilen (die Summen werden nicht genannt) und mussten ihrer Mutter vom Erbe jährlich 50.000 Kronen zahlen, sodass diese bis an ihr Lebensende jährlich 300.000 K beziehen würde. Das Gut Hochreith (4.500 Joch umfassend) mit den Häusern, Mobiliar, Bildern etc. erbte Tochter Hermine, Gattin Leopoldine erhielt das lebenslange Wohnrecht. Das Gut war ein überwiegend forstwirtschaftlicher Betrieb, zum Großteil verpachtet und verwaltet von einer familieneigenen Kanzlei. In Hermines Erbteil war ein Legat mit dem Betrag von 900.000 K einzurechnen. Der Grundbesitz in Hohenberg (von ebenfalls rund 4.500 Joch) fiel an Konrad (eingerechnet Legat von 700.000 K). Das landtäfliche Gut Mauer (800 Joch) wurde Tochter Helene vererbt (Legat 400.000 K). Seinen sieben Nichten und sieben Neffen vermachte er je 5.000 K. Seinem Sekretär Trenkler hatte er bereits ein Legat zugedacht, für das Dienstpersonal sollte seine Frau 20.000 K verteilen. Bruder Ludwig und Schwiegersohn Max Salzer wurden zu Testamentsexekutoren bestimmt. Zum Schluss dankt Karl Wittgenstein seiner Frau für ihre „unendliche Liebe und Güte" und er dankt seinen Kindern für ihre Liebe, alle hätten ihm „große Freude" gemacht. Na ja!

Nach seinem Tod spendeten Witwe und Erben nach Karl Wittgenstein der *Oesterreichischen Gesellschaft zur Erforschung und Bekämpfung der Krebskrankheit* den enorm hohen Betrag von 600.000 Kronen für Pflege und Behandlung unbemittelter Krebskranker. Eine größere Summe ging an die Klinik Eiselsberg (die 1. Chirurgische Universitätsklinik), wahrscheinlich, weil Karl dort zur Behandlung gewesen war.[726] Jerome transferierte einen großen Teil des liquiden Vermögens von Margaret an die amerikanische Börse, ein zunächst weiser Entschluss. Bereits Karl hatte einen Teil seines Geldes im Ausland angelegt, bei der *Central Hannover Bank* in New York, der *Schweizer Kreditanstalt* und dem Bankhaus *Blankart & Cie.* in Zürich und bei der holländischen Bank *Hope & Co.* in Amsterdam. Ein Großteil des Vermögens dürfte dort veranlagt geblieben sein, nicht zuletzt deshalb gelang es, das Vermögen über 1918 hinaus zu retten. Wittgenstein starb „unermesslich reich", Karl Menger, einem Cousin zufolge, wurde Wittgensteins Vermögen vor dem Ersten Weltkrieg auf 200 Millionen Kronen geschätzt,[727] das waren fast schon Rothschild'sche Dimensionen.

Auf Karl Wittgensteins Tod wurde mit respektvollen Nachrufen reagiert, sogar in der *Times*, wo er als „Carnegie von Österreich" bezeichnet wurde.[728] Paul Kupelwieser, langjähriger Freund und Weggefährte, fiel die Aufgabe zu, den Nachruf auf Karl Wittgenstein in „Österreichs Times", der *Neuen Freien Presse*, zu verfassen.[729] „Karl Wittgenstein war ein Mann von ungewöhnlich schöpferischer Kraft und starkem organisatorischen Talent. ... Karl Wittgenstein hatte ein stürmisches Temperament und eine außerordentlich rasche Auffassung, in der Diskussion glänzende Schlagfertigkeit und einen liebenswürdigen Humor. Er war oft aufbrausend, aber nie nachtragend, stets hilfsbereit gegen seine Freunde, und seine Charaktereigenschaften wurden auch von seinen Gegnern geschätzt. Er hat im Stillen oft im größten Stil Wohltaten erwiesen, junge Talente gefördert und künstlerische Bestrebungen bereitwillig unterstützt." Natürlich handelt es sich um einen Nachruf, eine ganz spezifische Textsorte, in der es eben um die Würdigung der/des Verstorbenen geht. In einem weiteren Artikel der *Neuen Freien Presse*, der sich ausschließlich Wittgensteins Wirken als Kunstfreund und -förderer widmet, seine Leistungen und Verdienste um die Wiener Secession, die Finanzierung des Ausstellungsgebäudes und die Unterstützung der Bewegung, sein Mäzenatentum insgesamt hervorhebt, findet sich folgende Charakterisierung: „[I]m industriellen, wirtschaftlichen und gesellschaftlichen Leben eine neue Type, gewissermaßen de[r] ‚Amerikaner', wie er vielfach genannt wurde", war „auch seine Lebensführung durchaus eigenartig ...". „Karl Wittgenstein war ein Selfmademan und hatte eine angeborene Respektlosigkeit vor Autoritäten und Konventionen."[730] Die *Neue Freie Presse* nennt ihn einen Mäzen, wie man es sich nur wünschen kann, der in der Künstlergesellschaft der *Secessionisten* ein ganz anderer Mensch war, weder wortkarg noch schroff.[731] Es wird auf Gustav Klimt, Max Klingers Plastik *Kauerndes Mädchen* und Monets Porträt Bezug genommen, auf die besonders enge Verbundenheit mit der Geschichte des „Musikfürsten" Joachim durch Karls Mutter hingewiesen, es folgen Verweise auf Brahms, Hanslick, Max Kalbeck, Robert Fuchs, Bruno

Walter, Ferdinand Löwe, auf Generalproben des Quartetts Soldat-Roeger im Hause Wittgenstein, erwähnt wird, dass auch der junge Gustav Mahler hier wohltätige Förderung erfahren hat. Niederschlag findet auch die sog. „Huldigungsaffäre". Maler Hohenberger hatte eine allegorische Darstellung der Huldigung erschaffen, welche die Freunde Karl Wittgensteins ihrem Haupte (Wittgenstein) darbringen. Die in der Szene Dargestellten hatten daraufhin einen Prozess angestrengt, um die Ausstellung des Bildes in der Secession zu verhindern.[732] In derselben Ausgabe der *Neuen Freien Presse* findet sich auch ein Nachruf verfasst von Max Feilchenfeld sowie ein weiterer Artikel zu Wittgensteins Lebenswerk.[733] Feilchenfeld betont die „rasche Auffassung", den „Scharfblick", die „treffsichere Beurteilung der Verhältnisse" des „hervorragenden Menschenkenners", Wittgenstein „kannte keinen Standesunterschied", außerhalb des Berufes war er von „Heiterkeit" und „naiver Lebensfreude". Feilchenfeld zufolge war in seinem Haus „von Geschäften keine Rede", ein wenig fragwürdig die Einschätzung: „Dort war er der stets liebenswürdige Gatte und Vater und der stets hilfsbereite Freund."[734] Zu seinen Leistungen als Industrieller: „Wittgenstein war eines der stärksten produktiven Talente, die Oesterreich besessen hat. Er war der Pfadfinder der heutigen Eisenindustrie mit ihren verbesserten Maschinen und Methoden."[735] Trotz leise durchklingender Kritik am Eisenkartell habe Wittgenstein „das meiste dazu beigetragen [...], die österreichische Eisenproduktion durch unausgesetzte Herabdrückung der Selbstkosten, stete Modernisierung des Verfahrens und auch durch kommerzielle Vervollkommnung zur gegenwärtigen hohen Blüte zu bringen." Respektvoll, aber doch äußerst kritisch die *Arbeiter-Zeitung*, für sie war Wittgenstein „wohl der bedeutsamste und erfolgreichste der österreichischen Industriellen", gleichzeitig geht so ein Lebensweg wie der seine aber „über Leichen", habe der Konzentrationsprozess in der Eisenindustrie „schmerzlich-blutige Opfer" gefordert, habe die Gründung des Eisenkartells „die Gewinne der Eisenmagnaten ins Unermeßliche gesteigert ...".[736]

Wittgenstein hatte große Verehrer, Bewunderung und Respekt finden sich in den Ausführungen Günthers über Karl Wittgenstein. Günther spricht vom „unvergleichliche[n] Genie", vom „Unternehmer von seltener Konzeption, ein hervorragender Kaufmann und ein tüchtiger Ingenieur in einem".[737] Wittgenstein legte, so Günther, auf „äußere Anerkennung" keinen Wert, obwohl seine „äußeren Allüren" „die eines vollendeten Weltmannes" waren[738] und starb ohne jede staatliche Auszeichnung. Schenken wir Hermine Wittgenstein Glauben, die ihren Vater häufig auf Reisen nach Brüx, Kladno oder Teplitz begleitete, so war er bei Beamten und Direktoren äußerst beliebt, auch bei den Arbeitern, ähnlich urteilte Feilchenfeld. Auch, weil er häufig Zigarren verschenkte. Nach Hermine war er ein sozialer Unternehmer, darauf bedacht, den Lebensstandard seiner Arbeiter zu heben. Alles in allem fallen die Bewertungen Wittgensteins jedoch höchst unterschiedlich aus, er hatte auch viele Feinde, Teile der Presse, und viele mehr. Antisemitismus wird immer wieder laut in den Zeitungen, z. B. in der *Reichspost* oder im *Wiener Sonn- und Montags-Blatt*. Wittgenstein war – ähnlich Taussig – ein Feindbild dieser Zeitung, er kommt in zahlreichen Leitartikeln vor,[739] Feind des *Wiener Sonn- und Montags-Blatts* war auch die *Neue Freie Presse*, die als „Wittgenstein'sches Amtsblatt" bezeichnet wird.[740] Auch in den *Wiener Neuesten Nachrichten* ist vom „Herr[n] Wittgenstein" und „den ihm nahestehenden Judenblättern" die Rede, angeführt werden die *Neue Freie Presse* und das *Neue Wiener Tagblatt*.[741] Böse Berichterstattung findet sich auch im *Wiener Montags-Journal*.[742]

Es gab auch seriösere Kritiker. Für Karl Kraus stellte Karl Wittgenstein den Inbegriff eines Kapitalisten und rücksichtslosen Aktienspekulanten dar. Wittgenstein wird von Kraus in der *Fackel* 17/1899 bis 251/52/1908 21-mal scharf kritisiert.[743] Kraus stellt ihn in eine Reihe mit Gutmanns und Rothschilds und verweist auf deren Spendenheuchelei vor dem Hintergrund der elenden Lebensbedingungen ihrer Arbeiter, etwa der Kohlenarbeiter, die 1899/1900 in Streik traten und auf deren Seite sich Kraus stellte.[744] Karl Kraus erhebt Wittgenstein mehrmals zur Persona non grata, als Paradebeispiel eines Plutokraten, mit dessen Billigung beispielsweise streikenden Arbeitern in Böhmen das Wasser abgedreht wurde.[745] 1901 geißelte Karl Kraus in mehreren Ausgaben die Machenschaften Karl Wittgensteins, der Absprachen zwischen der *Niederösterreichischen Escomptegesellschaft* und der *Böhmischen Escompte-Bank* vorangetrieben und damit erhebliche Spekulationsgewinne gemacht hatte, „vor der Öffentlichkeit aber seine Hände in Unschuld wusch und behauptete, erst aus den Zeitungen davon erfahren zu haben."[746] „Die Farbe der neugeborenen Unschuld kann man Ihnen nicht glauben", wies Kraus ihn zurecht, „Capitalsprofit" werde von Wittgenstein über Menschenwohl gestellt. Karl Wittgenstein übersandte der *Fackel* zunächst eine Berichtigung, die erschien und auf die unverzüglich reagiert wurde. In der Folge verfasste Wittgenstein eine zweite Berichtigung, die nicht veröffentlicht wurde, worauf er mit einer Berichtigungsklage reagierte und Karl Kraus zu 80 Kronen Geldstrafe verurteilt wurde.[747] Wittgensteins Kinder Ludwig und insbesondere Margarethe schätzten Kraus und seine *Fackel* aber sehr. Margarethe war geradezu süchtig nach der dreimal monatlich erscheinenden Zeitschrift. An der Vorliebe für Kraus seitens der Genannten vermochten auch dessen Angriffe auf ihren Vater nichts zu ändern. Aber welche Position sie bei Kraus' Angriffen gegen ihren Vater bezogen, wissen wir nicht. Wohl wenig zu kritisieren gab es an Karl Wittgensteins in den Nachrufen bereits erwähntem Mäzenatentum. So war er Förderer und Finanzier vor allem der *Secession*, Josef Hoffmanns und der *Wiener Werkstätte*. Er spendete den Großteil des Geldes (50.000 Kronen), das für die Errichtung des Ausstellungsgebäudes der *Secession* von Joseph Maria Olbrich notwendig war, ein weiterer Betrag wurde von der Familie Mauthner aufgebracht.[748] Bis zur Beseitigung durch die Nationalsozialisten kam Wittgensteins Bedeutung als Finanzier auch in einer Inschrift im Vorraum des Gebäudes zum Ausdruck.[749] Es dürfte wohl Hermines tiefe Verehrung und Bewunderung für Gustav Klimt, heute der bekannteste Vertreter der Wiener *Secession*, gewesen sein, die Karl Wittgenstein dazu veranlasst hatte. Wittgenstein hatte seinen Kunstgeschmack geändert, vielleicht schon unter Einfluss Hermines, noch in den 1880er Jahren kaufte er ganz traditionelle Kunst, meist Genre- oder Historienmalerei.[750] Nunmehr stand der Erwerb moderner Kunst an erster Stelle. 1904 beauftragten Karl und Leopoldine Wittgenstein Klimt, ein Porträt ihrer Tochter Margarethe, anlässlich ihrer bevorstehenden Vermählung, anzufertigen.[751] Wittgensteins waren bereits als Klimt-Sammler bekannt. Sie besaßen u. a. seinen *Goldenen Ritter* (1903, damals noch unter dem Titel *Das Leben ein Kampf*). Der Porträtauftrag an Klimt, ein Bild von Gretl als junge 22-jährige Braut, war aber doch etwas Besonderes. Margarethe war gar nicht so begeistert vom Vorschlag bzw. Wunsch ihrer Mutter, willigte aber schließlich ein. Dazu kamen ganz andere Befürchtungen. Klimt hatte mit etlichen der von ihm porträtierten Damen, so das Gerücht, Affären unterhalten. Der Zeitaufwand war groß, bereits für die sogenannten „Vorstudien", aber Margarethe verstand sich wider Erwarten prächtig mit dem eher grobgeschnitzten Gustav Klimt.

Im Anschluss an die Hochzeitsreise wird Margarethe in Wien das Klimt-Bild überreicht: „Ein gutes Bild und sein Geld wert", urteilt Karl Wittgenstein, positiv auch die Reaktionen der anderen, mit Ausnahme Ludwigs und wie es scheint Margarethe selbst.[752] Sie warf Klimt vor, ihren Mund falsch dargestellt zu haben, dass sie später diesen Teil des Bildes sogar selbst übermalt hatte, wie sich häufig in der Literatur findet, ist jedoch eine Legende und falsch.[753] Klimt, der sich zwar zunächst bei Übergabe des Porträts weigerte, das Honorar einzufordern, weil er und die Familie noch nicht zufrieden waren, dürfte das Gemälde entgegen Gerüchten hingegen gefallen haben. Es wurde noch unfertig 1905 anlässlich einer Ausstellung des Künstlerhauses in München, dann 1908, von Wittgensteins ausgeborgt, bei der großen Wiener Kunstschau und 1911 bei der Internationalen Kunstausstellung in Rom von ihm gezeigt.[754]

1956 stellte es Margaret Stonborough-Wittgenstein der Neuen Galerie in Linz leihweise zur Verfügung. Als nach Margarets Tod die Erben das Bild der Stadt Linz um 300.000 Schilling (heute unter Berücksichtigung der Inflationsrate 200.000 bis 250.000 Euro) zum Verkauf anboten, lehnte die Stadt ab. 1960 verkaufte es ihr Sohn Thomas Stonborough dann an die Neue Pinakothek in München. Es wäre heute wohl 100 bis 200 Millionen Euro wert.

# DER INDUSTRIEMAGNAT
## KARL WITTGENSTEIN

Wittgensteins Leistungen und Verdienste als Mäzen und als Industrieller sind unbestritten. Er war der Inbegriff eines erfolgreichen Industriemagnaten, galt als „österreichischer Krupp". Er vereinte „eine gründliche Kenntnis der neuesten technischen Möglichkeiten mit einem sicheren Geschäftssinn."[755] Ähnlich seinem Vater war er ein „Sanierer" und ein harter Arbeiter. „Er hatte eine außerordentliche Fähigkeit, unter Einsatz seiner technischen Kenntnisse kränkelnde in florierende Unternehmen zu verwandeln. Zudem besaß er eine geradezu phantastische Leistungskraft und arbeitete tagaus tagein mit großer Härte."[756] McGuinness zufolge lagen die Hauptgründe seines Aufstiegs neben seinen „beträchtliche[n] technische[n] Kenntnisse[n] in seiner Entscheidungsfreudigkeit, seiner Verwegenheit und seinem Talent für das Unerwartete ..."[757] Schwaner schreibt ihm einen „Sinn für schnelle unkonventionelle Lösungen, gepaart mit Entscheidungsfreude, energiegeladenes Auftreten, um nicht zu sagen wohlkalkuliertes Draufgängertum, und unternehmerisches Selbstbewusstsein" zu.[758] Hier fehlt mir ergänzend die Härte, mit der oft vorgegangen wurde, die wohl nicht immer ganz „koscheren" Mittel zur Erlangung seiner Ziele. Um 1895 galt Karl Wittgenstein als „unbestrittener Meister der sogenannten ‚Industrierationalisierung", er stand für Innovation, fortschrittliche Produktionsmethoden und moderne Organisationsformen. Unbestritten, aber nicht unumstritten: Rationalisierung, das hieß Zusammenlegung, damit Auflassung von Standorten, hieß insgesamt Tausende freiwerdende Arbeitsplätze, Arbeitslose zunächst, nicht oder kaum sozial abgesichert, bedeutete den Ruin für so manche Kleinregion und Existenz. Arbeiten im Berg- oder Stahlwerk war Schwerstarbeit, häufig schlecht bezahlt, gerade für das Nötigste reichend, für hohe Mieten in Elendsquartieren und die wichtigsten Lebensmittel. Dem stehen dann oft Einzeltaten der Unternehmer wie Wittgenstein gegenüber, der sich in einzelnen Notfällen hilfsbereit und großzügig zeigte.

Heftig angegriffen wurde wie geschildert Wittgensteins geheimes Agieren, gestützt auf sein Netz von Strohmännern, Verbindungsleuten, die Aktien für ihn, aber nicht auf seinen Namen kauften. Gefinkelte Aktienmanöver waren eine Stärke Karl Wittgensteins, dazu gehörte ein gehöriges Maß an Risikobereitschaft und Spekulationsgeist. So hatte er ein um das andere Unternehmen in seine Hände gebracht, dies rief Neider hervor, und die Optik einiger Transaktionen war oft schief. Gerüchte um Börsenspekulationen rissen daher nie ab, tatsächlich scheinen einige Bewegungen an der Börse bewusst herbeigeführt worden zu sein, über Jahrzehnte immer wieder. Wittgenstein habe als Zentraldirektor der *Prager Eisenindustrie-Gesellschaft* (*PEG*) jahrelang künstliche Bilanzen fabriziert, würde den Kurs nach unten, dann nach oben treiben, im Fall der *Alpine Montangesellschaft*, deren Kurse am Boden waren, unter „falscher Flagge" kaufen etc., so die Vorwürfe, die um 1900, also nach dem offiziellen Rückzug Wittgensteins, laut und lauter wurden. Neben Wittgenstein selbst wurden auch dessen Hintermänner angegriffen, insbesondere Wilhelm Kestranek. Wittgenstein sah sich immer wieder zu Veröffentlichungen und Repliken in den Medien veranlasst, alle diese Berichte „sind unwahr, ohne jede Ausnahme, absolut und nach jeder Richtung hin unwahr", alle Mitteilungen über von ihm oder für ihn gemachte Effektenkäufe oder Verkäufe „erfunden, erdichtet und unwahr".[759] In einer zweiten Erklärung versucht er insbesondere die konkreten Vorwürfe, die die *Arbeiter-Zeitung* gegen ihn erhob, zu entkräften.[760] Es sei unwahr, dass er als Zentraldirektor der *PEG* das Erträgnis der Gesellschaft absichtlich geringer habe erscheinen lassen, um Aktien bei niedrigem Kurs zu kaufen. Sein Besitz stamme aus der Transaktion zwischen den *Teplitzer Walzwerken* und der *PEG* 1886 und einem Effektenkauf aus eben diesem Jahr. Er habe nie auch nur eine *Alpine-Montan*-Aktie unter falscher Flagge erworben und auch nicht den ganzen Aktienbesitz in seine Hände gebracht. Vielmehr sei der Ankauf auf Rechnung der *Creditanstalt* und der *PEG* erfolgt und nur zu einem Siebentel des gesamten Aktienankaufs auf seine, Karl Wittgensteins Rechnung.

Kritik rief die Tätigkeit Wittgensteins im Eisenkartell hervor. Noch 1909 wurde im Abgeordnetenhaus über das Eisenkartell und dessen schädliche Wirkungen debattiert. In der Rede des christlichsozialen Abgeordneten und Historikers Michael Mayr, dem späteren ersten Bundeskanzler der Republik Österreich, wird hervorgehoben, dass einzelne Mitglieder finanziell enorm profitiert hätten. Erwähnt wird Karl Wittgenstein als Beispiel eines, der sich aus „verhältnismäßig bescheidenen Verhältnissen heraus" zu einem vielfachen Millionär entwickelt habe und ein Vermögen von 30 Millionen Kronen besitzen solle. Erwähnt werden auch weitere Mitglieder des Wittgenstein-Clans. Wilhelm Kestranek wird auf über 7 Millionen Kronen Vermögen geschätzt, Max Feilchenfeld auf 5 Millionen, angeführt werden weiters Paul Kupelwieser, Isidor Weinberger, Eduard Palmer, Robert Lenk und Richard Lieben, alle „durch diese Kartellwirtschaft zu reichen Leuten geworden".[761]

Karl Wittgenstein war als Geschäftsmann und Unternehmer zweifellos auch ein Hasardeur.[762] Es waren oft risikoreiche, ja waghalsige Unternehmungen, die er einging, aber „[d]er Industrielle muß wagen, er muß, wenn es der Moment erfordert, imstande sein, auch alles auf eine Karte zu setzen, selbst auf die Gefahr hin, daß er die Früchte, die er zu erreichen hofft, nicht einheimst, seinen Einsatz verliert und wieder von neuem anfangen muß."[763] Dies formulierte er in einem Vortrag 1898 vor dem *Österreichischen Ingenieur- und Architekten-Verein*,[764] in dem er sich auch über die Notwendigkeit eines gewissen Maßes an Spekulation auslässt. Dies könnte auf wiederholte Angriffe gegen Wittgensteins Spekulationen und intransparente Börsengeschäfte zurückzuführen sein, eine Art Verteidigungsrede Wittgensteins. Gleichzeitig offenbart das Zitat auch sein Unternehmercredo:

„Der Industrielle muß nicht nur Techniker und Kaufmann sein und als solcher mit Verständnis den Fluktuationen des Marktes seiner Erzeugnisse folgen können, er muß auch die Fähigkeit haben, den Bedarf an neuen Artikeln rechtzeitig zu erkennen, den Wert neuer Arbeitsmethoden zu schätzen, den Mut haben, sich darauf einzurichten, mit einem Worte, er muß eine ganze Reihe nicht definierbarer, nicht greifbarer, oft vom Zufall abhängiger Faktoren in seinen Kalkül einbeziehen, er muß auch Spekulant sein."[765]

So verstand sich Wittgenstein. Die Fähigkeit zum spekulativen Geist und der Mut zu ihrer Ausübung seien „nicht angeboren, wie etwa das Talent zur Musik, sondern müsse anerzogen, durch Fleiß und Übung erworben werden."[766] Hier unterschlägt Wittgenstein aus meiner Sicht die Bedeutung der Herkunft, die in großbürgerlichen Kreisen sicher eine große Rolle spielte, des sozialen Backgrounds, der einen gewissen Habitus mit sich bringt, und wohl auch das Vorhandensein eines gewissen Unternehmer- und Organisationstalents und bestimmter charakterlicher Eigenschaften. Karl Wittgenstein spielte mit dem Feuer, riskierte oft Kopf und Kragen, machte Versprechungen, ohne zu wissen, ob er sie erfüllen konnte, stimmte dem Kauf von Anteilen und Gesellschaften zu, obwohl er das benötigte Kapital noch nicht zur Verfügung hatte, bot Personen Aktienpakete zum Verkauf an, die er bereits anderen versprochen hatte. Ulrich Weinzierls Einschätzung: „Selbstverständlich war er ein Raubtierkapitalist erster Güte (die Spezies ist ja jetzt wieder etwas in Verruf geraten), doch wären seine amerikanischen und deutschen Nabob-Kollegen mit ähnlichem Recht als ‚high-class crooks' (Betrüger aus der Oberschicht, P. E.) zu bezeichnen"[767] ist wohl beizupflichten. Er war selbst in der Habsburgermonarchie beileibe nicht der einzige dieser Sorte, wenn auch einer der erfolgreichsten. Und in vielem war er ein Pionier, ein doch eher seltener Typus.

Als einer der ersten Unternehmer in der Donaumonarchie betrieb Karl Wittgenstein in den von ihm beherrschten Firmen eine konsequente Modernisierung der Produktionstechnik und Rationalisierung der Betriebsabläufe. Außerdem verfolgte Wittgenstein bereits sehr früh nicht nur eine Expansionsstrategie der horizontalen Integration (also den Ankauf von Unternehmen gleicher Produktion), sondern auch eine der vertikalen Integration. Er bemühte sich, den gesamten Produktionsprozess der Eisen- und Stahlgewinnung in die Hand zu bekommen, angefangen von Kohlegruben und Eisenerzvorkommen über die Eisen- und Stahlwerke selbst bis hin zur Weiterverarbeitung und zum Vertrieb. Konzentriert waren diese Firmen größtenteils in Böhmen, mit dem Ausgangspunkt Teplitz. Letztlich zählten sogar (Groß-)Banken zur Finanzierung seiner Vorhaben und Siedlungsgesellschaften zur Errichtung von Arbeiterwohnungen zu Wittgensteins Firmenimperium bzw. Einflussbereich. Den sozialen Konsequenzen seines Handelns schenkte er keinerlei bzw. keine besondere Beachtung, wiewohl er sich äußerst positiv nach seinem Amerika-Aufenthalt über den hohen Lebensstandard der dortigen Arbeiterschaft geäußert hatte.[768] Daher wurde er auch mit einem durchaus kritischen Unterton immer wieder als „Amerikaner" in Österreich bezeichnet, bewundert und verachtet zugleich.

Aus einer noch 1913 veröffentlichten Aufsatzsammlung Karl Wittgensteins lassen sich Rückschlüsse über Wittgensteins wirtschaftspolitische Auffassungen und Einschätzungen ziehen. Sein ökonomisches Denken und Agieren war von Widersprüchen geprägt, stand und steht im Widerspruch zu gängigen zeitgenössischen wie gegenwärtigen ökonomischen Theorien, er blieb aber stets konsequent in seinem Urteil. Es waren Überlegungen eines Praktikers, verfasst zu jener Zeit, als Menger, Böhm-Bawerk und Wieser mit der Ausarbeitung der Fundamente der Österreichischen Schule der Nationalökonomie befasst waren.[769] Wittgenstein trat für eine andere Wirtschaft ein, der Markt sollte frei sein, doch vom Freihandel hielt er nichts, er verteidigte Kartelle, er selbst war ja eine treibende Kraft hinter den ersten Kartellgründungen gewesen, die im Allgemeinen für wettbewerbs- und konsumentenfeindlich gehalten wurden und werden. Er vertrat vehement und wiederholt die Idee von Schutzzöllen für die österreichische Industrie, dem Beispiel Deutschlands und der Vereinigten Staaten folgend, die er immer wieder als erfolgreiche Beispiele einer Schutzzollpolitik anführt.[770] Immer wieder spricht er von der Notwendigkeit, den Inlandsmarkt zu stärken, die Agrarbevölkerung, noch immer die Hälfte der Bevölkerung Österreichs, in die Lage zu versetzen, Konsumgüter nachzufragen. Das Streben nach Exporten, das sich allerorten, auch in der österreichischen Wirtschaftspolitik, breitmachte, verstand er nicht oder als falschen Weg. Ziel jeder Regierung müsse es sein, „den durchschnittlichen Wohlstand des Landes zu vermehren, die Bevölkerung durchschnittlich reicher zu machen." Und: „Ich verstehe die durchschnittliche Zunahme des Wohlstandes der Bevölkerung als eine möglichst auf alle Bewohner ausgedehnte."[771] Eine starke Ansage, mit dem Wort „möglichst" erfolgt aber zugleich eine Relativierung! Krisen gehörten aus Sicht Wittgensteins zum wirtschaftlichen Ablauf, veraltete Betriebe würden neuen, innovativen (Groß-)Unternehmen weichen müssen, doch bliebe ein Bestand an übernommenen, erfahrenen Ingenieuren und Kaufleuten und geschulten Arbeitern gewahrt.[772]

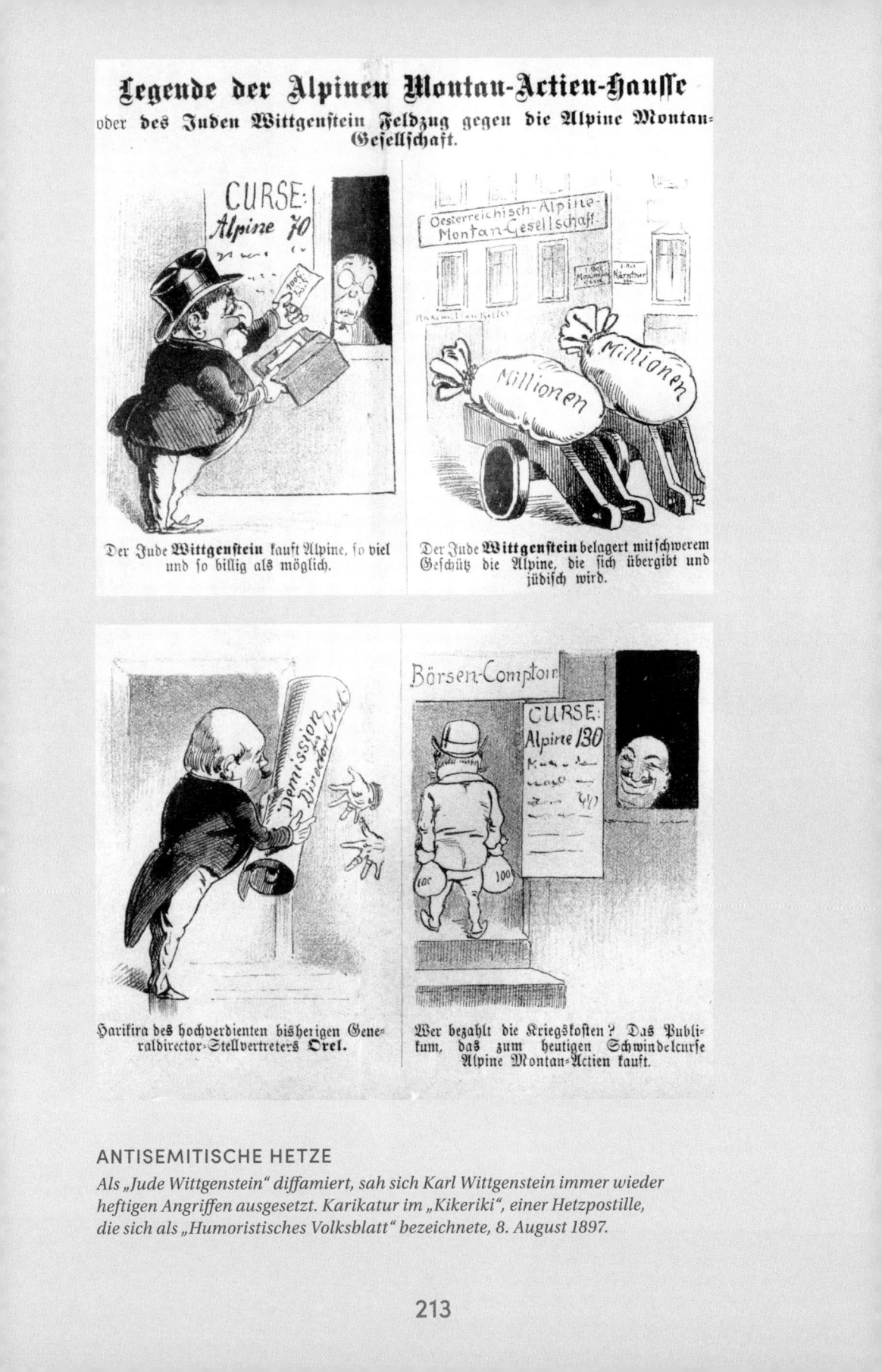

# Legende der Alpinen Montan-Actien-Hausse

oder des Juden Wittgenstein Feldzug gegen die Alpine Montan-Gesellschaft.

Der Jude **Wittgenstein** kauft Alpine, so viel und so billig als möglich.

Der Jude **Wittgenstein** belagert mit schwerem Geschütz die Alpine, die sich übergibt und jüdisch wird.

Harikira des hochverdienten bisherigen Generaldirector-Stellvertreters **Orel**.

Wer bezahlt die Kriegskosten? Das Publikum, das zum heutigen Schwindelcurse Alpine Montan-Actien kauft.

## ANTISEMITISCHE HETZE

*Als „Jude Wittgenstein" diffamiert, sah sich Karl Wittgenstein immer wieder heftigen Angriffen ausgesetzt. Karikatur im „Kikeriki", einer Hetzpostille, die sich als „Humoristisches Volksblatt" bezeichnete, 8. August 1897.*

Geschosspresse in Witkowitz. Auch die Eisen-
und Stahlwerke Wittgensteins produzierten
ab den 1890er Jahren verstärkt Rüstungsgüter

# „PLÖTZLICHER RAUSCH DES PATRIOTISMUS"

## DIE WITTGENSTEINS UND DER KRIEG

Gerade auf der Hochreith befindlich, erfuhren die Geschwister Wittgenstein vom früheren Verwalter des Vaters, Anton Groller, vom Attentat auf den Thronfolger Erzherzog Franz Ferdinand am 28. Juni 1914, vom für die Serben unannehmbaren Ultimatum am 23. Juli, wenig später von der Kriegserklärung am 28. Juli. Wittgensteins kehrten nach Wien zurück.[773] Noch ahnt niemand, dass sich dieser Krieg zum ersten weltumspannenden Krieg entwickeln wird, dass er vier lange Jahre dauern wird (nahezu alle rechnen mit einem kurzen Krieg), über neun Millionen Menschen das Leben kosten und fast keine Familie verschonen wird. Die Familie Wittgenstein scheint wie so viele andere von Kriegsbegeisterung und Patriotismus gepackt worden zu sein. Der Krieg ist aus ihrer Sicht notwendig und wird von ihnen begrüßt, alle sind von der Pflicht des Einsatzes für das Vaterland überzeugt, auf mehrfache Art und Weise. Ludwig hatte im Gegensatz zu seinen Brüdern noch keinen Militärdienst geleistet, er war wegen einer beidseitigen Leistenbruch-Operation im Jahr 1913 vom aktiven Militärdienst befreit. Paul dachte daran, Stoff für Tausende von Wintermänteln für die Armee zu kaufen (was er später tatsächlich mit einer Spende von einer Million Kronen verwirklichte). Die Brüder meldeten sich unverzüglich zum Kriegsdienst,[774] bis auf Kurt, der in New York festsaß. Er war im April 1914 nach Amerika gefahren, um sich nach Investitionsmöglichkeiten in der amerikanischen und kanadischen Stahlindustrie umzusehen. Von den US-Behörden von der Rückreise zurückgehalten, arbeitete er jetzt in der Propagandaabteilung im österreichischen Generalkonsulat, um den US-amerikanischen Regierungsapparat für die Unterstützung Österreich-Ungarns zu gewinnen. Kurt wird bedauert, Leopoldine schreibt ihm in die USA, dass er versuchen solle, nach Österreich zurückzukehren, um Kriegsdienst zu leisten.[775] Kurt bekundet, er wolle nach Wien kommen, um eingezogen zu werden.

Margaret, wegen des Kriegsausbruchs genötigt, in Österreich zu bleiben, was ihr sicher entgegenkam, jubelte über die Entscheidung ihrer Brüder. Sie hoffte, die Kriegserfahrung würde Paul und Ludwig helfen, ihre Depressionen und psychischen Schwankungen zu überwinden. Über den Militärdienst ihrer Brüder und Freunde schreibt sie an Hermine: „So vielen die ich kenne wird dieser Krieg, wenn sie heil nach Hause kommen, sehr gut getan haben."[776] Diese Einschätzung erscheint aus heutiger Sicht unbegreiflich, wir wissen, das Gegenteil war meist der Fall. Noch dazu werden zwei ihrer Brüder nicht heil nach Hause kommen. Jahre später zugegebenermaßen ist Hermine ängstlicher und steht dem Krieg skeptischer gegenüber, wie in einem Brief an Ludwig zum Ausdruck kommt: „Es ist doch eine Art Krankheit die die Menschen ergriffen hat, eine Sucht, sich und Andere zu vernichten, ich bin ganz sicher dass darin die Begründung dafür liegt, dass jedes Volk seinen Krieg haben <u>muss</u>. Es liegt eine Art Wollust darin – wenigstens für eine Zeit – Entbehrungen zu dulden und zu zerstören ...“[777] Ludwig antwortete, auch bereits geläutert von seiner anfänglichen Begeisterung: „Ich glaube wol nicht daß das Umsichgreifen des Krieges den Grund hat den Du angiebst. Hier handelt es sich – glaube ich – um einen vollständigen Sieg des Materialismus und den Untergang jedes Empfindens für Gut und Böse."[778] Aber auch Hermine war von Patriotismus gepackt worden und schildert noch 30 Jahre später mit einer gewissen Bewunderung die Heldentaten und den Mut ihrer Brüder. Nur in Zusammenhang mit einigen verschwendeten Spenden der Familie, an die sie sich erinnert, kommen leise Zweifel am Wittgenstein'schen Kriegsengagement zutage.

Die Frauen fügten sich, Margaret sicher widerwillig, den weiblichen Rollenmustern, die gesellschaftlich im Krieg Frauen vorgeschrieben waren: Sie beteiligen sich an der Organisation von Lazaretten und Hilfsdiensten und widmen sich der Pflege Kranker und Verwundeter.[779] Hermine Wittgenstein arbeitet mit ihrer Freundin Marie „Mitze" Salzer im Zuge des freiwilligen Kriegseinsatzes in der Ambulanz der Chirurgie in der Krankenanstalt Rudolfstiftung, wo sie bis 1919 tätig ist,[780] Margaret als Hilfsschwester im Lazarett in Bad Ischl, sie trägt dort Essen aus[781]. Sie wird bei ihrem Pflegedienst von einer schweren Infektion heimgesucht, worauf sich ihr Herzleiden, das sie sich nach der Geburt von John zugezogen hatte, wieder bemerkbar macht.[782] Stonboroughs kehren zu Weihnachten 1914 von Gmunden nach Wien zurück und mieten im Sommer 1915 eine Etage im Palais Erdődy (Krugerstraße 10), wo sie (später Jerome alleine) mit größeren Unterbrechungen für zehn Jahre logieren werden.

Paul Wittgenstein rückte als Reserve-Offizier an die russische Front ein und zog mit dem 4. Dragonerregiment nach Galizien.[783] Im August 1914 nahe Zamość zerschmetterte eine Kugel Pauls Ellbogen, worauf ihm im Feldspital der rechte Arm bis zur Mitte des Oberarms amputiert wird. Während seiner Operation im Lazarett in Krasnystaw wird die Stadt von der russischen Armee eingenommen, Paul gefangen genommen und in ein Gefangenenlager nach Omsk in Sibirien gebracht. Dort lernt er mittels einer Selbsthilfeanleitung für amputierte Kriegsheimkehrer (verfasst vom einarmigen Grafen Géza Zichy), sich mit einer Hand anzuziehen und seine tägliche Pflege selbst zu bewerkstelligen, sich zu waschen und das Fleisch zu zerdrücken, statt zu schneiden. Nicht nur Zichy, auch Josef Labor und der Pianist Leopold Godowsky werden zu Vorbildern. Mit dem den Wittgensteins eigenen eisernen Willen lernt er, mit der linken Hand Klavier zu spielen (er stützte sich u. a. auf die Neuausgabe von Wilhelm Tapperts *Fünfzig Übungen für die linke Hand* und griff auf Kompositionen von Franz Liszt für Zichy zurück).

Im Oktober 1914 hatten die Geschwister die Nachricht erhalten, dass Paul schwer verletzt worden war, sein rechter Arm so schwer zertrümmert war, dass er amputiert werden musste und Paul in Kriegsgefangenschaft geraten war.[784] Eine umso größere Katastrophe, als Paul davon geträumt hatte, sein Geld als Pianist zu verdienen. Alle hofften, dass Paul nicht in Suizidgedanken verfallen würde, und befürchteten das Schlimmste. Margaret schickte ihm aufmunternde Briefe in das russische Kriegsgefangenenlager. Briefe und Nachrichten über ihre Söhne waren auch für Leopoldine Wittgenstein ganz wichtig, eine gestörte Beziehung kann man weder aus den Briefen Pauls und Ludwigs, noch aus denen der Mutter herauslesen, sie sind Dokumente einer doch tiefen Beziehung, mütterlicherseits getragen von großer Sorge um ihre Kinder. Dazu kam, dass Leopoldine an einer hartnäckigen Venenerkrankung der Beine litt und sich deshalb einer Operation unterziehen musste. Sie war gezwungen, eine Zeit lang im Rollstuhl zu sitzen. Dazu kam, dass sich ihr Augenlicht merklich verschlechterte, höchstwahrscheinlich eine Makula-Degeneration, die schließlich zur vollständigen Blindheit führen sollte. Auch Onkel Paul dürfte schwerer krank gewesen sein, Briefen zufolge – vor allem Ludwig und Hermine stehen in regem Briefkontakt – besserte sich sein Zustand. Kurt wiederum hatte sich bislang vergeblich bemüht, aus Amerika auszureisen. Im November 1915 wurde Paul dank eines Austauschprogramms des Roten Kreuzes aus der Gefangenschaft entlassen. Wieder in Wien wird er in den Ruhestand versetzt und zum Oberleutnant der Reserve ernannt. 1916 erhält Paul für seine Tapferkeit in den ersten Kriegsmonaten – er hatte mit einer Meldung die Umzingelung durch russische Einheiten verhindert – das *Militärverdienstkreuz III. Klasse mit den Schwertern* und wurde zum

Oberleutnant befördert (später bringt er es bis zum *Militärverdienstkreuz II. Klasse* – 1917 erhält er die *Große Silberne Tapferkeitsmedaille*). Es war kräftig interveniert worden seitens der Wittgensteins für Paul, der mit katastrophalen Zuständen in den Lagern konfrontiert worden war – Eindrücke, die ihn sein Leben lang begleiten sollten. Als ihn Hermine im Quarantänespital in Leitmeritz, wo er sich zunächst aufhalten musste, besuchte, war sie jedoch erstaunt, wie gut er aussah und wie wenig er sich von all den erlebten Gräueln und seinem eigenen persönlichen Schicksal anmerken ließ. Nach einer Operation begann er ermuntert von Margaret mit einem Fitnessprogramm und setzte sich auch wieder ans Klavier. Seine Willenskraft war enorm, sein Ziel, Konzertpianist zu werden, unverändert. Als Nebenprodukt verfasste Paul mit der *Schule für die linke Hand* ein Standardwerk.[785]

Wien, wie es sich Paul 1916 präsentiert, ist eine andere Stadt. Der Krieg war jubelnd empfangen und gefeiert worden. Davon war nichts mehr zu merken. Dunkel war die Stadt, dunkel die Straßen und die Geschäftsauslagen, mit Kohle, Holz, Strom und Gas musste längst gespart werden. Kein Duft aus Konditoreien und Bäckereien, keiner von Kaffee, längst waren Zucker, Butter, Milch, Eier und Fleisch rationiert, herrschten überall Ersatzlebensmittel vor. Die Schlangen vor den Geschäften, Marktständen, Kriegsküchen wurden länger. Schlange stehen, um irgendetwas Essbares zu ergattern, ein symbolisches Bild, eine Chiffre dieses Krieges. Parks wichen Gemüseanbauflächen, der Wienerwald war doppelt bedroht, durch Abholzung seitens der frierenden Wiener Bevölkerung und durch das Vordringen „wilder" Siedlungen, die aus der drückenden Wohnungsnot resultierten. Waren bisher bürgerlichen Frauen meist nur die „typisch" weiblichen Tätigkeitsbereiche geblieben, so erlangten Frauen im Krieg Männerpositionen, weil es an Männern im Hinterland mangelte. Kinder mussten die Rollen von Erwachsenen einnehmen, als Ernährer und Beschützer. Inzwischen waren Zigtausende von Flüchtlingen nach Wien gekommen, flüchtend von den Kriegsschauplätzen. Die Stadt wurde mit Lazaretten überzogen, Krieg und Tod waren allgegenwärtig. Straßenbahnen beförderten die in Spitälern Verstorbenen zu Massengräbern auf den Friedhöfen. Die Tuberkulose nahm wieder zu, ehe gegen Ende des Krieges die Spanische Grippe zu wüten begann. Die zensurierten Medien hielten bis zuletzt ihren Optimismus bei, schwindelten sich über die Niederlagen und Positionsverluste hinweg.

Paul wollte zeigen, wozu er trotz seines Handicaps imstande war. Seine ersten Auftritte erfolgten in kleinerem, privatem Rahmen. Im März 1916 führte Paul Wittgenstein bei einem privaten Konzert im Musiksalon des Palais Wittgenstein ein von Josef Labor eigens für ihn komponiertes Konzertstück auf, begleitet von einem Schüler Leschetizkys, der vier Monate zuvor verstorben war. Das Konzert wird ein großer Erfolg, den Paul und Labor genießen, so wie auch Ende Oktober 1916 die Aufführung eines weiteren Labor-Werkes im privaten Kreis. Einarmig in der Öffentlichkeit debütierte der 29-jährige am 12. Dezember 1916 im *Großen Musikvereinssaal* mit Werken von Bach, Mendelssohn und drei von Godowsky arrangierten Etüden Chopins, von ihm selbst für die linke Hand transkribiert. Nicht nur am gleichen Ort, sondern auch mit dem gleichen Dirigenten (Oskar Nedbal) und dem gleichen Orchester (*Wiener Tonkünstler*) wie bei Pauls zweihändigem Debüt vor genau drei Jahren. Paul arrangierte Werke berühmter Komponisten für die linke Hand allein, und er hatte ein neues Stück, eine Uraufführung, einstudiert, das sein alter Lehrer Labor für ihn geschrieben hatte. Das Konzert wurde wohlwollend, aber auch ambivalent, etwa vom renommierten Kritiker Julius Korngold, aufgenommen. Gleichwohl bestand die Gefahr, dass es die Kuriosität der Einarmigkeit sein würde, die viele zu einem Konzertbesuch bewog, und dass man Abstriche machte bezüglich seiner Virtuosität, da er doch nur eine Hand hatte. So und ähnlich war es in vielen Kritiken zu lesen: „Diese [gemeint ist die linke Hand] meistert er jetzt in so unerhörter Weise, daß man es dem hochmusikalischen, gepflegten Klavierspiel **kaum** [Hervorhebung P. E.] anmerkt, daß es nur mit einer Hand ausgeführt wird.“[786] Und Paul wollte nicht nur halb so gut sein wie ein Pianist mit zwei Händen.

Paul bemerkte zudem bald (und mit Freude), dass sein Schicksal als junger körperlich beeinträchtigter Kriegsheld gepaart mit den außergewöhnlichen musikalischen Fähigkeiten auf Frauen höchst anziehend wirkte, höchst anziehend wohl auch sein Vermögen, um das jede Bescheid wusste. Die Familie war teils skeptisch und äußerte weiterhin Vorbehalte gegenüber Pauls Berufswahl. Seine Spielweise wurde von Hermine, die nicht wirklich überzeugt von Pauls Fähigkeiten war, mit Charaktereigenschaften des Vaters verknüpft: „Paul hat entschieden einzelne Eigenschaften, die mich an das Übertriebene Unruhige des Papa erinnern ... Leider ... kommt sie in seinem Klavierspiel zum Vorschein.“[787] Hermine war allerdings auch genervt vom stundenlangen Üben. Paul wohnte ja wieder in der Alleegasse, ihm wurde eine Junggesellenwohnung im Palais eingerichtet, mit eigenem Treppenaufgang. Paul beirrte die Skepsis der Familie nicht, er konzertierte auf Wunsch der Armee vor Soldaten und Invaliden in Breslau, Kladno, Teplitz, Brünn und Prag, im März 1917 debütierte er in Berlin.[788] Zugleich verbarg sich hinter der heiteren Maske Pauls bei der Rückkehr ein ganz anderes Gesicht, sein eigenes Schicksal, nun ein einarmiger „Krüppel“ zu sein, das Unglück seiner Brüder, seine Kriegserlebnisse bzw. Erfahrungen aus der Gefangenschaft, die drohende Niederlage im Krieg, all das belastete Paul.[789] Als dann Rosalie Herrmann, die er so mochte, starb, wurde er immer reizbarer und unruhiger, neigte zu Wutausbrüchen.[790] Gretl konfrontierte ihn damit und Paul gab ihr recht. Doch kaum war Gretl in Zürich, änderte sich sein Verhalten erneut. Ludwig, der brieflich immer einbezogen wurde in die Familienzwistigkeiten, schlug Hermine in einem Brief vor, Paul ausziehen zu lassen, doch davor schreckte Hermine wieder zurück, brachte Paul doch ab und zu Gesellschaft ins Haus. Sonst wäre sie mit ihrer Mutter allein, eine scheinbar schreckliche Vorstellung, und „Contact ohne Reibung gibt es bei uns und Mama nicht."[791]

Der künstlerische Erfolg war Paul nicht genug, er hatte noch nicht genug vom Krieg. Paul intervenierte bei den Generälen seines Wiener Clubs wie bei seinem Onkel Josef von Siebert, dem abgedankten Kavalleriegeneral, verfasste 1917 eine Eingabe an das Kriegsministerium, erneut eingesetzt zu werden und rückte wenig später ein zweites Mal freiwillig an die italienische Front ein, wo er bis 1918 diente. Beide Brüder, Ludwig und Paul, wollten kämpfen, ihre Motive waren jedoch höchst unterschiedlich. War Ludwig der „religiöse Besserer", so waren es bei Paul patriotische Motive,[792] und der Wunsch, es sich und anderen zu beweisen. Paul wurde zunächst zum Bürodienst in Kärnten abgestellt, dann einer Nachrichten-Einheit in der Ukraine zugeteilt und trotz Behinderung zuletzt im Stab an der italienischen Front in der Festungsstadt Riva am Gardasee eingesetzt.[793] Im August 1918 wurde er aus der Armee entlassen, die Gründe bleiben unklar, eventuell krankheitsbedingt, während eines Urlaubs Mitte Juli bei der Familie in Neuwaldegg war er zusammengebrochen. Nicht auszuschließen ist, dass es sich dabei um die Spanische Grippe gehandelt haben könnte, die offiziellen Angaben zufolge Wien aber erst im Oktober erreichte. In diesem Monat steckten sich auch fünf Angestellte des Wittgenstein'schen Haushalts an, Leopoldine und Hermine blieben verschont. Vielleicht fand sich auch schlicht keine Verwendung mehr für den kriegsversehrten Paul.

Auch Ludwig, inzwischen Student in Cambridge, sehnte sich, obwohl für den Militärdienst untauglich, nach einem Kriegseinsatz und meldete sich am 7. August, einen Tag nach der Kriegserklärung an Russland, als Kriegsfreiwilliger, voller Angst und Erwartung.[794] Es ging ihm nicht nur darum, sein Vaterland zu verteidigen, er „hatte den intensiven Wunsch, etwas Schweres auf sich zu nehmen", so Hermine in ihren Familienerinnerungen,[795] wollte die gleiche Last tragen wie alle übrigen,[796] „wollte sich durch die Härte des Krieges vervollkommnen"[797] und dazu unbedingt an die Front. Im August 1914 wurde er als einfacher Soldat (Kanonier) dem 2. Festungsartillerieregiment in Krakau zugeteilt und auf ein Patrouille-Schiff, die *Goplana*, auf der Weichsel beordert, wo er für die Bedienung des Suchscheinwerfers zuständig war. Als Maturant hätte er eine Einjährig-Freiwilligen-Laufbahn mit dem Ziel, Offizier zu werden, beginnen können, verzichtete jedoch darauf. Im Dezember

1914 kam Ludwig in eine Artilleriewerkstätte in Krakau.[798] Dort arbeitete er in der Kanzlei, durfte allein eine kleine Wohnung beziehen und seine Tätigkeit erlaubte ihm, an seinen Schriften zu arbeiten. Er übernahm die Schmiede der Garnisonswerkstatt, Ende Juli wurde er zu einem Artillerie-Werkstättenzug nordöstlich von Lemberg versetzt. Im Frühjahr 1916 erfüllte sich Ludwigs Wunsch, dort eingesetzt zu werden, wo es gefährlich war: Er kam als Aufklärer zur 4. Batterie des 5. Feldhaubitzen-Regiments an die russische Front, nahe der rumänischen Grenze. Sein Armeekorps war mit der Abwehr der sogenannten Brussilow-Offensive beschäftigt, die mit hohen Verlusten Österreich-Ungarns endete. Ludwig berichtet von steter Lebensgefahr,[799] und immer wieder von Beschuss, er erlebte in den Jahren 1916 und 1917 mehrere schwere Schlachten mit. Auch Ludwig erhielt wie Paul mehrere Tapferkeitsmedaillen bis zur *Silbernen Tapferkeitsmedaille 1. Klasse*, dem *Karl-Truppenkreuz* und der *Militärverdienstmedaille am Band mit Schwertern*, bei einer Explosion wurde er leicht verletzt. Nach der Beförderung zum Korporal begann Ludwig als Einjähriger mit einer Offiziersausbildung in Olmütz und wurde am 1. Dezember 1916 Fähnrich in der Reserve, im Jänner 1917 kehrte er zu seinem Regiment in die Bukowina zurück und wurde trotz seiner anfänglichen Ablehnung, von der Familie überredet, mit 1. Februar 1918 zum Leutnant der Reserve ernannt. Der Artillerie stiftete Ludwig übrigens Ende 1916 eine Million Kronen für die Entwicklung einer riesigen Mörserkanone, ein Projekt, das nie realisiert werden sollte.

Ludwig Wittgenstein blieb auch in der Armee ein Außenseiter, ein Einzelgänger. Er wusste mit seinen Kriegskameraden nichts anzufangen (besonders deutlich wird dies in den *Geheimen Tagebüchern*, die Wittgenstein während des Krieges bis 1916 verfasste) und wurde von diesen als arrogant wahrgenommen. Die Mannschaft hasste ihn als Freiwilligen.[800] Zugleich ging aber eine große Anziehungskraft von ihm aus, sein markantes Äußeres paarte sich mit seinem moralischen Furor.[801] Der Krieg hinterließ tiefe Spuren, obwohl in den vielen Briefen Ludwigs, ja selbst in den Tagebucheintragungen die tatsächlichen, oft schrecklichen Kriegserfahrungen verschwiegen werden. Ludwig erfuhr neue Inspirationen, entwickelte neue Gedanken durch Gespräche und Lektüre. Er arbeitete am *Tractatus* und vermisste David Pinsent schmerzlich.

1916 hatte Ludwig auf Empfehlung bzw. Vermittlung von Loos während seiner Offiziersausbildung in Olmütz den Architekten Paul Engelmann (1891–1965) kennengelernt, früher Privatsekretär von Karl Kraus und einer der engsten Vertrauten von Adolf Loos.[802] In der Engelmann'schen Hinterhofwohnung trafen sich einmal wöchentlich junge jüdische Intellektuelle zu einer Diskussionsrunde. Paul Engelmanns Vater war es, der mit Ludwig Wittgenstein erst-

mals die Frage erörterte, was dessen „jüdische Herkunft", was „Judentum" be-
deute.[803] Engelmann wird nicht nur ein Freund Ludwigs, sondern der Familie,
für Hermine und Margaret wird er auch als Architekt tätig werden. Immer
intensiver wurde vor allem Ludwigs Auseinandersetzung, ja fast Identifika-
tion mit Leo Tolstoi. „Er wurde von den Soldaten ‚der mit dem Evangelium‘ genannt, weil er immer Tolstois Bearbeitung der Evangelien bei sich trug."[804] Vor
dem Krieg war von einer tolstoianischen Lebensweise bei Ludwig noch keine
Spur gewesen. Er lebte auf großem Fuße, reiste erster Klasse, teils im Salon-
wagen, und übernachtete in den teuersten Hotels.[805] Durch die Schrecken des
Krieges, verstärkt durch die Lektüre Tolstois und dann Dostojewskis, wurde
er vom Logiker zum Mystiker im Sinne einer „‚negativen Theologie‘, die immer schon die Unzulänglichkeit des menschlichen Sprechens über transzen-
dente Phänomene reflektierte …"[806]

Nach Abschluss des Friedensvertrags von Brest-Litowsk wurde Ludwig
im März 1918 von der russischen an die alpine Front zum galizischen Gebirgs-
artillerieregiment 11 nach Italien versetzt. Er erfährt vom Tod seines Freundes David Pinsent, der im Mai 1918 bei einem Flugunfall in Frankreich ums
Leben gekommen ist, und hegt Suizidgedanken, von denen ihn Onkel Paul
abbringen kann, der ihn zufällig in Salzburg bei einem Fronturlaub getroffen
hat und ihn auf sein Gut in Oberalm bei Hallein einlädt.[807] Hier und im August 1918 auf der Hochreith vollendet er den *Tractatus Logico-Philosophicus*,
an dem er sechs Jahre gearbeitet hat und der mit einer Danksagung an seinen
Onkel und an Bertrand Russell schließt und David Pinsent gewidmet ist. Zu
Kriegsende wird Ludwig in Trient von den Italienern am 3. November 1918 gefangen genommen.[808] Lange erreicht die Familie keine Nachricht über ihn, der
zuerst in Verona, Como, Bellagio, dann ab Jänner 1919 in Cassino interniert
war. Steter Hunger und teils extreme Kälte waren Begleiterscheinungen der
Gefangenschaft, bei der er Ludwig Hänsel kennenlernte, einen engen Freund,
bald der ganzen Familie.[809] Ludwig hatte Schwierigkeiten, den *Tractatus* zu
veröffentlichen, erst durch Russells Vermittlung erschien sein einziges zu
seinen Lebzeiten publiziertes Buch, zunächst 1921 in Wilhelm Ostwalds *Annalen der Naturphilosophie* und 1922 in einer deutsch-englischen Ausgabe bei
Kegan Paul in London. In nummerierten Sätzen wird auf 100 Seiten eine Philosophie der logischen Sprache als glasklare Abbildung der Welt entworfen
bzw. präsentiert.[810] Obwohl das Werk von der Fachwelt sowohl in Cambridge
als auch in Wien gefeiert wird, kehrte Ludwig nicht an die Universität zurück.
Später (1929/30) promovierte er mit dem *Tractatus Logico-Philosophicus*. Zu
seinen Lebzeiten erschienen sonst nur sein *Kleines Wörterbuch für Volksschu-
len* und zwei Aufsätze. Seine umfangreichen philosophischen Arbeiten wurden erst nach seinem Tod veröffentlicht.

Im April 1917 war Amerika in den Krieg eingetreten und Margaret und ihre Familie hatten als amerikanische Staatsbürger in die Schweiz ausreisen müssen. Die Arbeiten an der Villa in Gmunden werden eingestellt und erst im April 1920 wiederaufgenommen. Kurt wurde als „feindlicher Ausländer bzw. Amtsträger" aus den USA ausgewiesen, reiste nach Europa und wurde zum Kriegsdienst an der italienischen Front eingeteilt. Seine Schwester Margaret zeigte sich froh darüber, dass Kurt nun der Schmach entgehen würde, nicht für die Sache des Vaterlands gekämpft zu haben.[811] Auch Hermine und Mutter Leopoldine hatten von Schande wegen seiner Abwesenheit gesprochen. Was sie knapp ein Jahr später darüber dachten, sei dahingestellt, doch es scheint, wohl auch nicht ganz anders. Hermine nennt in einem Brief an Gretl Kurt den „Kindskopf", „als der er vor 3 Jahren auszog".[812] Kurt wird im niederösterreichischen Stockerau zum Infanterieoffizier ausgebildet und kämpfte ab Juli 1917 als Offizier in den Schlachten am Piave. Die Armee zerrieb sich, unter den Truppen verbreiteten sich Niedergeschlagenheit und Defätismus. Italien, unterstützt von britischen und französischen Verbänden, begann mit einer Offensive und setzte diese nach dem Dafürhalten der Österreicher nach In-krafttreten des Waffenstillstands noch fort. Die k. u. k. Armee zerfiel. Nach dem entscheidenden Durchbruch der Alliierten kehrten einige nationale Regimenter der Armee den Rücken, sie fühlten sich teils schon länger dem Habsburgerreich nicht mehr zugehörig. Wenige Tage vor der Unterzeichnung des Waffenstillstandsabkommens hatte Kurt Wittgenstein seinem Leben am 27. Oktober 1918 ein Ende gesetzt. Hermine sieht in ihren Erinnerungen keinen „ersichtlichen Grund" dafür: „Gerade dieser Bruder schien uns so wenig verkrampft, so harmlos heiter veranlagt! Sogar aus seiner besonders natürlich-reizenden Musikalität glaubten wir das herauszulesen, und doch muß ich denken, daß auch er den Keim des Ekels vor dem Leben in sich trug."[813]

Es kursier(t)en mehrere Vermutungen über den Grund des Suizids.[814] Margrets Sohn Ji Stonborough zufolge habe er sich nicht den Feinden ausliefern und in italienische Kriegsgefangenschaft geraten wollen.[815] Pauls Version zufolge habe er als Offizier sein Bataillon nicht in eine sinnlose letzte Schlacht führen wollen, zu einem Zeitpunkt, als der Krieg schon verloren war, und sich dann aus Furcht vor dem Kriegsgericht umgebracht.[816] Am wahrscheinlichsten war das Gerücht, die Soldaten seines Trupps hätten ihm den Gehorsam verweigert, wären desertiert, was Kurt gegen die Soldatenehre ging und er die Konsequenzen gezogen hätte.[817] Ludwig erfährt erst Ende Dezember durch einen Brief der Mutter in das Kriegsgefangenenlager bei Como vom Ableben des Bruders, bezeichnenderweise formuliert sie, von der Wahrheit abweichend: „Unser lieber Kurt ist in den allerletzten Kriegstagen Ende Oktober gefallen."[818]

## DIE WELT VON GESTERN VERSINKT

*Es bleiben Erinnerungen: die elfjährige*
*Margaret Wittgenstein auf der steinernen Parkbank*
*in Neuwaldegg. Aquarell von Viktor Krämer, 1893.*
*Rechts ihre Schwester Helene, genannt „Lenka",*
*verheiratet mit dem Sektionschef im Finanzministerium*
*Dr. Max Salzer und Mutter von vier Kindern.*

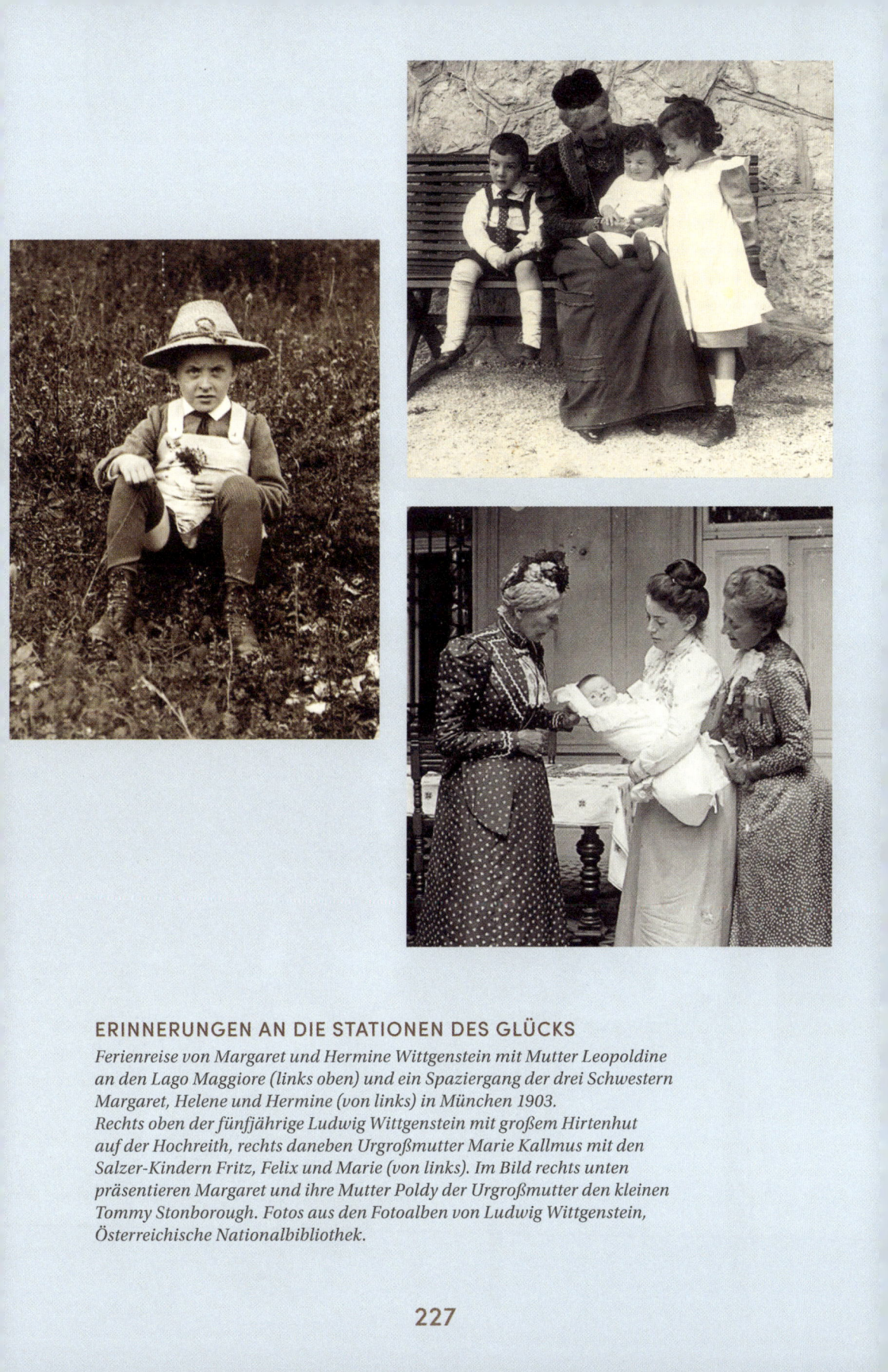

## ERINNERUNGEN AN DIE STATIONEN DES GLÜCKS

*Ferienreise von Margaret und Hermine Wittgenstein mit Mutter Leopoldine an den Lago Maggiore (links oben) und ein Spaziergang der drei Schwestern Margaret, Helene und Hermine (von links) in München 1903.*
*Rechts oben der fünfjährige Ludwig Wittgenstein mit großem Hirtenhut auf der Hochreith, rechts daneben Urgroßmutter Marie Kallmus mit den Salzer-Kindern Fritz, Felix und Marie (von links). Im Bild rechts unten präsentieren Margaret und ihre Mutter Poldy der Urgroßmutter den kleinen Tommy Stonborough. Fotos aus den Fotoalben von Ludwig Wittgenstein, Österreichische Nationalbibliothek.*

Helene und ihr kriegsinvalider Bruder Paul auf der Hochreith.
Paul, der einarmig aus der russischen Gefangenschaft in Sibirien
zurückgekehrt war, versuchte unbeirrbar und letztlich erfolgreich,
als Pianist wieder Fuß zu fassen.

# WENDEZEITEN – ZEITENWENDE

## UMBRÜCHE UND NEUFINDUNGEN
### 1918–1938

Der Krieg hatte viele Zäsuren mit sich gebracht: den Tod Kaiser Franz Josephs, der 68 Jahre lang regiert hatte, und die eher unglückliche Nachfolge durch Kaiser Karl, den Zusammenbruch Österreich-Ungarns und in der Folge den Übergang von der Monarchie zur Republik. 1918 erwies sich als mehrfache Zäsur, politisch, wirtschaftlich, sozial. Auch in künstlerischer Hinsicht, wichtige Repräsentanten der Wiener Moderne wurden 1918 zu Grabe getragen: Otto Wagner, Gustav Klimt, Egon Schiele, Kolo Moser, das mutet wie ein Abgesang an. Der Staatsvertrag von St. Germain schrieb 1919 neue Grenzen fest und machte aus der einstigen territorialen Großmacht einen Kleinstaat, dessen wirtschaftliche Lebensfähigkeit doch sehr viele bezweifelten. Die Nachfolgestaaten der Monarchie griffen teils zu rigorosen Maßnahmen, um den Einfluss „deutschen", hieß meist österreichischen Kapitals finanziell wie personell zurückzudrängen. Dazu kam die unheilvolle Ausgangssituation, dass in einer Hälfte der Bevölkerung, unter der Arbeiterschaft, eine Aufbruchsstimmung herrschte, im (groß)bürgerlichen Lager eine Untergangsstimmung verbreitet war, eine nicht zuletzt auch parteipolitische Polarisierung, die die Zwischenkriegszeit prägen sollte. Von Anfang an stand diese junge Republik bzw. Demokratie somit auf tönernen Füßen. Nach einer kurzen Periode einer Großen Koalition, den die Sozialdemokratische Arbeiterpartei (SDAP) für weitreichende sozialpolitische Maßnahmen und Gesetze wie den Achtstundentag nutzte, bildeten ab 1920 (und bis 1933) nur mehr bürgerliche Parteien (an der Spitze die Christlichsozialen) die Regierung.

Wien war jedoch sozialdemokratisch geworden. Das Rote Wien wurde in der Folge zu einem vielbeachteten, international renommierten Beispiel des Reformsozialismus, vorbildlich im sozialen Wohnbau mit den berühmten Gemeindebauten, aber auch in Bereichen der Kinderfürsorge und sozialen Wohlfahrt. Der Stadtraum war und blieb aber umkämpft, die Erste Republik verzeichnete viele Opfer, die bei Unruhen, Streiks, Attentaten zu Tode kamen. Wien war mit nahezu einem Drittel der österreichischen Bevölkerung, mit einem aufgeblähten Beamtenapparat etc. zum überdimensionierten „Wasserkopf" eines Kleinstaates geworden, seine Bedeutung war geschmälert worden. Und doch war es in diesem Wien der 1920er Jahre möglich, Sigmund Freud am Morgen zu konsultieren, zu Mittag im Café Herrenhof Karl Kraus zu treffen, am Nachmittag im Sacher Josef Hoffmann und den Abend nach der Oper mit Richard Strauss zu verbringen. Um Arnold Schönberg hatte sich ein Kreis von Neutönern formiert, um Moritz Schlick, dessen Bekanntschaft Margaret Ludwig vermittelte, der *Wiener Kreis* von Philosophen und Intellektuellen. Wien blieb in einigen Wissenschaften bedeutend, einigen war es aber zu klein, nach 1933/34 einigen Künstlern (z. B. Oskar Kokoschka oder Josef Frank) wohl auch zu kleinkariert. Weiterhin waren die Kaffeehäuser Gravitationszentren des intellektuellen Austauschs, auch wenn die Zahl der aufliegenden internationalen Zeitungen deutlich gesunken war, Kabarett und Kleinkunst boomten. Wien hatte Glamour, wenn auch vielleicht nicht jenen von Paris oder Berlin.

*„Nichts ist mehr sicher,*
*auch das Feststehendste kann*
*morgen wackeln."*

MARGARET STONBOROUGH-WITTGENSTEIN[819]

Aus einem, aus unterschiedlichen Ethnien zusammengesetzten Großbürgertum, das sich in Wien (und Budapest) konzentrierte, dessen Ländereien, Güter und Industrie- und Handelsbetriebe aber über die ganze Monarchie verteilt waren, waren mehrere nationale, oft sehr kleine „Bürgertümer" entstanden, Nationalisierungsbestrebungen, die unter dem Titel „Nostrifizierung" liefen, führten zu beträchtlichen Positionsverlusten. Böhmen, eine der industriell am weitesten fortgeschrittenen Regionen, gehörte jetzt zur Tschechoslowakei, die diese Industrieunternehmen, die im Besitz von altösterreichischen Unternehmern und insbesondere den Großbanken waren, zu den ihren machen wollte. Auch die meisten früheren Wittgenstein-Betriebe lagen jetzt in der Tschechoslowakei. Dazu kamen westliche Kapitalgruppen und Banken, die den neuen Absatzmarkt Südosteuropa entdeckt bzw. dessen industrielle Potenz erkannt hatten. Viele hatten zudem große Teile ihres Vermögens in österreichischen Wertpapieren angelegt, die von der Inflation vernichtet wurden, und, wie es patriotische Pflicht war, in Kriegsanleihen, nunmehr wertlosen Papieren. Dies traf ja auch auf die Wittgensteins zu. Die Inflation fraß weitere Vermögensteile, veranlasste zu Notverkäufen. In der Zeit der Inflation verkehrten sich die Werte, verfiel nicht nur der Geldwert. Otto Bauer sprach vom Ende des Altwiener Patriziats, abgelöst durch eine neue Aufsteigerschicht, die sich hemmungslosem Konsum hingab. Neureiche wie Camillo Castiglioni oder Sigmund Bosel tauchten als Kriegs- oder Inflationsgewinner in der oberen Gesellschaft auf, eroberten die Schlagzeilen der Zeitungen, bald ihrer eigenen. Ihre Methoden waren Spekulation, Bestechung, Betrug, „Freunderlwirtschaft", Skrupellosigkeit, zugleich Gönnertum und Großzügigkeit im Bereich der Wohlfahrt und Kultur. Die Zeiten hatten sich geändert, doch einiges erinnert an Wittgenstein und Freunde.

Die neue Staatsform, die Republik, wurde auch nicht von allen im Bürgertum gutgeheißen. Bedrohungsszenarien kamen auf, angesichts der Radikalität, der Gewalt auf der Straße in der Nachkriegszeit vielleicht verständlich, doch die politischen Schlüsse, die man zog, oft antidemokratisch und reaktionär. Große Teile des alt- und nunmehr auch neuösterreichischen Bürgertums waren, obwohl „Liberale", deutschnational eingestellt. Das aufgeklärte Bürgertum, das neuen künstlerischen Strömungen offen gegenüberstand, das auch gesellschaftspolitisch liberal eingestellt war, stammte häufig aus assimilierten Familien, die es in der Zwischenkriegszeit schwer hatten, eine politische Heimat zu finden, mit dem Antisemitismus der herrschenden bürgerlichen Partei, den Christlichsozialen, und die dann von den Nationalsozialisten vertrieben und ermordet werden sollten. Mit der Sozialdemokratie sympathisierten zwar einige Bürgerliche, den meisten war aber die sozialistische Ideologie suspekt und sie bedrohte ja auch zumindest rhetorisch das Existenzrecht des Großbürgertums.

Die erste und die zweite Gesellschaft bzw. das Großbürgertum hatten in der Monarchie noch Welten getrennt, Beziehungen, gar Heiraten zwischen diesen Sphären waren Ausnahmen geblieben. In den 1920er Jahren wurden die Kontakte zwischen Aristokratie und Großbürgertum selbstverständlicher und intensiver. Dies zeigte sich nunmehr auch in wechselseitigen Heiraten, etwa bei den Mautner-Markhofs. Die gesellschaftlichen Grenzen schienen immer mehr aufzuweichen, auch wenn man trotz Abschaffung der Adelstitel oft noch der „Herr Graf" oder „Frau Gräfin" blieb. Immer mehr zeigte sich in den 1920er und 30er Jahren aber auch die „Begrenztheit der Anpassungs- und Akzeptanzmöglichkeiten" des assimilierten jüdischen Bürgertums.[820] Die Taufe genügte nicht (mehr), die Abstammung hinter sich zu lassen, so überraschend dies für manche gewesen sein mag. Der Antisemitismus steigerte sich, verschärfte sich und Abgrenzungstendenzen machten selbst vor Teilen des assimilierten bzw. akkulturierten Großbürgertums nicht halt, die die Sorge hatten, dass die vor Pogromen und Kriegseinwirkungen geflüchteten Juden aus Galizien und der Bukowina, die sog. „Ostjuden", ihre mühsam aufgebaute gesellschaftliche Stellung erschüttern könnten.[821]

## NEUORIENTIERUNGEN: DIE WITTGENSTEINS IM NACHKRIEG

Familie Wittgenstein hatte turbulente Zeiten hinter sich. Vater Karl war 1913 gestorben, dann kam der Krieg, der den Zerfall der Habsburgermonarchie mit sich brachte. Der Übergang zur Republik verlief alles andere als reibungslos, die Lage in Wien katastrophal. In ihrem Tagebuch konstatiert Margaret Stonborough „das vollkommene Fehlen von Optimismus, eigentlich von jeder Hoffnung auf die Zukunft" und formuliert treffend und bildhaft: „Die Leute leben wie während eines Erdbebens: Nichts ist mehr sicher, auch das Feststehendste kann morgen wackeln. Alle fürchten über Nacht arm zu werden."[822] Dazu kamen die jeweils persönlichen Schicksale und Erfahrungen. In der Familie Wittgenstein war ein Sohn einarmig zurückgekehrt, einer gar nicht, zwei Söhne in Kriegsgefangenschaft geraten. Der verlorene Krieg, der Untergang der Monarchie muss „in Hinblick auf die vaterländische Gesinnung der Familie, wie für so viele Altösterreicher, auch eine seelische Katastrophe gewesen sein".[823] Der Bruch von einer Großmacht zum Kleinstaat war für viele traumatisch, jener von der Monarchie zur Republik detto, für andere wiederum verheißungsvoll. Bereits die Ausgangssituation der jungen Republik deutete somit auf die späteren Schwierigkeiten hin: eine Polarisierung und Spaltung der Gesellschaftsschichten, eine Republik bzw. Demokratie, die leicht zu erschüttern war, wie die weitere Entwicklung, der Weg über die Kanzlerdiktatur bzw. den Austrofaschismus Dollfuß' in die nationalsozialistische Barbarei, dramatisch vor Augen führen sollte.

Hermines Aufzeichnungen zufolge diskutiert die Familie 1919 die Themen „Seele, Gott, Ethik".[824] An dem intellektuellen Zirkel nehmen auch Engelmann und der katholisch-gläubige Hänsel teil, den Ludwig in italienischer

Gefangenschaft kennengelernt hat und der ein guter Freund geworden ist. Immer wieder kreisen die Gespräche um die Frage, ob es möglich sei, zugleich reich und ein „guter" Mensch zu sein. Hermine zitiert bereits 1916 eine Stelle aus dem Lukasevangelium: „Wer zwei Kleider hat gebe Eines her" und vergleicht dies mit einer Aussage Karl Wittgensteins: „Wer kein Kleid hat erwerbe Eines, das ist der wahre Socialismus. Reichtum ist keine Schande."[825] Sicher nicht, aber er kann eine Bürde sein (Ludwigs Entscheidung, sein Erbe loszuwerden, fällt wenige Jahre später, vielleicht trug er sich jedoch schon 1916 mit dieser Idee herum). Die Frauen in der Familie waren in eine Art Sinnkrise geraten, der sie durch karitative und pflegerische Tätigkeit zu entkommen trachteten. Margaret schwebte eine Änderung durch einen Schicksalsschlag vor: „Es wäre so gesund für mich, wenn mich das Schicksal mit einem kräftigen Fußstoß von der weltlichen Höhe herunter stieße von der ich, wie ich fürchte nie freiwillig herunter zu kriechen den Mut haben werde, dann würde vielleicht, freilich auch nur vielleicht, ein Mensch aus mir."[826]

Karl Wittgenstein hatte 1912 einen beträchtlichen Teil seines Vermögens in ausländische Papiere gesteckt, im Namen der Erben verwaltet von Karls Bruder Louis. Der Steuerersparnis diente eine sog. Stille Gesellschaft bei der holländischen Bank *Hope & Co.* Auch hier kannte man nur Louis' Namen, der, weil er einen kommunistischen Umsturz im gerade erst gegründeten Königreich Jugoslawien befürchtete und dort Ländereien besaß, seine österreichische Staatsbürgerschaft niedergelegt hatte, worauf er als Ausländer und Treuhänder der Familie Geld ins Ausland verschieben konnte, ein neuerlich geglückter Schachzug der Wittgensteins. Die Geschwister verdankten ihr gesichertes Dasein als Multimillionäre der Weitsicht des Vaters und ihrem Onkel. Paul beispielsweise gehörten als Erbe seines Vaters, seiner drei Brüder und bald auch Ludwigs ein großer Gebäudeblock mit Geschäften, Büros und Wohnungen am eleganten und teuren Kohlmarkt, ein großes Gebäude in der Plankengasse, ein Wohnblock im 2. Bezirk in der Stuwerstraße und ein Geschäftshaus in der Mariahilfer Straße 58 im 7. Bezirk. Die Inflation, die sich zur Hyperinflation auswachsen sollte, fraß jedoch die Mieteinnahmen auf. Er besaß (mit seiner Schwester Hermine) je die Hälfte des Palais in der Alleegasse und ein Drittel des Besitzes in Neuwaldegg (je ein Drittel hielten Hermine und Helene). Und nicht nur auf Karl Wittgensteins Erbe konnten seine Nachkommen zurückgreifen. Nach Kurts Tod fiel sein Besitz und Erbanteil an die Geschwister (mit Ausnahme seiner Anteile am Stahlwerk in Judenburg, die an seinen Geschäftspartner gingen), und nunmehr verwaltete Paul das Familienvermögen, eine Million Kronen sollte für wohltätige Zwecke gespendet werden.[827] Ein Projekt für den Aufbau von Kleingärten zur Linderung der Hungersnot scheiterte an bürokratischen Hürden.

Reich waren sie, die Nachkommen Karls, immer schon gewesen, aber der Reichtum war nun auf einen Schlag ihr ganz persönlicher und das schuf in dieser Familie auch Probleme. Ludwigs Umgang mit dem Erbe war am radikalsten, aber dazu später. Die Haltung zu Geld und Vermögen war zwiespältig. Margaret Stonborough-Wittgenstein war zwar eine Gegnerin der „Bolschewisten", wie die Linken bei Wittgensteins hießen, aber eine Befürworterin der neuen Republik (und des Roten Wien?): „Ich habe in den letzten 2 Jahren so viel erlebt gesehen, gehört + gelesen + die Folge davon ist, dass ich, die immer schon rote Tendenzen hatte, nun noch viel röter geworden bin. Ich fürchte, ich denke anders wie Ihr alle + weiß nicht, ob ich gescheit genug sein werde, um das Maul zu halten."[828] Ein Leben ohne Geld, davon träumte sie,[829] in ihrem Tagebuch wünscht sie sich einen Schicksalsschlag, der sie von ihrem Geld befreie. (Wer viel Geld hat, kann allerdings leicht davon träumen, keines zu haben.) Gretl vermerkt Jahre später in ihrem Tagebuch, dass wohl erst der plötzliche Verlust des Geldes einen Menschen aus ihr machen würde, sie zwar den rechten Weg vor sich sehe, sich aber nicht entschließen könne, ihn zu verfolgen, gemeint war ein Leben ganz ohne Geld.[830]

Hermine Wittgenstein wiederum unterschied philosophisch zwischen „ethischem", „bürgerlichem" und nicht vorhandenem Geld. Einer ihrer Tagebucheinträge lautet: „Ich denke bürgerlich, Wohlstand erscheint mir erfreulich."[831] Reich zu sein brachte auch die Gefahr mit sich, ständig von vielen „angepumpt" zu werden bzw. Gefahr zu laufen, über den Tisch gezogen zu werden, was auch passierte. Pauls Agent Kugel beispielsweise dürfte Paul bei den Honorarabrechnungen betrogen haben und wurde daraufhin entlassen.[832] In einigen Lebenssituationen schämten sich die Wittgensteins für ihr Vermögen, Ludwig möchte nicht als Wittgenstein geoutet werden und ärgert sich, als einige Leute am Land seine Identität aufdecken, Hermine schreibt mehrmals, dass sie sich genieren müsste, wenn ihr als Pflegerin oder Fürsorgerin jemand draufkommen würde, dass sie Millionärin sei. Sie sieht diese unterschiedlichen Rollen durchaus problematisch, spricht von „Doppelleben" und „Zwickmühle": „Tatsächlich zwickt mich bald die Hochreith bald Grinzing mit Pflicht und Sorgen."[833] Hermine hatte 1913 – sie war 39, unverheiratet und lebte noch zu Hause – die Verwaltung des Familienguts übernommen und nach 1918 in Grinzing ein Jugendheim eröffnet. Es ist wohl gar nicht untypisch, dass „Reiche" ihren Reichtum verstecken wollten, zu groß vielleicht die Befürchtung, ausgenutzt zu werden.

Hermine musste während des Krieges die Hochreith in Schuss halten und sie bemühte sich auch um den Zusammenhalt der Familie, was scheinbar nicht immer einfach war. Im April 1917 berichtet Hermine Ludwig von der Absicht, Lenka und Max Salzer zu Mitbesitzern der Hochreith zu ma-

234

chen. Würden sich diese woanders niederlassen, würden sie nicht mehr auf die Hochreith kommen, was für sie und ihre Mutter ein großer Verlust wäre. Gleichzeitig fürchtet sich Hermine davor: „Selbstverständlich müssten Salzers ein eigenes Haus bewohnen, eigenes Gemüse, Kühe, etc. haben, damit keine Reibungsflächen entstehen."[834] Ende 1919 war sie 45. Ihre Rolle in der Familie war die des Oberhaupts, sie kümmerte sich um die Mutter, von der sie sich zugleich ständig angegriffen fühlte, und musste für ihre jüngeren Geschwister da sein, das Haus in Wien führen und offenhalten und die Hochreith in Schwung halten und für die häufigen Familienbesuche vorbereiten.[835] Und dennoch oder vielleicht deshalb, weil sie selbst dabei zu kurz kam, war sie einsam und voller Selbstzweifel, ohne Selbstbewusstsein.

Als Schritt der Emanzipation vom Übervater, vielleicht auch der Mutter (oder für die Mutter), sind die Umbauten zu verstehen, die Hermine in Neuwaldegg und auf der Hochreith noch während des Krieges umzusetzen begann.[836] Auf Ludwigs Rat hin wurde dafür der junge Paul Engelmann engagiert, ein Schüler von Adolf Loos, und nicht mehr Josef Hoffmann, auch ein Zeichen der radikalen Abkehr von alten Traditionen, ein Zeitenbruch, eine Abkehr von der Ästhetik der Jahrhundertwende, deren Verfechterin Hermine einst mit Sicherheit gewesen war, sie war ja die „Kunstdirektorin" gewesen, die die Sammlung Karl Wittgensteins wesentlich mitgestaltet und aufgebaut hatte. Ein Hoffmann-Fan war Hermine sichtlich nicht: „...[W]o finde ich aber einen Architecten der tut was ich will. Der Hofmann tut es bestimmt nicht, da bekäme ich ein Hofmanns-Zimmer und das ist das Letzte was ich mir wünsche ..."[837] Der junge, unbekannte Architekt Engelmann übernahm von nun an ein wenig Hoffmanns Rolle als Haus-und-Hof-Architekt der Familie. Engelmann war für mehrere Umbauten bzw. die Renovierung der Villa in Neuwaldegg verantwortlich, erneuerte für Hermine das Palais in der Alleegasse und gestaltete im Innenhof auch einen Ausstellungsraum für Pauls Porzellansammlung.[838] Es war wie ein Befreiungsakt, neue Muster und Stoffe, neue Designs sollten helfen, den auch in der Innenarchitektur zum Ausdruck kommenden, allmächtigen Vater zu verdrängen.[839]

Bis Frühjahr 1919 hatte Hermine in einem Spital Beschäftigung gefunden, danach stellte sich die Sinnfrage für sie umso mehr, sie suchte eine praktische Beschäftigung mit Menschen – eine Beschäftigung gegen ihre „natürlichen Anlagen", wie sie selbst bereits 1917 schreibt. „Ich hatte ja nichts Brauchbares gelernt und war dreiundvierzig Jahre alt."[840] Hermine befällt ein Gefühl der Öde, ihr wurde bewusst, dass „ich mein Leben, das vor dem Krieg mit Malerei und allerlei kleinen Pflichten ausgefüllt war, ändern müsse". Hier ähneln sich die Wittgensteins, auch Ludwig sieht sich immer wieder mit ähnlichen Selbstzweifeln konfrontiert. 1919 hospitierte Hermine bei Baronin Leithner,[841] Vorsteherin eines Vereins von Tagesheimstätten, und wurde Vorstandsmitglied des *Vereins gegen Armut und Bettelei*.[842] Eine Zeit lang half sie ihrer Freundin Helene Lecher[843] in deren Erholungsstätte für tuberkulosegefährdete Kinder. 1921 gründete sie ihr eigenes Tagesheim, eine, wie sie es nannte, „Knabenbeschäftigungsanstalt" für sozial benachteiligte „arme" Knaben in Grinzing (anfangs mit zwölf Knaben zwischen zehn und zwölf Jahren und einer Kindergärtnerin), recht erfolgreich, wie es scheint, und mit eigenen Mitteln. Die Kinder sollten nach einer Beobachtungszeit an eine Pflegestelle oder eine gemeindeeigene Anstalt weitergegeben werden. Die Zahl ihrer Mitarbeiterinnen wuchs stetig an,[844] unter ihnen Lotte Furreg,[845] großdeutsche Politikerin, das Heim expandierte. Doch wirklich glücklich wurde bzw. war Hermine nicht: „Ich war fast immer grenzenlos unzufrieden mit mir, aber im Ganzen ging die Sache doch gut weiter."[846] Die Eindrücke bleiben widersprüchlich, gleich im Anschluss beschreibt Hermine ein erstes Weihnachtsfest im Heim – Familie und Freunde waren dazu eingeladen, die Buben durften sich über Geschenke freuen –, wo ihr zu Ehren unerwartet diverse Einlagen vorbereitet worden waren, die diesen Tag für sie zu einem Glückstag machten.[847] 16 Jahre lang investierte sie psychisch, sie liebte die Arbeit nicht übermäßig, und materiell in die Anstalt. Doch „nichts" zu tun, wäre für sie nicht infrage gekommen.

Infolge des Kriegseintritts der USA hatte Margaret, seit ihrer Heirat Amerikanerin, Österreich verlassen müssen. Sie, Jerome und ihre beiden Kinder gingen in die Schweiz, erst nach Zürich, dann nach Luzern. Das Ehepaar entfremdete sich immer mehr, die Ehe war längst gescheitert. Jerome war und blieb krankhaft eifersüchtig, er selbst war aber „ein notorischer Schürzenjäger [...], der ständig Affären hatte."[848] Eine Scheidung kam für Margaret nicht infrage, da Jerome drohte, die Kinder nach Amerika mitzunehmen. In ihren Briefen an die Familie ist sie bemüht, den Anschein eines intakten Familienlebens zu erwecken.[849] Jedoch verfiel Margaret, auch weil sie nichts zu tun hatte und in Wien immer gern im Mittelpunkt von Gesellschaften gestanden hatte, in Depressionen, litt unter akuter Hypochondrie und paranoider Todesangst, wobei ihr seelischer Zustand ihr Herzprobleme verursachte.[850] Ein wenig Abhilfe verschafften neue Bekannte, die Urenkelin des Bruders von Napoleon, Marie Bonaparte, Prinzessin von Griechenland und Dänemark und frühere Geliebte des französischen Premierministers Aristide Briant, die eine Zeit lang mit ihrer Familie exiliert im gleichen Hotel (National) wie Stonboroughs in Luzern logierte, wurde zur Freundin. Jerome machte Margaret durch seine Rastlosigkeit, seine ständigen Umzüge, von einem Hotel in das nächste, wahnsinnig. Außerdem wollte Jerome mit Tommy längere Zeit in den USA verbringen, Margaret den sensiblen, pubertierenden Sohn

jedoch nicht aus seinem vertrauten deutschsprachigen Milieu herausrei-
ßen und zudem weg von ihr. Tommy war wegen seines Stotterns bei Freud
in Therapie geschickt worden, sein Stottern hatte sich weitgehend gelegt, wie
es heißt, nachdem er sich dem weiblichen Geschlecht zugewandt hatte. Als
„vom Sexualteufel besessen", beschreibt ihn Hermine,[851] der Ausdruck wohl
auch bezeichnend für sie.

Aus Briefen wusste Margaret um die wirtschaftliche Not, um Hunger
und Elend, die in Wien 1918 herrschten. Hermine schilderte ihr die katastro-
phale Lage, vor allem jene der Babys und Kleinkinder, eindringlich. Margaret
begann daraufhin, tätig zu werden. 100.000 Franken[852] für den Transport von
Milch nach Wien stellte sie der *American Food Relief Commission* zur Verfügung und tatsächlich erreichten über 161.400 Dosen Kondensmilch im Februar 1919 mit dem ersten Lebensmittelzug Wien.[853] Dieser Erfolg ermutigte Margaret trotz aller Widrigkeiten, mehr zu tun. Ende Juni 1919 gelang es ihr, ein
Visum zu erhalten und sie reiste aus ihrem Schweizer Exil nach Österreich.
So sehr sie das Wiedersehen mit ihrer Familie, mit Mining und ihrer Mutter
freute, so entsetzt war sie über Armut und Elend, die ihr in Wien begegneten.
Im August 1919 wurde Margaret auf Wunsch des Staatssekretärs und späteren
US-Präsidenten Herbert Hoover zur Sonderbeauftragten der *American Relief
Administration* ernannt, deren damaliger Präsident Hoover war.[854] Die Amerikaner wollten 500.000 Tonnen Lebensmittel an die hungernde Bevölkerung
in Österreich verteilen, nicht aus humanitären Erwägungen, sondern um den
Vormarsch des Bolschewismus zu verhindern. Im Dezember 1919 reiste Margaret mit ihrer Familie nach New York und nahm dort ihre wohltätigen Aktivitäten wieder auf, eine „Goodwilltour", um Geld für die österreichische Hun-
gerhilfe aufzutreiben, mit anfangs nicht allzu großem Erfolg, war Österreich
doch der ehemalige Kriegsgegner und Feind.[855] Dennoch gelang es Margaret
mit ihrer Hartnäckigkeit in hunderten Reden in Kirchen, Synagogen, Vereins-
lokalen oder Konzerthallen Spenden für das darbende Nachkriegsösterreich
zu gewinnen. Die Beziehung zu ihrem Mann verschlechterte sich, Jerome erlitt einen depressiven Schub, litt unter Verfolgungswahn und Selbstmordfan-
tasien.

Den größten Teil des inländischen Familienvermögens Margarets hatte Paul, Bevollmächtigter ihres österreichischen Vermögensanteils, ohne ihr
Wissen in Kriegsanleihen investiert, die sich mit Kriegsende als wertlos erweisen sollten. Margaret gelang es zwar durch ihre Verbindungen nach Amerika
besser, einen Teil des Vermögens über die Inflation zu retten, sie war jedoch
erzürnt über Pauls Kauf, insbesondere weil er sie dadurch als US-Staatsbürgerin in Kalamitäten brachte. Dass sie von der neutralen Schweiz aus während
des Krieges einem aus amerikanischer Sicht Feind finanzielle Unterstützung

zugutekommen lassen wollte, war eine Tatsache, die sie verborgen halten wollte.[856] Die Beziehung zu Paul verschlechterte sich jedenfalls, auch als Margaret nach Wien zurückkehrte. Dazu kamen ideologische Differenzen, Gretl hatte wie erwähnt (leise) Sympathien für die Sozialdemokratie entwickelt.[857] Wenn auch vielleicht nur ein Spleen, stand dies diametral zu Pauls weiterhin monarchistischem Denken. Auch der Rest der Familie nahm politisch eine konservative Haltung ein.

Im August 1919 aus der Kriegsgefangenschaft entlassen, hatte Ludwig unverzüglich seinen Geschwistern Hermine, Helene und Paul eröffnet, dass er ihnen sein Vermögen überlassen wolle, damit jenen, die, so Hermine, viel vom Vermögen eingebüßt hatten,[858] geholfen sei. Als nach Margaret, Gretl, gefragt wurde, deren Name nicht genannt worden war, soll er geantwortet haben: „Die hat eh genug." Das erstaunt in zweierlei Hinsicht, wegen des besonders engen Verhältnisses zu Gretl (aber Ludwig mochte auf der anderen Seite seinen Schwager Jerome nicht) und weil die anderen Geschwister ja trotz Verlusten durch Pauls Anlagen auch nicht gerade als arm zu bezeichnen gewesen wären.[859] Später wurde Hermine zugetragen, Ludwig hätte einem Freund folgende Begründung geliefert: „Ich schenke mein Geld nicht den armen Leuten, aber ich schenke mein Geld meinen reichen Geschwistern, die sind schon durch Geld verdorben."[860] Demzufolge also fast eine Auszeichnung für Gretl, nicht bedacht worden zu sein, allerdings eine seltsame Auffassung, wiederum ganz typisch für den schwer einzuschätzenden Ludwig. Als Margaret später (1929) durch Jeromes Verschulden große Teile ihres Vermögens verlor, willigte Ludwig auf Hermines Angebot ein, Gretl nun den Teil zukommen zu lassen, der auf Hermine entfallen war.[861] Wieso die Geschwister und nicht weitere Spenden? Vielleicht auch wegen Ludwigs Zweifeln an humanitären Zwecken, vor allem aber gehörte sein Anteil zu einem kompliziert verschachtelten System von Besitzanteilen und Aktienpaketen, ein Fremder oder eine wohltätige Organisation konnte nicht ohne Weiteres Anteilseigner werden.[862] Ludwig Wittgensteins Verhalten erinnert stark an Tolstoi, der sein adeliges Erbe verworfen hatte und sich der Askese und mühevoller Arbeit ergab. Ludwig verzichtete „um eines Lebens in Tolstoischer Einfachheit und Strenge willen auf alle äußeren Symbole einer großbürgerlichen Existenz und auf sein Familienvermögen".[863] Der Verzicht erstreckte sich auch auf das Erbe Ludwigs nach dem Tod der Mutter 1926.

Im Gegensatz zu den Geschwistern verstand Gretl die Entscheidung Ludwigs und war nicht beleidigt. Sie vermerkt dazu lapidar in ihr Tagebuch: „Luki hat sein ganzes Gerstl (Geld, P. E.), an Mining, Lenka + Paul verschenkt + ist Volksschullehrer geworden. Er bezieht jeweils Geld von den Geschwistern wenn er es braucht + wohnt in einem Kammerl in der Unteren Viaduktstraße."[864] Auch räumlich wollte Ludwig eine Trennung vom Elternhaus vollziehen. Ludwigs Absicht, nicht nach Cambridge zurückzukehren, sondern aufs Lehrerseminar gehen zu wollen, um Volksschullehrer in der Provinz zu werden (eigentlich hatte er Priester werden wollen, doch hätte es dazu eines achtsemestrigen Theologiestudiums bedurft)[865], stimmte aber nicht nur sie bedenklich. Hermine verstand schon Ludwigs Entscheidung, auf sein Vermögen zu verzichten, nicht wirklich, respektierte sie aber (ihren Aufzeichnungen zufolge, wusste Ludwig, dass er sich notfalls auf seine Familie – auch finanziell – verlassen konnte)[866], noch weniger aber konnte sie den neuen Berufswunsch Ludwigs nachvollziehen. Im Dezember 1920 schreibt Hermine an Ludwig Hänsel: „Ich hätte (oft) lieber einen glücklichen Menschen zum Bruder als einen unglücklichen Heiligen" und tadelt damit vielleicht weniger Ludwigs Entschluss als seine Rigorosität.[867] Ludwigs Entscheidung löste einen größeren Streit in der Familie aus. Onkel Paul Wittgensteins freundschaftliches Verhältnis zu Neffen Paul und den Nichten Hermine und Helene zerbrach, weil die beiden bei Ludwigs Vermögensentäußerung den Vorschlag Pauls, einen Geheimfonds für Ludwig einzurichten, als Akt der Missachtung des Wunsches des Bruders abgelehnt hatten. Onkel Paul war empört, dass die drei das Geld angenommen hatten, er konnte das nicht nachvollziehen und führte Ludwigs Verhalten auf eine Krankheit zurück, die von den Geschwistern ausgenutzt worden wäre. Er distanzierte sich in der Folge von allen, die „aus Ludwigs Wahnsinn Kapital geschlagen hatten."[868] Es dauerte lange, bis er sich wieder mit seinen Nichten vertrug.[869] Getrübt war später auch sein Verhältnis zu Ludwig, weil Paul sen., der Josef Hoffmann verehrte, weder Ludwigs architektonische Ambitionen noch dessen Verzicht auf die Rückkehr zur Philosophie nach der Volksschullehrerepisode verstehen konnte.

Stonboroughs kehrten im Sommer 1920 nach Wien zurück, womit eine fast 15-jährige „Periode einer permanenten Wanderschaft" ihr Ende fand.[870] Ausdruck der zerrütteten Ehe war ihr getrennter Wohnsitz, Margaret bezog eine Etage im Palais Schönborn-Batthyány in der Renngasse 4 im ersten Bezirk,[871] Jerome blieb im Palais Erdödy in der Krugerstraße und zog bald danach nach Paris[872]. Beide leisteten in Wien weiter Hilfe, wo sie nur konnten. Auch Jerome Stonborough, der insgesamt in der Familiengeschichte ja alles andere als gut wegkommt, spendete wie Margaret sowohl der Österreichischen Akademie der Wissenschaften als auch der Universität Wien größere Beträge.[873] Jeromes Zustand war jedoch psychotisch geworden, er neigte zu extremen Wahnvorstellungen, woran er genau litt, bleibt unklar.[874] Margaret setzte in Gmunden und in Wien den aufwendigen, „aristokratischen" Lebensstil ihres Vaters fort.[875] Ihr Freundeskreis war vielfältig und kontrovers zusammengesetzt: Hochadel, Sigmund Freud und die Feindfigur von Adel,

Besitzbürgertum und Christlichsozialer Partei, der als „Steuervampir" bezeichnete Wiener Finanzstadtrat Hugo Breitner. In Wien veranstaltete Margaret in alter Wittgenstein'scher Tradition Musikabende, Theaterstücke wurden aufgeführt, man traf sich nach Konzertmatineen, speiste und diskutierte über das eben Gehörte. Stonboroughs waren bald mit der Familie Schönborn eng befreundet, Jerome wurde rasch eine Affäre mit einem Familienmitglied nachgesagt, Margaret schloss Freundschaft mit Georg, dem Sohn des Hausherrn (Graf) Friedrich Karl von Schönborn-Buchheim. Dieser verkörperte für sie einen Modernisierungsverlierer, so sinngemäß in einem Brief an Kurt Hahn, den berühmten Pädagogen und Gründer des Erziehungsheimes von Salem, dem sie ihren Vater Karl Wittgenstein als Aufsteiger und Modernisierungsgewinner gegenüberstellte.[876] Man vertraute nur den prominentesten Ärzten, Margaret kannte Freud und konsultierte ihn Jahre später. Kleidung wurde weiterhin von Nobelschneidern angefertigt, eingekauft in den feinsten Delikatessenläden, gespeist in noblen Restaurants, so sind Besuche Margarets in der Hofzuckerbäckerei Demel überliefert.[877]

Aber es gab auch andere Seiten Margarets. Schon lange hegte sie den Wunsch, weitere Kinder zu adoptieren. Thomas, ihr ältester Sohn, studierte in Cambridge,[878] und sie suchte einen Gefährten für den elfjährigen Ji. 1923 verwirklichte sie diesen Wunsch annähernd. Sie nahm Wedigo (1910 geb.) und Jochen (1911) von Zastrow, die Söhne der verwitweten und verarmten Irmgard von Zastrow aus pommerschem Adel, die bald darauf verstarb, bei sich auf.[879] Jerome war alles andere als begeistert und auch ihr Sohn Ji tat sich anfangs schwer. Die Aktion sieht nach mehrfacher Überforderung für alle Seiten aus. Margaret versuchte aus den Zastrows Wittgensteins zu machen. Leicht waren die Wittgensteins nicht zu „handeln", das wissen wir schon. Ein gewisser Eigensinn, ja Starrsinn, dürfte wohl auch Margaret eigen gewesen sein.

Noch saß der Schock über Kurts Selbstmord tief, und doch sollte die Familie bald vor weiteren Schicksalsschlägen nicht verschont bleiben.[880] Karls Schwager, General von Siebert, dem Alkohol nicht abgeneigt, starb 1920, wenig später folgt ihm seine Frau, Lydia, durch Suizid, wohl auch, weil ihr die alleinige Verantwortung für ihre taubstumme Tochter zu viel geworden war. Im Juli 1921 starb Helenes 20-jähriger Sohn Fritz Salzer an einer Kinderlähmung, zur damaligen Zeit ein elender Tod.[881] Am 26. April 1924, ausgerechnet zu Ludwigs Geburtstag, starb Josef Labor, der in der Familie hochgeschätzte Musiker und Komponist, auf dem Arbeitstisch ein unvollendetes Werk, das er für „seinen" Paul komponiert hatte. Hermine zeichnete ihn auf dem Totenbett. Wenige Monate später starb Onkel Louis, etwas später einer von Leopoldines Neffen beim Bergsteigen.

Leopoldine Wittgenstein war nach dem Selbstmord Kurts ein anderer, gebrochener Mensch geworden war. Sie wurde körperlich immer schwächer, verlor die Kontrolle über ihre Beine, wurde fast blind und ihr Geist verfiel immer mehr. Um sie auf andere Gedanken zu bringen, brachte man sie mit der betagten Sängerin Marie Fillunger[882] zusammen, die beiden kannten sich flüchtig.[883] Fillunger hatte in London mit der Tochter Clara Schumanns, Eugenie, zusammengelebt, aufgrund ihrer Liebesbeziehung wurden die beiden zu Wittgensteins nie zusammen eingeladen, nur einzeln.[884] Marie bzw. „Filu" oder „Fillu", wie sie von Wittgensteins genannt wurde, eine „starke, eckige Persönlichkeit", die gut, wie der „richtige passende ‚Puzzlestein' in die Familie passte", sang Leopoldine Lieder von Schumann und Brahms vor und Leopoldine begleitete sie auf dem Flügel.[885] Eine bemerkenswerte Freundschaft entstand. Am Verfall Leopoldines vermochte dies nichts zu ändern. Was Hermine als „Geistesverwirrung ihrer letzten Krankheit" bezeichnet, war wohl Demenz. Leopoldine hörte gerne Grammophonplatten, glaubte bzw. halluzinierte aber nach einiger Zeit, die Musiker wären wirklich anwesend und bat sie, sich dafür zugleich entschuldigend, aufzuhören, wenn ihr die Musik zu viel wurde.[886] Als Ludwig 1926 in Schwierigkeiten wegen der körperlichen Attacke auf einen Schüler geriet, bekam Leopoldine das nicht mehr mit. Ende Mai 1926 verfiel sie im Palais in Neuwaldegg in einen mehrtägigen komatösen Schlaf und verstarb 76-jährig am 3. Juni. Die Familie war tagelang um sie versammelt und sprach von einem „sanften Tod" und einer „sehr schönen Nacht" des Abschieds. Paul gelobte, nie mehr auf die Hochreith zu fahren und hielt sein Versprechen. Hermine in ihren Erinnerungen, am Ende versöhnlich: „Ja, meine Mutter hatte in vielen Stücken fast etwas von einer Heiligen an sich, und sie wurde auch so geliebt, verehrt und betrauert von unzähligen Menschen." Wenn auch mit dem Hinweis, dass es doch „einige sonderbare Eigentümlichkeiten [gab]…, die meiner Mutter das Leben schwer machten, und die es auch für uns Kinder oft schwer machte, ihr gerecht zu werden."[887]

Am wenigsten weiß man von Helene Salzer. Von großer Musikalität führte sie, eine begabte Pianistin, im privaten Kreis die ausgeprägte Musiktradition der Wittgensteins weiter und leitete einen Chor.[888] Ihre Gesellschaften in der Wohnung am Brahmsplatz waren in der Familie äußerst beliebt, sie selbst wegen ihrer Unkompliziertheit. Das Verhältnis der Geschwister blieb teils eng, besonders zwischen Ludwig und Hermine, aber alles andere als spannungsfrei. Es rieben sich sehr ähnliche und sehr unterschiedliche Charaktere aneinander. Gretl bemühte sich sehr um Ludwig, doch war eine Distanzierung ihres Bruders erkennbar. Hermine versuchte vermittelnd aufzutreten, Helene hingegen sich nach Möglichkeit herauszuhalten. Mit Paul taten sich bald alle schwer. Die Spannungen zwischen Hermine und Paul, beide in der Alleegasse zu Hause, gingen so weit, dass sie das Palais mehr als eine Art Hotel nutzten. Sie vermieden Gemeinsames, zogen sich in ihre jeweiligen Zimmer zurück, wo sie ihre jeweils eigenen Gäste empfingen. Die familiäre Aufführung von Kleists *Prinz Friedrich von Homburg* in der Alleegasse am 12. März 1921 (ohne Paul und Hermine) zeigt ein ganz anderes, harmonisches Bild der Familie: Margaret und Helene spielten Hauptrollen so wie Helenes Sohn Felix, weiters wirkten Margarets Söhne mit, Fritz und Clara Salzer und Gustav Figdor.[889]

Dass es Paul psychisch schlecht ging, zeigte sich darin, dass er zwischen August 1918 und April 1922 keine größeren, offiziellen Konzerte gab, voller Zweifel war, ob er als einarmiger Pianist reüssieren könnte. Die unglaublichen Anstrengungen Pauls zeigen Aspekte einer verschlossenen und unbeugsamen Persönlichkeit, die zur Störung der Beziehungen zu seiner Familie beitrug, vor allem, als zutage kam, dass er jahrelang, als er bei Hermine gewohnt hatte, eine Geliebte gehabt hatte. Paul Wittgenstein suchte weiter nach Werken für die linke Hand, von denen es nur wenige gab.[890] Auch mit seinen eigenen Bearbeitungen von Stücken von Mozart, Mendelssohn oder Liszt war er nicht zufrieden, so musste Paul neue Werke in Auftrag geben und für einen Wittgenstein kamen dafür (fast) nur prominente Komponisten infrage. Einer davon war der alte Freund der Familie, Josef Labor, der zum „Hauskomponisten" (fast alle seiner Kompositionen nach 1915 wurden von Paul in Auftrag gegeben) und Mentor Pauls geworden war, der ihn immer wieder ermutigte, ihm eigene Stücke komponierte oder neu arrangierte.[891] Labors 80. Geburtstag wurde Ende Juni 1922 groß gefeiert, in Wien zu seinen Ehren eine Woche lang Musik von ihm gespielt. Die Wittgensteins waren überglücklich, alle mochten sie Labor und bewunderten ihn, zugleich war Labors Popularität im Schwinden begriffen, Konzertankündigungen von ihm alles andere als ein Renner. So wie die Wittgensteins Labor als den ihren betrachteten und behandelten, so blieb Paul Wittgenstein Labors Wunderkind, gehörte gewissermaßen ihm. So sträubte sich Labor auch gegen den Gedanken, andere Komponisten mit Werken für Paul zu beauftragen, gab aber letztlich Paul die Erlaubnis. 1923 wurde bei vier Komponisten angefragt, darunter Paul Hindemith, Erich Wolfgang Korngold und Franz Schmidt, also mit Ausnahme Schmidts eher Neutöner. Die sog. moderne Musik hasste Paul eigentlich, wobei Hindemiths Werk höchst intellektuell war. Und bald zeigten sich tatsächlich Differenzen, Hindemiths für Paul Wittgenstein komponierte *Klaviermusik mit Orchester* erschloss sich Paul nicht, er bezahlte zwar, doch blieb das Stück bis zur Jahrtausendwende unentdeckt und bis Dezember 2004 unaufgeführt.[892] Auch mit Korngold, dem Komponisten der Oper *Die tote Stadt*, kam es zu Streitereien. Schmidt erwies sich als nachgiebiger und akzeptierte viele Eingriffe. In der

Folge kam es mit beinahe allen Beauftragten zu heftigen Konflikten. Der (wie seine Familie) im Musikgeschmack durchaus altmodische Paul Wittgenstein reagierte unzufrieden auf jegliche Neutönerei, herrisch veränderte er die Partituren und sicherte sich exklusive Aufführungsrechte. Aber: er bezahlte auch einen stolzen Preis dafür.

Sowohl die Premiere von Schmidts Beethoven-Variationen am 2. Februar 1924 als auch jene von Korngolds Konzert bekamen begeisterte Kritiken, und es waren nicht nur die Komponisten bzw. Kompositionen, die gefeiert wurden, sondern die Virtuosität des einarmigen Pianisten Wittgenstein. Im *Neuen Wiener Tagblatt* erschien acht Tage nach dem Konzert folgende Kritik: „Paul Wittgenstein spielte ‚sein‘ Werk mit einer von der Freude beflügelten Technik: nicht hinsehend, hätte man bei den Doppelakkorden auf zwei Hände geraten ...“[893] Positive Worte, doch auch hier liest man heraus, dass die eigentliche Sensation die Einarmigkeit war und was trotz dieser Einschränkung möglich war, und nicht das musikalische Können schlechthin. Ob Paul Wittgenstein das bemerkte? Er wollte es wohl nicht registrieren. Paul fragte nun beim erfolgreichsten lebenden Komponisten seiner Zeit, bei Richard Strauss, an und dieser sagte zu, ein Klavierkonzert zu schreiben.[894] Strauss ließ sich seine Arbeit teuer bezahlen, erhielt einen Vorschuss von 25.000 Dollar und komponierte ein Konzert *Parergon zur Sinfonia Domestica*, woraufhin Strauss in Musikkreisen der Vorwurf gemacht wurde, nur ein altes Stück, die *Sinfonia Domestica* von 1903, leicht umgearbeitet zu haben. Paul verteidigte Strauss gegen diesen Vorwurf, bewog ihn allerdings zu einigen Änderungen der Partitur. Einige Wünsche Pauls ließen sich bis zur geplanten Uraufführung nicht mehr durchführen, so bot Strauss Wittgenstein ein zweites Konzert an, den *Panathenäenzug*, ob er auch für dieses Stück 25.000 Dollar erhielt, ist nicht sicher. Was in Berlin auf äußerst kritische Stimmen stieß (mehr aber Strauss' Musik als die Klavierkunst Pauls), gefiel in Wien wenige Monate später Publikum und Kritikern weit besser. Der hohe Preis dürfte sich rentiert haben. Paul, in Wien längst schon eine Berühmtheit, auch aufgrund seines körperlichen Merkmals, startete eine Konzertreihe, die ihn in die berühmtesten Konzerthäuser brachte, begleitet von Dirigenten wie Erich Kleiber, Bruno Walter, Wilhelm Furtwängler, auch Strauss selbst. Für Oktober 1928 war eine erste Tournee in Amerika angesetzt. Paul hatte den Höhepunkt seiner Karriere erreicht. Nicht alle würden allerdings Waughs Einschätzung teilen, dass Paul Wittgensteins Können dem der großen Pianisten seiner Zeit nicht nachstand.[895]

# VOLKSSCHULLEHRER LUDWIG WITTGENSTEIN: GESCHICHTE EINES SCHEITERNS

Volksschullehrer sein zu wollen, hieß zunächst, sich einer Ausbildung zum Lehrer zu unterziehen. Ludwig zog aus der Alleegasse aus und mietete sich in einer Pension in der Unteren Viaduktstraße im 3. Bezirk ein. Kurz darauf zog er in das Haus der befreundeten Familie Sjögren, blieb aber auch dort nur kurz, was wohl mit Avancen oder zumindest größerem, vielleicht auch nur mütterlichem Interesse von Mima Sjögren zusammenhing.[896] Mima, die bereits mit Leopoldine Wittgenstein befreundet war, war die Witwe des schwedischen Ingenieurs Carl Sjögren (1865–1903), der Direktor in einem von Karl Wittgensteins Stahlwerken in Donawitz gewesen war – auch Mimas Vater, Bergrat Gottfried Bacher, hatte für Wittgenstein gearbeitet. Sjögrens waren von Wittgensteins nach dem Tod des Vaters unter die Fittiche genommen worden, Arvid und Talla, Mimas Söhne,[897] wurden wie Mima Teil der Familie, Arvid ein enger Freund Ludwigs, der ihn auf mehreren Reisen begleiten sollte. Am 5. Juli 1920 legte Ludwig die Reifeprüfung an der Lehrerbildungsanstalt in der Wiener Kundmanngasse ab, die ihn zum Volksschullehrerdasein berechtigte. Briefe an seinen Freund Engelmann zeugen aber von einer erneuten Lebenskrise und sind voll von Suizidgedanken.[898] Im Sommer arbeitete er als Hilfsgärtner im Stift Klosterneuburg. Ludwig änderte nach der Rückkehr aus dem Krieg am 26. August 1919 sein Leben radikal: Aus dem mondänen Millionärssohn mit herrschaftlichem Auftreten und nach außen oft atemberaubender Selbstsicherheit wird ein schlichter Student des Lehrerseminars in Wien, schließlich ein Volksschullehrer auf dem Lande. Er verschenkt sein großes Vermögen, kleidet sich nachlässig und auffällig, meist trägt er seine alte Armeeuniform, und beginnt ein mönchisches Leben, über das sich sein Bruder Paul in Briefen lustig macht, der ihm „Fresspakete" auf das Land schickt.

Ludwig Wittgenstein unterrichtete zunächst von Mitte September 1920 bis Juli 1922 in Trattenbach im Feistritztal in der Buckligen Welt, dann war er kurze Zeit Hauptschullehrer in Haßbach bei Neunkirchen, danach zwei Jahre in Puchberg am Schneeberg und zuletzt von September 1924 bis April 1926 in Otterthal, alles Orte in Niederösterreich. Es ging ihm schlecht, noch immer betrauerte er den Tod seines engsten Freundes, David Pinsent.[899] In seinem Selbsthass verachtete er auch die jeweilige Dorfbevölkerung. Zu Ludwigs psychischen Problemen trat 1923 ein schmerzhaftes Darmgeschwür. Ludwig versuchte seine Herkunft zu verbergen, er schlug eine Stelle in Reichenau aus, weil er nicht als Mitglied einer reichen, berühmten Familie erkannt werden wollte. Paul erwiderte: „Bei der unglaublichen Bekanntheit unseres

Namens, dessen einzige Träger in Österreich wir sind, – dieser Umstand fällt besonders in die Wagschale – bei dem ungeheuren Bekanntenkreise unseres Vaters, Onkel Louis', Tante Clara's, den Gütern, die wir in ganz Österreich verstreut besitzen, den verschiedenen Wohltätigkeitsaktionen u.s.w. u.s.w., ist es ausgeschlossen, wirklich vollkommen ausgeschlossen, daß ein Mensch der unseren Namen trägt, und dem man die vornehme und feine Erziehung auf tausend Schritte ansieht, nicht als ein Mitglied unserer Familie erkannt werde."[900] Dazu kamen erste Reaktionen auf den 1922 erschienenen *Tractatus*. Wittgenstein war vielerorts mit Unverständnis konfrontiert, selbst die befreundeten, ihn verehrenden Philosophen George Moore oder Bertrand Russell mussten zugeben, vieles nicht zu verstehen. Nicht ohne Folgen: Wittgenstein beschreibt in den Notizbüchern einen Albtraum, in dem niemand versteht, was er sagen möchte, und er unfähig ist, seine Gedanken anderen zu erklären. Gleichzeitig ist es wohl gerade dieses Mysterium um das Verständnis von Wittgensteins Philosophie, das seine ungebrochene Faszination erklären hilft. Den Ruhm, der ihm in britischen Philosophiekreisen zugestanden wurde, belächelten etliche Familienmitglieder, so Ludwigs Onkel und Tanten, anders die Schwestern. Vor allem Hermine bewunderte ihren Bruder über alles.

In Trattenbach, wo man bald wusste, mit wem man es zu tun hatte, was Ludwig aufregte, verbat er sich jeglichen Besuch von seiner Familie,[901] der einzige Freund, der ihn besuchen durfte, war der Realschullehrer Ludwig Hänsel, den er aus der italienischen Kriegsgefangenschaft kannte. Hermine wusste von Hänsels Kontakten und wandte sich regelmäßig an diesen, um Neuigkeiten von Ludwig, nicht zuletzt auch über seinen Gemütszustand, zu erfahren. Dafür erhielt Hänsels Familie eine Fülle von Naturalien, die in der Nachkriegszeit mehr als willkommen waren. Hänsel wurde von Ludwig immer wieder und mit einer großbürgerlichen Selbstverständlichkeit in Anspruch genommen, wovon zahlreiche Briefe mit Bitten um Erkundungen und Hilfestellungen, Käufe von Lehrmitteln etc. zeugen.[902] Hänsels Wohnung in Wien stand Ludwig bei Aufenthalten zur Verfügung. Auch Paul versuchte auf indirektem Weg, über einen weiteren Freund Ludwigs, den Volksschullehrer Rudolf Koder, Ludwig Hilfe zukommen zu lassen. Koder, begabter Pianist und Musiklehrer in Puchberg, teilte mit Ludwig die Musikleidenschaft.[903] Sie spielten fast täglich Stücke für Klavier und Klarinette. Koder wurde fast Teil der Familie, er war nahezu der Einzige, der die Geschwister verband. Ein enger Freund Ludwigs studierte er bei Paul Klavier, wanderte mit ihm und musizierte mit Helene und Hermine.[904] Einen weiteren Freund fand Ludwig in dem Bergarbeiter Heinrich Postl, der im Dorfchor sang. Pakete seiner Geschwister nahm Ludwig nicht an, hie und da Pauls Lebensmittelsendungen, deutliches

Zeichen einer neuerlichen bewussten Abgrenzung. Margaret widersetzte sich dem Besuchsverbot Ludwigs. Bei diesem unerwünschten Besuch erfuhr sie einiges von Ludwigs Lehreralltag.[905] Er erzählte, dass er alle Fächer unterrichte und gerade an einem neuen Schulbuch arbeite, einem Wörterbuch für die Volksschule, das das Erlernen der Rechtschreibung massiv erleichtern würde. Zu Hermine hatte Ludwig Kontakt, da er gelegentlich seine Schüler bei Ausflügen in Hermines Tagesheim unterbrachte oder dort in den Ferien unterrichtete.

Als Lehrer verfügte er über die Fähigkeit, interessant vorzutragen und begabte Schüler zu fördern. Hermine bezeichnet ihn sogar als „geborenen Lehrer" (und einige seiner Schüler würden das wohl bestätigen), sieht aber seine Schwächen: Er hatte keine Geduld, weder mit Schülern, hier vor allem den „Unbegabten und Faulen" und „Mädchen, die ganz andere Dinge im Kopf haben", noch mit Eltern, und war gnadenlos streng bei menschlichen Fehlern, letztlich scheiterte sein Versuch einer neuen Existenz.[906] Ein Mädchen zog er an den Haaren, einem anderen versetzte er eine Ohrfeige, dass es aus den Ohren blutete.[907] Im April 1926 schlug er einen elfjährigen Schüler in Otterthal auf den Kopf, dieser wurde bewusstlos und litt seither unter Schwindel und Taubheit. Nach diesem Vorfall reichte Wittgenstein sein Entlassungsgesuch ein.[908] Ein Dienstaufsichtsverfahren endete mit einem Freispruch Wittgensteins (Begründung: Der Schüler leide an Leukämie und wäre schon öfter ohnmächtig geworden), der aber dennoch um seine Entlassung bat. Die Spur des Prozesses verliert sich im April 1926, was ganz im Sinne der Familie war.[909] Übrigens reiste Ludwig 1937 nach Niederösterreich, um sich bei jenen Schülern, die er unsanft behandelt hatte, zu entschuldigen.[910]

Es war Margaret, die Ludwig nun unter ihre Fittiche nahm, nehmen durfte, nach der langen Phase seiner Abwendung. 1926 arbeitete Ludwig für einige Monate als Gärtnergehilfe im Kloster der Barmherzigen Brüder[911] in Hütteldorf. Am liebsten, so heißt es, wäre er, trotz immer wiederkehrender Selbstmordgedanken, gleich in den Orden eingetreten. Die Errichtung eines neuen Wohnsitzes für seine Schwester Margaret, mit der eigentlich Paul Engelmann beauftragt war, wurde – siehe unten – seine neue Leidenschaft. Hermine berichtet von zwei weiteren Leidenschaften Wittgensteins, Hobbys würde hier wohl nicht zutreffen. Er interessierte sich für Bildhauerei, besonders für die Arbeiten von Michael Drobil, den er in der Kriegsgefangenschaft kennengelernt hatte, und begann selbst ein wenig bildzuhauen.[912] Er forcierte auch sein Klarinettenspiel, er hatte in seiner Jugend kein Instrument gespielt, aber für die Lehrerausbildung eines erlernen müssen und die Klarinette gewählt. Und er war und blieb ein Sonderling, kleidete sich weiter schlampig und hielt „gar nicht auf seine äussere Erscheinung", wollte nicht als ein Wittgenstein erkannt werden.[913] Seine Schwestern waren ja für ihre eher aufwendige bzw. auffällige Aufmachung bekannt. Selbst bei Ludwigs Promotion in Cambridge (die so ablief, dass die Professoren Ludwig baten, ihnen Stellen aus seinem Buch zu erklären), setzte er sich entgegen allen ehrwürdigen, fast heiligen Traditionen durch und weigerte sich, die für die Zeremonie vorgesehene Kleidung anzulegen.[914]

Wohl auch aus Therapiezwecken hatte Margaret Stonborough-Wittgenstein Ludwig angeboten, an ihrem neuen Wohnsitz in der Kundmanngasse 19 im 3. Wiener Gemeindebezirk mitzuwirken, den der Loos-Schüler Paul Engelmann gerade für sie zu bauen begonnen hatte.[915] Engelmann gehörte mit dem jungen Schönborn-Buchheim und Arvid Sjögren zum engen Freundeskreis Ludwigs wie der Familie Wittgenstein insgesamt und war des Öfteren Gast auf der Hochreith und in Gmunden in der Villa Toscana.[916] Im Juni 1926 starb Leopoldine Wittgenstein. Das Projekt dürfte somit für beide, Margaret und Ludwig, eine willkommene Ablenkung bedeutet haben. Ludwig übernahm in den Jahren 1926 bis 1928 gewissermaßen die Bauregie, es wurde ein Wittgenstein-Bau. Gleichzeitig ist es aber auch ein Engelmann- und mehr noch ein Margaret-Stonborough-Wittgenstein-Bau. Nicht nur Ludwig war eigensinnig, diese Eigenschaft zeichnete auch seine Schwester aus, die mit ihren sich ständig ändernden Wünschen Engelmann zur Verzweiflung brachte, obwohl sich die beiden gut verstanden. Margaret wollte ein Palais „mit repräsentativen Räumen und einem ausladenden Vestibül", ähnlich dem Elternhaus in der Alleegasse, zugleich aber eine Architektur, „die von einer hermetischen, den Bau umschließenden Außenhülle und einer klaren Raumanordnung um eine zentrale Halle im Stil eines römischen Atriums geprägt war".[917] Einen Kompromiss zwischen diesen unterschiedlichen Vorstellungen zu finden, fiel schwer. Doch mit dem Engagement Ludwig Wittgensteins für den Bau wurde zunehmend klar, wer der eigentliche Architekt, der Hauptverantwortliche und Leiter des Projekts war. Ludwig „verbohrte sich mehr und mehr in die Sache, bis er sie endlich ganz in die Hand bekam. Engelmann musste der viel stärkeren Persönlichkeit weichen, und das Haus wurde dann bis ins kleinste Detail nach den von Ludwig geänderten Plänen und unter seinen Augen gebaut."[918] Margaret setzte sich mit der Idee einer monumentalen Stiege, die in eine Halle führte, durch, eine Inspiration durch das fürstliche Entree in der Alleegasse.[919] Auch Ludwig Wittgensteins große Architekturvorbilder konnten aufs Erste gegensätzlicher nicht sein, Adolf Loos, den er persönlich kannte und schätzte (obwohl das Palais Stonborough von Loos'schen Raumvorstellungen weit entfernt war), und Johann Bernhard Fischer von Erlach, Erbauer des Stadtpalais Prinz Eugens in Wien, der Böhmischen Hofkanzlei, der Hofbibliothek und Karlskirche, aber auch vom Palais Batthyány-Schönborn, in dessen Beletage Margaret Stonborough jahrelang logiert hatte.[920]

Eine wichtige Rolle beim Bau spielte Jacques Groag, ein Name, der zu Unrecht häufig unterschlagen wird. Groag war mit der Bauausführung beauftragt, hatte also wesentlichen Anteil, übrigens oblagen ihm nahezu zeitgleich, 1927–28, auch unengeltliche Arbeiten für das Haus Moller von Adolf Loos in der Wilbrandtgasse 3. Mitgeholfen am Bau hatten auch Talla, Forstwirt und Ingenieur, und Arvid Sjögren, den Ludwig vom Studium ab- und einem praktischen Beruf, Mechaniker, zugeredet hatte. Ludwig wollte Schlichtheit, fast Kargheit, keine Teppiche, keine Vorhänge, keine Lüster. Doch die zahlreichen detailreichen Zeichnungen Hermine Wittgensteins aus dem Haus Stonborough belegen eindrucksvoll, dass der Strenge und Kühle der Architektur bald sehr viele Gegenstände entgegengesetzt wurden, Möbel der Wiener Werkstätte und sonstiges Mobiliar, Skulpturen, Bilder. Es entsteht der Eindruck einer Überladenheit, die Inneneinrichtung betreffend, wie schon zuvor in der Alleegasse, wie in der Villa Toscana. Einen Kontrast zur modernen Architektur bildete auch die eher konventionelle Zimmeraufteilung, die große Ähnlichkeit mit dem Stadtpalais in der Alleegasse aufwies.

Margaret setzte am neuen Wohnsitz ihre alten Gepflogenheiten fort. Sie erfüllte das Palais Stonborough mit Leben, lud häufig Sonntag nach den Matineen im Musikverein zu einem opulenten Buffet.[921] Und wie früher im Haus Wittgenstein üblich, unterstützte sie arrivierte Künstlerinnen und Künstler wie wenig bis gar nicht bekannte, förderte den Nachwuchs, verhalf jungen, begabten Personen zu Stipendien und stellte Musikerinnen und Musikern kostbare Instrumente aus der Sammlung Wittgenstein zur Verfügung. Lotte Lehmann war hier häufiger Gast. Und zumindest einige Feste, „Adoleszententenbälle", die die Jungen feierten, erfüllten das Haus mit jenem „ursprünglichen Leben", das Ludwig Wittgenstein gefehlt hatte. Von ihren Söhnen galt Margarets besondere Liebe Ji, ihrem „Goldjungen", Tommy hingegen erwies sich als faul und arrogant, depressiv und nicht besonders intelligent, weder im Umgang mit Geld noch mit Frauen.[922] Für Margaret ergaben sich zahlreiche Gelegenheiten, für Ji's Weiterkommen zu intervenieren. Sie unterstützte ihn, wo sie nur konnte und brachte ihn 1935 im amerikanischen Arbeitsministerium in Washington unter. Doch auch Ji erfüllte wohl nicht die Erwartungen seiner Mutter, er galt als jähzornig, rechthaberisch und vor allem eingebildet. Menschen, die er nicht mochte, behandelte er herablassend. Tommys Leben sollte turbulent verlaufen. Er hatte später bei einem Autounfall den Tod einer Beifahrerin zu verantworten. Er heiratete insgesamt fünfmal. In seine erste Ehe mit Helen Engelhardt (1932), die sich bald als unglücklich herausstellte, wurde er von seiner Mutter gedrängt. Margaret hielt den Kontakt zu Helen und zu ihrem Enkel Pierre, der 1933 auf die Welt kam, ihr Leben lang.

Die Familie traf sich in den Sommer- und Wintermonaten bzw. -urlauben. Dabei gab es nahezu oder ganz fixe Termine bzw. Abläufe. Hochgehalten im Hause Wittgenstein wurde insbesondere das Weihnachtsfest, zu Weihnachten kamen alle in der Alleegasse zusammen.[923] Diese Familientradition führte nach dem Tod Karl Wittgensteins 1913 Tochter Hermine fort. Hermine wurde als legitimes Familienoberhaupt anerkannt, diese Rolle war wenig überraschend nicht auf die überforderte Mutter Leopoldine übergegangen. Ein beeindruckender Weihnachtsbaum wurde aufgestellt und geschmückt, dann die Kerzen angezündet. Das Familienritual sah vor, dass zuerst das Personal beschenkt wurde, es folgte das Weihnachtsessen, das aus einer Gans mit üppigen Beilagen bestand. Danach tauschten die Geschwister, Kinder und Enkel ihre Geschenke aus. Ebenso Tradition waren dann die Streitigkeiten der Geschwister. Zu ungleich waren sie, zu verschieden ihre Lebenswelten bzw. -vorstellungen. Es sind schwierige Verhältnisse und Beziehungen, die die Geschwister zueinander pflegen. Am meisten von allen geschätzt wurde Hermine, genannt „Mining". Ludwig verehrte sie und nannte sie die „tiefste" unter den Geschwistern. Auch Margaret verstand sich gut mit ihrer Schwester: „Du sprichst eben meine Sprache + lachst mein Lachen + umarmst wie ich umarme."[924] Zur Zeit des Hausbaus war auch zwischen Gretl und Ludwig, die sich nicht immer verstanden hatten, wieder eine intensive Beziehung entstanden. Gretl hatte Ludwig in der kritischen Zeit nach der Entlassung aus dem Schuldienst vor einer Depression bewahrt, hatte das als therapeutische Herausforderung angesehen. Sie unterstützte ihn immer wieder und hatte ihn auch mit einigen Vertretern des Wiener Kreises, unter anderem mit Moritz Schlick, Philosophieprofessor an der Universität Wien, bekannt gemacht. Paul verstand sich mit keinem seiner Geschwister, auch nicht mit Ludwig, obwohl die Briefe während der Volksschullehrerzeit Ludwigs auf eine gar nicht so schlechte Beziehung schließen lassen würden. Helene, der Ludwig „harmlose Fröhlichkeit" zuschrieb und mit der er gerne scherzte, hatte sich mit ihrem Mann, Max Salzer, und den Kindern am stärksten von den übrigen Geschwistern abgenabelt. Das gemeinsame Weihnachtsfest war aber auch für sie selbstverständlich. Nur in einem waren sich die Geschwister einig, in ihrer Abneigung gegen Schwager Jerome, die von Anfang an bestanden hatte. In Hermines *Familienerinnerungen* wird kein einziges Mal der Name Jerome Stonborough genannt, es ist nur vom „Ehemann" bzw. „Deutsch-Amerikaner" die Rede. Seine Frau, Gretl, auch wenn sie sich noch so sehr über Jerome ärgerte, blieb loyal.

1928 wurde das gemeinsame Weihnachtsfest erstmals nicht in der Alleegasse (seit 1921 Argentinierstraße) begangen, sondern auf Wunsch Gretls in ihrem neuen Haus in der Kundmanngasse. Jerome verteilte ostentativ

Geschenke an alle, nur nicht an die Zastrow-Jungen, die er nicht anerkannte. Hermine und Paul luden dann am nächsten Tag in die Argentinierstraße. Dort kam es zum nächsten Eklat.[925] Einer der Streitpunkte wurde das neue Haus Margarets. Jerome bezeichnete es als „einzige Geschmacksverirrung", als „in Beton gegossenen Wahnsinn".[926] Ludwig verließ kochend, aber schweigend die Runde. Ji kämpfte den ganzen Abend mit den Tränen. Dann versuchte man elegant über den Zwischenfall hinweg zu parlieren. Insbesondere Margaret war außer sich über Jeromes Verhalten. In einem Brief an Tommy, der in Amerika studierte und deshalb abwesend war, den sie noch am selben Abend verfasste, beschreibt sie den Eklat ausführlich. Eine „Weihnachtsidylle" im Hause Wittgenstein. Vor dem nächsten Weihnachtsfest schrieb Ludwig an Hermine, er wolle ein gemeinsames Weihnachtsfest mit den Geschwistern, aber auch mit Freunden, um zu vermeiden, dass nur die Geschwister aufeinandertreffen. Streit präge die Beziehungen der Geschwister generell, zu zweit, so Ludwig, seien noch Gespräche in bestimmten Konstellationen möglich, zu dritt oder mehr Streit aber unausweichlich. „Nun, der Grund ist der, dass nicht einmal wir 5 Geschwister [...] so geartet sind, dass wir alle zusammen und ohne die Sauce der Freunde eine gute Gesellschaft geben. ... Wir sind eben alle ziemlich harte & scharfkantige Brocken, die sich darum schwer aneinander schmiegen können. – Dagegen geht es herrlich, wenn Freunde dabei sind, die einen leichteren Ton & noch anderes was uns fehlt in unsere Gesellschaft bringen."[927] Nach einiger Überredung von Margaret wurde auch Jerome eingeladen und es wurde – wider aller Erwarten – ein friedliches Fest.

Dies war umso überraschender, als Margaret kurz zuvor, im Oktober 1929, infolge des New Yorker Börsenkrachs einen Großteil ihres Vermögens verloren hatte, das noch dazu Jerome in amerikanische Wertpapiere an der New Yorker Börse veranlagt hatte. Bis auf Margaret, die wie immer loyal und gelassen blieb, machten alle Jerome für die Vermögenseinbußen verantwortlich und sahen ihr Bild von Jerome bestätigt[928]: „Wir haben sehr wenig Geld übrig behalten. Nach sorgfältigen Berechnungen stellt es sich heraus, dass ich noch gegen 30.000 Dollar jährlich behalten werde. Nun bin ich, wenn wir das Haus in Wien durch Vermietung anbringen, Gmunden entpersonalisieren, in eine kleine Wohnung ziehen, die Dienstleute bis auf drei entlassen, und einen Teil meiner Bilder verkaufen, wie mir scheint aus dem Wasser ..."[929] 30.000 Dollar im Jahr waren immer noch genug für einen großen Packard, der 40 Liter verbrauchte, die im Haus wohnende Dienerschaft umfasste 1928 eine Chefköchin, zwei Mädchen für die Küche, drei Dienstmädchen, eine Sekretärin, eine Kammerzofe, eine Gouvernante und einen Chauffeur.[930] Margaret schien zwar unter dem finanziellen Verlust nicht sonderlich zu leiden, bedauerte aber, dass sie das Haus in der Kundmanngasse nun vermieten musste.

Als sie das Haus aufgeben wollte, schrieb Hermine: „Aber ich kann mir auch die Greti nicht anders als gross vorstellen.“[931] Ludwig hatte Margaret geraten, die 1.000 Quadratmeter Wohnfläche auf die Hälfte zu reduzieren, den Rest stillzulegen, was sie kurz beherzigte, doch bald wurde der alte Status wiederhergestellt. Hermine will Margaret einen Teil des Erbes geben, das Ludwig dieser damals „vorenthalten“ hatte. Ludwig stimmt zu, seine Gründe damals hätten darin bestanden, dass sich Gretl als Amerikanerin in sehr gesicherter Lage befunden hätte, während „die drei anderen Geschwister durch den Krieg in unsicherer finanzieller Lage“ waren, nicht weil er schlecht mit ihr gestanden wäre, obwohl er zugibt: „Ich bin schlecht mit ihr gestanden, aber das hatte natürlich damit gar nichts zu tun.“[932] Wäre das umgekehrt gewesen, hätte er das Geld anders verteilt, „trotz meiner geringen Sympathien für Gretls damaliges Wesen“. Margaret weigerte sich zunächst, Hilfe anzunehmen. „Ich habe mehr Geld als ich brauche, mehr als ich haben sollte + mein bestes Ich (so klein dies sein mag) ist froh, dass ich weniger habe als ich hatte.“[933] Doch letztlich akzeptierte Margaret, dass ihre Geschwister Hermine, Helene und Paul ihr einen Teil jenes Vermögens übertrugen, das ihnen Ludwig vermacht hatte.[934] Für die weitgehende Aufrechterhaltung des alten Lebensstils wurden aber mehrere Immobilien und ein Teil der Kunstsammlung verkauft.

## GROSSE LIEBEN, DICKE FREUNDE UND SUBJEKTE DES KÜMMERNS

Freunde und Freundinnen der Familie sind uns schon einige untergekommen. Viele wie Rudolf Koder oder Ludwig Hänsel wurden von Freunden Einzelner (in diesen Fällen Ludwigs) zu Freunden der ganzen Familie. Auch bei Paul Engelmann war es so, den eine geschäftliche, aber auch eine freundschaftliche Beziehung mit der Familie verband. Auch Ludwigs erste längere Männerbeziehung, David Pinsent, war in der Familie eingeführt. Viele, vor allem von Ludwigs Freunden und Bekannten ist dies überliefert, berichten von außergewöhnlicher und großzügiger Gastfreundschaft der Familie. Auffällig aber ist, dass den Freunden häufig eine bestimmte Rolle und Funktion zugewiesen wurde, Engelmann als Architekt, Hänsel als Experte in Erziehungsfragen und Mittler zwischen den Geschwistern, in ähnlicher Funktion Koder.[935] Von Frauen ist bei Ludwig seltener die Rede, mit einer großen Ausnahme. Eine für Ludwig wichtige Person wurde Marguerite Respinger (1904–2000), Schweizerin und Kommilitonin von Thomas Stonborough. Ludwig übte trotz oder wegen seiner Eigenart auf Frauen wie auf Männer eine große Wirkung aus, sicher auch, weil er ein äußerst gut aussehender, schöner Mann war, blond, mit tiefblauen Augen, und dazu kam die „außergewöhnliche Atmosphäre“, die ihn umgab.[936] Und auch Marguerite umgab etwas ganz Spezielles. „Sie hatte ein Puppengesicht mit leicht umflorten Augen, die in die Welt blickten, als müsste sie fragen, ob diese einen Platz für Fräulein Respinger bereithielte.“[937] 1924 von Thomas Stonborough nach Gmunden eingeladen, zeigte sie deutliches Interesse für Ludwig, er offensichtlich auch für sie, nannte sie „Margueritlein“ oder bezeichnenderweise „Tierchen“.[938] Margaret gab sich verblüfft. „Dabei hatte Ludwig doch mit Frauen nichts im Sinn, was alle wussten, aber niemand aussprach.“[939] Von Margaret unter die Fittiche genommen, zählte Marguerite bald zum „Wittgenstein-Clan“ und zog nach Wien.

Ludwig Wittgensteins Homosexualität gilt heute als gesichert. Die Debatte darüber ausgelöst hat William Warren Bartleys III Wittgenstein-Biografie 1973, der sich auf nicht belegte Aussagen anonymer Bekannter und in Geheimschrift verfasste Tagebücher Ludwigs stützt.[940] Er berichtete von Ludwigs Leidenschaft für derbe junge Männer in den Praterwiesen, ohne allerdings Quellen nennen zu können.[941] Ein Sturm der Entrüstung war die Folge, ehe Ray Monk in seiner umfangreichen Wittgenstein-Biografie 1990 gestützt auf einen Tagebuchfund über eine kurze, von Scham geprägte körperliche Episode Ludwigs mit Francis Skinner im Jahr 1937 informierte.[942] In Wittgensteins in Geheimschrift verfassten intimen Schriften berichtet er, wie oft er „sinnlich gewesen“ sei und wie sehr er sich nach seinem Freund David Pinsent sehne. Es finden sich „erschütternde Selbstanklagen, in denen er sich der ‚Sünde‘ bezichtigt, wie „Kämpfe immer gegen meine schlechte Natur. Gott stärke mich!“[943] Es liegt nahe, dass sich diese Gefühle und Formulierungen auf Ludwigs Homosexualität beziehen. Eindeutig ist es nicht, genaues darüber wissen wir nicht. Die Veröffentlichung dieser *Geheimen Tagebücher* hat „die Stigmatisierung Wittgensteins als ‚sich selbst verachtenden‘ Homosexuellen eher verstärkt.[944] McGuinness zufolge sah Ludwig hingegen „die Homosexualität nicht als ein Problem an“, „Sexualität ... durchaus, aber nicht das Geschlecht des Geliebten.“[945] Auch sonst finden sich eher ungewöhnliche bis schwierige Verhältnisse zur Sexualität. Bereits der unter Einfluss seines Schwiegersohns Gottfried Franz erfolgte Wechsel Hermann Wittgensteins vom Augsburger zum rigideren Helvetischen Bekenntnis könnte Urache „einer generell zu beobachtenden Tendenz in der Familie zu einer asexuellen körperfeindlichen Haltung“ sein.[946] Erinnert sei an Hermine, die unverheiratet blieb. Margarethe ehelichte den Amerikaner Jerome Stonborough und hier wissen wir, dass es sich um keine glückliche Ehe handelte, auch wenn sie den Anschein lange wahrte. Margaret fehlte es nicht an Verehrern, aber sie galt als der Sexualität höchst abgeneigt.[947] Gerade über ihre diesbezüglichen ersten Erfahrungen mit ihrem Ehemann sind wir aus Briefen recht gut informiert. Margaret erweist sich als erstaunlich offen, vielleicht aber auch aus purer Verzweiflung darüber, wie sie sich verhalten sollte. Paul Wittgenstein war für ein abwechslungsreiches Sexualleben mit mehreren Liebschaften bekannt, seine Einarmigkeit dürfte auch zu einer gewissen Faszination beigetragen haben, ehe er eine wesentlich jüngere Frau, ein Mädchen „niederer Herkunft", eine Schülerin von ihm heiratete, ohne seine Geschwister davon zu verständigen. Ludwigs Liebesbeziehungen waren hingegen rar gesät, auch darüber wusste man wenig wie bei Paul. Helene führte von allen Geschwistern das normalste Familienleben.

Zu den engsten Freunden der Familie zählten die Brüder Talla (1903–1945) und Arvid Sjögren (1901–1971), die Söhne von Hermines bester Freundin Mima Bacher-Sjögren (1871–1965 oder 1966), alle drei hatten Aufnahme in die Familie Wittgenstein gefunden. Vor allem Ludwig und Arvid waren trotz ihres Altersunterschieds von über zehn Jahren eng befreundet, die beiden unternahmen mehrere Reisen. Ludwig hatte Arvid geraten, einen einfachen Beruf zu ergreifen, Arvid wurde Mechaniker.[948] Marguerite Respinger vergaß ihre Schwärmerei für Ludwig – wie sich zeigen sollte, nur kurz – und verliebte sich in Talla Sjögren.[949] Margaret, aus welchen Gründen immer, vielleicht um Ludwig eine Enttäuschung zu ersparen, hintertrieb diese Beziehung, indem sie Talla, tschechoslowakischer Staatsbürger, zu ihrem Sohn Tommy nach Amerika schickte, damit er sich dort eine berufliche Existenz aufbaute – und um ihn von Marguerite wegzubekommen. In eine ganz andere Richtung wirkte Margaret später bei Tallas Bruder Arvid, der sich in Clara (1913–1978), eine Tochter ihrer Schwester Helene und Max Salzers, verliebt hatte. Die Eltern waren gegen die Verbindung, auch weil Clara, „Pussy" genannt, erst 15 Jahre alt war. Margaret förderte eine Verlobung, und einige Jahre später, 1933, heirateten die beiden. Das Hochzeitsfest wurde in der Kundmanngasse ausgerichtet. Der Ehe entsprangen fünf Kinder. (Tante) Gretl hatte sich den Ruf einer Kupplerin bzw. Vermittlerin in Krisensituationen erworben, aber auch wenn Ehen verhindert werden mussten, wurde sie zu Hilfe gerufen.

Marguerites und Ludwigs Beziehung war noch nicht an ihr Ende gelangt. Stellte Marguerite so etwas wie eine Art Lebensmensch für Ludwig dar, was reizte ihn? Ludwig scheint es ernst gemeint zu haben mit seiner Liebe zu Marguerite, mit der er viele gemeinsame Abende, oft im Kino bei Wildwestfilmen, verbracht hatte. So machte er ihr im Sommer 1929, inzwischen zum Doktor in Cambridge promoviert, einen Heiratsantrag.[950] Es ernst zu meinen, bedeutete aber, dass er sie wie eine Schwester liebte, sich eine platonische Beziehung wünschte, nach Marguerite selbst sollte sie mehr die Funktion einer

Haushälterin erfüllen, die Beziehung sah er als eine Art erzieherisches Projekt[951]. Er schreibt am 9. Mai 1930 in sein Tagebuch: „Ich bin sehr verliebt in die R. [...] Dabei weiß ich aber daß die Sache aller Wahrscheinlichkeit nach hoffnungslos ist. D. h. ich muß gefaßt sein daß sie jeden Moment sich verloben & heiraten kann. Und ich weiß daß das sehr schmerzlich für mich sein wird."[952] Im Sommer 1931 lud Ludwig Marguerite zu einer gemeinsamen Reise nach Norwegen ein. In der Nähe von Skjolden, einer 200-Seelen-Gemeinde am Sognefjord, hatte er sich ein kleines Haus errichten lassen. Marguerite brachte er jedoch zu ihrer Überraschung und Enttäuschung in einem Fremdenzimmer eines Bauernhofs unter statt bei sich, sie verkürzte darauf den Urlaub und kehrte nach Wien zurück.[953]

Die beiden konnten jedoch nicht voneinander lassen. 1932 kam es zu einer weiteren Begegnung auf der Hochreith. Danach ging Marguerite Respinger zurück in die Schweiz. 1933 traf sie Talla Sjögren wieder und es kam zu einer erneuten Annäherung. Dem Zögern der beiden machte Margaret ein Ende, indem sie die zwei, die sie ursprünglich voneinander fernhalten wollte, zur raschen Hochzeit überredete. Ludwig blieb tieftraurig zurück, die einzige Frau, die er geliebt hatte, entzog sich ihm, noch dazu durch eine ihm verhasste Ehe. Die scheinbar nicht ohne Komplikationen begann: Talla kam einen Tag nach der Hochzeit aus Gmunden zurück, verzweifelt, weil die ihm angetraute Frau sich weigerte, die Ehe zu vollziehen. Wieder war es Margaret, die mit einer Intervention, vermutlich einer harschen Standpauke, dafür sorgte, dass sich letztlich alles „einrenkte".[954] Diese „ständigen" Interventionen Margarets missfielen wiederum Hermine. Hermine war zwar ihrer jüngeren Schwester durchaus ergeben, doch die Art und Weise, mit der Gretl Menschen nach ihrem Willen steuerte und bevormundete, billigte sie nicht. Sie sprach dann von Gretls „Eigentümlichkeiten", die Anlass zu Tadel gäben.[955] Ihre ewige Einmischerei nervte viele, sie war „familienintern für ihre unverblümten moralischen Standpauken berüchtigt – die die andern ‚Kopfwaschen‘, sie selbst mitunter ‚Dachflicken‘ nannte".[956] Margaret fühlte sich moralisch verpflichtet, anderen zu sagen, was das Beste für sie sei und ähnelte in dieser Hinsicht ihrem Vater. Wohl auch ihrem Bruder Ludwig, der später ähnlich rigoros in seinem Urteil über andere war, wiederholter Streit mit Ludwig war so nur eine „logische Konsequenz".[957]

„Kümmerer" waren aber einige Wittgensteins. Sich um dies oder jenes, besser um jene/n zu kümmern, derlei Geschichten gibt es viele. Dabei umfasste die „Familie" dann weit mehr als nur Blutsverwandte. Man nahm regen Anteil am Schicksal von Freunden und Bekannten, man wusste immer Bescheid, wer krank war, wem es schlecht ging, was passiert war. Die Briefe sind voll von Namen und zeugen von zahlreichen Interventionen und Hilfestellungen, die Wittgensteins tätigten. Ludwig nahm einige außergewöhnlich begabte Schüler unter seine Fittiche, wobei seine Förderbemühungen bei den Eltern nicht immer gut ankamen. Er hatte Hermine und Margaret einen aus Puchberg stammenden problematischen Jungen, Ernst Geiger, anvertraut.[958] Dieser wurde in einem Heim in Grinzing untergebracht, das von einer Freundin der Wittgensteins geleitet wurde. Tagsüber betreute ihn Hermine eine Zeit lang in ihrer Tagesheimstätte. 1926 war er nach einem Uhrendiebstahl erwischt worden. Auch Margaret hatte sich seiner ganz besonders angenommen. „Geigerl", wie sie ihn nannte, blieb lange ein Sorgenkind, häufte Schuldenberge an, letztlich wurde aber aus ihm ein rechtschaffener Apotheker. Margarets soziale Ader war offensichtlich. Sie beschäftigte sich längere Zeit mit den Insassinnen eines Jugendgefängnisses oder intensiv mit psychiatrischen Fällen, scharte Obdachlose um sich und half mit Geldzuwendungen und Arbeitsaufträgen an Außenseiter, für die sie ein Faible hatte. Dies zeigt ihr Engagement für Marie Tögel, ein junges mittelloses Mädchen aus Olmütz, das aus Verzweiflung ihr unehelich geborenes Kind umgebracht hatte.[959] Bereits zum Tode verurteilt, gelang es, den aufsehenerregenden Fall neu aufzurollen. Margaret wollte Maria Tögel persönlich begegnen und reiste nach Olmütz. Maria tat ihr leid. Wieder in Wien nahm sie Kontakt mit Oscar Wollheim auf, der sie immer wieder mit dem *Verein gegen Bettelei und Armut*, dessen Präsident er war, unterstützte. Er riet ihr, einen neuen Anwalt zu engagieren, was auch passierte und Erfolg zeitigte. Maria Tögel wurde bei der dritten Verhandlung des Falles im Februar 1925 freigesprochen.

## PAULS „ESKAPADEN"

Etlichen Kummer bereitete immer wieder Paul Wittgenstein. Paul hatte viele Liebschaften, doch nichts Genaues weiß man nicht. Er versuchte, die Familie möglichst davon fernzuhalten, was meist, aber nicht immer gelang. Als seine Geliebte Bassia Moscovici, eine rumänisch-jüdische Sängerin, 21-jährig von ihm schwanger wurde, wurde diese von Pauls Schwester Margaret im Sommer 1931 zur Abtreibung überredet. Als Bassia, die von Paul eine Villa zur Verfügung gestellt bekam, dann an Krebs erkrankte, wurde sie von Margaret zunächst im Sanatorium Mauer bei Amstetten, einer Klinik für Nervenkranke, untergebracht, blieb dort nur kurz Tage und wurde danach von Margaret, vielleicht aus schlechtem Gewissen, in der Kundmanngasse aufgenommen und gepflegt. Auch Margaret, ohnehin herzkrank, war zu dieser

Zeit bettlägerig und stand nur wegen Bassia auf, ihr Verhältnis verbesserte sich deutlich. Bassia Moscovici starb im April 1932, Paul hatte unablässig an ihrem Bett gewacht. Das Verhältnis von Paul und Margaret blieb belastet, das Misstrauen war sogar noch stärker geworden, obwohl Paul seine Schwester mit einem juwelenbesetzten Diadem für ihre Hilfe und Pflege beschenkte, auch alle Hausangestellten erhielten Geschenke für ihre Dienste für Bassia, wohl aus Dank, aber auch als Verpflichtung zur Diskretion.

Eine sehr gute Freundin, ja enge Vertraute Pauls war Marga Deneke, fünf Jahre älter als Paul, die in England lebte. Sie war Musikwissenschaftlerin und eine gute Pianistin. Ihre Mutter war sowohl eng mit Joseph Joachim als auch mit der Wittgenstein'schen Haus- und Hof-Geigerin Marie Soldat-Roeger befreundet. Mit Marga und ihren Freunden verbrachte Paul einige Wanderurlaube in England. Paul wusste enorm viel über Pflanzen und Tiere, kannte jeden Baum und saß gerne am Strand. Beim Wandern sollte geschwiegen werden, ganz im Gegensatz zu den Spaziergängen Ludwigs, bei denen ununterbrochen diskutiert und philosophiert wurde. Es gab ganz bestimmte Rituale in Pauls Leben, ein Fasttag, an dem er sich vom Hunger meist mit Kino-, Theater- oder Konzertbesuch ablenkte, im Kino blieb er immer nur bis kurz vor Ende, oder morgens schwimmen zu gehen, wenn möglich. „Er war weltfremd", unpraktisch bis zum Gehtnichtmehr, zerstreut, „hatte kaum eine Vorstellung vom alltäglichen Leben um ihn herum."[960] Marga, die ihn sehr gut kannte und akzeptierte, musste oft schlichtend eingreifen, wenn Paul, was immer wieder vorkam, die Beherrschung verlor. Er selbst wusste um seine Schwächen Bescheid und wohl deshalb suchte er die Einsamkeit. Paul übernachtete nie bei Freunden oder Bekannten, sondern im Hotel, auf Zugsreisen mietete er stets einen privaten Waggon.[961] Viele kannten ihn als schwierigen und ernsten Menschen, doch er zeigte auch Humor bzw. wusste Leute mit unerwartet eingestreuten Nonsens-Sätzen zum Lachen zu bringen. Wie fast alle Wittgensteins war er großzügig. Auch unter einigen seiner Schülerinnen und Schüler erfreute er sich trotz seiner zweifellos schwierigen Persönlichkeit großer Beliebtheit.[962]

Paul machte weiter Karriere, im Sommer 1930 tourte er durch die Sowjetunion, obwohl ihm die Russen und ihre Kultur seit der Zeit der Kriegsgefangenschaft verhasst waren und er den Kommunismus verabscheute. Auch vor Ort machte er aus seiner Aversion kein Hehl. Scharfsinnig verurteilte er den Pomp, der um Lenin veranstaltet wurde, angesichts der großen Armut des Volkes und machte sich lustig über „die Verschwendung von Geld und Fahnentuch".[963] Kurz danach meldete sich Prokofjew, der von Pauls Agent Georg Kugel aufgesucht und überredet worden war, für Paul zu komponieren. Prokofjew hatte er 1930 in Paris persönlich kennengelernt und es gab von

Anfang an Differenzen bezüglich des Musikgeschmacks.[964] Prokofjew hatte einen Wien-Besuch geplant und Wittgenstein lud ins Palais Wittgenstein, die beiden spielten gemeinsam Schubertduette. Im September schickte Prokofjew Paul die Partitur des *Klavierkonzerts Nr. 4*. Prokofjews Autobiografie zufolge reagierte Paul schroff: „Vielen Dank für das Konzert. Ich verstehe aber keine einzige Note davon und werde es deshalb auch nicht spielen."[965] Am freundschaftlichen Verhältnis der beiden änderte sich in diesem Fall nichts. Mit Maurice Ravel kam es hingegen zum Eklat, da Paul Wittgenstein den Notentext zum 1929 verfassten *Klavierkonzert in D-Dur Concerto für die linke Hand* teils gravierend verändert hatte, was Ravel empörte.[966] Das Stück wurde am 27. November 1931 erstmals im privaten Kreis uraufgeführt, die öffentliche Uraufführung fand mit Paul am Klavier und den *Wiener Symphonikern* unter Robert Heger am 5. Jänner 1932 im *Großen Musikvereinssaal* statt. Im April, so der Plan, sollte ein Konzert in Paris folgen. Ravel selbst hörte Pauls geänderte Version Anfang Februar bei Wittgensteins und war wütend und entsetzt. Es entwickelte sich ein langer Streit. Ravel verlangte, dass Paul in Zukunft nur mehr seine Version spielen durfte, Paul weigerte sich zunächst und sagte das Pariser Konzert ab, willigte aber letztlich ein und gab Ravel recht. Am 17. Jänner 1933 erfolgte in der Pariser *Salle Pleyel* mit dem *Orchestre Symphonique de Paris*, dirigiert von Ravel selbst, die französische Premiere und das Konzert wurde ein voller Erfolg. Nach außen hin versöhnt, blieben Wittgenstein und Ravel auf Distanz, den Wunsch nach einer zweiten Komposition lehnte Ravel ab.

Paul ließ sich auch von größeren Kalamitäten nicht aufhalten. Obwohl er sich im Jänner 1931 den Oberschenkel brach, führte er am 20. Jänner das Korngold-Konzert in Gips auf. Immer wieder wurde auch Kritik laut, Zweifel an Pauls Virtuosität, an seinem technischen Können, doch selten wurde der Wert des einarmigen Klavierspiels an und für sich bzw. der Bedeutung der für eine Hand komponierten Werke in Zweifel gestellt und alle Kritiken änderten nichts am großen Zuspruch zu Paul Wittgensteins ausverkauften Auftritten.[967] Es gab auch enthusiastische Kritiken, etwa nach einem Konzert in New York anlässlich einer USA-Tournee Ende 1934, Anfang 1935. Zum vielleicht größten Einzelerfolg seiner Karriere wurde 1935 ein neues Konzert von Franz Schmidt, das als Teil der Feierlichkeiten zum 60. Geburtstag des Komponisten mit den *Wiener Philharmonikern* im *Großen Musikvereinssaal* uraufgeführt wurde. Paul war auch als Musiklehrer tätig, mit einer Bewerbung an der *Hochschule für Musik* scheiterte er, doch wurde er im Jahr darauf als unbesoldeter Klavierdozent am *Neuen Wiener Konservatorium* angenommen, einer privaten Musikakademie.[968] Dort leitete er bis 1938 eine Klavierklasse und verliebte sich 1934 mit 47 Jahren in eine aufgrund einer Masernerkrankung fast blinde (viele, auch Paul, erkannten zunächst nicht, dass sie blind war, so geschickt war sie) und um 30 Jahre jüngere Studentin, Hilde Schania (1915–2001).

Sie begannen eine Beziehung. Als Hilde 1934 schwanger wurde, mietete Paul ihr eine kleine, von ihm bezahlte Wohnung, einschließlich Haushälterin. Das Kind sollte unbedingt zur Welt kommen, die Abtreibung Bassias und Margarets drängende Rolle dabei waren noch nicht vergessen. Pauls Geschwister wussten weder von der Beziehung noch von der Schwangerschaft, das Dienstpersonal der Familie Wittgenstein – Paul wohnte mit, besser neben Hermine in einer abgetrennten Wohnung in der Argentinierstraße – hingegen sehr wohl. Ende Mai 1935 wurde Tochter Elisabeth geboren, zwei Jahre später, im März 1937, kam eine zweite Tochter, Johanna, zur Welt. 1941 folgte ihr drittes Kind, Sohn Louis, in New York geboren. Später wurde ihm von NS-Seite vorgeworfen: „Er verschwieg seinen Schwestern, dass er nach dem ‚Gesetz zum Schutz des deutschen Blutes und der deutschen Ehre‘ mit der ‚arischen‘ Hilde Schania, einer blinden Klavierschülerin, die zwei Töchter von ihm hatte, in ‚Rassenschande‘ lebte."[969] Die Schwestern hätten wohl andere Gründe gegen die Beziehung angeführt. Hilde Schania stammte wie viele von Pauls früheren Geliebten aus kleinbürgerlichen Verhältnissen, was die Schwestern nicht gebilligt hätten. Hildes Vater, drei Jahre jünger als Paul, war Straßenbahner[970] und verzieh Paul nie, dass er Hilde geschwängert und sich geweigert hatte, sie zu heiraten[971].

In Österreich spitzte sich inzwischen die politische und wirtschaftliche Lage zu. 1929 krachte mit der *Bodencreditanstalt* (*BCA*) die zweitgrößte Universalbank Österreichs. Sie wurde von der *Creditanstalt* (*CA*) übernommen, unter Druck und überhastet. Zwei Jahre später, im Mai 1931, crashte dann auch die *CA*. Zu ihren eigenen Schwierigkeiten, die sie 1929 zweifellos schon hatte, hatte sie sich mit der Übernahme der *BCA* weitere eingehandelt. Zur Weltwirtschaftskrise trat eine hausgemachte Krise, eine politische wie eine finanzielle. Die Rufe nach einer autoritären Lösung wurden lauter. Die Jahre 1929 bis 1931, mit den beiden Bankzusammenbrüchen, dem New Yorker Börsencrash und dem Beginn der Weltwirtschaftskrise, führten zu großen Vermögensverlusten. Auch das Vermögen der Wittgensteins war bereits überschritten im Schrumpfen. Doch selbst dieser eingeschränkte Reichtum ist relativ: Es sei an den schon erwähnten großen Haushalt Margaret Stonboroughs erinnert.

Österreich war seit 1933 keine Demokratie mehr. Im März 1933 war aufgrund eines Geschäftsordnungsfehlers das Parlament aufgelöst und der Notstand ausgerufen worden, Bundeskanzler Engelbert Dollfuß hatte die Situation und die mittlerweile weit verbreitete antidemokratische Stimmung ausgenutzt, um einen christlichen, autoritären „Ständestaat" zu errichten.

In mehreren Schritten erfolgte die Abschaffung demokratischer Rechte und Institutionen, der Verfassungsgerichtshof außer Kraft gesetzt, die Todesstrafe eingeführt, SDAP und KPÖ wurden nach dem kurzen Bürgerkrieg bzw. Aufstand im Februar 1934 verboten, am 1. Mai 1934 eine neue Verfassung verkündet. Die Programmatik blieb unklar, klar war, dass damit das Ende der Ersten Republik gekommen war. Eine deutliche Abgrenzung erfolgte nicht nur gegenüber der Sozialdemokratie bzw. dem linken Lager, sondern auch gegenüber den aufstrebenden Nationalsozialisten, womit ein Zweifrontenkrieg begann, außenpolitisch orientierte sich Österreich in Richtung faschistisches Italien.

Wie wurde diese Zäsur von den Wittgensteins aufgenommen? Wurde die Ausschaltung des Parlaments für richtig befunden, was anzunehmen ist? Paul dürfte definitiv froh gewesen sein, hatte er sich doch immer mehr der (extremen) politischen Rechten zugewandt. Er unterstützte die faschistische Heimwehr unter Führung des jungen (Fürsten) Ernst Rüdiger Starhemberg finanziell und war mit dessen Adjutant Franz Fürst von Windisch-Grätz befreundet, von dem folgende Sätze überliefert sind: „Der Faschismus in Österreich wird verkörpert von der Heimwehr und von niemanden sonst. Die Nazipartei in Österreich ist daher überflüssig."[972] Gretls Sohn Ji, der als Sanitäter bei der Wiener freiwilligen Rettungsgesellschaft arbeitete, wurde für seinen Einsatz im Bürgerkrieg von Starhemberg persönlich mit einem Orden ausgezeichnet. Die Februarkämpfe werden als Umsturzversuch gesehen und dementsprechend bedrohlich bewertet, nicht als Abwehr- bzw. Verteidigungsakt gegen den Faschismus. Margarets Haltung war vielleicht noch am ehesten ambivalent.[973] Waugh zitiert einen Brief Margarets an ihren Sohn Thomas, wonach der politische Übergang schmerzlos verlaufen sei und in dem sie es nicht lassen kann, einen der Witze, die über den sehr kleinen, spöttisch als „Millimetternich" bezeichneten Dollfuß gemacht wurden, wiederzugeben: „Der neueste Witz über [Dollfuß] ist, dass er einen Unfall gehabt hat. Er ist beim Ribiselpflücken von der Leiter gefallen."[974] Hermine wiederum beklagte, dass ihre nunmehr in Meidling befindliche Kinderlehranstalt „sich immer mehr zu einer großen Enttäuschung ausbildet, je Katholischer das Haus wird und es wird ständig katholischer."[975]

Bereits sehr früh hatte auch der aufkommende Nationalsozialismus seine Vorboten bei Wittgensteins hinterlassen. Einer von Margarets Ziehsöhnen, Wedigo von Zastrow, erwies sich immer mehr als Tunichtgut und wandte sich in Berlin den Nationalsozialisten zu. Nach Wien zurückgekehrt, zog er zu deren Entsetzen über jüdische Freunde und Bekannte seiner Ziehmutter her.[976] 1930 pöbelte er etwa gegen den Familienfreund Oscar Wollheim, Sektionschef im Finanzministerium. Wittgensteins fanden diese primitiven Gesellen widerlich, wie viele im Großbürgertum (mit Ausnahme einiger Industrieller, die sich große Geschäfte mit den Nazis erhofften). Margaret hatte sich nach dem Krieg der Sozialdemokratie zugewandt, kehrte aber nach dem März 1933, als Bundeskanzler Engelbert Dollfuß das Parlament aufgelöst hatte und diktatorisch per Notverordnungen regierte, zu ihren konservativen Überzeugungen zurück und näherte sich dem Regime Dollfuß an, das auch von Ludwig begrüßt wurde.[977] Margaret unterstützte Dollfuß' Ablehnung und starke Abgrenzung von Deutschland. Seine Sympathien für den italienischen Faschismus dürften sie da weniger gestört haben. Pauls politisch reaktionäre Ansichten waren bekannt und auch bei Helene und vor allem Hermine war klar, dass sie auf Seite Dollfuß' bzw. nach dessen Ermordung Schuschniggs standen. Nazis waren sie sicher nicht, aber waren sie Antisemiten, wie immer wieder behauptet wird?

Vielleicht klingt es paradox, Antisemiten waren sie nicht, aber als über mehrere Generationen Assimilierte, besser Akkulturierte, waren sie von Vorbehalten und zu dieser Zeit gängigen Vorurteilen gegenüber Juden nicht frei, Hermine nicht, auch nicht Paul oder Ludwig.[978] Und die Abgrenzung gegenüber der Herkunft war alt. Großvater Hermann Christian Wittgenstein, konvertiert, hatte seinen Kindern die Heirat mit Juden verboten.[979] Wenn das stimmt (es könnte sein, dass diese Überlieferung Teil der versuchten „Arisierung" Hermanns in der NS-Zeit war), war dies vielleicht noch nachvollziehbar, weil die Distanzierung von der eigentlichen Herkunft in dieser Generation noch deutlicher ausfallen musste. Doch auch von Karl, seinem Sohn, in der Presse oft als „der Jude Wittgenstein" tituliert, ist der Ausspruch überliefert. „In Ehrenangelegenheiten geht man zu keinem Juden" und gewisse antijüdische Vorurteile gingen, siehe oben, auf die nächste Generation über.[980] Diese Generation der Wittgensteins stand – vielleicht mit Ausnahme Pauls – nicht mehr so im Blickpunkt der Öffentlichkeit und war daher höchstwahrscheinlich diesen Zuschreibungen (ihres Vaters) nicht mehr ausgesetzt. Nach Hermines Aufzeichnungen (aus 1926) waren für Paul alle Juden unehrlich und sie selbst behauptet diametrale Gegensätze zwischen der „arischen" und der jüdischen „Rasse" und formuliert: „Kann man Österreicher und Jude sein oder nur Eines *wirklich*?"[981] Ludwig zufolge wären die Juden durch das Leben in fremden Staaten „unnatürliche Wesen" geworden, und er sprach Juden ab, „etwas ‚Originales' (im Gegensatz zum bloß ‚Reproduktiven') in der Kunst hervorzubringen."[982] Dieser verbale Antisemitismus entsetzt und überrascht, umso mehr, als sich unter Freunden und Bekannten, etwa im sogenannten Wittgenstein-Clan Karls, aber auch später, viele Juden, Assimilierte oder Konvertiten befanden. Allerdings war das Phänomen der Verdrängung der eigenen jüdischen Herkunft unter vielen Angehörigen des Wiener Großbürgertums verbreitet,[983] und selbst Antisemitismus unter Konvertierten – etwa gegen die „Ostjuden" – keine Seltenheit. Das macht derartige Aussagen aber nicht sympathischer, ebenso wenig wie das Faktum, dass der Antisemitismus in Wien mit seinen zehn Prozent jüdischer Bevölkerung weit verbreitet war.

Ludwig bekannte 1936 Ludwig Hänsel gegenüber, dass er seine überwiegend jüdische Herkunft verschwiegen hätte, in England stets angegeben hätte, dass nur ein Großelternteil jüdisch gewesen sei (während es gerade umgekehrt war und nur ein Großelternteil nicht jüdisch war), mit der Bitte, es an die Familie und Freunde weiterzuleiten.[984] Als sich Hänsel weigerte, verfasste Ludwig eine Beichte, ein „Geständnis", wie er es nannte,[985] das er Hermine schickte und das in der Bibliothek in der Kundmanngasse ausgelegt wurde. Auch gegenüber seinen Freunden in Cambridge fühlte er sich dazu verpflichtet. Nicht nur habe er seine jüdische Herkunft verleugnet (bereits im Krieg), er habe zudem eine Schülerin geschlagen und den Schulleiter dann angelogen. Einzig Margaret, auch nicht frei von gewissen antisemitischen Klischees und trotz offenkundiger Distanz zum Judentum, lässt zumindest eine gewisse Offenheit erkennen und weiß um ihre Wurzeln: „Allein der Gedanke, dass ich aus einem derartigen Milieu stammen kann, das mir so fern + seltsam scheint. Dabei zieht es mich in der Theorie an; ob, weil es so ausgefallen ist oder wegen der Blutsverwandtschaft, das kann ich nicht entscheiden."[986] Dass Wittgensteins, zumindest jener Familienteil, der hier im Vordergrund steht, Hitler und den Nationalsozialismus verabscheuten, steht aber außer Zweifel. Dass sie in der NS-Zeit halfen, wo sie konnten (und zu den Verfolgten des NS-Regimes zählten in erster Linie Jüdinnen und Juden), ebenso.

Ludwig, der zeitweilig mit dem um 23 Jahre jüngeren Francis Skinner zusammenlebte, war in den 1930er Jahren in Cambridge ein Star geworden, der eine kleine, aber begeisterte Fangemeinde um sich versammelte. Seine Vorlesungen waren exklusive Veranstaltungen für Auserwählte. Ludwig hatte seinen Studierenden zwei philosophische Texte diktiert, die später als *Das Blaue Buch* und *Das Braune Buch* bekannt werden sollten, die Texte zirkulierten unter ihnen und wurden wie ihr Autor andächtig verehrt.[987] Auch beruflich und gehaltsmäßig verbesserte sich Ludwigs Position, er wurde im Oktober 1930 *Faculty Lecturer* der Universität Cambridge, im Dezember *Fellow* des *Trinity College*, das ihm für fünf Jahre Gehalt und Wohnung zur Verfügung stellte.[988] Paul und Ludwig standen in regem Briefverkehr miteinander, schickten einander Bilder oder Zeitungsausschnitte, die sie amüsierten oder empörten. Über Philosophie und Politik tauschten sie sich nicht aus, wissend, dass der jeweils andere ganz andere Ansichten vertrat.[989] Ihre politische Einstellung verhielt sich zeitweise diametral zueinander, Paul Heimwehrsympathisant und (radikal) rechts, Ludwig mit immer mehr Sympathien für die Sowjetunion, oder sollte man sagen für Russland. 1933 hatte er begonnen, Russisch zu lernen, seit 1935 hegte er den Wunsch, mit Francis Skinner in die Sowjetunion zu ziehen. Vielleicht auch deshalb bezichtigte man ihn der Spionagetätigkeit. Im September 1935 reiste er für drei Monate in die UdSSR und versuchte dort vergeblich, Arbeit in einer Kolchose zu finden. Nach George Sacks, einer Reisebekanntschaft, rieten ihm die Sowjets, lieber nach Cambridge zurückzukehren und bei seinem Fach zu bleiben. Die Idee, in die Sowjetunion auszuwandern, begleitete ihn noch einige Jahre, manche zweifeln am Ernst der Absicht. Nach Norwegen, sein geliebtes Norwegen, kehrte Wittgenstein hingegen mehrere Male zurück.

1937 feiert die ganze Familie wieder gemeinsam Weihnachten, mehrmals, einmal im elterlichen Palais in der Argentinierstraße, einmal in Margarets „Kundmanngasse" und zu Hermines Freude ein drittes Mal, alle fünf Geschwister, bei der Weihnachtsfeier mit ihren Zöglingen im Tagesheim in Grinzing.[990] Vielleicht gibt es leise Zweifel über die Zukunft Österreichs, doch was die nächsten Monate an Dramatik – insgesamt und für die Familie selbst – bringen werden, dies vorherzusehen, hätte es eines Hellsehers oder Propheten bedurft.

Sie war das erste Enkelkind von Karl und Poldy Wittgenstein:
Helenes Tochter Marie, verheiratete Stockert, genannt
„Mariechen", die „Lieblingsnichte" Hermine Wittgensteins.
Sie wurde 1939 Mitbesitzerin der Hochreith und starb 1948.

Auf Unterhaltung wurde auch in der Zeit des Nachkriegs nicht verzichtet: Aufführung des Kleist-Stücks „Prinz Friedrich von Homburg" im Palais Wittgenstein am 12. März 1921.

## ERHALTENE DOMIZILE

*Das Wohnzimmer des Landhauses „Bergerhöhe",
erbaut von Josef Hoffmann für Karl Wittgensteins Bruder Paul.
Ludwig Wittgenstein (rechts oben) strebte bei der Planung
und Konzeption des 1928 fertiggestellten Hauses Wittgenstein
in der Kundmanngasse 19 nach äußerster Harmonie
der Innenräume und extremer Einfachheit – so lehnte er
etwa Teppiche, Vorhänge oder Kronleuchter strikt ab.*

## DIE FAMILIE IN DER ZWISCHENKRIEGSZEIT

*Weihnachten wurde zu Beginn der 1920er Jahre noch mit einem
großen Festessen im Palais in der Alleegasse, die ab 1921 „Argentinierstraße"
hieß, gefeiert. Nach der Fertigstellung des Hauses Wittgenstein in der
Kundmanngasse wurde auch dieses zu einem Treffpunkt der Familie.
Im Bild oben: Marguerite Respinger, Hausherrin Margaret Stonborough-
Wittgenstein, der Arzt Dr. Foltanek, Talla Sjögren, der dösende
Ludwig Wittgenstein, Georg Schönborn-Buchheim und Arvid Sjögren
(von links). Foto von Moriz Nähr, 1931.*

Hermine Wittgenstein, um 1945. Im Juni 1944 begann sie, angeregt durch ihre Schwester Helene, eine „Chronik" der Familie Wittgenstein zu verfassen. Diese auf der Hochreith 1948 beendeten Aufzeichnungen sind heute eine wichtige Quelle zur Geschichte der Familie.

# ERPRESSUNG, BERAUBUNG UND EIN FAMILIENZWIST

---

## DIE NS-ZEIT

Die Bilder jener, die im März 1938 nicht jubelten, leider die Minderheit, die kennen wir nicht. Fluchtbewegungen setzten ein, obwohl zu diesem Zeitpunkt noch kaum jemand ahnte, für welche Verbrechen und Massenmorde die Nazis in naher Zukunft verantwortlich werden sollten. 45.000 Juden und Jüdinnen sollen binnen eines halben Jahres aus Österreich ausgewandert sein. Eine von Hitler angesetzte Volksabstimmung (von der rund 360.000 Menschen ausgeschlossen waren) erbrachte eine überwältigende Mehrheit für den „Anschluss". Es war wohl vor allem das deutsche „Arbeitsplatzwunder", das man in Österreich bewunderte, auch der „Ständestaat" war mit der Parole angetreten, die Massenarbeitslosigkeit zu beseitigen, was eindeutig nicht glückte, die Arbeitslosenrate lag 1937 noch immer bei fast 22 Prozent. Und psychologisch überwand man mit dem „Anschluss" an den großen Nachbarn das Kleinstaatstrauma, stieg wieder zu alter Größe empor, glaubten viele zumindest.

Nach dem „Anschluss" Österreichs im März 1938 wurden die Geschwister Wittgenstein, die sich, wenn auch kirchenfern, als katholisch gefühlt hatten, von einem zum anderen Tag Juden, Mitglieder einer für die neuen Machthaber „minderwertigen Rasse".[991] Folgt man Waughs Darstellung, stand dies für die Familie erst Ende März fest, was nicht ganz nachvollziehbar erscheint. Bereits früh hatte es Warnungen vor etwaigen Konsequenzen für die Wittgensteins gegeben, Vorzeichen, die alarmierend hätten wirken müssen, doch die Familie dürfte sich des Ernstes der Lage nicht ausreichend bewusst gewesen sein. Erinnert sei an Vermögensverwalter Grollers Rat nach den Februarkämpfen im Jahr 1934, die Staatsbürgerschaft Liechtensteins anzunehmen, um das Vermögen zu retten, wobei Groller die Gefahr eines sozialistischen Umsturzes sah. Die Weigerung Pauls und der Schwestern, die sich dafür zu sehr als Österreicherinnen fühlten, sollte sich mehrfach rächen.

## *„Und so verblendet waren wir, dass sich niemand von uns die Mühe nahm, die Nürnberger Gesetze überhaupt anzusehen."*

HERMINE WITTGENSTEIN

Hermine berichtet, dass in Wien geglaubt wurde, dass die Nürnberger Gesetze aufgrund des hohen jüdischen Bevölkerungsanteils nicht durchgeführt werden könnten und „[u]nsere engste Familie hatte sich nie für Juden gehalten, weil unsere drei nicht arischen Grosselternteile alle getauft waren [...], und so verblendet waren wir, dass sich niemand von uns die Mühe nahm, die Nürnberger Gesetze überhaupt anzusehen."[992] Nach diesen Gesetzen von 1935 war man de jure ein Jude, wenn drei Großelternteile jüdisch waren. Das war bei den Wittgensteins der Fall, drei Großeltern waren „nicht arisch" geboren, wenn auch alle drei getaufte Christen gewesen waren. Die Großmutter mütterlicherseits, Marie Kallmus, geb. Stallner (1825–1911), war katholisch und nicht jüdisch, doch ihr Mann Jakob Kallmus (1814–1870) war der Herkunft nach Jude, auch wenn er 1832 mit seiner Mutter zum Katholizismus übergetreten war. Auf der väterlichen Seite war die Großmutter Franziska, geb. Figdor, Jüdin, wenn auch getauft, ihr Mann, der zum Protestantismus konvertierte Hermann Christian laut seiner Taufurkunde von 1839 „im jüdischen Glauben" erzogen worden, somit waren die Großeltern zu drei Vierteln jüdisch. Ihre Enkel fielen damit in die Kategorie der „Volljuden". Die diesbezüglichen gesetzlichen Bestimmungen gab es seit 1935, bindend wurden sie in Österreich am 20. Mai 1938 (rückwirkend ab 13. März). So radikal, ohne Erinnerung an die jüdischen Wurzeln, konnte man doch die eigene Herkunft nicht vergessen haben, so falsch die Situation doch nicht einschätzen? Ganz unvorbereitet dürfte man auch nicht gewesen sein, Hermine fügt obigem Zitat hinzu: „... Den Geschwistern war aber sehr wohl bewusst, dass jüdisches Blut in ihren Adern floss."[993] Hermine war auch klar gewesen, dass sie wegen ihrer jüdischen Abstammung die Beschäftigungsanstalt nicht weiterführen dürfen würde.[994] Paul hatte sich immer stark für die Familiengeschichte interessiert, Ludwig in seiner Beichte bekannt, dass er Jude sei und nicht, wie viele aufgrund seines Aussehens und seines Habitus annahmen, aus einer arisch-aristokratischen Familie stamme. Das Verhältnis der Familie zum Judentum war und blieb allerdings ambivalent. McGuinness sieht in seiner Biografie Ludwig Wittgensteins alle Wittgenstein-Geschwister von „jüdischem Selbst-hass" eines Karl Kraus oder Otto Weininger geprägt.[995] Das scheint mir zu weit gegriffen, die Wittgensteins empfanden sich nicht als Juden.

Konsequenzen infolge der NS-Machtübernahme traten für die Familie schnell ein. Paul Wittgenstein, dessen austrofaschistische Gesinnung der Polizei wahrscheinlich geläufig war, wurde noch am 11. März 1938 verhaftet und verhört, dann gegen Kaution auf freien Fuß gesetzt.[996] Seine Entlassung vom Konservatorium erfolgte am nächsten Tag. Nicht mehr als Klavierleh-rer tätig sein zu dürfen, war das Schlimmste für ihn. Von seinem Vorgesetz-ten Josef Reitler ließ sich Paul ein Empfehlungsschreiben geben, das in den höchsten Tönen von Pauls Begabung als Pianist wie als Lehrer schwärmte, doch hatte Paul ein Auftrittsverbot erhalten. In der Folge hing eine Haken-kreuzfahne am Palais Wittgenstein, eine erzwungene Maßnahme, wie eine Schülerin Pauls überliefert. Auf seinen täglichen Spaziergängen war er mit zahlreichen Judenverboten konfrontiert und litt entsetzlich. Schnell kam er zu dem Entschluss, Österreich zu verlassen. „Er ging herum wie einer, dem man die Grundlagen seines Lebens zerstört hat und sprach immer nur da-von, dass er nicht in Österreich bleiben könne."[997] Hermine musste die eh-renamtlich geleitete Knabenbeschäftigungsanstalt nach dem „Anschluss" sofort an die Hitlerjugend abgeben, ihr Lebenswerk, dem sie selbst aller-dings unerklärlicherweise skeptisch gegenüberstand, war damit mit einem Schlag zerstört, vernichtet.[998] Ludwig beantragte nach dem „Anschluss" die britische Staatsbürgerschaft, notgedrungen, er wollte nie ein „falscher Eng-länder" werden, doch die Alternativen, Staatsbürger des Deutschen Reichs zu werden bzw. Gefahr zu laufen, als Jude keinen Pass ausgestellt zu bekom-men, waren keine.[999]

Rasch wurde klar, dass Gefahr für die Familie und ihr Vermögen droh-te. Noch 1938 hatten die Nationalsozialisten Bestimmungen erlassen, wonach jedes Auslandsvermögen offengelegt werden und ins Reich transferiert wer-den musste. Juden/Jüdinnen hatten eine Vermögensabgabe von 20 Prozent des Gesamtvermögens zu entrichten. Wer emigrieren wollte, musste weite-re 25 Prozent Reichsfluchtsteuer begleichen, hinzu kam eine weitere Abgabe von 65 Prozent auf das im Reich verbliebene Bargeld. Viele Fragen stellten sich der Familie: Wie können wir der Klassifizierung als Juden entgehen? Soll, ja durfte man mit den Nazis verhandeln, um wenigstens Teile des Vermögens zu retten bzw. muss man nicht mit den Nazis verhandeln, um sich vor Verfolgung zu schützen, sein Leben zu retten? Was folgte, war eine letztlich erfolgreiche Erpressung durch die Nazis, die den Wittgensteins Millionen abrangen. Im Gegenzug bescheinigten die Nazis dem Wittgenstein'schen Ahnherrn Hermann Christian auf Weisung Hitlers prompt „arische" Abstammung." Doch gehen wir ins Detail:

Das Vermögen der Familie war 1938 in einer Aktiengesellschaft, der *Wistag AG*, und in einer Kommanditgesellschaft gebunden.[1000] 1919 war das Vermögen von Ludwig „Louis" Wittgenstein (senior), einem Bruder Karls, im Ausland bei einem holländischen Bankhaus angelegt worden. Louis agierte als Treuhänder, die Einzelbesitzer des Kapitals erhielten nur eine kleine Verzinsung. Nach Louis' Tod 1925 wurde zunächst Max Salzer sein Nachfolger als Treuhänder der Gesellschaft.[1001] 1932 löste die holländische Bank ihr Verhältnis zu den Wittgensteins. Die Familie reagierte mit der Errichtung der *Wistag AG* in Zug im Steuerparadies Schweiz (Aktienkapital 1 Million CHF, aufgeteilt auf 1.000 Aktien zu je 1.000 CHF, Margaret und ihr Sohn Thomas hielten je 499 Aktien, Dr. Konrad Bloch, ihr Schweizer Anwalt, zwei). Die Familie hielt es wegen der Bankenkrise und der strengen Bestimmungen Fremdwährungen betreffend, für zielführend, die AG in amerikanische Hände zu legen. 1939 war Paul im Besitz aller Aktien, wie es dazu kam, ist ungeklärt. Ebenfalls im Jänner 1932 wurde eine *Wistag Kommanditgesellschaft* (*KG*) etabliert, kapitalisiert mit 8 Millionen CHF, Treuhänder Max Salzer. 1937 übernahm John „Ji" Stonborough, US-amerikanischer Staatsbürger, vom immer stärker von Demenz gezeichneten Max Salzer die Aufgabe, das Auslandsvermögen der Familie zu verwalten.[1002] Laut Vertrag hatten alle Kapitaleigner das Recht, kleinere Summen der Zinserträge für sich zu behalten, das Grundkapital sollte zehn Jahre lang, bis 1947, nicht angetastet werden. Mit den Zinsen der AG sollten wiederum die laufenden Kosten der Kommanditgesellschaft (KG) beglichen werden, in der die ausländischen Investitionen der Wittgensteins steckten, deren Wert in einem Memorandum vom Mai 1939 auf 9,6 Millionen Franken geschätzt wurde. 1938 betrugen Pauls Anteile an der KG 31,7 %, auf Hermine entfielen 25,1 % und auf Helene 21,1 %, wie die restlichen 22,1 % aufgeteilt waren, ist unklar. Weitere Anteilseigner waren Lydia Oser-Wittgenstein, Franziska Siebert, Johanna Salzer und Hedwig Pauli. Laut Rechenschaftsbericht der KG vom 6. Juni 1939 betrug ihr Wert (abzüglich der einen Million Kapitalbeteiligung der *Wistag AG*) 7.845.160,37 CHF, rund die Hälfte davon in Schweizer Banken angelegt, der Rest in den USA und den Niederlanden.

Margaret war ab Mitte März, mitten im Umbruch, der in Österreich passierte, in den USA bei Tommy gewesen und kam Ende April 1938 aus New York zurück. Die Bilder, die sie hatte verkaufen wollen, hatten auf Beschluss der neuen Regierung nicht mehr ausgeführt werden dürfen. Die zur Abreise bereiten versiegelten Kisten mit den Gemälden wurden an die Adresse Kundmanngasse zurückgeschickt. Hermine, Helene, Paul und Margaret trafen sich zu einer Krisensitzung, wobei Margaret die Initiative übernahm. Sie reiste mit Paul nach Berlin. Margaret hatte es über ihr Beziehungsnetzwerk zustande gebracht, von Hitlers Adjutanten, Fritz Wiedemann, empfangen zu werden, der sie und Paul an den Leiter der *Reichsstelle für Sippenforschung*, SS-Obersturmbannführer Kurt Mayer, vermittelte. Hermine hatte im Auftrag der Familien ein Dossier über die Wohltätigkeit und über besondere Verdienste der Familie erstellt. Darin bestand die erste Strategie der Familie. Ihren Anspruch auf eine privilegierte Behandlung begründeten sie darin mit den besonderen sozialen und patriotischen Leistungen, dem hohen öffentlichen Prestige, dem „Standing" der Familie.[1003] Der Versuch schlug fehl. Im Zuge ihrer Recherchen war Hermine übrigens einigen Fehlinvestitionen auf die Schliche bzw. Spur gekommen, etliche Spenden, oft riesige Summen waren einfach versandet, etwa die Millionenspende Ludwigs für einen 30,5-cm-Mörser, oft hatte man den Verwendungszweck der Spende anzugeben vergessen.[1004]

Zurück in Wien versuchten es die Wittgensteins mit einer „Deutschblütigkeitserklärung" für Hermann Christian Wittgenstein, für den sie einen „Stammbaum" mit vielen Fragezeichen konstruiert hatten, und scheiterten.[1005] Es scheint, als ob die Geschwister selbst nicht an die adelige Abstammung Hermanns glaubten. Doch ein Zweig der Familie war überzeugt davon, dass Hermann Wittgenstein kein Jude, sondern ein angenommenes Kind sei, und so wurde sogar ein Ahnenforscher nach Korbach, Hermanns Geburtsort, geschickt, um diese Vermutung zu bestätigen.[1006] Es hatte schon längere Zeit Gerüchte unter Onkeln und Tanten gegeben, dass Hermann Wittgenstein der uneheliche Sohn Prinz Georg Heinrich Ludwigs, eines Sprosses der Sayn-Wittgenstein-Berleburg, sei, der ein Stubenmädchen geschwängert habe, die man dann gezwungen habe, Moses Meyer, den Gutsverwalter des Prinzen, zu heiraten und mit ihm wegzuziehen, nach Korbach, wo Hermann am 12. September 1802 zur Welt gekommen sei.[1007] Auch Kurt Mayer hatte geraten, dieser Spur zu folgen. Ein zweites Gerücht besagte, dass Hermann ein illegitimer Abkömmling aus dem Adelsgeschlecht der Pyrmont-Waldecks sei, in deren Gebiet Korbach lag und in deren Diensten Moses Meyer eine Zeit lang gestanden war.[1008] Diese Argumentation versuchte Brigitte Zwiauer, die Enkelin von Karls Schwester Milli, die dies mit Fotos, Dokumenten wie Taufurkunden und Stammbäumen nachweisen wollte und zudem darauf verwies, dass Hermann

Wittgenstein ein unbeugsamer Antisemit gewesen sei.[1009] Es ist retrospektiv schauerlich, was da alles versucht und veranstaltet wurde, unverständlich, das muss man zugeben, ist es nicht. Weder ein Nachweis noch das Gegenteil konnten erbracht werden, da die Matriken in Korbach verschwunden waren. Die *Reichsstelle für Sippenforschung* lehnte das Ansuchen ab. Mayer zeigte sich wenig beeindruckt und betonte, dass die Wittgensteins einen zweiten „arischen" Großelternteil benötigen würden, um Anspruch auf den Status als „Mischling ersten Grades" zu haben.[1010]

Paul bereitete nach den ersten Fehlschlägen seine Auswanderung vor.[1011] Um die Reichsfluchtsteuer nicht zahlen zu müssen, fingierte er mithilfe seiner langjährigen Bekannten und Freundin Marga Deneke Klavierabende in England, jedoch wurde ihm zweimal die Genehmigung zur Ausreise versagt. Margaret versuchte, alle ihre Beziehungen spielen zu lassen. Weil sie Arthur Seyß-Inquarts (mittlerweile Reichsstatthalter der „Ostmark") Bruder Richard[1012] flüchtig kannte, ihn nach einem Nervenzusammenbruch in der Kleinen Villa in Gmunden aufgenommen hatte, willigte Arthur Seyß-Inquart[1013] in ein Treffen mit Gretl ein.[1014] Sie bat um eine Ausreisegenehmigung für Paul für ein paar Konzerte in England und Seyß-Inquart stimmte zu, wenn sie ihm ihr Ehrenwort gäbe, dass Paul zurückkehren würde. Paul hielt sich zunächst daran, obwohl Marga ihn davon zu überzeugen versuchte, in England zu bleiben. Ludwig riet davon ab, weil Paul Gefahr liefe, im Falle eines Kriegsausbruchs als *alien resident* in England gefangen genommen oder deportiert zu werden. Die Situation spitzte sich zu. Die Polizei hatte rasch Hilde Schania und ihre beiden Kinder ausgemacht und die Beziehung zu Paul aufgedeckt, ein Jude hatte sich somit der „Rassenschande" schuldig gemacht und verheiratet waren die beiden auch nicht, dies stellte das „Gesetz zum Schutze des deutschen Blutes und der deutschen Ehre" unter Strafe. Paul ergriff, nach einer Vorladung vor Gericht, wo er des „Außerehelichen Verkehrs zwischen Juden und Staatsangehörigen deutschen oder artverwandten Blutes" beschuldigt und gedroht wurde, ihm die Vormundschaft für seine Töchter Elisabeth und Johanna zu entziehen, im August 1938 die Flucht, erste Station war die Schweiz.[1015] Kurioserweise waren Paul und Hermine kurz zuvor eines anderen Vergehens überführt worden, der Zurschaustellung einer Hakenkreuzfahne, was ihnen als Juden verboten war, wahrscheinlich jene Fahne, die Paul zuvor hatte aufhängen müssen.[1016]

Über Pauls Vermögen gibt es unterschiedliche Angaben, die von über 4,3 Millionen Reichsmark (jährliches Einkommen bis April 1938 57.000 RM)[1017] bis zu 6,4 Millionen RM (September 1938) reichen. Das Vermögen umfasste Musikautografen, Wertpapiere, Bankguthaben und mehrere Immobilien in Wien, u. a. Anteile an den Familienpalais in der Argentinierstraße 16 und in der Neuwaldegger Straße 38.[1018] Paul gehörten weiters wertvolle Instrumente, eine Stradivari von 1716 (auf 30.000 RM geschätzt) oder eine Bratsche von Antonius und Hieronymus Amati. Der Gesamtwert seiner Bilder belief sich auf über 70.000 RM, er besaß Werke von Alt und Daffinger, Monets Porträt von Eugénie Graff, *Madame Paul*, und Segantinis *Quelle des Übels*, das Karl Wittgenstein bei der ersten Secessions-Ausstellung 1898 erworben hatte und auf einen Wert von 26.000 RM geschätzt wurde. Nach seiner Auswanderung versuchte Paul, seine Familie aus Österreich herauszubringen. Vor allem ihrem Vater durfte Hilde nichts von der Flucht erzählen. Dieser hatte sich als ein „Mann für alle Jahreszeiten" erwiesen. 1932 gehörte er noch den Sozialdemokraten an, danach wechselte er in die Vaterländische Front. Nach den Novemberpogromen 1938 zog er in eine „arisierte" Wohnung, trat in die Nationalsozialistische Volkswohlfahrt ein und wurde Blockhelfer.[1019] Hilde und ihre Töchter warteten noch ohne Visa an der italienisch-schweizerischen Grenze.

Auch auf Margaret kamen aufregende, teils tragische Ereignisse zu. Im Juni 1938 erfolgte nach 15 Jahren der Trennung, aber Beibehaltung eines engen Verhältnisses zu Jerome Stonborough die Scheidung. Jerome hätte von seinem Wohnsitz in Paris direkt nach Amerika fahren können, reiste stattdessen aber nach Wien, wo er in tiefe Depressionen verfiel. Am 15. Juni hielt er sich in der Villa Toscana in Gmunden auf und erschoss sich mit einem Jagdgewehr. Er hatte bereits einen Teil seiner Kunstsammlung verkaufen müssen, war sich bewusst, dass er seinen Lebensstandard nicht würde halten können, seine Ehe war ohnehin ruiniert und er war krebskrank.[1020] Margaret gelang es, die Todesnachricht vor der Presse geheim zu halten, etwas, was ihr aus Erfahrung (mit ihren Brüdern) wichtig war. Ob bzw. wie sehr sich Margaret Schuldgefühle machte, war doch der Suizid kurz nach der endgültigen Trennung erfolgt? Das Bild, das Jerome Stonborough hinterlässt, ist das eines Versagers, eines „Losers" auf nahezu allen Linien, als Geschäftsmann bzw. Investor, schlimmer noch als Ehemann und als Vater. In der Familie Wittgenstein mochte ihn niemand, obwohl gerade Depressionen und deren Auswirkungen doch einigen Familienmitgliedern aus eigener Erfahrung bekannt waren, fast bekommt man Mitleid aus der Distanz, immerhin hatte sich Jerome als US-Staatsbürger um die Förderung der Wissenschaften in Österreich verdient gemacht. Ungeachtet ihrer eigenen Probleme war Margaret gemeinsam mit ihrer Freundin aus Luzerner Tagen, Marie Bonaparte, einer Freundin, Schülerin und Patientin Freuds, Familie Freud behilflich, eine Ausreisegenehmigung zu erwirken, mithilfe der Vermittlung des Anwalts Dr. Alfred Indra, der für die Wittgensteins noch große Bedeutung erlangen sollte.[1021] Zu Freud, dessen Schriften sie seit ihrer Jugend kannte und dessen Interpretationen sie mehrheitlich ablehnte, hatte Margaret seit geraumer Zeit eine nähere Beziehung entwickelt, ihren stotternden Sohn Thomas hatte sie von Freud behandeln lassen, 1937 hatte sie ihn um eine didaktische Analyse für ihre Jugendlichen gebeten, Prokop und Schwaner zufolge begann sie in diesem Jahr selbst eine Psychoanalyse bei Freud[1022].

Neben den zermürbenden Verhandlungen mit NS-Behörden mussten Wittgensteins einige Hausdurchsuchungen erdulden. Die Wohnräume von Paul, Hermine und Helene wurden akribisch nach Kunstgegenständen, Schmuck etc. durchsucht und vom Kunsthistoriker, Gestapo-Agenten und Schätzer Otto Reich geprüft.[1023] Auch Margaret war als nunmehr Jüdin, wenn auch US-Staatsbürgerin, zum Ausfüllen eines Vermögensverzeichnisses verpflichtet, ihre ausländischen Vermögenswerte waren davon ausgenommen. Die Schätzungen, etwa ihrer Kunst- und Porzellansammlung oder ihres Schmucks, scheinen aber deutlich zu niedrig. Die kostbare Sammlung von Musikautografen scheint gar nicht auf. Not macht erfinderisch, lädt aber auch zu hohen Risiken ein. Einiges dürfte Margaret dem Zugriff der Nazis durch Schmuggel entzogen haben. Zwei Tage nach dem Begräbnis Jeromes war Margaret nach London gereist und hatte Ludwig Schmuck und Musikautografen (von Bach, Mozart, Haydn oder Beethoven) übergeben.[1024] Mithilfe ihres Sohnes John, „Ji", schmuggelte Margaret Handschriften sowie Partituren von Beethoven, Wagner, Schubert und Brahms in die Schweiz.[1025] Einer Hausangestellten Margarets gelang es, einige wertvolle Schriftstücke im Schuppen der Villa Stonborough zu verstecken. Andere Schätze (das Familiensilber) wurden im Garten in der Kundmanngasse vergraben bzw. lagerte Margaret in einem Depot unter der Peterskirche. Im Oktober 1938 ließ Margaret bei zwei Kunstauktionen Gemälde und Kunsthandwerk versteigern, es hieß „aus dem Besitz des verstorbenen Jerome Stonborough", ob sich darunter auch Sachen aus ihrem Besitz befanden, ist unklar.[1026] Für Gemälde und Zeichnungen von Matisse, Toulouse-Lautrec, Gauguin, Modigliani oder Picasso wurden nicht mehr als 56.705 Dollar erzielt, die politischen Ereignisse, die Konfiskationen und Zwangsverkäufe jüdischen Vermögens hatten den Kunstmarkt explodieren, aber auch zusammenbrechen lassen.

Einiges, das Margaret nicht in das Vermögensverzeichnis aufgenommen hatte, war während der Ermittlungen in der Passaffäre (siehe unten) gefunden worden, einiges wurde ihr Ende 1939, Anfang 1940 abgepresst, gegen die Zusage der Sicherheit vor weiterer Verfolgung. Einen Teil davon durfte Margaret offiziell außer Landes bringen, gegen Überlassung eines nicht unerheblichen Konvoluts von Briefen und Manuskripten berühmter Musiker an die Österreichische Nationalbibliothek, für das sie nur 50.000 Reichsmark erhielt.[1027] Hinzu kam angeblich eine Zahlung Margarets von einer Million

Schweizer Franken, dafür, dass man sie vor weiterer behördlicher Verfolgung schützte. Vieles bleibt im Dunkeln in dieser Zeit, vieles ungesichert. John verkaufte einige, aus Österreich hinausgeschmuggelte Autografen wenige Monate später, zu einem ebenso geringen Preis, einiges wurde ab 1941 (an die *Library of Congress*) veräußert.[1028] Margaret und John forderten auch Ludwig auf, weitere in Cambridge gelagerte Handschriften an sie zu senden, darunter eine von Mozarts Klavierkonzert KV 467, die mit Sicherheit Paul gehörte. Ludwig versuchte John vom Verkauf abzubringen, Ji reagierte in einem Brief aggressiv. Immer wieder brachen Familienzwistigkeiten aus, sie zeugen von der enormen Anspannung, der die Familie in der NS-Zeit ausgesetzt war, aber eben auch von unterschiedlichen Haltungen und Standpunkten. Hermine spricht von einer Spaltung der Familie, auf der einen, ihrer und Margarets Seite Ji, Arvid und Clärchen, auf der anderen Felix, Mariechen und Fritz.[1029] Die Situation war teils schizophren. Helenes Sohn Felix, ein Musikwissenschaftler, emigrierte, da er als „Mischling zweiten Grades" ein Berufsverbot hatte, ihre Enkel, die Söhne der Tochter Marie, verh. Stockert, kämpften in der deutschen Wehrmacht.[1030]

Die Geschwister hatten unterschiedliche Vorstellungen von ihrer Zukunft. Paul war geflüchtet und versuchte die Schwestern zu überreden, ja, beschwor sie, dies auch zu tun und ihm nachzufolgen. Er bot an, dann sein Vermögen mit ihnen zu teilen, doch Hermine wollte nicht weg von Freundeskreis und Familie, von Wien und Österreich und war sich auch sicher, dass Helene und ihr schwerkranker Mann bei einer Auswanderung ihr ganzes Lebensglück verlieren würden.[1031] Alternativen wurden angedacht. Auf Initiative von Margaret kam es zum Kauf von, wie man glaubte, echten jugoslawischen Pässen, doch die Dokumente erwiesen sich als schlecht gemachte Fälschungen.[1032] Arvid Sjögren, Helenes Schwiegersohn, der den Deal in Zagreb abgewickelt hatte, Hermine und Margaret, wenig später auch Helene, wurden verhaftet. Während Helenes kurzer Inhaftierung in Gmunden wurde ihrem an Demenz leidenden Mann von seiner Tochter „Mariechen" Stockert, die geholt worden war, vorgespielt, seine Frau sei wegen einer Grippe in ein anderes Zimmer gezogen. Hermine, Arvid und Helene kamen gegen Kaution frei, hinter den Kulissen hatten Anton Groller, Arvids Frau Clara („Clärchen") und etliche Nichten und Neffen, vor allem Felix Salzer, alle Hebel dafür in Bewegung gesetzt, einzig Margaret, ohnehin herzkrank und an einer Lungenentzündung erkrankt, befand sich noch hinter Gittern.[1033] Alle halfen zusammen, vergessen waren die familiären Spannungen. Letztlich wurde auch Margarets Freilassung auf Intervention eines ihr bekannten amerikanischen Diplomaten erwirkt, doch wurden sowohl ihr amerikanischer als auch ihr falscher jugoslawischer Pass konfisziert.[1034] Die drei Schwestern, Hermine, 63,

Helene, 59, vor allem aber die noch immer kranke Margaret, 56, waren am Ende ihrer physischen und psychischen Kräfte. Zur Gerichtsverhandlung im April 1939 waren dann Margaret, Hermine und Arvid Sjögren geladen, Helene nicht, sie durfte sich um ihren Mann Max kümmern.[1035] Diesem sollte weiterhin die Aufregung erspart und die ganze Geschichte verschwiegen werden. Max Salzer verstarb im April 1941. Beiden Salzers hatte insbesondere die Emigration ihres einzigen Sohnes Felix nach Amerika zu schaffen gemacht. Kurz vor der Verhandlung waren Margaret und Hermine informiert worden, dass sie ihr Anwalt namens Kornisch aufgrund eines neuen antijüdischen Gesetzes nicht vertreten durfte, sie entschieden sich dafür, die Angelegenheit ohne Anwalt durchzuziehen. Margaret übernahm die Hauptverantwortung, doch auch Hermine und Arvid Sjögren bekannten sich schuldig, falsche Pässe mit der Absicht erworben zu haben, die Grenzpolizei zu hintergehen, die Ausreise geplant zu haben und die Reichsfluchtsteuer nicht bezahlen zu wollen. Sie gaben zu, dass sie vermeiden wollten, ihr ausländisches Vermögen der Reichsbank zu überlassen, sie hätten Unterschriften gefälscht und bei den ersten Vernehmungen gelogen. Richter Dr. Standhartinger fällte nach der Beratung mit den Schöffen ein für viele überraschendes Urteil, er sprach alle drei Angeklagten frei. Eine gefälschte Unterschrift auf einem falschen Pass sei mit einem Mordversuch an einem Toten zu vergleichen und auch dieses Delikt wäre kein Verbrechen. Die Erleichterung war riesig, wurde jedoch zwei Tage später getrübt.[1036] Der Staatsanwalt hatte Berufung eingelegt und die Wiedereröffnung des Verfahrens verlangt.

Noch einmal versuchte Paul auf Hermine und Helene einzuwirken, Österreich zu verlassen, die Reichsfluchtsteuer zu bezahlen und im Ausland von den Erträgen der Schweizer Kommanditgesellschaft zu leben. Für Margaret hatte sich die Situation verschlechtert, da ihr nachgewiesen worden war, dass sie bei ihrer Vermögensaufstellung einige wertvolle Objekte nicht angegeben hatte. Auch dass Paul sich in die Schweiz abgesetzt hatte, entgegen Versprechungen, die sie Seyß-Inquart gegeben hatte, schadete ihren Beziehungen. Dies vertiefte den Streit mit Paul, Margaret bezichtigte ihren Bruder der Unehrenhaftigkeit, etwas, was Paul gar nicht vertrug. Margarets weitverzweigten Beziehungen, vielleicht auch der bereits erwähnten Zahlung an die Nazibehörden, war es aber wohl zu verdanken, dass der Staatsanwalt umgestimmt werden konnte und die Berufung zurückzog. Eine wichtige Rolle dürfte dabei Dr. Alfred Indra gespielt haben, der Arvid Sjögren vertreten hatte, ein gewiefter Anwalt, der als erfolgreicher Rechtsvertreter der „Oberen Zehntausend" bekannt war, laut Waugh aber eine suspekte und umstrittene Figur.[1037] Er gehörte zu jenen drei Anwälten (neben Hans Frank und Erich Zeiner), die sowohl die Nazibehörden vertraten (galt aber als Gegner der Nazis), als auch für vermögende Juden arbeiteten, denen die Vermögenskonfiskation drohte. Indras prominentester Fall bzw. Klient war Sigmund Freud. Wittgensteins vertrauten Indra (wenn tatsächlich er es war, der den Staatsanwalt zum Zurückziehen seiner Berufung gebracht hatte, war ihnen das auch kaum zu verdenken), vor allem Ji sah zu ihm auf. Ein von Indra eingefädelter Vermittlungsversuch Ji's bei Paul in Zürich scheiterte, auch Ludwig war dabei anwesend, dessen Rat in Finanzfragen bei Paul geschätzt war, nicht zuletzt, weil Ludwig keine Vermögensanteile mehr besaß.[1038]

Paul musste den Unterhalt für sich in der Schweiz und zunächst für Hilde und seine Kinder finanzieren, die Auflösung des in der Schweizer *Wistag* angelegten Vermögens war aber nur mit Einwilligung bzw. Unterschriften aller Geschwister außer Ludwig (Gesellschafter waren weiters Ji Stonborough, Max Salzer und Anton Groller, der Vermögensverwalter der Familie), möglich[1039]. Durch die Auszahlung seines Anteils wollte sich Paul seiner Geldsorgen entledigen, die man seinem Lebensstil nicht entnehmen konnte. Er logierte in mehreren Zimmern des vornehmen Hotels *Savoy Baur en Ville* in Zürich. Kurzfristige Erleichterung brachte der Verkauf von mithilfe Heinz Fischers, eines Schweizer Konzertagenten, nach Zürich geschmuggelten Musikinstrumenten aus der Sammlung Pauls.[1040] Zwei Geigen, eine Stradivari und eine Guadagnini, gingen dabei verloren. Auch in der Schweiz sah sich Paul mit zunehmendem Antisemitismus konfrontiert und betrachtete die Schweiz nur als Transitland. Schließlich wurde Paul nach Amerika zu einem Konzert mit dem *Cleveland Orchestra*, dirigiert von Artur Rodzínski, und für eine unbezahlte Stelle als Lehrer an die *David Mannes Music School* eingeladen. Zwei Wochen vor seiner Abreise nach New York im November 1938 erhielten Hilde und die Kinder endlich die Einreiseerlaubnis in die Schweiz,[1041] das Wiedersehen war von kurzer Dauer, Paul verabschiedete sich am 28. November 1938 von der 22-jährigen Hilde. Es sollte anderthalb Jahre dauern, bis die Familie zusammenkam. Auf der Schiffsreise kam es zu einem Zwischenstopp in Southampton und Paul konnte sich von seiner langjährigen Vertrauten Marga auf dem Schiff verabschieden. Marga erfuhr hier erstmals von Hilde. In New York war Paul mit Schwierigkeiten bezüglich seiner Aufenthaltserlaubnis konfrontiert und hatte es einer Intervention seines 26-jährigen Neffen Ji Stonborough bei einflussreichen Mitgliedern dessen Clubs zu verdanken, dass sein Visum verlängert wurde.[1042] Paul war unpraktisch, ja alleine lebensunfähig und so suchte er eine Sekretärin und Assistentin, die er in Marianne Jarosy Blumen, einer aus Wien geflohenen Jüdin fand. Er quartierte sie in seiner Nachbarswohnung in New York ein, wo sie bis zu ihrem Tod 1955, der Paul tief traf, lebte.[1043]

Mittlerweile war immer klarer geworden, dass beide Seiten, die Familie Wittgenstein und die Reichsbank, voneinander profitieren konnten. Den

Nazis ging es besonders um das in Fremdwährungen veranlagte Auslandsvermögen der Familie, Devisen waren begehrt, Wittgensteins ging es um ihren Status als Mischlinge ersten Grades. Die Behörden sahen sich jedoch mit
einigen Schwierigkeiten konfrontiert, sie hatten auf die Kommanditgesellschaft rechtlich keinen Zugriff, deren Auflösung bedurfte der Zustimmung
sämtlicher Kommanditisten und mehrere Anteilseigentümer waren ausländische Staatsbürger und das Geld war bei ausländischen Banken veranlagt.
Die Reichsbank versuchte nun auf die Österreicher, den schwerkranken, de-
menten Max Salzer und Anton Groller, Druck mit der Drohung auf Gefängnis
auszuüben. Sie sollten die Wittgensteins überreden, das Schweizer Vermögen
an die Reichsbank abzuliefern. Groller diente der Familie Wittgenstein sehr
lange. Er war schockiert über die Behandlung der Familie als Juden, gleichzeitig hatte er den „Anschluss" freudig begrüßt.[1044] Margaret hoffte wiederum
auf einen Vergleich, sollte es gelingen, die Einlage vorzeitig freizumachen,
und auf gewisse Vergünstigungen für Hermine und Helene, von denen sie
wusste, dass sie nicht weggehen wollten. Groller als Einzelprokurist der Kommanditgesellschaft, Salzer als Treuhänder, Hermine und Helene als Subkom-
manditisten und Margaret als Vertreterin der Aktiengesellschaft, Marie und
Fritz Stockert als Vertreter der jüngeren Generation, dazu auch Dr. Indra als
Margarets Anwalt trafen sich im Palais Wittgenstein.[1045] Verhandlungspart-
ner der Reichsbank war Dr. Hans Schoene, ein ehrgeiziger Anwalt Anfang 30.
Zu einer weiteren Verhandlung kam es dann Anfang Mai 1939 in Berlin mit
dem Leiter der Devisenabteilung der Reichsbank, Dr. Görlich. Hinsichtlich
der Schwestern wurde vereinbart, dass sie gegen eine nicht zu große Devisen-
summe die Genehmigung zur Auswanderung erhalten würden. Sollten sie
sich zum Bleiben entscheiden, müssten sie alle Devisen abliefern.[1046] Auf eine
Behandlung als „Arierinnen" dürften sie nicht rechnen, sie seien Jüdinnen.
Paul wurde eine aus Hermines Sicht ziemlich hoch scheinende Devisensum-
me – von seinem Anteil von 3,4 Millionen Schweizer Franken am *Wistag*-Ver-
mögen dürfe Paul 2,1 Millionen behalten – und freie Ein- und Ausreise nach
und aus Österreich zugesichert. Groller informierte Paul über den Vorschlag
der Nazis. Paul war nicht begeistert, trotz des großen Zugeständnisses wüsste
man nicht, was mit den Schwestern bei einem Verbleib passieren würde.

Margaret glaubte Schoene und Görlich, die so taten, als würden sie
sich für die Familieninteressen einsetzen. Die Verhandlungen zogen sich,
und die Gefahr wurde immer größer, dass der Krieg schneller kommen würde als die Einigung mit Paul. Seine Unterschrift fehlte jetzt für den Zugriff
auf das Familienvermögen. Paul weigerte sich, nach Österreich zurückzu-
kommen, Groller, Indra, Margaret, die ihren Pass zurückerhalten hatte, und
der Leiter der Reichsbank-Devisenstelle Schoene reisten nach New York, bei

den Gesprächen waren auch Margarets Anwalt bzw. der ihres Sohnes John (Abraham Bienstock) und ein Schweizer Anwalt, der die *Wistag* vertrat und sich von einem New Yorker Anwalt, Samuel Wachtell, sprachlich helfen ließ, anwesend. Wachtell war auch Paul Wittgensteins Anwalt. Ein neuerliches Treffen zwischen Margaret, Ji und Paul sowie den jeweiligen Anwälten endete ebenso ergebnislos und mit einem Eklat. Paul schien einzuwilligen, versuchte aber auf seine schwierige Situation als einarmiger Klavierlehrer hinzuweisen. Schoene reagierte eisig und fand nun, dass die Paul zugebilligten 2,1 Millionen CHF viel zu viel seien, die Reichsbank würde ihm 500.000 (die Hälfte des Kapitals der Wistag AG, die andere Hälfte entfiel auf John Stonborough, mit der Verpflichtung, sich um Hermine und Helene zu kümmern) zugestehen. Paul wurde wütend. Die Verhandlungen wurden abgebrochen. Margaret war erzürnt. Margaret und Ji bedrängten Paul, sein Vermögen der Reichsbank zu überschreiben. Warum, bleibt unklar, doch nach Waugh weisen alle Indizien darauf hin, dass Hermine und Margaret mit den Nazis ein Abkommen geschlossen hatten.[1047] Die Deutsche Reichsbank sollte das gesamte Kapital der *Wistag* erhalten, dafür wurde den Schwestern zugestanden, wegen der Passaffäre und in Zukunft nichts mehr zu befürchten zu haben. Sollten sich Paul oder Ji weigern, müssten die Schwestern die fehlende Differenz begleichen. Alfred Indra hatte den Deal eingefädelt.

Ludwig war im Jänner 1939 der Lehrstuhl seines Vorgängers George Edward Moore angeboten worden, den er im Oktober annahm, danach erlangte er die britische Staatsbürgerschaft. Auch er reiste im Juli 1939 nach New York, die Schwestern hatten Druck auf ihn ausgeübt, er solle versuchen, Paul zu überreden, sein Vermögen aufzugeben. Ludwig kritisierte allerdings auch das Verhalten der Stonboroughs. Es kam jedoch zu keinem Treffen mit Paul, ab diesem Zeitpunkt war das Verhältnis der beiden gestört. In Zürich kam es in Pauls Abwesenheit zu weiteren Verhandlungen. Zwar blieb Pauls Anwalt Wachtell misstrauisch gegenüber den Zusagen der Nationalsozialisten, doch Paul kapitulierte letztlich. Nach Pauls Verzichterklärung, die er niemals als Einverständnis, sondern als Kapitulation vor der moralischen Erpressung seiner Schwestern ansah, konnte der Vertrag mit der Reichsbank am 21. August 1939 in Zürich unterzeichnet werden.[1048]

Das Gesamtvermögen der *Wistag* KG (inkl. Kapital der Wistag AG) umfasste 8,845 Millionen Schweizer Franken (CHF), das am 21. August 1939 geschlossene Abkommen sah Folgendes vor[1049]: Paul verzichtete in einer Vereinbarung mit John Stonborough auf die gesamte Summe seines Gesellschaftsanteils und reduzierte die Forderung auf 1,8 Mio. CHF, wenn jener die finanzielle Verantwortung für die Schwestern im Falle einer Emigration übernehme. Für die Übertragung der Aktien der *Wistag* an John Stonborough erhielt Paul 500.000 CHF, 300.000 CHF wurden für die Rechtsanwälte reserviert, der Rest an die Reichsbank in Berlin übertragen, die den Gegenwert in Reichsmark auf die Konten der übrigen Beteiligten überweisen sollte: Neben den Schwestern Hermine und Helene Wittgenstein waren das Lydia Oser-Wittgenstein und Hedwig Pauli, die Töchter Josephine Wittgensteins, Franziska Siebert, die Tochter Lydias, und Johanna Salzer, die Tochter Pauls sen. Die Beträge, die an die Reichsbank bzw. an die Beteiligten flossen, sind nicht bekannt.[1050] Insgesamt gelang es Paul, 2,3 Millionen Schweizer Franken seines ausländischen Vermögens zu retten, gegen Kosten von etwas über 1,2 Millionen.[1051] Für die Auszahlung seines *Wistag*-Anteils hatte sich Paul verpflichten müssen, seine Reichsmarkbestände sowie seine Liegenschaften an seine Schwestern abzutreten. Er verkaufte bzw. überschrieb ihnen im Spätherbst 1939 seine Wiener Liegenschaften Kohlmarkt 5, Plankengasse 1, Stuwerstraße 17, Mariahilfer Straße 58, seine Hälfte seines Elternhauses in der Argentinierstraße und sein Drittel des Familiensitzes in Neuwaldegg.[1052] Der gesamte Immobilienbesitz der Familie gehörte nun Hermine und Helene. Ein internes Memorandum der Vermögensverkehrsstelle vom 25. Oktober 1940 wies die Arbeitsgruppe Liegenschaften im Hause an, den Immobilienbesitz der Wittgensteins betreffend, „die Geschwiser Wittgenstein nicht mehr als Juden zu betrachten".[1053] Im August 1945 wurde Pauls Vermögen in den Vereinigten Staaten auf über 900.000 Dollar geschätzt, eine erhebliche Summe, aber nichts im Vergleich zu Pauls früherem Vermögen.

Am 30. August, zwei Tage vor Ausbruch des Zweiten Weltkriegs, erhielten die Schwestern die offizielle Bestätigung, dass Hermann Wittgenstein (geb. Korbach 12.9.1802) „als deutschblütiger Vorfahre sämtlicher Nachkommen anzusehen ist", womit die Geschwister Wittgenstein zu „Mischlingen" wurden.[1054] Die Bescheinigungen gingen auf eine Anordnung des „Führers" zurück. Wittgensteins genossen eine privilegierte Behandlung, 1939 wurden 2.100 diesbezügliche Anträge gestellt, Hitler genehmigte nur 12 davon, zwischen 1935 und Mai 1941 insgesamt nur 263.[1055] Einen kleinen Teil seines beweglichen Vermögens durfte Paul ausführen, da er jedoch noch keine Reichsfluchtsteuer (die mit 1,2 Mio. CHF festgesetzt wurde) beglichen hatte, nur ein Teil, der Rest wurde auf der Hochreith deponiert. Das meiste erhielt er nach 1945 zurück, zwei Gemälde musste er an das Belvedere abtreten, drei weitere Werke wurden mit einem Ausfuhrverbot bedacht. Die Nazis wiederum machten diese Zugeständnisse, weil viel Geld auf dem Spiel stand, Paul nachgab und auf einen großen Teil seines Vermögens verzichtete. Prokop vermerkt allerdings, dass die Schwestern ihm zuvor beträchtliche finanzielle Zugeständnisse gemacht hatten.[1056] Paul sah dies anders und verzieh seinen Geschwistern die aus seiner Sicht Erpressung nie. Danach sprach er kein Wort mehr mit

Margaret und mit Ji und weigerte sich, die Schwestern jemals wiederzusehen, nicht einmal, als Margaret sieben Jahre lang in New York fast Tür an Tür mit ihm wohnte.[1057]

Margaret lebte nach 1938 vorwiegend im Gästehaus, der „Kleinen Villa Stonborough", in Gmunden, die der Familie überlassen wurde, während sich in Haupthaus und Garten die Nazis ausgebreitet hatten, die Einrichtung wurde in einem Depot gelagert. Zur *Persona non grata* geworden, wurde Margaret nach dem Deal mit der Nationalbibliothek aufgefordert, das Land zu verlassen, auch ihr amerikanischer Pass war abgelaufen, und sie entschloss sich schweren Herzens und gegen ihren Willen zur Ausreise. Am 8. Februar 1940 erreichte sie New York, hoffte aber, wie sie Ludwig schrieb, auf eine baldige Rückkehr nach Wien. Sie empfand die Situation, von der Familie abgeschnitten zu sein, als schrecklich, der Briefverkehr war reduziert und unter Zensur, besser funktionierte dies mit Ludwig in England, der trotz des nicht konfliktfreien Verhältnisses einer ihrer wichtigsten Ansprechpartner wurde.[1058] Es gab Helfer, Elisabeth Leuba, ehemalige Gouvernante der Stonborough- und Zastrow-Buben, war in der neutralen Schweiz und versorgte die Familie mit Nachrichten,[1059] neuerlich ein Ausdruck der engen Beziehung der Familie mit einigen ihrer Hausangestellten.

Margaret blieb die alte, die „Kümmerin", nichts anderes wäre zu erwarten gewesen. Sie tröstete ihre Schwiegertochter Helen (Engelhardt) über deren Scheidung von Thomas hinweg,[1060] der sich auch nicht um seinen Sohn Pierre kümmerte, und Margaret unterstützte die beiden finanziell und distanzierte sich zunehmend von ihrem Sohn. In New York, wo sie in der noblen Park Avenue wohnte, wurde Margaret zur Anlaufstelle vieler jüdischer Freunde, um deren Einreise zu ermöglichen, besorgte sie Tickets und Bürgschaften, half, wo sie nur konnte. Sie, die wie einige ihrer Brüder ihrer Familie mit ihrer Heirat entflohen war, kämpfte nun am stärksten um den Familienzusammenhalt. Mit der Kriegserklärung der USA an Deutschland im Dezember 1941 wurde Margaret nach der Villa Toscana, die zu einer NS-Kaderschule umfunktioniert worden war, auch ihr Besitz in der Kundmanngasse als „feindliches Eigentum" entzogen und in ein Lazarett verwandelt. Es gelang, einige Kunstgegenstände in Sicherheit zu bringen, einiges fiel an NS-Funktionäre.

Für Helene begann mit dem Krieg eine schreckliche Zeit. Ihr schwerkranker Mann verstarb 1941, ihr Sohn war im Exil, drei Enkelsöhne kämpften als Soldaten in der Wehrmacht, zwei davon waren gegen Ende des Krieges vermisst. Hermine zog sich noch mehr zurück als vor dem Krieg. Von Verwandten ermuntert, begann sie ihre Memoiren zu schreiben, eine Sammlung ausgewählter Familienerinnerungen. Sie wohnte zunächst auf der Hochreith, floh im Oktober 1944 aus Angst vor einer sowjetischen Invasion nach Wien und zog dann in ein Haus in Gmunden, das ihr Margaret zur Verfügung gestellt hatte,[1061] nach Prokop gemeinsam mit Helene und deren Familie in das Gästehaus, die „kleine Villa Stonborough" in Gmunden[1062].

Hilde Schania war mit den Kindern und dem Kindermädchen nach langer Wartezeit in Genua über mehrere Stationen nach Havanna gelangt, wo sie weitere eineinhalb Jahre warten musste, um Paul wiederzusehen. Ihr sehnlichster Wunsch war, ihre Beziehung zu legitimieren, sie war – im Gegensatz zu Paul – sehr religiös. Paul heiratete Hilde im August 1940 in Havanna, blieb sieben Monate in Kuba und kehrte dann wieder in die USA zurück. Er vergab einen Auftrag an Benjamin Britten, mit dem er sich wegen der Instrumentierung zerstritt. Brittens Urteil: „Der Mann ist wirklich ein alter Miesepeter."[1063] Das dürfte er zweifelsohne gewesen sein, doch andererseits wurde Paul Mitglied und Vertreter der Musikabteilung einer Exilantengruppe namens *Austrian Action* bzw. *Österreichische Aktion*, angeführt von Graf Ferdinand Czernin, Sohn des österreichischen Außenministers während des Ersten Weltkriegs.[1064] Und auch Paul half während des Krieges jüdischen Emigranten, gab Benefizkonzerte und schickte Freundinnen und Freunden Lebensmittel und Geld.[1065] Auch dies spricht gegen den behaupteten Antisemitismus. 1941 kam sein drittes Kind, der erste Sohn, Paul junior, auf die Welt. Eine der Töchter wurde als schizophren betrachtet und vom Vater dem Elend einer öffentlichen Anstalt überlassen.[1066]

Ludwig hatte seine Tätigkeit als Philosophielehrer unterbrochen. Im Oktober 1941 war sein langjähriger Herzensmensch, der Gärtner und Mechaniker Francis Skinner mit 29 Jahren an Kinderlähmung verstorben, Ludwig verkraftete das schwer, Skinner war seit 1933 Wittgensteins „ständiger Gefährte" gewesen, hatte ihn auf Urlauben begleitet und in Norwegen besucht.[1067] Ludwig nahm eine schlecht bezahlte Stelle als Bote in einem Spital an, wurde dann zum Labortechniker befördert. Als Mitglied eines medizinischen Forscherteams arbeitete er dann anschließend in Newcastle. Philosophie zu unterrichten, während sich die Welt in einem furchtbaren Krieg befand, das kam für Ludwig Wittgenstein nicht infrage. Einen neuen Freund (bis zu seinem Lebensende) gewann er in dem 21-jährigen Roy Fouracre, wenig schmeichelhaft charakterisiert als „von bescheidener Herkunft und geringen Geistesgaben".[1068] Margaret litt unter der Zerrissenheit ihrer Familie in der NS-Zeit, auf der einen Seite ihre Söhne, ihre Brüder Ludwig und Paul, später ihr Neffe Felix Salzer, Sohn Helenes, der 1939 in die USA emigriert war, und ihr Ziehsohn Jochen, auf der anderen (NS-)Seite weitere Großneffen der Salzer-Linie (die Söhne von Mariechen Stockert, der ältesten Tochter von Helene, an denen sie sehr hing) und ihr zweiter Ziehsohn Wedigo.[1069] Gretls Adoptivsöhne kämpften also auf verschiedenen Seiten. Wedigo, auf der Seite der Deutschen, wurde getötet, Jochen, aufseiten der Alliierten, wurde gefangen genommen und von den Deutschen als Hochverräter gefoltert, er überlebte den Krieg.[1070] Gretls Sohn Ji heiratete, 1941 fasste er den Entschluss, Soldat der kanadischen Armee zu werden und gegen die Nazis zu kämpfen. Seit 1944 in Frankreich, kämpfte er gegen die Panzer-Division „Hitlerjugend" der Waffen-SS. Wegen seiner Deutschkenntnisse wurde er als Vernehmer, Dolmetscher und Geheimagent eingesetzt.

Trotz der nicht genau bestimmbaren Verluste durch die NS-Herrschaft betont Hermine, dass manches wertvolle Besitztum der Familie erhalten wurde. Genannt wird das „verloren geglaubte" Gut Hochreith, und sie spricht von Glück und ist dankbar, dass alle Neffen und Großneffen „heil an Leib und Seele aus Krieg und Gefangenschaft heimkehrten" und Helene und sie das Wiedersehen mit ihrer Schwester Gretl feiern konnten.[1071] Anders als der Hochreith war es weiteren Immobilien der Familie ergangen. Die Villa Toscana war zuletzt zu einer NS-Kaderschule umfunktioniert worden, nur die kleine Villa konnte von der Familie weiter genutzt werden. Auch das Haus in der Kundmanngasse wurde von den Nazis übernommen und viele Einrichtungsgegenstände gestohlen. Das Palais Wittgenstein in der Argentinierstraße, das nunmehr Hermine allein gehörte, war von NS-Gerichtsbehörden genutzt und dann in ein Lazarett für verwundete Offiziere umgewandelt worden. Im Dezember 1944 wurde der hintere Teil des Hauses durch eine Bombe komplett zerstört, die Decke des Musiksaals, in dem einst Brahms oder Mahler Konzerten beigewohnt hatten, krachte herunter, die Glaskuppel über der zentralen Marmortreppe zersplitterte in tausende Teile. Untergangsstimmung – ein wohl mehr als symbolisches Bild für das Schicksal der Wittgensteins im Zweiten Weltkrieg. Kein Stein sollte auf dem andern bleiben, hatte Hermine Wittgenstein 1938 prophezeit, und genau so trat es ein …

Abschied von Glanz und Macht:
Zimmer im Appartement der Stonboroughs im
Palais Schönborn-Batthyány in der Renngasse 4.

# ABG(ES)ANG
# EINER GENERATION

## DIE WITTGENSTEINS 1945–1961

1946 kehrte Margaret nach Wien zurück. Das Haus in der Argentinierstraße wies schwere Bombenschäden auf, die Kundmanngasse, zuletzt als Pferdestall der Roten Armee genutzt, und die Villa Toscana waren in schlechtem Zustand, beides bekam sie restituiert. Schön und lange herbeigesehnt, aber zugleich traurig die Wiederbegegnung mit den Schwestern. Hermine war deutlich gealtert, Helene nach dem Tod ihres Mannes gebrochen. Margaret bot Hermine an, in der Kundmanngasse zu wohnen, und kehrte wieder nach New York zurück.[1072] Hermine übersiedelte im Frühjahr 1947 zurück in das Haus in der Argentinierstraße, das sich im sowjetischen Sektor Wiens befand. Sie erfuhr kurz danach, dass sie an Krebs erkrankt war.

1944 hatte sie im Alter von 69 Jahren auf der Hochreith die „Familienerinnerungen" zu schreiben begonnen, im Oktober 1948 hörte sie wegen ihrer angegriffenen Gesundheit damit auf. Bereits 1936 adoptierte sie, selbst kinderlos, aus erbrechtlichen Gründen die fünf Kinder ihrer Schwestern: Marie Stockert-Salzer, Felix Salzer und Clara Sjögren, John und Thomas Stonborough.[1073] Clara Sjögren-Salzer wurde durch eine Schenkung 1942 zur Besitzerin der Hälfte der Hochreith, ihre Lieblingsnichte, Helenes Tochter Marie Stockert-Salzer, sie hatte immer die größte Begeisterung für die Hochreith gezeigt, erbte die andere Hälfte 1944.[1074] Marie stirbt 1948, Hermines Familienerinnerungen schließen mit einem Nachruf.[1075]

Ludwig hatte 1947 seinen Lehrstuhl in Cambridge aufgegeben und war nach Dublin in Irland gezogen, um zu schreiben. In Ben Richards, den er 1945 kennengelernt hatte, fand er seine letzte Liebe. Im Frühjahr 1949 reiste Margaret wieder nach Wien und blieb bis Herbst. Margaret nahm gewissermaßen Abschied in Etappen. Hermine hatte zwei Schlaganfälle und verfiel immer wieder in komatöse Zustände, Margaret und Helene waren an ihrer Seite. Einen für März 1949 angekündigten Besuch Ludwigs verhinderte Margaret, doch Ludwig, der seit Ende 1949 wieder in England wohnte, besuchte seine Schwester noch zweimal, einmal kurz vor seiner Abreise nach Amerika, einer Reise, die auf Einladung eines einstigen Philosophiestudenten erfolgte. Er selbst hatte in Dublin erfahren, dass er an einer hartnäckigen Anämie litt. Aus Amerika, wo er sich gesundheitlich nicht wohl gefühlt hatte, zurück, konsultierte er einen Arzt, der ihm Prostatakrebs diagnostizierte.[1076]

Ein zweites Mal kam es nach dieser niederschmetternden Diagnose zu einem Besuch, als er nach Wien zurückkehrte, seine Familie aber nicht über den Krebs informierte. Zwei Monate blieb er in Wien, lag meist im Bett, suchte Hermine, die kaum mehr sprechen konnte und wenn unverständlich, aber täglich auf. Am 11. Februar 1950 starb Hermine Wittgenstein. Ludwig vermerkte dazu in tiefer Trauer: „Ringsherum werden die Wurzeln abgeschnitten, an denen mein eigenes Leben hängt. Meine Seele ist voller Schmerzen. Sie hatte vielseitiges Talent und Verstand. Aber nicht nackt zu Tage liegend, sondern verhüllt, wie die menschlichen Eigenschaften liegen sollen."[1077] Gegenüber Rush Rhees bezeichnete er Hermine als „bei weitem die tiefste" unter seinen Geschwistern.[1078] Ludwig sollte kaum ein Jahr später sterben. Krebs fraß die Familie auf, 18 Monate vor Hermines Tod war Helenes Tochter Marie an Krebs verstorben, zur selben Zeit erkrankten eine weitere Tochter Helenes und einige ihrer Enkelinnen bzw. Urenkelinnen daran, Helene selbst fiel dem Krebs 1956 zum Opfer.[1079]

Margaret hatte viel von ihrer früheren Fröhlichkeit und Energie verloren, fühlte sich nach ihrer endgültigen Rückkehr nach Wien einsam. Ihre Kinder bereiteten ihr auch als Erwachsene große Sorgen. Ihr älterer Sohn Thomas heiratete fünfmal, war für seine Eskapaden bekannt und ließ sich von seiner Mutter aushalten, Ji wiederum fehlte jeglicher Ehrgeiz, er führte nach 1945 „das untätige Leben eines Gutsherrn" in Dorset, wo er mit Veronica eine Familie gründete.[1080] Dazu kam, dass Margarets finanzielle Lage mittlerweile angespannt war, schon seit Jahren hatte Margaret immer wieder wertvollen Schmuck oder Kunstobjekte verkaufen müssen, Projekte, wie Gmunden neu zu organisieren und landwirtschaftlich zu nutzen, waren gescheitert.[1081]

Paul Wittgenstein lebte in der Nähe von New York und unterrichtete in New Rochelle (NY) am *Ralph Wolfe Conservatory* (1938–1943) und in New York am *Manhattanville College of the Sacred Heart* (1940–1943). Paul und seine Familie erhielten 1946 die amerikanische Staatsbürgerschaft. Er war als Pianist von Weltrang bekannt – allerdings wurde sein Klavierspiel merklich schlechter – und wurde auch wieder nach Wien zu Konzerten eingeladen. Er mied dort weiterhin sein Elternhaus und die Begegnung mit seinen Geschwistern.

Selbst als Hermine schwer an Krebs erkrankt war und er im März 1949 in Wien zwei Auftritte zum zehnten Jahrestag des Todes von Franz Schmidt absolvierte, besuchte er sie nicht. Auch Ludwig und Paul kamen sich trotz einiger Versuche nicht mehr näher. Die Distanz scheint unüberbrückbar geworden zu sein. Die Nationalsozialisten, die Ereignisse in der NS-Zeit, hatten die Familie auseinandergerissen, hatten ihnen Paul endgültig entfremdet. Tiefe Risse zwischen den Geschwistern lagen allerdings schon lange zurück. Paul fuhr dann nicht mehr nach Wien, besuchte aber regelmäßig die Brückes, seine Verwandten in Zell am See.

Nach Hermines Tod wurde das von Bombentreffern gezeichnete Familienpalais in der Argentinierstraße von den Erben veräußert und abgerissen, fast symbolisch steht dieser Akt für das Ende einer Ära. Für Paul war diese Entscheidung nachvollziehbar, es war nicht mehr leistbar. „Schon wie meine verstorbene Schwester und ich es bewohnt haben, waren die Erhaltungskosten eigentlich über unsere Verhältnisse."[1082] Das Weihnachtsfest 1950 wurde noch einmal nach altem Ritual in der Kundmanngasse begangen, Ludwig war aus Cambridge angereist. Es war sein letzter Wien-Besuch. Vier Monate später, am 29. April 1951, starb er mit 62 Jahren in England an Krebs. Seine letzten Worte sollen überraschenderweise folgende gewesen sein: „Sagen sie ihnen [den Freunden], daß ich ein wundervolles Leben hatte."[1083] Seine Beisetzung fand in England ohne Familienmitglieder statt.

Paul hatte zu Ludwig seit 1939 keinen persönlichen Kontakt mehr gehabt, Helene hatte er seit 1938 nicht mehr gesehen – sie stirbt fünf Jahre nach ihrem jüngsten Bruder Ludwig mit 76 Jahren. Auch Margaret hatte er seit der leidigen NS-Geschichte nicht mehr gesehen, sie stirbt 1958 zwei Jahre nach Helenes Tod an Herzversagen, ebenfalls 76-jährig. Beigesetzt wird sie neben ihrem Ehemann in Gmunden.

Von ihrem früheren Reichtum war nichts geblieben, ihre Söhne konnten kaum die Erbschaftssteuer begleichen, so hoch waren die Grundstücke in Wien und Gmunden verschuldet.[1084] Paul zog sich im Todesjahr Margarets, 1958, aus der Öffentlichkeit zurück, erhielt einen Ehrendoktor und unterrichtete weiter unentgeltlich Klavierschüler. Sein eigenes Spiel und sein Ruf waren immer schlechter geworden.[1085] Er gab in den USA einen unabhängigen Bericht über den Abbruch der Beziehungen zu Gretl in Auftrag, jeder seiner Erben sollte nach seinem Tod eine Kopie davon erhalten. In dieser Erklärung verurteilte er Margarets Verhalten während der Verhandlungen mit den Nationalsozialisten scharf. Über Gretls Umgang mit Nazigrößen endet der Bericht: „Wenn wir sie mit Nachsicht betrachten, ist das Beste, was wir zu ihren Gunsten sagen können, dass sie sehr dumm gewesen ist."[1086] Als Paul am 3. März 1961 als letztes der acht Kinder von Karl und Leopoldine Wittgenstein 73-jährig an Herzversagen[1087] in Manhasset auf Long Island in New York starb (auch er hatte Prostatakrebs wie sein Bruder Ludwig und litt an Anämie), erfuhren nur seine Frau und die Kinder von dieser Erklärung.[1088] Die Wittgensteins waren noch immer eine große Familie, aufgrund der Geschwister Karls und deren Nachkommen. In Karls Linie haben (nur) drei von seinen neun Kindern Nachkommen hinterlassen.

1938 musste Paul Wittgenstein aufgrund seiner jüdischen Abstammung die Stelle am Neuen Konservatorium in Wien aufgeben und emigrierte in die USA. Foto von 1937.

Das Treppenhaus des Palais Wittgenstein, wie es sich in der
Zwischenkriegszeit präsentierte: Max Klingers Beethoven-Skulptur
ist vom Musiksalon an das Stiegenende gewandert.
Foto von Karl Scherb.

*„Man soll anständig handeln. Irgendwie irgendwann irgendwo macht es sich bezahlt.“*

———

HUGO VON HOFMANNSTHAL[1091]

# EINE FAMILIE WIE EINE EIGENE WELT

## NACHGEDANKEN

Die Familiengeschichte der Wittgensteins ist die Geschichte einer Familie, die unglaublich reich wurde, und zugleich die Geschichte eines Reichtums mit Schrecken. Es ist auch die Geschichte eines zunächst rasch angewachsenen, dann in Etappen schrumpfenden Vermögens. Obwohl ein beträchtlicher Teil des Karl Wittgenstein'schen Besitzes durch Krieg und Hyperinflation entwertet wurde, blieb jener Teil erhalten, der in der Schweiz und in den Niederlanden veranlagt war. Die Konstruktion verhinderte den Zugriff auf das Vermögen, das aus Wertpapieren, Firmenbeteiligungen und Immobilien bestand. Sicher ist, die Familie blieb reich. Der Vermögensverlust der Wittgensteins in der Zeit des Nationalsozialismus war allerdings beträchtlich. Der wertvolle Kunst- und Autografenbesitz und die Sammlung von Musikinstrumenten waren immer kleiner geworden. Die „Arisierung" Hermann Christian Wittgensteins und der damit verbundene Mischlingstatus für die Enkeln waren teuer erkauft worden. Und doch, einiges blieb der Familie, einiges wurde restituiert, der Vermögensverfall nach 1945 überrascht in seiner Schnelligkeit. Paul Wittgenstein starb 1961, nicht mehr wirklich reich, aber immer noch wohlhabend.

Das Schicksal der Wittgensteins spiegelt sich auch in ihren Immobilien. Das Palais in der Argentinierstraße wurde verkauft und niedergerissen, veräußert die Villen in der Kundmanngasse, in Neuwaldegg und die Villa Toscana in Gmunden. Viele Spuren, vor allem die baulichen Manifestationen der Wittgensteins, sind verschwunden. Erhalten werden konnte der Sommersitz in Hochreith, den man sich teilte. Nachkommen der Wittgensteins bewohnen Pauls

Landsitz bei Hohenberg, zum Teil noch im Mobiliar der Wiener Werkstätte. In dem von Josef Hoffmann errichteten Forstamtsgebäude in Hohenberg residiert noch immer die Wittgenstein'sche Forstverwaltung. Ein Industriebesitz ist nicht mehr auszumachen, aber das traf ja bereits auf die Zeit von Karls geschäftlichem Rückzug zu. Bis zu einem gewissen Grad ist es somit sicher auch die Geschichte eines Untergangs, jedoch war dieser bei Wittgensteins kein Buddenbrooks-Effekt, viel mehr ein teils tragisch endender Generationenkonflikt. Karls Brüder Ludwig sen. und Paul sen. traten die Nachfolge ihres Vaters Hermann an, mit Erfolg, wie es scheint. Karl selbst schlug einen anderen Weg ein und begann Schritt um Schritt ein Industrieimperium aufzubauen. Nach seinem Rückzug, spätestens nach seinem Tod 1913 war nichts davon übrig, falsch, das mit den Betrieben erwirtschaftete Vermögen steckte in Auslandspapieren. Einen Nachfolger hatte er in keinem seiner Söhne gefunden.

Es ist die Geschichte einer schwierigen Familie. Die Familie Wittgenstein bestand angeblich aus Schwerstneurotikern am Rande der Geisteskrankheit und homosexuellen Selbstmördern, so lautete das Fazit der Rezension Terry Eagletons im *Guardian* zu Waughs Buch über die Wittgensteins. Ludwigs Vater Karl Wittgenstein sei ein *high-class crook* gewesen, also ein Betrüger aus der Oberschicht.[1089] Dies ist sicherlich eine mögliche Lesart dieser spektakulären Geschichte, aber wohl nur eine von vielen – eine verkürzte ohnehin und wie ich meine falsche.

Karl Wittgensteins Leistungen um die österreichische Eisen- und Stahlindustrie sind nahezu unbestritten. Er galt als harter Sanierer, oft bestand wohl keine Alternative, etwa bei der Alpine oder in der Sensenindustrie. Der Verdacht, sich für seinen Aufstieg nicht immer sauberer Geschäftspraktiken am Rande der Legalität bedient zu haben, taucht jedoch, auch wenn Wittgenstein nichts nachgewiesen werden konnte, zu häufig auf, als dass dahinter nicht mehr stünde als Neid und/oder Antisemitismus, die zweifellos als Motive etlicher Angriffe ausgemacht oder zumindest vermutet werden können. Dass die Beweise fehlten, hängt wohl nicht zuletzt damit zusammen, dass Wittgenstein mit seinen Gefolgsleuten ein geheimes, unentwirrbares Netz gesponnen hatte. Einer versteckte sich hinter dem anderen, Karl Wittgenstein sich häufig geschickt hinter allen. Und auch in den Bilanzen ließ sich wohl einiges verstecken. Vieles war aber schlicht und einfach legal.

Das „Bewegungsgesetz" der Habsburgermonarchie wird oft mit dem Begriff „fortwursteln" charakterisiert, ihr wirtschaftlicher Zustand oft als rückständig bezeichnet. Immer wieder beschwerte sich Karl Wittgenstein über das Fehlen eines passenden gesetzlichen und politischen Rahmens, innerhalb dessen sich Unternehmer besser entwickeln könnten.[1090] Somit wird vielleicht leichter verständlich, wieso Karl Wittgenstein auf so viel Widerstand und Gegnerschaft stieß, er war seiner Zeit vielleicht voraus, mit seinen amerikanischen Managementmethoden, die nicht in diesen „sanftesten aller Staaten" (Robert Musil), die Habsburgermonarchie, passten, und „sanft" war wohl generell das unpassendste Adjektiv, das auf Karl Wittgenstein zutraf. Er sagte, was er meinte, und meinte, was er sagte. Das galt fürwahr zuweilen als „suspekt und verwegen". Hermine Wittgenstein dazu: „Die überenergische Art und Weise meines Vaters hatte etwas sehr Unösterreichisches an sich."[1091] Er war ein Paradekapitalist zu einer Zeit, als der Kapitalismus in der Habsburgermonarchie erst in seinen Anfängen steckte und viele sich nach einer angeblich heilen und besseren Vergangenheit zurücksehnten. Viele werden diese Zuschreibung positiv sehen und werten, viele negativ.

Zugleich waren die Wittgensteins in vielerlei Hinsicht „klassische" Vertreter des österreichischen Wirtschaftsbürgertums. Wie so viele andere zugewandert, in mehrfacher Weise eine Minderheit, mit ihrem Wirken als Mäzene, ihrem rasch erworbenen guten Ruf in der Wiener Gesellschaft. Mit ihrer auf vielfache Art und Weise geleisteten Unterstützung haben die Wittgensteins einigen Wissenschaften großen Dienst erweisen und sich für alle Zeiten in die Musik- und Kunstgeschichte eingeschrieben. Die Wittgensteins waren unzweifelhaft bedeutende Kunstmäzene, allen voran Karl Wittgenstein. Neben der Kunst und der Förderung sozial Bedürftiger bzw. Armer oder Waisen blieb noch Geld für die Förderung der Wissenschaften. Ob Karl und Bertha Kupelwieser oder das Ehepaar Stonborough-Wittgenstein, das die Österreichische Akademie der Wissenschaften in den 1920er Jahren vor dem Ruin bewahrte: Vieles davon war nie bekannt oder ist heute vergessen, es soll hier ganz bewusst erwähnt und hervorgehoben werden. Ob damit auch das eigene schlechte Gewissen erleichtert werden sollte, wir wissen es nicht. Diese Frage zu stellen, liegt besonders bei Karl Wittgenstein nahe. Als Kunstmäzen erwies sich Karl Wittgenstein als erstaunlich progressiv, zumindest hinsichtlich der Malerei, unterstützte er doch die 1897 gegründete Secession, eine Abspaltung vom eher konservativ und am Historismus orientierten Wiener Künstlerhaus, später die Wiener Werkstätte. Eine Ähnlichkeit bestand: So wie sich Wittgenstein in die Eisenindustrie gedrängt hatte, mit Elan und viel Risiko und auf „amerikanische" Art und Weise, so drängten sich die Künstler der Secession in die etablierte Kunstszene, alle sich wohl dessen bewusst, dass sie auch auf Ablehnung stoßen würden, weil das Neue oft als irritierend empfunden wird. Von seinem Musikgeschmack und dem der Familie insgesamt konnte man das nicht behaupten.

Der Nationalsozialismus konfrontierte die Familie mit ihren Ursprüngen, ihrer jüdischen Herkunft. Die Reaktion der Familie insgesamt kurz vor und nach dem „Anschluss" lässt für mich andere Schlüsse zu als Besinnung auf eine jüdische Identität.[1092] Viel mehr deutet auf eine Negierung der jüdischen Wurzeln der Familie im Familiengedächtnis hin, eine Negierung, die vielleicht in der ersten Generation nach Hermann Wittgenstein, jener von Karl Wittgenstein und seinen Geschwistern, und in der folgenden wegen des größeren zeitlichen Abstands noch deutlicher ausfiel. Für weite Teile der Öffentlichkeit blieben die Wittgensteins jedoch Juden, ungeachtet ihrer Konversion. In der Berichterstattung einiger vorwiegend antisemitischer Blätter über Karl Wittgenstein ist häufig vom „Juden Wittgenstein" die Rede. Andererseits waren Wittgensteins selbst alles andere als frei von antisemitischen Stereotypen, weder Hermann noch Karl oder die Folgegeneration zeigten im Gegenteil Verständnis dafür.[1093] Die Bedeutung der jüdischen Familienherkunft verblasste zunehmend,[1094] wie man wohl manche Wittgensteins der darauffolgenden Generation (die katholisch getauften Kinder Karls) generell als nicht besonders kirchenaffin bezeichnen kann. Jüdisch dürfte sich niemand mehr aus der Familie gefühlt haben, auch Ludwigs späte „Beichte", sein Judentum verleugnet zu haben, dürfte nicht auf eine derartige Rückbesinnung zurückzuführen gewesen sein. Ihre Wohltätigkeit betreffend, verhielten sie sich allerdings „jüdisch". Die Wittgenstein brüsteten sich nicht mit ihren Spenden, blieben teils anonym. Es gehörte einfach dazu.

Arbeit als Aufgabe zu verstehen, war bereits oberste Maxime für Hermann Wittgenstein gewesen, und auch bei Karl Wittgenstein bildete dies einen Antrieb. Seine Kinder suchten fast alle nach einem Sinn, einer erfüllenden Aufgabe, sie blieben Zweifler, nicht immer sicher über die Richtigkeit ihrer Entscheidungen, ihres Tuns, auf steter Suche, wie es insbesondere Ludwigs Lebenslauf, aber auch jene von Hermine oder Margaret verdeutlichen. Selbstlosigkeit im Dienste anderer, auch das war für einige Familienmitglieder charakteristisch, insbesondere auch im Dienste des Vaterlandes Österreich. Hier sei nur an die Tätigkeit von Clara, Hermine, Helene und Margaret während des Ersten Weltkriegs erinnert, Clara sorgte sich um Aufnahme und Versorgung von Soldaten, Hermine pflegte Verwundete in der Krankenanstalt Rudolfstiftung, Helene gründete aus eigenen Mitteln eine Nähstube, in der zehn bedürftige Frauen Wäsche für Kriegsspitäler nähten. Margaret eröffnete in Gmunden ein Lazarett für 80 bis 100 Personen.

Viele faszinierende Persönlichkeiten finden sich unter den Wittgensteins, sehr unterschiedliche einerseits, und doch lässt sich auch so etwas wie Familienähnlichkeit finden, eine besondere Kunstsinnigkeit, eine ausgeprägte Eigenwilligkeit (so handelt es sich bei einigen Gemeinsamkeiten häufig um eher einzelgängerische Eigenschaften), der Zwang, sich selbst etwas beweisen zu müssen, ein eher schwieriger Charakter, eine Neigung zu Depression und Selbstzweifel. Bloß reich zu sein, sich dem Müßiggang hinzugeben, was so vielen als höchst anstrebenswert erscheint, das genügte den Wittgensteins nicht. Sie mussten ihren Sinn, ihren Platz in der Welt erst finden. McGuinness spricht von der „Entschlossenheit, die Dinge gründlich zu erledigen, „im Bewußtsein der eigenen Fähigkeiten" und mit einem „ausgeprägte[n] Gefühl der Pflicht, diese Fähigkeiten in die Tat umzusetzen."[1095] Somavilla sieht eine „Wittgenstein'sche Schwermut" und erklärt sie mit deren ausgeprägter Sensibilität, den hohen ethischen Ansprüchen, die sie vor Augen hatten und denen sie nachzukommen trachteten, sieht ein „Streben nach Anständigkeit" über mehrere Generationen.[1096] Auf die Nachkommen Karls trifft dies zweifelsfrei zu, aber auf Karl? Anständigkeit war eine Art Schlüsselbegriff der bürgerlichen Welt um und nach der Jahrhundertwende. Für Karls Geschäftspraktiken wäre er wohl nicht passend, doch in der folgenden Generation wurde Anständigkeit ein hoher Wert (vielleicht eine Reaktion auf das väterliche Verhalten). Im Briefwechsel zwischen Engelmann und Ludwig Wittgenstein geht es stark darum, anständig zu sein. Bei der ersten Begegnung mit Ludwig Wittgenstein hatte sich dieser bei Engelmanns Mutter mit den Worten vorgestellt: „Gnädige Frau, ich bin ein schlechter Mensch", was den Architekten schwer beeindruckt hatte. Das Thema Anständigkeit durchzieht auch Briefe und Tagebuchaufzeichnungen Margarets, der es in der Erziehung ihrer Kinder am wichtigsten war, aus diesen „anständige Menschen" zu machen, alles andere sei ihr „wurscht".[1097] Gerade Margarets Leben weist viele Stationen auf, an denen sie ihre „Anständigkeit" bewies.

Ihren wirtschaftlichen Aufstieg hatten Wittgensteins aber auch und nicht zuletzt mithilfe von Freunden, eines Netzwerks von Verwandten und Bekannten, gemacht, Hermann mit seiner Einheirat in die Figdors und der Beziehung zu den Esterházys, Karl mit seinen Kontakten zu den Kupelwiesers und der Wittgenstein-Gruppe, die ihm den Einstieg in die österreichische Montanindustrie ermöglichten.

Drei Generationen der Wittgensteins standen im Fokus. Jeder kommt Bedeutung zu, jede steht für einen bestimmten Abschnitt in der Familienchronik. Hermann und Franziska Wittgenstein etablierten die Familie in Wien, Karl machte sie gewissermaßen zur Marke, verhalf ihr in der Monarchie zu Legendenstatus. Mit Paul, mehr noch mit Ludwig wurde der Name in der ganzen Welt bekannt. Unter Hermann erfolgte der Aufbau des Vermögens, unter Karl Wittgenstein der fulminante Ausbau des Reichtums, in der dritten Generation haben wir es mit den Erben und Verwaltern des Vermögens zu tun. Eine geschäftliche Laufbahn schlug niemand ein. Eben nicht Buddenbrooks. Die Haltung zur Religion und Abstammung betreffend, zeigt sich: Die strenge Abwendung vom Judentum unter Hermann, die „Evangelisierung" der Familie, also die Hinwendung zum Protestantismus in zweiter

Generation, die katholische Erziehung der nächsten dritten Generation bei großteils Abwendung von der Religion und die zunehmende Distanz zur jüdischen Herkunft, mit der man dann auf einmal wieder konfrontiert wurde.

Die Familie war zahlenmäßig sehr groß, Karl Wittgenstein hatte zehn Geschwister und setzte neun (acht) Kinder in die Welt. Unter allen Wittgensteins, den drei Generationen, die hier im Vordergrund standen, nahmen die Kinder Karls eine „Sonderstellung" ein. Vererbung und die Atmosphäre, in der sie aufwuchsen, trugen dazu bei, dass sie sich „durch ihre außergewöhnliche Begabung stärker auszeichneten als durch ihre Fähigkeit zu Eintracht und Glücklichsein".[1098] Besonders Ludwig wird von Hermine, von Margaret und von Helene erhöht, emporgehoben. Margaret: „1.) Es ist nicht wahr, dass Du nicht besser bist wie ich. Du bist besser. 2.) Es ist nicht wahr, dass ich nicht Du sein möchte. Ich möchte lieber Du sein als ich."[1099] Die Familie Wittgenstein weist aber nicht nur große Männer, sondern auch einige große Frauen auf, die lange im Schatten standen, wie dies für ihr Geschlecht üblich war, auch im großbürgerlichen Milieu, in dem sich die Wittgensteins schnell hocharbeiteten. In Hermines Erinnerungen wie in anderen Erzählungen aus dem Familienkreis kommt einigen Tanten große Bedeutung zu, wie es scheint, mehr als den Onkeln. Die Geschlechterrollen hatten sich im 19. Jahrhundert verfestigt, zeigten aber gegen Ende des Jahrhunderts erste Anzeichen von Brüchigkeit, schufen bei einigen Frauen Unzufriedenheit und ein Gefühl der Sinnlosigkeit. Vernunft- und Zweckehen mit oft älteren Männern verschärften diese Situation. In der Familie finden sich starke Frauen, wie Clara oder Margaret, aber auch von ihrer Rolle überforderte, der Dynamik und dem Aktivismus ihrer Männer ausgesetzt, nichts entgegensetzend, sowohl Franziska wie Leopoldine Wittgenstein sind hier anzuführen, überfordert von ihrer Rolle, aber auch von ihrer großen Kinderzahl. Solche, die wohl gern im Schatten standen (Helene?[1100]), aber auch solche, wo diesbezüglich Zweifel auftauchen (Hermine, die sich vielleicht selbst kleiner machte, als sie war), auf alle Fälle allesamt höchst spannende Frauenfiguren.

Große Bedeutung kommt der Geschwisterreihenfolge zu, auch in der Familie Wittgenstein. Sowohl die Erst- als auch die Letztgeborenen sind in einer besonderen Rolle, leisten oft sehr viel, so die Befunde der Individualpsychologie, für das Familiensystem. Den Ältesten wird häufig zu oft zu große Verantwortung für die jüngeren Geschwister aufgedrängt, von den Jüngsten oft (was ihre Entwicklung und Reifung betrifft) zu viel erwartet. Die sogenannten Sandwichkinder haben wiederum oft das Gefühl, zu kurz gekommen zu sein. Und noch etwas kommt zum Tragen, worauf bereits Freud verwiesen hat: Wir reproduzieren in unseren Beziehungen und Verhaltensmustern – in der Liebe, der Familie, der Erziehung, der Arbeit – häufig jene

Beziehungsmuster und Konfliktlösungsstrategien, die wir in unserer Kindheit gelernt haben. Auch Gaston Bachelard zufolge ist das Elternhaus „physisch in uns eingezeichnet".[1101] Dass traumatische Ereignisse in der Kindheit und Jugend (wie die Suizide zweier Brüder bzw. Kinder) nachhaltige Auswirkungen haben, ja haben müssen, ist klar.

Die Familie war politisch wohl konservativ einzuschätzen, mit gelegentlichen Ausrutschern (der Flirt Margarets mit der Sozialdemokratie, jener Ludwigs mit der Sowjetunion, die Unterstützung der reaktionären Heimwehr durch Paul), doch eines waren die Wittgenstein mit Sicherheit nicht: Nationalsozialisten. Sie fühlten sich auch nicht als Juden, daher auch nicht wirklich bedroht, waren katholisch erzogen worden. Aber der „Ariernachweis" musste bzw. konnte letztlich teuer erkauft werden. Zu teuer, befand Paul, der sich über seine Schwestern, die nicht ausreisen wollten, ärgerte. Das ohnehin gespannte Verhältnis zu Paul erfuhr eine endgültige und nachhaltige Trübung. Die NS-Zeit riss die Familie(n) auseinander, doch nicht endgültig und mit Ausnahme Pauls nicht alle, wie die Nachkriegszeit nach 1945 verdeutlicht. Die Schwestern hielten weiterhin engen Kontakt zueinander, mit Ludwig bestand teilweise intensiver brieflicher Austausch.

Der bis zum Ende mit Ausnahme Pauls enge familiäre Kontakt war ein großer Unterschied zu der Generation zuvor. Karl und seine Geschwister sahen sich, doch wurde jeder Besuch empfunden wie eine „Staatsaktion, die vorsichtig angemeldet wurde und immer nur höchstens eine halbe Stunde dauerte". Es gab zwar zahlreiche Querverbindungen zwischen Brüdern und Schwestern, dennoch lebte jeder Zweig für sich, „wie Souveräne untereinander".[1102]

Die Wichtigkeit von Freundschaften und Beziehungen verdeutlicht wohl nichts mehr als die „Wittgenstein-Gruppe" um Karl. Ihre große Bedeutung zeigt sich in Geschäftsbeziehungen und im privaten Umfeld. Warm zu Freunden, aber wohl schwierig und elitär. Die Familie Wittgenstein schuf sich „eine eigene Welt ... mitsamt eigenem Versorgungssystem, eigenen Werten und eigener Klientel".[1103] Diese umfasste, was besonders bei Ludwig deutlich wird, „Personen jeden Standes". Freunde und Freundinnen eines Familienmitglieds wurden zumeist Freunde und Freundinnen der Familie, wurden „eingeladen, beschützt, angestellt, unterstützt, mit einem Wort: einverleibt." Jeden Standes ja, aber dem hohen moralischen Wittgenstein'schen Anspruch Genüge leistend. Margaret, Hermine und Ludwig wollten mit Mittelmaß nicht in Berührung kommen.[1104] „Der Umgang mit normalen Menschen", so Ludwig aus Berlin, „erscheine ihm wie eine Wohltat, solange er ihn nicht habe."[1105] „Vor Gott sind alle Menschen gleich", so Karl Wittgenstein, „und dieses Vorrecht sollten wir ihm lassen."[1106]

Wer oder was waren die Wittgensteins nun? Eine außergewöhnliche, bedeutende, auf den ersten Blick beeindruckende und faszinierende, aber nicht unbedingt immer glückliche Familie. Roman Sandgruber charakterisiert die Wittgensteins als „eine der reichsten, klügsten und gleichzeitig auch unglücklichsten Familien der späten Habsburgermonarchie".[1107] Unermesslich reich, aber zweifellos nicht gerade von großem Glück gesegnet. Von Glück scheinen auch einige ihrer Beziehungen nicht geprägt gewesen zu sein, denken wir an Margaret, wir können wohl auch an einigen, nach außen glücklich wirkenden Ehen zweifeln, einige konnten wohl auch ihr wahres Gefühls- und Geschlechtsleben angesichts der strengen geltenden gesellschaftlichen Normen, etwa die Homosexualität betreffend, nicht ausleben. Einige durften sich ihre beruflichen Wunschträume nicht verwirklichen, zerbrachen nicht zuletzt am „Übervater" Karl Wittgenstein. Das „wundervolle Leben", von dem Ludwig Wittgenstein ganz überraschend an seinem Lebensende sprach – man kann es nicht ganz nachvollziehen. Nach einem glücklichen, erfüllten, gar wundervollen Leben sahen nur wenige Biografien der Wittgensteins aus. Aber vielleicht sollte man Ludwig Wittgenstein glauben. Wünschen würde man es ihnen allen.

Das Fest im Garten der Villa Wittgenstein geht zu Ende –
Ferdinand Schmutzer nützt den Moment für ein weiteres Foto.
Margaret Wittgenstein (Dritte von links) quittiert dies mit einem Lächeln.

Margaret Stonborough-Wittgenstein.
Foto von Ferdinand Schmutzer, 1903.

ANMERKUNGEN

1  Es gehört heute Nach-
kommen der Wittgensteins,
der Familie Salzer, die für
einen Zeitungsartikel seltene
Einblicke in das Innere des
Hauses, das zum Teil noch
mit Hoffmann'schen Möbeln
bzw. solchen der Wiener
Werkstätte versehen ist, www
gewährte. Beer, Hoffmann,
in: Kurier, Freizeit-Magazin,
10.12.2021.

2  Karl und sein Bruder Paul
Wittgenstein wurden 1892
zu Ehrenbürgern von
Hohenberg ernannt, 1895 zu
Ehrenbürgern von St. Aegyd.

3  Hermine an Ludwig Wittgenstein 15.10.1938, in: McGu-
inness/Schweitzer (Hg.),
Wittgenstein, 278.

4  Schon bei Karl machten sich
kleine Unsicherheiten der
Rechtschreibung bemerkbar,
wie später auch bei Ludwig.
McGuinness, Wittgensteins
frühe Jahre, 32.

5  Janik/Toulmin, Wittgensteins
Wien, 232.

6  Z. B. Schwaner, Wittgensteins, 74.

7  Auf der Ringstraße, in den
Wiener Villenvierteln oder
so wie Wittgensteins und
viele andere im 4. Bezirk
Wiens, Wieden. Nicht nur die
Wohllebengasse war eine
„good living street", wie es
Tim Bonyhady zutreffend
übersetzt. Bonyhady,
Wohllebengasse, 11.

8  Dazu und im Folgenden
ausführlich Sandgruber,
Reich sein, Teil V Reich leben,
247–276.

9  Janik/Toulmin, Wittgensteins
Wien, 51.

10  Gelegentlich auch 12. September, z. B. Hermann
Christian Wittgenstein,
Stammbaum der Familien
Huber – Stockert etc. https://
www.med-huber.at/stamm-
baum/tree/huber/indivi-
dual/I1635/Hermann-Chris-
tian-Wittgenstein; Hermann
Christian Wittgenstein,
Hessische Biografie https://
www.lagis-hessen.de/de/
subjects/idrec/sn/bio/
id/7151

11  McGuinness, Wittgensteins
frühe Jahre, 16.

12  Gaugusch, Familien Witt-
genstein und Salzer, 121.
So auch bei McGuinness,
Wittgensteins frühe Jahre,
15, allerdings wird hier das
Sterbedatum von Hermanns
Vater mit 1805 angegeben.

13  Ein wenig anders liest sich
das bei Schwaner, Wittgensteins, 17f. Hier sind die
ältesten bislang bekannten
Familienmitglieder der Wittgenstein Moses Meier (auch
Meyer bzw. Meir, unklar ist,
ob dieser aus Laasphe oder
aus Korbach stammte) und
dessen Sohn, der Gutsver-
walter Aaron (Ahron) Moses
Meier (1724–1774) sowie
dessen Frau Sarah, die in
Laasphe im Wittgensteiner
Land lebten und in Diensten
der Grafen von Sayn-
Wittgenstein-Hohenstein
standen. Auf Aarons Grab-
stein findet sich folgende
Inschrift, die auf einen größeren Einfluss des Verstorbenen und bereits auch dessen
Vaters Moses verweist: „Hier
ruht der Vornehme, Einfluss-
reiche unser Lehrer Herr
Aaron Meir, Sohn des Vor-
nehmen und Einflussreichen
Moses sel." Worauf sich Vornehmheit und Einflussreich-
tum beziehen, bleibt offen.
Ebd., 18. Ihr folgt Somavila,
Nachwort, 484. Aaron soll
1765 die Synagogengemein-
de in Laasphe mitbegründet
haben. Lilienthal, Gedenkportal Korbach.

14  Somavilla, Nachwort, 484.

15  Wittgenstein, Hermine,
Familienerinnerungen (im
Folgenden Wittgenstein,
Familienerinnerungen), 328.

16  So etwa bei Gaugusch, Familien Wittgenstein und Salzer,
121f.

17  Z. B. Wittgenstein (Familie)
https://de.wikipedia.org/
wiki/Wittgenstein_(Familie).

18  Lilienthal, Gedenkportal
Korbach.

19  Eine weitere Legende, wie
wohl diese Prügelgeschichte,
besagt, dass Meyer Moses,
der Verwalter des Fürsten,
durch die Annahme dessen
Namens seiner Empörung
Ausdruck verliehen habe,

dass sein 1802 geborener
Sohn ein „Fürstenbankert"
sei. McGuinness, Wittgen-
steins frühe Jahre, 15. Viel
später, um sich vor der
NS-Verfolgung zu schützen,
tauchte die Version auf, Hermann wäre ein unehelicher
Sohn aus der Linie Pyrmont-
Waldeck. Ebd., Anm. 1, 16.

20  Nach Gaugusch, Familien
Wittgenstein und Salzer, 121,
war bereits Moses' Vater
nach Korbach zugewandert.

21  Lilienthal, Gedenkportal
Korbach.

22  Simson, der älteste Bruder
Hermanns, blieb in Korbach
als angesehener Kaufmann.
Er hatte bereits zu Lebzeiten
seines Vaters ein eigenes
Geschäft für Woll- und
Lederwaren und erhielt
1849 als erster Jude das
Bürgerrecht in Korbach, zwei
Jahre später sein Sohn und
Geschäftsnachfolger
Jakob. Dieser war durch
Grundstücksspekulationen in
Berlin reich geworden, doch
offensichtlich nicht glücklich.
Seine Ehe wurde geschieden,
sein einziges Kind starb vor
ihm, er selbst setzte seinem
Leben 1890 ein Ende. Die
Stadt Korbach wurde zur
Universalerbin gemacht und
mit 500.000 Mark wurde die
„Jakob Wittgenstein'sche
Altersversorgungsanstalt"
errichtet. Schwaner,
Wittgensteins, 18–20.

23  Nyíri/McGuinness,
Introduction, XVII.

24  Die Hochzeit wurde jedoch
der jüdischen Gemeinde
nicht gemeldet, sie waren
daher nicht legal verheiratet.

25  Gaugusch, Familien Wittgenstein und Salzer, 123.

26  Hermine Wittgenstein deutet
dies als Ausdruck dafür, wie
ernst Religionsfragen nicht
nur von Hermann genom-
men wurden. Wittgenstein,
Familienerinnerungen, 35.
Auffällig ist, dass Hermann
nach lutherischem Glauben
eingesegnet wurde, seine
Frau nach helvetisch refor-
miertem, Gaugusch, Familien
Wittgenstein und Salzer, 123;
Sandgruber, Traumzeit, 162.

27  McGuinness, Wittgensteins
frühe Jahre, 18f.

28 Dazu und im Folgenden Wittgenstein, Familienerinnerungen, 22–26. Hermine Wittgenstein zitiert hier einen Brief der damals 24-Jährigen Fanny an eine Verwandte und Freundin, in dem sie die Geschichte ihrer Verlobung wiedergibt. Auffällig ist, dass Fanny von ihrem zukünftigen Ehemann immer nur vom „Wittgenstein" spricht, nicht einmal seinen vollen Namen oder gar nur den Vornamen nennt. Alle folgenden Zitate ebd.

29 Wittgenstein, Familienerinnerungen, 34.

30 Paul I. Fürst Esterházy nahm 1670 unter Leopold I. aus Wien vertriebene Juden gegen die Bezahlung von Schutzgebühren auf. Die Siebengemeinden sind Eisenstadt, Mattersburg, Kobersdorf, Lackenbach, Frauenkirchen, Deutschkreutz und eben Kittsee. 1735 lebten in Kittsee 266 Juden, 1821 waren es 789. Größte Sehenswürdigkeit war das Schloss, das Fürst Paul Anton Esterházy Mitte des 18. Jahrhunderts zu einem Barockschloss hatte umbauen lassen. Heute ehrt man in Kittsee den 1831 geborenen Geiger Joseph Joachim (der uns noch mehrmals begegnen wird) als berühmtesten Spross der jüdischen Gemeinde, dessen Familie allerdings bereits 1833 nach Pest auswanderte. Wittgenstein, Familienerinnerungen, 327.

31 McGuinness, Wittgensteins frühe Jahre, 21.

32 Schwaner, Wittgensteins, 31.

33 Schwaner, Wittgensteins, 21f.

34 Sandgruber, Traumzeit, 161f.

35 Sandgruber, Traumzeit, 162.

36 Zum Protestantenpatent https://museum.evang.at/ rundgang/1848-bis-1918/ protestantenpatent/das-protestantenpatent/

37 Dazu und im Folgenden Bonyhady, Wohllebengasse, 58f.

38 Dazu und im Folgenden Figdor, Franziska http:// biografia.sabiado.at/figdor-franziska/ Zitat: Schwaner, Wittgensteins, 28.

39 Zu den Figdors siehe im Folgenden Gaugusch, Wer einmal war, 610–612.

40 Wittgenstein, Familienerinnerungen, 19. „Wie man das damals konnte", ist wohl eine Anspielung auf die NS-Zeit, in der Hermine W. (ab 1944) ihre Erinnerungen verfasste.

41 Neue Freie Presse, 29.4.1873, 6. Danach litt er „seit längerer Zeit an Trübsinn" und es wird angenommen, dass der Suizid in einem „Momente der Geistesabwesenheit" vollbracht wurde.

42 1811 einigte sich Samuel Figdor mit der Domänendirektion über Robotzahlungen. Klezath, Kittsee.

43 Wittgenstein, Familienerinnerungen, 18. Selbst aus einer „prominenten" Familie stammend, gab es scheinbar eine Hierarchie der Prominenz und mit der Bekanntschaft von berühmten Künstlern schmückte man sich gerne.

44 Die Firma J. Figdor & Sohn befand sich in der Praterstraße 8, weitere Adressen Janik/Veigl, Wittgenstein in Wien, 184.

45 Heute ist das Palais Sitz der Botschaft Liechtensteins und teilt sich den Standort mit der Spanischen Botschaft. Das Palais wurde nicht für die Figdors errichtet, wie häufig behauptet wird.

46 Nach Angaben bei Sandgruber, Traumzeit.

47 Zu Albert Figdor, Sandgruber Traumzeit, 338f.

48 Ein kleiner Teil der Figdor-Sammlung verblieb in Wien und befindet sich in verschiedenen Wiener Museen.

49 Das Vivarium wurde 1873 anlässlich der Wiener Weltausstellung als Schauaquarium eingerichtet und 1903 zur Biologischen Versuchsanstalt umgewandelt. Vgl. Reiter, Zerstört.

50 Bollert, Werner, Joachim, Joseph, in: Neue Deutsche Biographie (NDB) 10 (1974), 440f.

51 Dazu und im Folgenden Kamlah, Joachims Guarneri-Geigen, 34f. Ders., Joseph Joachims Geigen.

52 Brachmann, Meisterwerke-Macher, in: Berliner Zeitung,

15.8.2007. Es wurde bereits auf Gemeinsamkeiten dieses Großbürgerlums hingewiesen, etwa hinsichtlich der Förderung junger Musiker. Bronisław Huberman, einer der bedeutendsten Geiger der Zwischenkriegszeit, wurde vom Industriellen Max von Gutmann unterstützt. Zum Freundeskreis der Gutmanns gehörte auch Johannes Brahms, eine weitere Überschneidung. Arnbom, Friedmann, 14f., 93f.

53 Janik/Toulmin, Wittgensteins Wien, 230f.

54 Laut Hermine Wittgenstein im Jahr 1854, Wittgenstein, Familienerinnerungen, 40. So auch Prokop, Stonborough-Wittgenstein, 21.

55 Waugh nennt auch ein „berühmtes Palais" in Bad Vöslau nahe Wien als Wohnort. Waugh, Haus Wittgenstein, 29.

56 Valentin von Macks Sohn Valentin II. führte dann 1849 alles in den Konkurs. 1914 stand es im Besitz von Helene Salzer, geb. Wittgenstein. Letzte Besitzerin der Familie bis in die 1930er Jahre war Franziska von Siebert (1879–1941), Tochter von k. k. General Josef von Siebert (1843–1917) und Lydia, geb. Wittgenstein (1851–1920). Zur Herrschaft Mauer gehörten Teile der Gemeinden Mauer, Kalksburg, Speising und Liesing.

57 Neues Wiener Tagblatt (Tages-Ausgabe), 8.12.1871, 15; Neue Freie Presse, 2.5.1872, 15.

58 Janik/Veigl, Wittgenstein in Wien, 185f.

59 Wiener Zeitung 19.7.1873, 19.

60 Wittgenstein, Familienerinnerungen, 44f.

61 Wittgenstein, Familienerinnerungen, 71.

62 McGuinness, Wittgensteins frühe Jahre, 21, 30.

63 McGuinness, Wittgensteins frühe Jahre, 22; Nyíri/McGuinness, Introduction, XVIII.

64 Wittgenstein, Familienerinnerungen, 33.

65 Schwaner, Wittgensteins, 35.

66 Dazu und im Folgenden Janik/Veigl, Wittgenstein in Wien, 204. Fideikommiss ist

eine erbrechtliche Einrichtung, die die Verfügung über ein Erbgut beschränkt und dessen Teilung verhindert.

67 Die Esterházys hatten enorme Schulden angehäuft, die schon 1832–1834 zur Sequestration (Zwangsverwaltung) des Vermögens führten und durch Güterverkäufe bzw. -verpachtungen und Sanierungsmaßnahmen überwunden werden konnten.

68 Unter Nachfolger Nikolaus III. musste 1874 ein großer Teil der Bildersammlung an das Königreich verkauft werden.

69 Zum Braunkohlebergbau Neufeld-Zillingtal-Pöttsching siehe https://de.wikipedia. org/wiki/Braunkohleberg- bau_Neufeld_-_Zilling- tal_-_P%C3%B6ttsching; Bergbau http://www. atlas-burgenland.at/ index.php?option=com_ content&view=artic- le&id=523:bergbau&catid=25

70 Laibacher Zeitung, 17.12.1864, 1.

71 Janik/Veigl, Wittgenstein in Wien, 205.

72 Dazu und im Folgenden Wittgenstein, Familienerinne- rungen, 46–51. Immer wieder gibt es kleine Ungenauig- keiten in Hermines Erinne- rungen, Jahreszahlen und Fakten betreffend. Hermann Wittgenstein hatte das Gut von Wilhelm Figdor über- nommen und nicht vom Graf Joseph von Trauttmansdorff- Weinsberg. Diesem verkaufte er das Gut. Später wurde es wieder von Karl Wittgenstein erworben, 1899 von dessen Bruder Ludwig (Louis) über- nommen.

73 Wittgenstein, Familienerin- nerungen, 267. Ganz so wird es wohl nicht gewesen sein. Michael Thonet (*1796 Bop- pard am Rhein, † 1871 Wien), machte eine Lehre als Kunst- tischler und eröffnete mit 23 Jahren einen eigenen Betrieb als Bau- und Möbeltisch- ler in Boppard. Er begann, Möbelteile aus Schicht- und Furnierholz herzustellen, seine Methode, Holz zu biegen, wandte er vor allem im Sesselbau an. Bekannt wurde er durch seinen ersten

Auftrag, die Ausstattung des Kaffeehauses Daum in Wien mit dem Stuhl Nr. 4. 1856 eröffnete Thonet eine Fabrik in Koritschan, hier könnte Hermann Wittgenstein finan- ziell behilflich gewesen sein. Wittgenstein, Familienerinne- rungen, 465f.

74 McGuinness, Wittgensteins frühe Jahre, 28.

75 Die Wohnung von Karl Ludwig und Auguste Littrow (geb. Bischoff), einer frühen Frauenrechtlerin, wurde zu einem Treffpunkt der Wiener Gesellschaft.

76 Wittgenstein, Familienerinne- rungen, 53f.

77 Wie schwer es selbst Pro- testanten im katholischen Wien noch haben konnten, verdeutlicht der Widerstand der überwiegend katholi- schen Professorenschaft der Universität Wien gegen Ernst Brückes Berufung zum Dekan der Medizinischen Fakultät 1868/69 als erster Protestant. 1879 wurde Ernst Brücke als erster Nichtkatholik Rektor der Universität Wien.

78 McGuinness, Wittgensteins frühe Jahre, 26.

79 Schwaner, Wittgensteins, 25.

80 McGuinness, Wittgensteins frühe Jahre, 18.

81 Die in Klammern ( ) hinzuge- fügten Namen finden alle bei Gaugusch, Familien Wittgen- stein und Salzer, Erwähnung.

82 Zu den Geschwistern auch Familie Wittgenstein https:// museum.evang.at/persoen- lichkeiten/familie-wittgen- stein/.

83 Immler, Familiengedächtnis, 226f.

84 Dazu im Folgenden Monk, Wittgenstein, 21.

85 McGuinness, Wittgensteins frühe Jahre, 20.

86 Schwaner, Wittgensteins, 39f.

87 Wittgenstein, Familienerinne- rungen, 242.

88 Wittgenstein, Familienerinne- rungen, 43.

89 Prokop, Stonborough- Wittgenstein, 21.

90 Wittgenstein, Familien- erinnerungen, 71.

91 Wittgenstein, Familien- erinnerungen, 45.

92 Wittgenstein, Familien- erinnerungen, 54f.

93 Dazu und im Folgenden Wittgenstein, Familienerinne- rungen, 51-53.

94 Zur Biografie und Bedeutung von Gottfried Franz https:// de.wikisource.org/wiki/ ADB:Franz,_Gottfried.

95 Clara Freiin von Franz, 1868-1923.

96 Eigentlich Ernst Otto Hermann Freiherr von Franz, 1871–1930.

97 Erwin Gottfried Edwin Frei- herr von Franz, 1876–1941.

98 Rudolf Freiherr von Franz, 1842–1909, österreichischer Journalist und Jurist, Sohn des evangelisch-reformierten Superintendenten Gottfried Franz, maßgeblich an der Entstehung der gemein- samen Kirchenverfassung beider evangelischer Kirchen beteiligt. 1887 zum Mitglied des Herrenhauses berufen, 1889 Sektionschef, 1903 Geheimer Rat. Wittgenstein, Familienerinnerungen, 453.

99 Wittgenstein, Familienerinne- rungen, 243.

100 Neue Freie Presse, 26.3.1884, 7.

101 Sie wurde in der Familien- gruft auf dem evangelischen Friedhof in Matzleinsdorf beigesetzt, ihr Grab befindet sich aber auf dem Maurer Friedhof, Gruppe 7, Reihe 1, Nummer 13.

102 Maries Grabstelle befindet sich auf dem Evangelischen Friedhof - Zentralfriedhof / Tor III, links, K-5–8, dort liegt auch ihr Sohn August Pott begraben, während Felix und Hermann Pott im Familien- grab in Mauer liegen.

103 Janik/Veigl, Wittgenstein in Wien, 106f.

104 Wittgenstein, Familienerinne- rungen, 244f.

105 Auch ein Figdor, Wilhelm Friedrich (1866–1938), Sohn von Gustav Wolf Adolf Figdor, hatte in die Familie Hochstet- ter eingeheiratet, er war mit einer Schwester Justine und Helene Hochstetters verhei- ratet, also Paul Wittgenstein seniors Schwippschwager.

106 Paul Wittgenstein war der Großvater, Carl der Vater von Paul (Paulchen) Wittgenstein (1907–1979), einem weiteren Exzentriker in der Familie, dem von Thomas Bernhard

in „Wittgensteins Neffe" ein literarisches Denkmal gesetzt wurde. Veigl, Einzelgänger, 228.

107 Dazu und im Folgenden Wittgenstein, Familienerinnerungen, 247–252, Zitate: 249 und 250.

108 Friedrich, Lebens- und Überlebenskunst, 42.

109 Wittgenstein, Familienerinnerungen, 251f.

110 Grabmal am Döblinger Friedhof von Josef Hoffmann, Gruppe 9, Reihe 5, Nr. 8.

111 Die Familiengruft, in der die etwa Mutter Justine Hochstetter († 1913) bestattet wurde, befindet sich am Grinzinger Friedhof, Gruppe MR 11.

112 Bertha Oser heiratete den deutschen Reformpädagogen Herman Nohl, der ebenfalls Familienerinnerungen verfasste: Nohl, Erinnerungen, die kurze Porträts von Karl Wittgenstein und seinen elf Geschwistern enthalten. Immler, Familiengedächtnis, 214.

113 Wittgenstein, Familienerinnerungen, 276.

114 Wittgenstein, Familienerinnerungen, 273f.

115 Wittgenstein, Familienerinnerungen, 275.

116 Kamlah, Joseph Joachims Guarneri-Geigen, 42.

117 Janik/Veigl, Wittgenstein in Wien, 229.

118 Wittgensteins unterstützten den Verein über Jahrzehnte. Auch um die nach dem Tod ihres Mannes Arthur Glaser (Journalist, seit 1911 Generalsekretär des „Vereins gegen Verarmung", dessen Blatt „Soziale Arbeit" er lange redigierte, † 1931) depressive Emilie Glaser kümmerte sich die Familie. Emilie wohnte während und nach dem Krieg mit Lydia Oser in deren geerbtem Landhaus in Thumersbach. Janik/Veigl, Wittgenstein in Wien, 72f.

119 Wittgenstein, Familienerinnerungen, 463.

120 Beide bestattet auf dem Dornbacher Friedhof, Gruppe 20, Nummer 57

121 Wittgenstein, Familienerinnerungen, 465.

122 Mit der er zwei Söhne, Georg, geb. 1903, und Hans, geb. 1908, hatte.

123 Wittgenstein, Familienerinnerungen, 271f.

124 Ludwig (Louis) Wittgenstein https://museum.evang.at/persoenlichkeiten/ludwig-louis-wittgenstein/ludwig-louis-wittgenstein-der-millionaer-als-sozialist/

125 Waisenversorgungsverein http://www.waisenversorgungsverein.org/index.php/ueber-uns/historie

126 Wittgenstein, Familienerinnerungen, 267.

127 Wittgenstein, Familienerinnerungen, 268f.

128 Zitiert nach Nedo/Ranchetti (Hg.), Wittgenstein, 65.

129 Wittgenstein, Familienerinnerungen, 258f.

130 Wittgenstein, Familienerinnerungen, 263.

131 Wittgenstein, Familienerinnerungen, 262.

132 Sandgruber, Traumzeit, 464.

133 Wittgenstein, Familienerinnerungen, 264.

134 Wittgenstein, Familienerinnerungen, 262.

135 Dazu und im Folgenden Kupelwieser Saga https://www.dynastiemautnermarkhof.com/de/familienchronik/brioni/familie-kupelwieser/

136 Wittgenstein, Familienerinnerungen, 253f.

137 Wittgenstein, Familienerinnerungen, 227. Nohl, Erinnerungen 5, 8, 18, nach Immler, Familiengedächtnis, 266f.

138 Wittgenstein, Familienerinnerungen, 253.

139 Wittgenstein, Familienerinnerungen, 257f.

140 Begraben ist sie auf dem Grinzinger Friedhof, Gruppe 10, Reihe 1, Nummer 12, gemeinsam mit ihrem Mann Dr. Karl Kupelwieser und ihrem Sohn Ernst.

141 Wittgenstein, Familienerinnerungen, 285–298.

142 Wittgenstein, Familienerinnerungen, 287.

143 Wittgenstein, Familienerinnerungen, 287f.

144 Wittgenstein, Familienerinnerungen, 294.

145 Wittgenstein, Familienerinnerungen, 294.

146 Clara Wittgenstein https://fraueninbewegung.onb.ac.at/node/2885

147 Eine andere Quelle nennt das Jahr 1895, in dem die

Wittgensteins Laxenburg erwarben, Clara und ihre Brüder Paul und Ludwig werden als Inhaber geführt. Es gibt einen Mietvertrag für die Liegenschaft über die Jahre 1890 bis 1905 zwischen Paul und den Esterházy-Sequestern, was eher für 1907 spricht.

148 Wittgenstein, Familienerinnerungen, 289.

149 Wittgenstein, Familienerinnerungen, 290.

150 McGuinness, Wittgensteins frühe Jahre, 31.

151 Rauch-Höphffner, Wittgenstein, 4f.

152 Wittgenstein, Familienerinnerungen, 293.

153 Wittgenstein, Familienerinnerungen, 297.

154 Bei Janik/Veigl, Wittgenstein in Wien, 179, hat Hermann W. in seinem Todesjahr für standesgemäßes Logis auf seinem Landgut Mauer sowie für die Heiratskaution von 24.000 fl. aufzukommen.

155 Janik/Veigl, Wittgenstein in Wien, 179–181.

156 Wittgenstein, Familienerinnerungen, 277–281.

157 Wittgenstein, Familienerinnerungen, 282.

158 Die Familien von Siebert und von Brücke weisen ein gemeinsames Grab auf, das sich in Mauer befindet, Gruppe 26, Reihe 1, Nummer 15.

159 Sie liegt im selben Grab wie Lydia W.-Siebert, ein Hinweis auf Morphiumabhängigkeit fand sich bei findagrave, wo ihrem Eintrag der Zusatz „reclusive morphine addict" hinzugefügt war. Ob die Abhängigkeit eine Folge des Todes der beiden Töchter war oder bereits vorher bzw. überhaupt bestand, ist nicht bekannt. Dieser Hinweis ist zudem mittlerweile verschwunden.

160 Laut Gaugusch, Familien Wittgenstein und Salzer, 137f., drei.

161 Sandgruber, Traumzeit, Nr. 678, 320.

162 Jean Martin Charcot, 1825–1893, französischer Pathologe und Neurologe, ab 1882 Leiter der Klinik für Nervenkrankheiten, dem

„Hopital de la Salpetrière".
Charcot gab der Neurologie eine pathologisch-anatomische Grundlage. Wittgenstein, Familienerinnerungen, 471.

163 Wittgenstein, Familienerinnerungen, 452.

164 Wittgenstein, Familienerinnerungen, 288.

165 Neues Wiener Tagblatt (Tages-Ausgabe) 30.10.1893, 3.

166 McGuinness, Wittgensteins frühe Jahre, 27. Nyíri/McGuinness, Introduction, XX.

167 McGuinness, Wittgensteins frühe Jahre, 28.

168 Im Mai 1879 vermerkt die Wiener Zeitung in der Wählerliste des Wahlkörpers der großen Grundbesitzer im Erzherzogtum Österreich unter der Enns Hermann Wittgenstein als Besitzer der Grundherrschaften Mauer, Kalksburg und Speising. Wiener Zeitung, 27.5.1879, 13.

169 Vgl. dazu im Folgenden auch Nyíri/McGuinness, Introduction, Xf.

170 Mit Fürst Paul III. Anton, Majoratsherr ab 1833, und mit Fürst Nikolaus III., der 1866 das Majorat antrat und bis zu seinem Tod 1894 innehatte. 1871 musste wegen der enormen Schulden die Esterházy'sche Bildersammlung an das Königreich Ungarn verkauft werden.

171 Das Gebiet dies- oder jenseits des Flusses Leitha.

172 Sie bestand auf der untersten Hierarchiestufe aus „Rittern" bzw. „Edlen", darüber standen die „Freiherren" (mit der Anrede Baron). Einer der Wege zur Nobilitierung war die Verleihung des Ordens der Eisernen Krone III. Klasse, mit dieser Auszeichnung war der Anspruch auf Erhebung in den Adelsstand verbunden.

173 Bereits in der Frankfurter Nationalversammlung von 1848/49 diskutiertes, aber verworfenes Modell eines deutschen Nationalstaats unter Einschluss und Führung des Kaisertums Österreich. Das Dilemma bestand darin, dass die von einigen angedachte Einbeziehung der ausschließlich deutschsprachigen Teile ein Zerreißen des Vielvölkerstaates mit sich gebracht hätte.

174 Eine andere Fraktion in der Nationalversammlung vertrat die kleindeutsche Lösung, Deutschland ohne Österreich sollte ein Bundesstaat werden, Kleindeutschland dann in einem weiteren Staatenbund mit Österreich verbunden sein.

175 Immler, Familiengedächtnis, 218f., führt diese Unterscheidung auf eine in der Familie überlieferte Anekdote und einen anderen Kontext zurück. Karl Wittgenstein soll auf eine Nachfrage nach einer familiären Verbindung zum Fürstenhaus Sayn-Wittgenstein geantwortet haben: „Es gibt die Wittgensteins Sey[i]n und Haben."

176 Prokop, Stonborough-Wittgenstein, 25. Wittgenstein führte sein Haus „mit durchaus aristokratischer Attitüde". Im Gegensatz zu vielen anderen „Ringstraßennotabeln" bewohnte er nie ein Palais, das andere Mieter beherbergte. Ebd.

177 Waugh, Haus Wittgenstein, 159.

178 Zitiert nach Janik/Toulmin, Wittgensteins Wien, 66.

179 Bruckmüller, Österreich, 146f.

180 Sandgruber, Traumzeit, 200–203.

181 Auch Stefan Zweig, Welt, 50f., verweist auf dieses Phänomen, das seiner Meinung nach damit zusammenhängt, dass man als Junger, ja selbst als 30-Jähriger nicht ernst genommen wurde.

182 Schwaner, Wittgensteins, 43.

183 Wittgenstein, Familienerinnerungen, 66f. Dazu und im Folgenden Waugh, Haus Wittgenstein, 25.

184 McGuinness, Wittgensteins frühe Jahre, 31.

185 Waugh, Haus Wittgenstein, 30.

186 Laut Duden: „einem Schüler oder Studenten förmlich erteilter Rat, die Lehranstalt zu verlassen, um ihm den Verweis von der Anstalt zu ersparen."

187 Zweig, Welt, 46.

188 Günther, Lebenserinnerungen, 58.

189 Wittgenstein, Familienerinnerungen, 58-60. Janik/Toulmin, Wittgensteins Wien, 231.

190 Zitate Wittgenstein, Familienerinnerungen, 64.

191 Wittgenstein, Familienerinnerungen, 63.

192 Wittgenstein, Familienerinnerungen, 60.

193 Wittgenstein, Familienerinnerungen, 65. Dazu und im Folgenden Waugh, Haus Wittgenstein, 26f.

194 Brief von Karl an Bertha Wittgenstein, 29.9.1865, zitiert nach Wittgenstein, Familienerinnerungen, 61; Waugh, Haus Wittgenstein, 26.

195 Brief von Karl an seinen Bruder Louis Wittgenstein, 27.1.1866, zitiert nach Wittgenstein, Familienerinnerungen, 63.

196 Brief von Karl an Louis Wittgenstein, 30.10.1865, zitiert nach Familienerinnerungen, 60f.; Waugh, Haus Wittgenstein, 27.

197 Brief von Karl an Louis Wittgenstein, 27.1.1866, zitiert nach Wittgenstein, Familienerinnerungen, 64.

198 Brief von Karl an Bertha Wittgenstein, 29.9.1865, zitiert nach Wittgenstein, Familienerinnerungen, 61.

199 Dazu und im Folgenden Wittgenstein, Familienerinnerungen, 65f.

200 Wittgenstein, Familienerinnerungen, 66.

201 Karl Wittgenstein, Zeitungsartikel und Vorträge, Wien 1913.

202 Bestes Beispiel dafür Wittgenstein, Karl, Reise-Eindrücke, Reise-Eindrücke aus Amerika, Neue Freie Presse, 15.8.1888, in: Ders., Politico-economic writings, 1-11. Janik/Toulmin, Wittgensteins Wien, 231f.

203 So auch der Titel eines Aufsatzes über Karl Wittgenstein Bramann, Karl Wittgenstein.

204 Dazu und im Folgenden Nyíri/McGuinness, Introduction, XXIII.

205 McGuinness, Wittgensteins frühe Jahre, 34f.

206 Günther und Kupelwieser berichten von einem Engagement bei der Schiffswerft Stabilimento Technico Triestino. Günther, Lebenserin-

nerungen, 58; Kupelwieser, Erinnerungen, 60.

[207] Angaben von Karl Wittgenstein in den autobiografischen Notizen, zitiert nach Wittgenstein, Familienerinnerungen, 67.

[208] Kupelwieser, Erinnerungen, 61.

[209] Wiener Sonn- und Montags-Zeitung, 2.5.1869, 1. Im Artikel ist von der Trauung am 1. Mai 1869 die Rede, dann wieder von einer von Franziska Wittgenstein verlangten Verschiebung auf 1. Juni.

[210] Compass 1874, Teil 1, 223.

[211] Compass 1875, Teil 1, 104. Der Länderbanken-Verein wurde 1872/73 gegründet, Sitz der Gesellschaft war in Wien Am Hof 5 (eine andere Quelle nennt Franzensring 22 als Adresse). Im „Gründerkrach" erlitt der Verein Kursverluste durch eigene Effekten, Kontokorrent- und Kostgeschäfte und wurde 1877 liquidiert. Johann Freiherr von Liebieg war auch hier Präsident des Verwaltungsrates.

[212] Kupelwieser, Erinnerungen, 62.

[213] Johann Liebieg hatte mit seinen Brüdern Heinrich und Theodor das väterliche Textilimperium „Johann Liebieg & Co.", eines der größten der Monarchie mit über 6.000 Arbeitskräften, übernommen. Er ließ 1872 in Wien das Liebieg-Palais erbauen und schied 1887 aus der Firma aus. Wiesinger, Udo, Johann Liebieg (1802–1870), in: NDB 14 (1985), 493f.

[214] Compass 1873, 480.

[215] Compass 1879, 164.

[216] Compass 1874, Teil 2 u. 3, 374.

[217] Wiener Zeitung, 5.12.1874, 21.

[218] Wittgenstein, Familienerinnerungen, 69.

[219] Sandgruber, Traumzeit, 84.

[220] Wittgenstein, Familienerinnerungen, 70.

[221] Wittgenstein, Familienerinnerungen, 127f.

[222] Wittgenstein, Familienerinnerungen, 128.

[223] Wittgenstein, Familienerinnerungen, 129f.

[224] Wittgenstein, Familienerinnerungen, 227. Dazu auch McGuinness, Wittgensteins frühe Jahre, 49f.

[225] Dazu und im Folgenden Wittgenstein, Familienerinnerungen, 71.

[226] Poldys Schwiegermutter schrieb ihr: „Liebe Poldy, es gibt ein Wörtchen ‚zu', man kann auch zu gut, zu selbstlos sein." Wittgenstein, Familienerinnerungen, 93. Poldy opferte sich auf, insbesondere für ihren Mann Karl. Wohl nicht von ungefähr spricht McGuinness von einer „stillen Teilhaberin" und setzt dies mit der Funktion von Karls Geschäftsfreunden gleich. McGuinness, Wittgensteins frühe Jahre, 51.

[227] Beispiele in Wittgenstein, Familienerinnerungen, 72–76.

[228] Wittgenstein, Familienerinnerungen, 77f. Waugh, Haus Wittgenstein, 31.

[229] Zitiert nach Wittgenstein, Familienerinnerungen, 78f.

[230] Nedo/Ranchetti (Hg.), Wittgenstein, 17.

[231] Janik/Toulmin, Wittgensteins Wien, 232.

[232] Anders Janik und Toulmin, denen zufolge sich die Kinder Karl Wittgensteins ihrer Herkunft nach als jüdisch betrachteten. Janik/Toulmin, Wittgensteins Wien, 233.

[233] McGuinness, Wittgensteins frühe Jahre, 50.

[234] Kupelwieser, Erinnerungen, 61.

[235] Kupelwieser, Erinnerungen, 85.

[236] Wittgenstein, Familienerinnerungen, 82–84. Der Name des um die Mitte des 18. Jahrhunderts errichteten Baus im französischen Barock-Klassizismus stammt von der Inschrift XAIPE (dt. „Seid gegrüßt").

[237] Wittgenstein, Familienerinnerungen, 80f.

[238] Kupelwieser, Erinnerungen, 61. Wittgenstein, Familienerinnerungen, 81f.

[239] Kupelwieser, Erinnerungen, 81.

[240] Dazu und im Folgenden Kupelwieser, Erinnerungen, 86; Wittgenstein, Familienerinnerungen, 85.

[241] Kupelwieser, Erinnerungen, 87f.

[242] Joseph Alois Schumpeter, Theorie der wirtschaftlichen Entwicklung, Berlin 1911 (1926 stark überarbeitet).

[243] Eine zentrale Rolle spielt dabei der kreative Unternehmer, der durch neue Ideen und die Verwendung neuer Produkte, Produktionsmethoden, Techniken etc. den wirtschaftlichen und technischen Fortschritt vorantreibt.

[244] Das Puddelverfahren dient der Umwandlung des im Hochofen hergestellten Roheisens in Schmiedeeisen, später auch zu härtbarem Schmiedestahl. Es erlaubt die Verwendung von Steinkohle, die im Vergleich zur aufgrund der fortschreitenden Abholzung teurer werdenden Holzkohle immer günstiger wurde.

[245] Marek, Entwicklung, 357.

[246] Zum Bessemer-Prozess Günther, Lebenserinnerungen, 55f.

[247] Zur Familie Kupelwieser ausführlich Friedrich, Lebens- und Überlebenskunst bzw. Mautner-Markhof-Website Familie Kupelwieser https://www.dynastie-mautnermarkhof.com/de/familienchronik/brioni/familie-kupelwieser/; weiters Gruber, Familie Kupelwieser; Kupelwieser, Erinnerungen.

[248] Friedrich, Lebens- und Überlebenskunst, 39.

[249] Auf diese nicht unübliche Abfolge folgte dann bei einigen Söhnen Leopolds, wie wir noch sehen werden, die Rückkehr zur Montanindustrie.

[250] Zitiert nach Friedrich, Lebens- und Überlebenskunst, 38.

[251] Friedrich, Lebens- und Überlebenskunst, 37.

[252] Zitiert nach Friedrich, Lebens- und Überlebenskunst, 39.

[253] Friedrich, Lebens- und Überlebenskunst, 39.

[254] Wurzbach, Tunner, Peter Ritter von, in: Biographisches Lexikon des Kaiserthums Oesterreich 48, 127–130.

[255] Nahezu zeitgleich mit Bessemerhütten in Heft und Neuberg. Kupelwieser, Erinnerungen, 18.

[256] Friedrich, Lebens- und Überlebenskunst der Kupelwieser, 42.

[257] Man kann aber auch sagen, sie verteuerten den Boden

mit ihren Grundkäufen, „verschandelten" teils die Gegend mit nicht adäquater Architektur, begegneten lokaler Gegnerschaft, waren oft arrogant, dann wieder anbiedernd, bereiteten den Massentourismus vor, und so weiter und so fort. Es wäre spannend, diese Prozesse der Aneignung aus lokaler Perspektive präsentiert zu bekommen.

258 Ihre damit verbundene Auflage, weltliche Krankenschwestern anzustellen, um die Erwerbsituation von Frauen zu verbessern, wurde erst über 60 Jahre später realisiert. Friedrich, Lebens- und Überlebenskunst, 48.

259 Sie soll in einer französischen Gervais-Lagerhalle den Wandbelag abgeschabt haben, um so die Bakterienkulturen zu gewinnen, die für die Gervaiserzeugung benötigt wurden. Friedrich, Lebens- und Überlebenskunst, 51.

260 Es findet sich auch die Angabe 185.000 fl., Friedrich, Leben und Überlebenskunst, 51.

261 Reichspost, 9.6.1909, 8.

262 Kupelwieser, Erinnerungen, 58.

263 Zu Hall und seinen Leistungen ausführlich Kupelwieser, Erinnerungen, 18–27.

264 Zur Biografie Paul Kupelwiesers Kupelwieser, Erinnerungen; ÖBL 4, 1968, 360. https://apis.acdh.oeaw.ac.at/person/66317; Friedrich, Lebens- und Überlebenskunst.

265 Kupelwieser, Erinnerungen, 55–59.

266 Kupelwieser, Erinnerungen, 58.

267 Neue Freie Presse, 1.8.1897, 9.

268 Kupelwieser, Erinnerungen, 59.

269 Dazu und im Folgenden Friedrich, Lebens- und Überlebenskunst, 43; Kupelwieser, Erinnerungen, 80f.

270 Von den Witkowitzer Werken sind einige wunderbare, fotografische Quellen, Werksalben und Broschüren digitalisiert, siehe http://www.pratercottage.at/2013/09/03/die-witkowitzer-eisenwerke-denkschrift-1928/

271 Kupelwieser, Erinnerungen, 105.

272 Kupelwieser, Erinnerungen, 101–103.

273 Kupelwieser, Erinnerungen, 108–111.

274 Friedrich, Lebens- und Überlebenskunst, 45.

275 Sandgruber, Traumzeit, 382.

276 Friedrich, Lebens- und Überlebenskunst. Ein Nachruf auf Kupelwiesers Tätigkeit in Witkowitz, man kann sagen eine Huldigung (mit teilweise falschen Datierungen, aber wichtigen Detailinformationen), erschien in der Ostrauer Zeitung vom 9.4.1893, vollständig wiedergegeben in Kupelwieser, Erinnerungen, 139–146.

277 Teplitzer Zeitung, 27.9.1876, 2.

278 So Kupelwieser, Erinnerungen, 92. Ebd., 62, ist von der Hälfte der Aktien die Rede.

279 Nach Kupelwieser war Wittgenstein schon seit der Gründung des Teplitzer Walzwerks durch Beteiligung seiner Mutter am Unternehmen interessiert. Kupelwieser, Erinnerungen, 62, 90–94.

280 Amtsblatt zur Wiener Zeitung, 14.2.1878, 346.

281 Wittgenstein, Familienerinnerungen, 85.

282 Auf der Zeitungsparte steht als „Berufsbezeichnung" Gutsbesitzer, die Bestattung erfolgte auf dem Hietzinger Friedhof, er liegt aber im Familiengrab in Mauer begraben, das zum Todeszeitpunkt erst errichtet wurde. Neue Freie Presse, 22.5.1878, 10.

283 Janik/Toulmin, Wittgensteins Wien, 230.

284 McGuinness, Wittgensteins frühe Jahre, 18. Dazu auch Schwaner, Wittgensteins, 79.

285 McGuinness, Wittgensteins frühe Jahre, 18.

286 Figdor, Franziska http://biografia.sabiado.at/figdor-franziska/

287 Wittgenstein, Familienerinnerungen, 27.

288 Deutsches Volksblatt, 26.6.1891, 6.

289 Prokop, Stonborough-Wittgenstein, 24. Prokop zufolge übersiedelte die Familie bereits 1879 auf den Schwarzenbergplatz.

290 Seit 1928 Schubertring. In den 1880er Jahren befand

sich das Büro Karl Wittgensteins in der Krugerstraße 18, wo nach der Jahrhundertwende Paul Kupelwieser und die Firma Julius Figdor & Sohn gemeldet waren. Janik/Veigl, Wittgenstein in Wien, 143.

291 Schwaner, Wittgensteins, 77. Zu den Adressen im Folgenden Janik/Veigl, Wittgenstein in Wien, 16, 203f., 206f.

292 Karl Wittgenstein, Autobiografische Aufzeichnungen, zitiert nach Wittgenstein, Familienerinnerungen, 85–87.

293 Waugh, Haus Wittgenstein, 34.

294 Wittgenstein, Karl, Kartelle, 178–190, zum Schienenkartell 178–181.

295 Im Compass 1915, Bd. 2, 42 werden nur sieben Mitglieder aufgeführt.

296 Nyíri/McGuinness, Introduction, XXVI.

297 Auch die Prager Eisenindustrie-Gesellschaft hatte diese Patente für einige Versuche fast kostenlos erhalten, aber davon keinen Gebrauch gemacht. Kupelwieser, Erinnerungen, 63.

298 Günther, Lebenserinnerungen, 59f.

299 Günther, Lebenserinnerungen, 60. Von „enorme[m] geschäftliche[m] Geschick", aber auch von „Skrupellosigkeit" ist in einem EU-Projekt die Rede Karl Wittgenstein http://www.cesa-project.si/at/lexicon/authors/karl-wittgenstein

300 Dazu und im Folgenden Kupelwieser, Erinnerungen, 63f, 149–151.

301 Prager Tagblatt, 25.2.1881, 9.

302 Zum Erwerb der Aktienmehrheit und zu den Beteiligten Wittgenstein, Familienerinnerungen, 90; Schwaner, Wittgensteins, 68.

303 Dazu und im Folgenden Karl Wittgensteins Lebenswerk, Neue Freie Presse 21.1.1913, 15.

304 Der Tresor, 26.2.1880, 61.

305 Günther, Lebenserinnerungen, 59.

306 Eigentlich unter dem Vornamen Isidor Weinberger bekannt. Laut Nachruf hieß er jedoch Johann Isidor Weinberger. Neue Freie Presse, 17.7.1915.

307 Kupelwieser, Erinnerungen, 155.

308 Karl Wittgensteins Lebenswerk, Neue Freie Presse,
21.1.1913, 15.

309 Karl Wittgenstein, Autobiografische Notizen, zitiert
nach Wittgenstein, Familienerinnerungen, 90.

310 Dazu und im Folgenden
Singer, Konzert, 75.

311 Goldinger, Kielmannsegg,
53f.

312 Kupelwieser, Erinnerungen,
223.

313 Feilchenfeld, Erinnerungen,
Neue Freie Presse 21.1.1913, 15.

314 Günther, Lebenserinnerungen, 68.

315 Günther, Lebenserinnerungen, 69.

316 Günther, Lebenserinnerungen, 70.

317 Kamenicek, Fotoalben; so bei
Sandgruber,Traumzeit, 460.

318 Zu den Wolfrums Stekl/Hye,
„Ich will euch einen guten
Namen hinterlassen", 33–57.

319 Stekl/Hye, „Ich will euch
einen guten Namen hinter-
lassen", 39.

320 Zu Weinberger https://www.
nhm-wien.ac.at/forschung/
mineralogie__petrographie/
geschichte/mineralogie__
petrographie/isidor_wein-
berger

321 Sandgruber, Traumzeit, 458f.

322 Zu Kestranek und seiner
Familie Schwanda-Arnbom,
Bürgerlichkeit, 381f.

323 Ehrenbürger St. Gilgens
https://www.sn.at/wiki/Eh-
renb%C3%BCrger_der_Ge-
meinde_St._Gilgen

324 Günther, Lebenserinnerungen, 70f., Zitate 71.

325 McGuinness, Wittgensteins
frühe Jahre, 76.

326 Sandgruber, Traumzeit, 371.

327 Sandgruber, Traumzeit, 337f.

328 Günther, Lebenserinnerungen, 68.

329 Zu Günther Sandgruber,
Traumzeit, 352. Günther versteuerte 1910 ein Einkommen
von fast 300.000 Kronen und
befand sich auf Platz 166 der
reichsten Wienerinnen und
Wiener. Günther, Lebens-
erinnerungen; ÖBL 2 (198),
101. Schützenhofer, Viktor,
„Günther, Georg", in: NDB 7
(1966) Redlich, Schicksalsjahre, I, 299 (6.3.1910).

330 Doch war es ein Rückzug,
gerade auch, wenn man be-

rücksichtigt, dass sich weiterhin enge Vertraute Wittgensteins an der Spitze der
Alpine befanden? Wie hoch
waren Wittgensteins Unternehmensanteile? Wurde alles
Vermögen in ausländische
Wertpapiere umgewandelt?

332 Nachruf, in: Stahl und Eisen,
1.10.1904, 1160.

333 Sandgruber, Traumzeit, 371;
ÖBL, 3, 1964, 306f. Trenkler,
Herbert, „Kerpely von Krassai, Anton" in: NDB 11 (1977),
352.

334 Günther, Lebenserinnerungen, 223.

335 Günther, Lebenserinnerungen, 68.

336 Sandgruber, Traumzeit, 449.

337 Janik/Veigl, Wittgenstein in
Wien, 4.

338 Mentschl, Josef, Schneefuss,
Friedrich, ÖBL 10 (1993),
363f.

339 Hans Blaschczik am
25.1.1913 an seinen Sohn
Willy, zitiert nach Schwanda-
Arnbom, Bürgerlichkeit, 388.

340 Neue Freie Presse,
29.11.1884, 9.

341 Neue Freie Presse,
30.11.1884, 9. Bei Kupelwieser, Erinnerungen, 153, ist
von 450.000 fl. die Rede.

342 Amtsblatt zur Wiener Zeitung,
18.12.1884, 932.

343 1909 wurde die Böhmische
Montangesellschaft der
Prager Eisenindustrie-Ge-
sellschaft eingegliedert.

344 Günther, Lebenserinnerungen, 60f.

345 Leitmeritzer Zeitung,
25.3.1885, 9.

346 Der Tresor, 21.1.1886, 23.

347 Prager Tagblatt, 23.12.1885, 8.

348 1896 folgte Kestranek Guido
Hell von Heldenwerth als
Zentraldirektor der BMG,
dieser wechselte rasch in
die Prager Eisenindustrie
Gesellschaft, sein Nachfolger
wurde Georg Günther.

349 Das Unternehmen war ein
Zusammenschluss der Koh-
len- und Eisenhüttenwerke
der Kladnoer Gesellschaft in
Kladno, des Steinkohlenwerks
des Wiener Großhandlungs-
hauses Robert & Comp. (Robert Florent 1795–1870) zu
Rappitz und der Kohlen- und
Eisenhüttenwerke des Wiener
Großhandlungshauses J. M.

& H. D. Lindheim & Co. zu
Wilkischen und bei Plan im
Pilsner und Egerer Kreise. H.
D. Lindheim war ein Bankier,
die Finanzierung war nicht
nur damit gesichert.

350 Dazu und im Folgenden
Adalberthütte in Kladno
https://www.bergbaufreun-
de-sachsen.de/vom-erz-
zum-metall/adalberthütte-
vojtěšská-hut-kladen/

351 Durch das 1894 eingeführte
Bertrand-Thiel-Verfahren
wurde der Betrieb der Tho-
maskonverter überflüssig.

352 In der Literatur findet sich
häufig 1885, was aber
unwahrscheinlich ist.

353 Kupelwieser sieht hin-
gegen sich als maßgebliche
Person für die Bildung des
Eisenkartells. Es gelang ihm,
die Eisenwerke Erzherzogs
Albrechts und jene der
Familie Klein für das Kartell
zu gewinnen, „nie hätte das
Wittgenstein erreicht", Roth-
baller war es zu verdanken,
dass die ungarischen Eisen-
werke und die Gruppe der
Alpinen Eisenwerke in das
Kartell eintraten, Kupelwie-
ser, Erinnerungen, 156–157,
Zitat: 157.

354 Das Eisenkartell wurde
schließlich bis 1901 ver-
längert, als es bezüglich
einer Neuorganisation zu
(erneuten) Konflikten mit dem
ungarischen Kartellverband
kam, die in Übereinkommen
1902 bzw. 1903 beigelegt
werden konnten. Compass
1915, 2.Bd., 44.

355 Wittgenstein, Karl, Ursachen,
Ursachen, 59.

356 Wittgenstein Karl, Kartelle,182.

357 Wittgenstein Karl, Kartelle,
184.

358 Wittgenstein Karl, Kartelle,
186.

359 Wittgenstein Karl, Kartelle,
188.

360 Günther, Lebenserinnerungen, 61.

361 Website des Unternehmens
Strojírni Poldi, Geschichte
http://www.strojpoldi.eu/de/
geschichte/

362 Amtsblatt zur Wiener
Zeitung, 1.10.1890, 1.

363 Amtsblatt zur Wiener
Zeitung, 7.12.1889, 2.

364 Wiener Zeitung, 26.2.1899, 15.

365 Teplitz-Schönauer Anzeiger, 13.6.1900, 7.

366 Die Presse, 21.3.1886, 8.

367 Teplitz-Schönauer Anzeiger, 13.6.1900, 7.

368 Neue Freie Presse, 4.12.1898, 11.

369 Der Tresor, 21.9.1907, 304.

370 Teplitz-Schönauer Anzeiger, 25.4.1883, 2.

371 Eisenbahn-Jahrbuch 1902/03, 35.

372 Dazu und im Folgenden Granichstaedten-Cerva/ Mentschl/Otruba, Altösterreichische Unternehmer, 136f.

373 Granichstaedten-Cerva/ Mentschl/Otruba, Altösterreichische Unternehmer, 137.

374 Brauerei Register 5.8.1896, 10.

375 Compass 1914, Band II, 526.

376 Dazu und im Folgenden McGuinness, Wittgensteins frühe Jahre, 54.

377 McGuinness, Wittgensteins frühe Jahre, 54.

378 Wittgenstein, Familienerinnerungen, 135.

379 Waugh, Haus Wittgenstein, 22f.

380 Hohenberger, 1867–1941, ab 1898 Mitglied der Secession, 1906–1908 deren Präsident, wird auch das legendäre „Schweine-Bild" zugeschrieben, das die Mitglieder der Wittgenstein-Gruppe bei der Huldigung ihres Chefs, Karl Wittgenstein, zeigt.

381 McGuinness, Wittgensteins frühe Jahre, 62.

382 Margarete an Ludwig Wittgenstein ca. 18.11.1929, in: McGuinness/Schweitzer (Hg.), Wittgenstein, 202.

383 Immler, Familienerinnerungen, 27, 150.

384 Wittgenstein, Familienerinnerungen, 100. Prokop, die von Pierre Stonborough, einem Enkel Margarets, undatierte Tagebuchaufzeichnungen Hermines zu lesen bekam, spricht von „nahezu inzestuösen Phantasien" Hermines.

385 Wittgenstein, Familienerinnerungen, 153, 151.

386 Siehe auch Immler, Familiengedächtnis, 37.

387 Immler, Familiengedächtnis, 27.

388 Hermine an Ludwig Wittgenstein, 10.6.1917, in: McGuinness/Schweitzer (Hg.), Wittgenstein, 77.

389 Immler, Familienerinnerungen, 154.

390 Immler, Familiengedächtnis, 267.

391 Wittgenstein, Familienerinnerungen, 175.

392 Wittgenstein, Familienerinnerungen, 172.

393 Es kommt noch etwas anderes dazu. Laut Immler verfolgte Hermine Wittgenstein mit der Chronik „nicht nur eine deskriptive Beschreibung der Familie, sondern auch eine Stärkung ihrer Position innerhalb der Familie", sie macht einen „emanzipatorischen Impetus" aus. Immler, Geschichte(n).

394 Immler, Familiengedächtnis, 10.

395 Der war in der Familie alles andere als ungewöhnlich, blieben doch vier ihrer fünf Brüder unverheiratet.

396 Prokop, Margaret Stonborough-Wittgenstein, 19.

397 Immler, Familiengedächtnis, 354.

398 Vgl. dazu die in Iven (Hg.), „Ludwig sagt …", 53–117 wiedergegebenen Aufzeichnungen, die Hermine 1916 zu führen begann.

399 Wittgenstein, Familienerinnerungen, 143. Ob das stimmt, sei dahingestellt, eine besondere Beziehung zur Mutter, eine Ablehnung des Vaters können daraus wohl herausgelesen werden. McGuinness, Wittgensteins frühe Jahre, 57.

400 Wittgenstein, Familienerinnerungen, 142; dazu auch Prokop, Stonborough-Wittgenstein, 25.

401 Wittgenstein, Familienerinnerungen, 144.

402 Waugh, Haus Wittgenstein, 43.

403 Somavilla, Nachwort, 489.

404 Wittgenstein, Familienerinnerungen, 143; Waugh, Haus Wittgenstein, 42.

405 Zu Konrad vgl. Waugh, Haus Wittgenstein, 62f.

406 Wittgenstein, Familienerinnerungen, 147.

407 McGuinness, Wittgensteins frühe Jahre, 59.

408 Greiner, Stonborough-Wittgenstein, 21.

409 Helene Wittgenstein http:// biografia.sabiado.at/wittgenstein-helene/

410 Dazu und im Folgenden auch Waugh, Haus Wittgenstein, 63f.

411 Nach Gaugusch, Familien Wittgenstein und Salzer, 132, im Jahr 1899.

412 Dazu Janik/Veigl, Wittgenstein in Wien, 100.

413 McGuinness, Wittgensteins frühe Jahre, 62.

414 Wollheim wurde Salzers Nachfolger als Sektionschef. Prokop, Stonborough-Wittgenstein, 119.

415 Sandgruber, Traumzeit, 429; Gaugusch, Familien Wittgenstein und Salzer, 120ff., Waugh, Haus Wittgenstein, 63. Max Salzer und Theodor von Brücke verdankten ihr hohes (versteuertes) Einkommen beide ihrer Einheirat in die Familie Wittgenstein. Max Salzer verdiente zunächst rund 3.800 bis 4.000 K, 1910 betrug sein Beamteneinkommen 6.000 bis 7.000 K jährlich, sein versteuertes Gesamteinkommen aber 315.000 K, Sandgruber, Reich sein, 158.

416 McGuinness, Wittgensteins frühe Jahre, 62.

417 Ludwig an Helene Wittgenstein, 24.11.1946, in: McGuinness/Ascher/Pfersmann (Hg.), Wittgenstein – Familienbriefe, 188.

418 Ludwig an Hermine Wittgenstein, 12.4.1917, in: McGuinness/Schweitzer (Hg.), Wittgenstein, 70.

419 Auch Lixl oder Lixi genannt, 1928 Heirat mit Olive Grace Faber, nach der Scheidung Heirat mit Hedwig Lemberger (1904-2000).

420 Janik/Veigl, Wittgenstein in Wien, 31.

421 Waugh, Haus Wittgenstein, 63.

422 Wittgenstein, Familienerinnerungen, 311–322.

423 Wittgenstein, Familienerinnerungen, 314.

424 Greiner, Stonborough-Wittgenstein, 17.

425 In einigen Quellen Margherita.

426 Dazu und im Folgenden Prokop, Stonborough-Wittgenstein, 30; Greiner, Stonborough-Wittgenstein, 17f.

427 Greiner, Stonborough-Wittgenstein, 18.

428 Wittgenstein, Familienerinnerungen, 116f.

429 Prokop, Stonborough-Wittgenstein, 32f. Wittgenstein,
Familienerinnerungen, 172f.

430 McGuinness, Einleitung, 20.

431 McGuinness, Wittgensteins
frühe Jahre, 64f.

432 Zu Leschetizky und Brée Waugh,
Haus Wittgenstein, 65–67

433 Iven (Hg.), „Ludwig sagt …", 41.

434 Gelegentlich ist in der Literatur vom 1. Dezember 1913
die Rede, z. B. Iven (Hg.),
„Ludwig sagt …", 41.

435 Greiner, Stonborough-
Wittgenstein, 154.

436 Monk, Wittgenstein, 30.

437 McGuinness, Wittgensteins
frühe Jahre, 65.

438 Greiner, Stonborough-
Wittgenstein, 166, die diesen
Gedanken Hermine in den
Mund legt.

439 Monk, Wittgenstein, 29. Dazu
auch Schneider, Sprachloser
Philosoph, der Wittgensteins
Philosophie ausschließlich
aus dessen Biografie ableitet.

440 Greiner, Stonborough-
Wittgenstein, 157.

441 Greiner, Stonborough-
Wittgenstein, 157f.

442 Zitiert nach Greiner, Stonborough-Wittgenstein, 22.

443 Wittgenstein, Familienerinnerungen, 136.

444 Wittgenstein, Familienerinnerungen, 138.

445 Wittgenstein, Familienerinnerungen, 129f.; dazu
und im Folgenden ebd.,
132f., Zitat 133.

446 Brief Fanny Wittgensteins an
Poldy Wittgenstein, zitiert
nach Wittgenstein,
Familienerinnerungen, 132.

447 Wittgenstein, Familienerinnerungen, 135.

448 Wittgenstein, Familienerinnerungen, 136.

449 Dazu und im Folgenden
Wittgenstein, Familien-
erinnerungen, 130f., Zitat 131.

450 McGuinness, Wittgensteins
frühe Jahre, 48.

451 Waugh, Haus Wittgenstein, 59.

452 Elise bei McGuinness,
Wittgensteins frühe Jahre, 58.

453 Wittgenstein, Familienerinnerungen, 138.

454 Ammen waren meist unverheiratete Mütter, die ihre
eigenen Kinder im Findelhaus
ließen und nach eingehender
medizinischer Untersuchung
in der Wohnung ihrer Dienst-

familie wohnten. Bonyhady,
Wohllebengasse, 80.

455 Prokop, Stonborough-
Wittgenstein, 28.

456 Greiner, Stonborough-
Wittgenstein, 24.

457 Janik/Toulmin, Wittgensteins
Wien, 230.

458 Janik/Toulmin, Wittgensteins
Wien, 230.

459 Wittgenstein, Familienerinnerungen, 141.

460 Wittgenstein, Familienerinnerungen, 276f.

461 Waugh, Haus Wittgenstein, 55.

462 Margaret Stonborough-Wittgenstein, Kindheitserinne-
rungen, zitiert nach Prokop,
Stonborough-Wittgenstein, 27.

463 Nedo/Ranchetti (Hg.),
Wittgenstein, 108.

464 Prokop, Stonborough-
Wittgenstein, 28.

465 Waugh, Haus Wittgenstein,
159.

466 Zitiert nach Immler,
Familiengedächtnis, 240.

467 Kupelwieser, Erinnerungen,
220.

468 Vgl. Margarets Notizen und
Entwürfe im Nachlass
Margaret Wittgenstein-
Stonborough, zitiert nach
Somavilla, Nachwort, 491.
Geringfügig verändert auch
bei Prokop, Stonborough-
Wittgenstein, 27f.

469 McGuinness, Einleitung,
Anm. 45, 75.

470 Prokop, Stonborough-
Wittgenstein, 34.

471 Schögl, Nähr, 44.

472 Greiner, Stonborough-
Wittgenstein, 33.

473 Greiner, Stonborough-
Wittgenstein, 33.

474 McGuinness, Einleitung, 9.

475 Greiner, Stonborough-
Wittgenstein, 181.

476 Zu Josefine Wittgenstein-
Oser Wittgenstein, Familienerinnerungen, 273–277.

477 Prokop, Stonborough-
Wittgenstein, 31.

478 Wittgenstein, Familienerinnerungen, 128. Ihre Lebenserinnerungen hätte ich gerne,
als Quelle und um meine
Neugierde nach anderen
Perspektiven zu stillen. Wie
nahm sie die Familie wahr?

479 Über dessen Gestaltung,
bei der auch Hermine und
Ludwig mitgewirkt hatten,
es Uneinigkeit gab, Margaret

spricht vom „Grabmal
Pissoir" und auch Hermine
selbst zeigt sich einige Jahre
später unglücklich über die
Grabstätte.

480 Wittgenstein, Familienerinnerungen, 299.

481 Wittgenstein, Familienerinnerungen, 300.

482 Wittgenstein, Familienerinnerungen, 303.

483 Wittgenstein, Familienerinnerungen, 308.

484 Wittgenstein, Familienerinnerungen, 300f.

485 Wittgenstein, Familienerinnerungen, 128f.

486 Prokop, Stonborough-
Wittgenstein, 28, in der
Literatur finden sich auch
250.000 bzw. 200.000 fl.

487 Zur Alleegasse auch Janik/
Veigl, Wittgenstein in Wien,
1–7. Nach ebd., 1, wurde der
Palast um 175.000 Gulden
errichtet.

488 Dazu und im Folgenden Kapfinger, Kein Haus, 215; Palais
Wittgenstein http://www.
viennatouristguide.at/Palais/
verloren/wittgenstein.htm

489 Palais Wittgenstein http://
www.viennatouristguide.at/
Palais/verloren/wittgenstein.
htm.

490 Benannt nach dem Violo-
nisten Arnold Josef Rosé,
1863–1946, 1882 Grün-
dung des Streichquartetts,
1891–1938 Konzertmeister
am Wiener Hof- und Staats-
opernorchester und Mitglied
der Wiener Philharmoniker.

491 Wittgenstein, Familienerinnerungen, 115, gehuldigt
wird Brahms auf den Seiten
115–118. Greiner, Stonbo-
rough-Wittgenstein, 14,
nennt fälschlicherweise 1882.

492 Iven (Hg.), „Ludwig sagt …", 22f.

493 Mitschrift von Adolf Loos zur
zehnten und letzten seiner
Stadtführungen am 21. März
1914, die Adolf Loos
im Rahmen seiner Bauschule
zwischen November 1913
und März 1914 veranstaltete.
Adolf-Loos-Stadtführung
(21.3.1914)

494 Schwaner, Wittgensteins, 98.

495 Waugh, Haus Wittgenstein, 50.

496 Fremden-Blatt, 2.4.1876, 9.

497 Die Presse, 14.8.1881, 14.

498 Wiener Allgemeine Zeitung,
13.4.1881, 4.

499 Neues Wiener Tagblatt (Tages-Ausgabe), 2.10.1912, 11.

500 Palais Kaunitz-Wittgenstein https://de.wikipedia.org/wiki/Palais_Kaunitz-Wittgenstein. Nach ihrem Tod hinterließ Klara Wittgenstein das Palais ihrem Neffen Paul, der es 1935 an die Barmherzigen Schwestern vom Heiligen Kreuz verkaufte.

501 Neues Wiener Tagblatt (Tages-Ausgabe), 4.3.1913, 7.

502 Borchard, Stimme, Anm. 2, 90.

503 Sandgruber, Traumzeit, 195.

504 Dazu auch Sandgruber, Reich sein, 252f.

505 McGuinness, Wittgensteins frühe Jahre, 49.

506 Greiner, Stonborough-Wittgenstein, 19.

507 Greiner, Stonborough-Wittgenstein, 19.

508 Immler, Familiengedächtnis, 353.

509 McGuinness, Wittgenstein, 48.

510 Janik/Toulmin, Wittgensteins Wien, 233.

511 Janik/Toulmin, Wittgensteins Wien, 238. Weininger hatte 1903 mit der Veröffentlichung seines Hauptwerks „Geschlecht und Charakter" sein Publikum schockiert, das viele für eine Geniestreich hielten, gleichzeitig ist es frauen- und judenfeindlich. Noch im selben Jahr beging er spektakulär Selbstmord in Beethovens Sterbehaus in der Wiener Schwarzspanierstraße.

512 Zur Ausstattung des Palais siehe auch Waugh, Haus Wittgenstein, 49f.

513 Greiner, Stonborough-Wittgenstein, 14f., Zitat 15.

514 Wittgenstein, Familienerinnerungen, 116.

515 Neben Joachim, der 1. Violine, bestehend aus Heinrich de Ahna (ab 1897 Carl Halir), Emanuel Wirth und Robert Hausmann.

516 Zitat: Wittgenstein, Familienerinnerungen, 118.

517 1842–1924, früh erblindet, Komponist, Ruf des besten Organisten in Österreich, verkehrte viel bei Wittgensteins und wurde vor allem von Hermine protegiert, laut McGuinness, Wittgensteins frühe Jahre, 206, die einzige zeitgenössische Musik, die Ludwig Wittgenstein gelten ließ.

518 Waugh, Haus Wittgenstein, 69.

519 1876–1973, spanischer Cellist, Komponist und Dirigent, der sich 1956 auf Puerto Rico niederließ.

520 1866–1958, Sopranistin, Gesangslehrerin, Liedersängerin (mit Helene Salzer verbunden).

521 1905–1995, Österreichisch-US-amerikanische Violonistin, 1938 emigriert, wo sie bis 1976 Konzerte gab.

522 1851–1931, Klavierlehrerin und Konzertpianistin, ab 1926 Professorin am Konservatorium, mit Clara Wittgenstein eng befreundet; Wegbereiterin der Werke Brahms'.

523 1863–1955, Violinvirtuosin, 1874 erster öffentlicher Auftritt, 1879 von Brahms entdeckt und von Joachim empfohlen, 1887 Gründung eines Damen-Streichquartetts, 1894 eines weiteren, bis 1913 Solistin, 1936 Rückzug aus öffentlichem Musikleben.

524 1856–1907, Klarinettist der Meininger Hofkapelle. Brahms widmete seinem Freund Mühlfeld mehrere Werke, u. a. das Klarinettenquintett h-Moll, opus 115.

525 Schwaner, Wittgensteins, 91.

526 Wittgenstein, Familienerinnerungen, 380. McGuinness, Wittgensteins frühe Jahre, 50.

527 Dazu auch Karl Wittgenstein – Der Stahlbaron seiner Majestät https://museum.evang.at/persoenlichkeiten/karl-wittgenstein/karl-wittgenstein-der-stahlbaron-seiner-majestaet/.

528 1819-1892, Professor für Physiologie. Vater bzw. Schwiegervater von Theodor und Emilie „Milly" von Brücke.

529 1814–1888, Klassischer Philologe, Universitätsprofessor, verfasste mit Franz Serafin Exner zusammen 1849 Grundkonzept für den „Entwurf der Organisation der Gymnasien und Realschulen in Österreich".

530 Greiner, Stonborough-Wittgenstein, 16.

531 Thema und Variationen. Erinnerungen und Gedanken von Bruno Walter. Stockholm 1947, 227f., zitiert nach Somavilla, Nachwort, 483f.

532 Wittgenstein, Familienerinnerungen, 118f.

533 Wittgenstein, Familienerinnerungen, 307f.

534 Ein österreichisches Joch entspricht 57,55 Ar (a), 100 a ergeben einen Hektar.

535 Wittgenstein, Familienerinnerungen, 261. Bereits 1888 hatte Eduard Frauenfeld jun. für Karl Wittgenstein ein Jagdhaus errichtet und der Architekt hatte auch die Neuwaldegger Wittgenstein-Villa modernisiert.

536 Neue Freie Presse, 21.10.1890, 17.

537 Dazu und im Folgenden Wittgenstein, Familienerinnerungen, 38f. Letztlich wurde das Erbe auf alle Geschwister gleich aufgeteilt, der für Klothilde erhöhte Erbteil wurde an ihren Kurator, Dr. Albert Figdor, einem Vetter, ausbezahlt. Nach Friedrich, Lebens- und Überlebenskunst, Anm. 64, 68, hatte Franziska Wittgenstein ihr Vermögen ausschließlich ihren sieben Töchtern vermacht mit der Auflage, es in Staatspapieren anzulegen und nur die Zinsen zu verbrauchen. Eine Ausnahme bildete Bertha, deren Ehemann, Karl Kupelwieser, scheinbar für vertrauenswürdig genug gehalten wurde, anders zu verfahren.

538 Exner, Landes-Ausstellung, in: Wiener Zeitung, 11.9.1891, 2ff., hier 4.

539 Die Presse, 13.5.1892, 7 bzw. 9.

540 Teplitz-Schönauer Anzeiger, 29.10.1892, 7.

541 Neues Wiener Tagblatt (Tages-Ausgabe), 18.12.1892, 6. Am 25.11.1895 folgt für die beiden die Ehrenbürgerschaft der Gemeinde St. Aegydi.

542 Neue Freie Presse, 29.11.1892, 4.

543 Wittgenstein, Karl, Beschlagnahme (I), 137–141, Schreiben ursprünglich an den Verein der Montan-, Eisen- und Maschinen-Industriellen in Österreich gerichtet, der ersucht wird, „im Interesse sämtlicher Industriellen", in dieser Angelegenheit „bei dem hohen Handelsministe-

rium vorstellig zu werden". Ebd., 141. Ders., Beschlagnahme (II), Neue Freie Presse, 29.11.1892.

544 Wittgenstein, Karl, Beschlagnahme (I), 140.

545 Markus Holländer war am 16.11.1887 wegen Betrug und Markenschwindel verhaftet und zu fünf Jahren Kerker und ebenso langer Landesverweisung verurteilt worden. Kriechbaum, Helmhart VIII. Joerger.

546 Arbeiter-Zeitung, 8.5.1898, 2. Der schlechte Ruf Wittgensteins hielt an. Als ein zeitlich sehr spätes Beispiel Arbeiterwille, 19.2.1908, 5.

547 Grazer Tagblatt, 30.3.1905, 4.

548 (Neuigkeiten) Welt Blatt, 31.8.1904, 14.

549 Neue Freie Presse, 23.5.1889, 19.

550 Neue Freie Presse, 23.6.1889, 8.

551 Prager Tagblatt, 30.9.1889, 2–4 bzw. 5.10.1889, 6f.; Wiener Allgemeine Zeitung, 26.9.1889, 3.

552 Das Vaterland, 14.3.1900, 1.

553 Sozialeinrichtungen von Bergbau- und Industriebetrieben bzw. -gemeinden, zumeist für erkrankte, verunfallte oder nicht mehr arbeitsfähige Beschäftigte, wofür ein Teil des Lohnes einbehalten wurde.

554 Arbeiter-Zeitung, 19.2.1896, 6.

555 Janik/Veigl, Wittgenstein in Wien, 238. Die Fackel 31 (1900), 3.

556 Deutsches Volksblatt, 28.6.1896, 10.

557 Der Tresor, 1.4.1897, 103. Hier herrscht Uneinigkeit. Einem anderen Bericht zufolge erfolgte die Wahl Wittgensteins in den Verwaltungsrat am 31. März 1898, neben illustren Persönlichkeiten wie Ignace Ritter von Ephrussi, Moriz Faber, Max Ritter von Gomperz, Franz Graf Hardegg und Richard Lieben. Ostdeutsche Rundschau, 1.4.1898, 11.

558 Neue Freie Presse, 26.6.1897, 9 bzw. 19.5.1898, 10.

559 Es war klar, dass hier unpopuläre Maßnahmen für eine Sanierung der Alpine zu treffen waren, in Form der Konzentration der Produktion und einer Senkung der Selbstkosten, dem ging die CA aus dem Weg. Dazu Neue Freie Presse, 27.6.1897, Economist, 9f.

560 Günther, Lebenserinnerungen, 61f.

561 Kupelwieser, Erinnerungen, 159.

562 Neue Freie Presse, 9.1.1898, 9.

563 Im Neuen Wiener Journal, 17.8.1897, 9, und im Prager Tagblatt, 15.8.1897, 12, ist von 15 Konsorten die Rede, darunter sollen sich auch mehrere Verwaltungsräte der CA befinden.

564 Im Jahr 1892 war der Gulden durch die Krone zu 100 Heller ersetzt worden, der Umrechnungskurs lag bei zwei Kronen für einen Gulden. Der Gulden durfte jedoch bis 1900 parallel zur Kronenwährung verwendet werden.

565 Wittgenstein, Familienerinnerungen, 92.

566 Kikeriki, 8.8.1897, 2.

567 Günther, Lebenserinnerungen, 64.

568 Wittgenstein, Karl, Weltreise, 14.

569 Zum Rückzug Wittgensteins, nicht unfreundlich, dabei auch auf Jugend Wittgensteins eingehend Neue Freie Presse 22.5.1898, 11. Ein Spottgedicht zum Rücktritt findet sich in Der Floh, 29.5.1898, 5.

570 Neue Freie Presse, 7.1.1899, 13; 8.1.1899, 10.

571 McGuinness,Wittgensteins frühe Jahre, 40.

572 Neue Freie Presse, 10.12.1898, 9. Z. B. Arbeiterwille, 22.12.1898, 3.

573 Rudolph, Banking and industrialization, 108.

574 Janik/Veigl, Wittgenstein in Wien, 144f.

575 Die Arbeit. Politisches Organ der österreichischen Arbeitgeber, 9.11.1898, 1.

576 Arbeiter-Zeitung 13.12.1898, 7f.

577 Neues Wiener Journal, 15.12.1898, 6. Neue Freie Presse, 15.12.1898, 9.

578 Neues Wiener Journal, 15.12.1898, 6.

579 Wiener Sonntags- und Montagszeitung, 8.5.1899, 7.

580 Neue Freie Presse, 19.5.1898, 10; Neue Freie Presse, 14.12.1898, 9; Neue Freie Presse, 15.12.1898, 9; Arbeiter-Zeitung, 15.12.1898, 2; Prager Tagblatt, 15.12.1898, 12.

581 Wannieck, Friedrich https://www.parlament.gv.at/WWER/PARL/J1848/Wannieck.shtml.

582 Günther, Lebenserinnerungen, 63.

583 Günther, Lebenserinnerungen, 64.

584 Nur anfänglich, so die Sicht Günthers in seiner Autobiografie: „Nach sehr kurzer Zeit war die Situation vollkommen geklärt, mein Verhältnis zu den Direktoren das denkbar schönste und angenehmste." Günther, Lebenserinnerungen, 65.

585 Günther, Lebenserinnerungen, 65.

586 Laut den Homepages der Gemeinden Hudlice und Svatá, Betriebsstandorten der Böhmischen Montangesellschaft, erfolgte die Übernahme 1909.

587 Günther, Lebenserinnerungen, 61. Mit Escompte (taucht in unterschiedlichen Schreibweisen auf, heute meist Eskont) war in der Kaufmannssprache der Diskont gemeint. Eskomptieren bedeutet wörtlich „den Einfluss eines Ereignisses auf den Börsenkurs im Voraus einkalkulieren und den Kurs entsprechend gestalten" (https://www.duden.de/rechtschreibung/eskomptieren), etwas, was Wittgenstein und seine Freunde perfekt zu beherrschen schienen.

588 Zahlen wurden den Compass-Jahrgängen 1877 bzw. 1896 entnommen.

589 Nicht in allen Unternehmen, auf die Wittgenstein Einfluss hatte, war er in den Leitungsgremien vertreten, vielleicht nicht unabsichtlich.

590 Wie z. B. der Wiener Sonntags- und Montagszeitung, 17.12.1900, 1f.

591 Wiener Sonntags- und Montagszeitung, 9.10.1899, 7.

592 Neue Freie Presse, 30.1.1900, 22.

593 Neue Freie Presse, 10.1.1900, 9–11.

594 Neues Wiener Tagblatt, 10.1.1901, 10.

595 Janik/Veigl, Wittgenstein in Wien, 77, 239.

596 Dazu und im Folgenden Neue Freie Presse, 8.1.1899, 10.

597 Deutsches Volksblatt, 10.1.1899, 10.

598 Prager Tagblatt, 8.1.1899, 14.
599 Prager Tagblatt, 8.1.1899, 14. Das scheint tatsächlich so, zur Wittgenstein-Gruppe zu gehören, lohnte sich.
600 Arbeiter-Zeitung, 10.1.1899, 2.
601 Karikatur in Der Floh, 22.1.1899; 4, böse antisemitische Karikatur in Kikeriki, 8.1.1899, 7.
602 Neues Wiener Tagblatt (Tages-Ausgabe), 9.10.1905, 14. 1897 zählte man im Großraum Wien 15 Automobile, 1907 in Wien und Niederösterreich 1.458 von 2.314 in der gesamten österreichischen Reichshälfte. Sandgruber, Reich sein, 266.
603 Die Zeit, 8.3.1907, 5. Von wiederholten Ankäufen ist dann im Neuen Wiener Tagblatt (Tages-Ausgabe), 6.2.1908, 60, zu lesen. Der Automobilpark der Wittgensteins dürfte von beträchtlichem Umfang gewesen sein.
604 Prager Tagblatt, 17.6.1900, 13.
605 Dazu und im Folgenden Janik/Veigl, Wittgenstein in Wien, 145–147.
606 Reichspost, 1.1.1901, 11.
607 Prager Tagblatt 21.1.1902, 9.
608 (Austriacus), Vergnügen oder Geschäft, in: Wiener Sonn- und Montags-Zeitung, 27.1.1902, 1.
609 Neues Wiener Tagblatt (Tages-Ausgabe), 13.10.1911, 16; (Neuigkeits) Welt Blatt, 26.10.1911, 32.
610 Janik/Toulmin, Wittgensteins Wien, 233.
611 Kupelwieser, Erinnerungen, 197.
612 Janik/Toulmin, Wittgensteins Wien, 234.
613 Greiner, Stonborough-Wittgenstein, 19f., Zitat 19.
614 Schwaner, Wittgensteins, 99.
615 Schwaner, Wittgensteins, 100.
616 Zur Ausstellungseröffnung Greiner, Stonborough-Wittgenstein, 34-40.
617 Prokop, Stonborough-Wittgenstein, 39. Neue Freie Presse, 30. 4. 1902, 7f.
618 Greiner, Stonborough-Wittgenstein, 40.
619 Zitiert nach Wittgenstein, Familienerinnerungen, 357.
620 Stonborough war 1902 zum Medizinstudium nach Wien

gekommen. Waugh, Haus Wittgenstein, 36.
621 Waugh bringt Weiningers Tat mit Hans' Suizid in Beziehung. Er weist zu Recht auf die Nachahmungswirkung von Selbsttötungen Prominenter hin, hier ließe sich das aber eher auf Rudi anwenden, der 1904 Suizid beging, und ebenfalls auf spektakuläre Weise. Für das Eingeständnis der Familie bzw. Eltern dürfte bzw. könnte Weiningers Suizid aber tatsächlich eine Rolle gespielt haben. Waugh, Haus Wittgenstein, 47f. Ludwig Wittgenstein war – wie so viele andere auch (Strindberg, Musil, Trakl, Kafka, Canetti, aber auch Hitler und Mussolini) – fasziniert von Weiningers abstrusen Ideen, seiner Begründung von Misogynie und Antisemitismus. Wie Stefan Zweig und Karl Kraus nahm der 14-jährige Ludwig Wittgenstein am Begräbnis Weiningers auf dem evangelischen Matzleinsdorfer Friedhof teil. Schwaner, Wittgensteins, 122.
622 Monk. Wittgenstein, 36.
623 Janik/Toulmin, Wittgensteins Wien, 234.
624 Monk. Wittgenstein, 31.
625 Dazu und im Folgenden Greiner, Stonborough-Wittgenstein, 47-49. Ganz anders liest man die Geschichte bei Singer, Konzert.
626 Greiner, Stonborough-Wittgenstein, 50.
627 Geschichte der Homosexualität in Berlin https://www.visitberlin.de/de/geschichte-der-homosexualitaet-berlin Der deutsche Arzt und Sexualwissenschaftler Magnus Hirschfeld (1868–1935) war einer der maßgeblichen Kämpfer für die Aufhebung der gesellschaftlichen Diskriminierung und Kriminalisierung der Homosexualität. Ziel des Komitees war es, eine kritische Öffentlichkeit für die Streichung des Paragrafen 175 zu mobilisieren, der beischlafähnliche Handlungen zwischen Männern mit Gefängnis bedrohte. Hirschfeld vertrat allerdings in seinen

sexualwissenschaftlichen Forschungen und Schriften, so in dem ab 1899 herausgegebenen Jahrbuch für sexuelle Zwischenstufen, die damals vorherrschende biologisch-naturwissenschaftliche Auffassung der Homosexualität. Homosexuelle sah er als ein „biologisch drittes Geschlecht" zwischen Mann und Frau, durch den Nachweis des Angeborenseins der Homosexualität sollte das Strafrecht für unanwendbar erklärt werden.
628 Bartley, Wittgenstein, Fn. 14, 36.
629 Sandgruber, Traumzeit, 174.
630 Waugh, Haus Wittgenstein, 38.
631 Das Wort „Selbstmord" wird aufgrund seines ihm eigenen Bedeutungsgehalts (es handelt sich eben um keinen Mord, und man versucht die religiöse Konnotation zu vermeiden) nicht mehr und stattdessen „Suizid" verwendet.
632 Emile Durkheim, Der Selbstmord. Frankfurt am Main 1983, 346, zitiert nach Janik/Toulmin, Wittgensteins Wien, 79.
633 Janik/Toulmin, Wittgensteins Wien, 79f.
634 Zitiert nach Waugh, Haus Wittgenstein, 56f.
635 Greiner, Stonborough-Wittgenstein, 51.
636 Greiner, Stonborough-Wittgenstein, 52.
637 Dazu und im Folgenden Waugh, Haus Wittgenstein, 40f, Zitat ebd., 40.
638 Zitiert nach Nedo, Wittgenstein I, 33f.
639 McGuinness, Wittgensteins frühe Jahre, 55.
640 Dazu und im Folgenden Greiner, Stonborough-Wittgenstein, 51, Zitat ebd.
641 Wittgenstein, Familienerinnerungen, 146.
642 McGuinness, Wittgensteins frühe Jahre, 60.
643 Dazu und im Folgenden Waugh, Haus Wittgenstein, 41.
644 Schwaner, Wittgensteins, 98f., Zitate: 99.
645 Janik/Toulmin, Wittgensteins Wien, 235.
646 Janik/Toulmin, Wittgensteins Wien, 235f.

647 Nach Immler, Familienge-dächtnis, 31.

648 Wittgenstein, Familien-erinnerungen, 153.

649 Monk, Wittgenstein, 32, nennt es eine „schwärmerische Freundschaft".

650 McGuinness, Wittgensteins frühe Jahre, 95.

651 Giese, Haut, pdf: 11f.; Zitat: 12.

652 Er hätte eigentlich gerne bei dem Physiker Ludwig Boltz-mann in Wien studiert, dieser hatte sich jedoch im Jahr von Ludwigs Schulabschluss umgebracht.

653 Sandgruber, Geld.

654 1848-1925; deutscher Philo-soph, Logiker und Professor der Mathematik, durch die „Begriffsschrift" wurde er zum Begründer der moder-nen Logik. Wittgenstein und Russell schätzten Freges Arbeiten, Frege reagierte allerdings Jahre später auf die Zusendung bzw. Lektüre des Tractatus mit wenig Verständnis. Wittgenstein, Familienerinnerungen, 401.

655 McGuinness,Wittgensteins frühe Jahre, 128-225.

656 Wittgenstein, Familien-erinnerungen, 154.

657 Schwaner, Wittgensteins, 127.

658 Waugh, Haus Wittgenstein, 74.

659 Giese, Haut, pdf 13. Dazu auch Baum, Wittgensteins Freundschaft mit David Pinsent, 89–95.

660 Baum, Wittgensteins Freund-schaft, 94.

661 Wittgenstein, Ludwig, Brief-wechsel, Nr. 36 Brief Ludwig W. an Bertrand Russell, 6.8.1920, 115.

662 Das 1958 abgetragene Haus wurde 2019 wieder an seinem originalen Standort aufgebaut.

663 McGuinness, Wittgensteins frühe Jahre, 298, 318.

664 Immler, Familiengedächtnis, 163.

665 Waugh, Haus Wittgenstein, 36.

666 Ihrer Schwester Hermine schreibt Margaret von einem diesbezüglich drohenden Kon-flikt mit ihrem Vater. Prokop, Stonborough- Wittgenstein, 66.

667 Waugh, Haus Wittgenstein, 36.

668 Waugh, Haus Wittgenstein, 36f.

669 Wittgenstein, Familien-erinnerungen, 426.

670 Dazu und im Folgenden Wittgenstein, Familien-erinnerungen, 386.

671 Prokop, Stonborough-Wittgenstein, 43.

672 Waugh, Haus Wittgenstein, 53.

673 Singer, Konzert, 56.

674 Prokop, Stonborough-Wittgenstein, 52f.

675 Margaret Stonborough an Hermine Wittgenstein, 8.1.1905, zitiert nach Prokop, Stonborough-Wittgenstein, 52.

676 Prokop, Stonborough-Wittgenstein, 53-55.

677 Greiner, Stonborough-Wittgenstein, 68f., Zitat 69.

678 Prokop, Stonborough-Wittgenstein, 62.

679 Prokop, Stonborough-Wittgenstein, 71.

680 Sandgruber, Traumzeit, 27.

681 Schwaner, Wittgensteins, 124.

682 Giese, Haut, 14.

683 Nach Waugh gab Paul sein Debüt erst am 1. Dezember 1913. Dazu und im Folgenden Waugh, Haus Wittgenstein, 17ff., 82ff., 91.

684 Janik/Toulmin, Wittgenstein Wien, 260. McGuinness, Witt-gensteins frühe Jahre, 324f. Manchmal wird auch Albert Ehrenstein genannt. Ebd., 325f.

685 Sandgruber, Traumzeit; ders., Reich sein.

686 Sandgruber, Reich sein, 28f.

687 Beispielhaft Deutsches Volks-blatt, 24.2.1901, 6.

688 Zu Albert Rothschild Sand-gruber, Traumzeit, 427f.

689 Dazu und im Folgenden Sandgruber, Traumzeit, 24f., 427f.

690 Sandgruber, Reich sein, 35–40.

691 Sandgruber, Traumzeit, 428.

692 Sandgruber, Rothschild.

693 Sandgruber, Traumzeit, 451; Neue Freie Presse, 25.11.1909, 1 Nachruf; Dessauer, Erinnerungen, in: Neue Freie Presse, 25.11.1913, 18. Die Angaben bei Sandgruber dürften sich auf 1909 (und die Vergleichs-zahlen auf 1908) beziehen, denn Taussig starb Ende November 1909. Außerdem hatte sein Einkommen ein Jahr zuvor, 1909 oder wie ich annehme eben 1908, „nur" rund 750.000 K betragen. Der enorme Zuwachs resul-

tierte allerdings nicht nur aus dem Einkommenszuwachs als nunmehr Gouverneur der BCA, sondern rührte von anderen Quellen her. Sandgruber, Traumzeit, 39, spricht von Spekulationen Taussigs.

694 Günther, Lebenserinnerun-gen, 100, 118f.

695 Leitartikel Neue Freie Presse Morgenblatt, 25.11.1909, 1.

696 Die Fackel 17 (1899), 10.

697 Die Fackel 35 (1900), 17.

698 Sandgruber, Traumzeit, 353f.

699 Zu Gustav Freiherr von Springer vgl. Sandgruber, Traumzeit, 444. Mentschl, J., Springer Gustav, ÖBL 13 (2007), 52.

700 Sandgruber, Traumzeit, 338.

701 Zu den Schoeller Falschleh-ner, 175 Jahre Schoellerbank; siehe auch Einträge im ÖBL 11, 1995, 23ff.

702 Weinzierl, Schlimmer Fluch. Von Carnegie (1835–1919), dem US-amerikanischen Stahltycoon, Multimillionär und Philanthrop, den Witt-genstein kennenlernte, war er schwer beeindruckt. Car-negies Motto „Der Mann, der reich stirbt, stirbt in Schande" machte sich Wittgenstein allerdings nicht zu eigen.

703 Wilhelm Gutmann, ÖBL 2 (1959), 112. Nachruf Neue Freie Presse, 18.5.1895, 7.

704 Zu den Gutmanns vgl. Pacher, Reichtum; Arnbom, Friedmann, 63–104, hier 68.

705 Arnbom, Friedmann, 71–74.

706 Jüdisches Lehrhaus, das sich der Erforschung des traditio-nellen Judentums widmet.

707 Nachruf Neue Freie Presse, 18.5.1895, 7.

708 Auch Kupelwieser berichtet immer wieder von „nervösen Anfällen" und Depressionen Wilhelm von Gutmanns, z. B. Kupelwieser, Erinnerun-gen, 167, und geht auf die wachsenden Unterschiede zwischen den beiden Gutmanns ein. „Der jüngere Bruder der handelnde, der Ältere, viel Begabtere, der schwer leidende Teil." Ebd., 171. Es ist klar, auf wessen Seite Kupelwieser stand, doch der Einfluss Wilhelms auf die Geschäfte schwand.

709 Prokop, David Gutmann.

710 Die Familie war groß und wies einen umfangreichen Immobilienbesitz auf, zu dem auch Herrschaft und Schloss Vöslau gehörten (1901 von Moritz Ritter von Gutmann, einem weiteren Sohn Davids, und seiner Gattin Käthe von Gutmann geb. Frankl erworben, die es nach dem Tod ihres Mannes 1934 ihrem Sohn Wilhelm Ritter von Gutmann vererbte). Käthe erwarb 1934 das Haus Helenenstraße 7a in Baden und wurde 1942 ein Opfer der Nazis.

711 Stammbaum der Familie Latzko https://freepages. rootsweb.com/~prohel/genealogy/names/misc/latzko. html

712 Maximilian Ritter von Gutmann, ÖBL 2 (1959), 111.

713 Arnbom, Friedmann, 91f.

714 Rudolf Gutmann, der am Beethovenplatz 3 logierte, wurde als Kunstsammler bekannt, der von den Nazis beraubt wurde. In Edmund de Waals „Der Hase mit den Bernsteinaugen" taucht er als enger Freund und Helfer der Ephrussis auf. Vgl. Pratercottage: Wagner, Vogue und Jesuitenwiese http://www.pratercottage. at/2012/10/03/wagner-vogue-jesuitenwiese/

715 Hochstetter, Carl Christian, ÖBL 2 (1959), 344f.

716 Kupelwieser, Erinnerungen, 94.

717 Rositta Gutmann wurde 1929 in der ersten Ausgabe der deutschsprachigen Vogue fotografisch abgebildet. Ähnlich der Generation zuvor in Baden entstand in der Böcklinstraße zwischen Wittelsbachstraße und Friedensgasse bzw. der Rustenschacheralle im Wiener Prater-Cottage geradezu eine Gutmann-Kolonie. Mit Bertha Wiedmann, einer Nichte von Wilhelm und David von Gutmann, besaß eine weitere Gutmann hier eine Villa (Böcklinstraße 35). Ihr Ehemann war Heinrich Wiedmann, Prokurist des Konzerns der Gebrüder Gutmann. In der Rustenschacheralle 30, unmittelbar benachbart zu Hans Emil Gutmann, wohnte

bis 1930 seine Schwester Anna, die mit dem Hutfabrikanten Peter Habig verheiratet war. Das Ehepaar Hans und Rositta Gutmann besaß zudem die Villa Traunblick in Altmünster am Traunsee im Salzkammergut, bekannt auch, insbesondere Wagner-Fans, als Wesendonck'sche Villa. Rositta Gutmann emigrierte 1938 in die Schweiz nach Genf. Von den Gebäuden im Prater-Cottage ist keines erhalten geblieben, die 1948 restituierte Villa Traunblick existiert noch. Pratercottage: Wagner, Vogue und Jesuitenwiese http://www.pratercottage. at/2012/10/03/wagner-vogue-jesuitenwiese/ Weiters Arnbom, Villen vom Traunsee, Kap. 18.

718 Und wir begegnen den typischen Anekdoten. Eine der Schwestern von Hans Emil Gutmann, Grete, veranstaltete für ihren Ehemann Otto Krause 1922 ein großes Geburtstagsfest, zu dem sie als Überraschungsgast Lotte Lehmann, die berühmte Sängerin und Wagner-Heroine, eingeladen hatte, die dem vierfachen Vater ein Ständchen darbrachte. Fatal für Grete, an diesem Abend begann eine Liaison zwischen der Sopranistin und Krause, die Ehe von Grete und Otto Krause wurde 1926 geschieden.

719 1860–1939, bedeutender Chirurg, 1901–1931 Vorstand der I. Chirurgischen Universitätsklinik in Wien, einer der Begründer der Neurochirurgie und Pionier der Krebsbekämpfung.

720 Neue Freie Presse, 21.1.1913, 11.

721 Singer, Konzert, 137.

722 Ludwig Wittgenstein an Bertrand Russell, 21.1.1913, zitiert nach: Monk, Wittgenstein, 89.

723 Neben Ehefrau Poldy wog er wohl für Hermine besonders schwer, die „in einer fast inzestuösen Liebe an ihrem Vater gehangen, auf Ehe und Kinder verzichtet, ihr Leben ganz dem Vater geweiht" hatte. Greiner, Stonborough-Wittgenstein, 88.

724 Zum Begräbnis und der versammelten Prominenz Neue Freie Presse, 23.1.1913 Morgenblatt, 8.

725 Testament Karl Wittgenstein, 30. Jänner 1913, WrSTLA BG Margareten (A 26 1913).

726 Prokop, Stonborough-Wittgenstein, 81. Anton Freiherr von Eiselsberg war einer der bedeutendsten Chirurgen seiner Zeit. Er erhob die Neurochirurgie zur selbstständigen Wissenschaft.

727 Waugh, Haus Wittgenstein, 30.

728 Nyíri/McGuinness, Introduction, XXXIII.

729 Wiedergegeben in Kupelwieser, Erinnerungen, 59-66. Zitate im Folgenden ebd.

730 Karl Wittgenstein als Kunstfreund, Neue Freie Presse, 21.1.1913, 10.

731 Karl Wittgenstein als Kunstfreund, Neue Freie Presse, 21.1.1913, 10.

732 Karl Wittgenstein als Kunstfreund, Neue Freie Presse, 21.1.1913, 11.

733 Feilchenfeld, Erinnerungen, in: Neue Freie Presse, 21.1.1913, 15 bzw. 15f.

734 Zitate alle Feilchenfeld, Erinnerungen, 15.

735 Dazu und im Folgenden Karl Wittgensteins Lebenswerk, Neue Freie Presse, 21.1.1913, 16.

736 Karl Wittgenstein gestorben, Arbeiter-Zeitung, 21.1.1913, 4.

737 Günther, Lebenserinnerungen, 62.

738 Günther, Lebenserinnerungen, 62.

739 Wiener Sonn- und Montags-Blatt,12.3.1900, 1.

740 Wiener Sonn- und Montags-Blatt, 23.5.1898, 7.

741 Wiener Neueste Nachrichten, 25.6.1900, 3.

742 Wiener Montags-Journal, 25.6.1900, 6.

743 Umso mehr erstaunt es, dass Karl Wittgenstein in einigen Kraus-Biografien gar nicht oder nur kurz Erwähnung findet, z. B. nur ein Hinweis in: Rothe, Kraus, 367.

744 Die Fackel 31 (1900), 3.

745 Schwaner, Wittgensteins, 95.

746 Dazu und im Folgenden Greiner, Stonborough-Wittgenstein, 29.

747 (Eine Berichtigungsklage), Neues Wiener Tagblatt

(Tages-Ausgabe), 23.3.1901, 10. Illustrirtes Wiener Extrablatt, 23.3.1901, 9.

748 Nebehay, Ver Sacrum, 25 zitiert nach Hofmann, Hoffmann, 24, vgl. pdf, 31.

749 Janik/Toulmin, Wittgensteins Wien, 233. Als das Ansuchen auf Entfernung gestellt wurde, kam es zu einer heftigen Diskussion, bei der der Secessions-Präsident Engelhart aufstand und erklärte, dass dann alle drei Tafeln (geehrt wurden noch Rudolf von Alt und Theodor Hörmann) entfernt werden müssten (was dann auch geschah), denn ohne Wittgenstein stünde das ganze Haus nicht. Wittgenstein, Familienerinnerungen, 110f.

750 Sjögren, Familie, 108.

751 Dazu und im Folgenden ausführlicher Prokop, Stonborough-Wittgenstein, 44–50.

752 Einer anderen Familienüberlieferung zufolge scheinen anfangs weder Klimt noch die Familie Wittgenstein mit dem Ergebnis zufrieden gewesen zu sein. Pierre Stonboroughs Vorwort zum Buch von Prokop enthält die Geschichte, dass Margaret das Bild nach dem Krieg in Gmunden ungerahmt versteckt hielt. Prokop, Stonborough-Wittgenstein, 14. Andererseits geht weder aus Hermines Familienerinnerungen noch aus Briefen Margarets eine Ablehnung des Bildes hervor.

753 Prokop, Stonborough-Wittgenstein, 50. Prokop neigt generell der Ansicht zu, dass Margaret sich des Stellenwerts des Porträts durchaus bewusst war, es auch nie, im Gegensatz zu zahlreichen anderen Bildern, verkaufte. Ebd.

754 Wittgenstein, Familienerinnerungen, 417. Sternthal, Kuss, 183.

755 Janik/Toulmin, Wittgensteins Wien, 230.

756 Janik/Toulmin, Wittgensteins Wien, 232.

757 McGuinness, Wittgensteins frühe Jahre, 37. Er nennt den Schienendeal mit Russland und den Erwerb des Thomaspatents gegen die große

Konkurrenz der Böhmischen Montangesellschaft als Beispiele, ebd. 37f.

758 Schwaner, Wittgensteins, 66.

759 Wittgenstein, Karl, Erklärung, 191-192. Erklärung des Herrn Wittgenstein, Das Vaterland, 23.6.1900, 7. Dazu auch Arbeiter-Zeitung, 23.6.1900, 2. Sie spricht unter dem Titel „Ein Naiver" von einer „drolligen" Erklärung Wittgensteins.

760 Dazu und im Folgenden Wittgenstein, Karl, Eine zweite Erklärung, 193-194.

761 Rede des Abgeordneten Prof. Dr. M. Mayr in der Budgetdebatte des Abgeordnetenhauses, zitiert nach Allgemeiner Tiroler Anzeiger, 2.7.1909, 1.

762 Dazu und im Folgenden Waugh, Haus Wittgenstein, 34.

763 Wittgenstein, Karl, Ursachen, 59.

764 Insgesamt liest sich der Vortrag wie ein Credo eines liberalen Unternehmertums und beinhaltet in idealisierter Form und Darstellung einige Begabungen, Wesenszüge und Verhaltensweisen Wittgensteins, die im Laufe seiner Karriere sichtbar wurden.

765 Wittgenstein, Karl, Ursachen, 59f. In einer Art Nachwort dieses Buches wird auf die Nähe der Wittgenstein'schen Gedanken zum Werk des Ökonomen Israel Kirzners verwiesen. Smith, Summaries and Note, 224.

766 Wittgenstein, Karl, Ursachen, in: ebd., 61.

767 Weinzierl, Schlimmer Fluch, der sich auf eine hymnische Rezension des Kritikers und Universitätsprofessors Terry Eagleton im „Guardian" von Waughs Wittgenstein-Buch bezieht.

768 Z. B. auch in Wittgenstein, Karl, Ursachen, 38f, wo Wittgenstein zu dem Schluss gelangt, dass der Lohn des amerikanischen Arbeiters doppelt so hoch ist wie der des deutschen und er sich „die Lebensmittel zu billigeren Preisen, die Kleidung zu denselben Preisen und die Wohnung zu höheren Preisen beschafft, ebd., 43, und alles in allem einen höheren Lebensstandard aufweist als

der deutsche oder französische Arbeiter, ebd., 45.

769 Smith, Summaries and Note, 227.

770 Wittgenstein, Karl, Handelspolitik, 79-87; ders., Ungarisches Getreide, 94–102; sehr ausführlich ders., Freihandel und Schutzzoll, 103-136.

771 Zitate: Wittgenstein, Karl, Freihandel, 106

772 Wittgenstein, Karl, Ursachen, 67.

773 Dazu und im Folgenden Prokop, Stonborough-Wittgenstein, 78–84; Greiner, Stonborough-Wittgenstein, 95-105.

774 Bei Waugh, Haus Wittgenstein, 96, wollte Ludwig nach Norwegen reisen, erhielt keine Ausreisegenehmigung und meldete sich dann freiwillig.

775 Giese, Haut, 18.

776 Brief von Margaret an Hermine Wittgenstein, 22.8.1914, zitiert nach Prokop, Stonborough-Wittgenstein, 78.

777 Hermine an Ludwig Wittgenstein, 7.4.1917, in: McGuinness/Schweitzer (Hg.), Wittgenstein, 68.

778 Ludwig an Hermine Wittgenstein, 12.4.1917, in: McGuinness/Schweitzer (Hg.), Wittgenstein, 70.

779 Prokop, Stonborough-Wittgenstein, 79.

780 Janik/Veigl, Wittgenstein in Wien, 23. Vorstand der chirurgischen Abteilung war der damalige Hausarzt der Familie Wittgenstein, Dr. Eugen Bamberger, der während des Krieges auch die an einer Venenentzündung erkrankte Leopoldine Wittgenstein behandelte. Ebd., 25.

781 Nach Prokop, Stonborough-Wittgenstein, 79, richtete sie in Gmunden ein Lazarett ein. Margaret hatte trotzdem das Gefühl, zu wenig zu leisten.

782 Prokop, Stonborough-Wittgenstein, 80.

783 Dazu und im Folgenden Wittgenstein, Familienerinnerungen, 396-399.

784 Zu Pauls Verletzung und der Reaktion der Familie Greiner, Stonborough-Wittgenstein, 100f.

785 Schwaner, Wittgensteins, 139.

786 Der Morgen. Wiener Montagsblatt 18.12.1916, 4.

787 Hermine an Ludwig Wittgenstein 11.7.1918, zitiert nach: McGuinness/Schweitzer (Hg.), Wittgenstein, 24.

788 Waugh, Haus Wittgenstein, 157.

789 Waugh, Haus Wittgenstein, 154f.

790 Hausmädchen der Wittgensteins im Krieg war Julie von Paic, Tochter eines serbischen Generals.

791 Waugh, Haus Wittgenstein, 156.

792 Waugh, Haus Wittgenstein, 161.

793 Dazu und im Folgenden Waugh, Haus Wittgenstein, 162f.

794 Zu Ludwig Wittgensteins Erfahrungen im Ersten Weltkrieg im Detail McGuinness, Wittgensteins frühe Jahre, Kap. 7 Weltkrieg 1914–1918, 320–411.

795 Wittgenstein, Familienerinnerungen, 154.

796 So Arvid Sjögren laut McGuinness, Wittgensteins frühe Jahre, 330.

797 Greiner, Stonborough-Wittgenstein, 98.

798 Dazu und im Folgenden auch Baum, Wittgensteins Kriegsdienst 129f.; Wittgenstein, Familienerinnerungen, 404.

799 Wittgenstein Ludwig, Geheime Tagebücher, Eintrag 6.5.1916, 70.

800 Wittgenstein Ludwig, Geheime Tagebücher, Eintrag 27.4.1916, 69.

801 Waugh, Haus Wittgenstein, 181.

802 Paul Engelmann (1891–1965), Architekt und Literat, emigrierte 1934 nach Palästina und lebte bis zu seinem Tod in Tel Aviv. Zwischen Engelmann und Ludwig Wittgenstein hatte sich eine Freundschaft entwickelt, die durch den „gemeinsamen" Bau der Stonborough-Villa auf eine harte Probe gestellt wurde. Ausdruck eines Zerwürfnisses scheint die Tatsache, dass sich die beiden zwischen September 1930 und 1937 keine Briefe schrieben.

803 Schwaner, Wittgensteins, 136.

804 Wittgenstein, Familienerinnerungen, 155.

805 Baum, Wittgensteins Freundschaft, 91.

806 Baum, Nachwort, 172.

807 Baum, Wittgensteins Kriegsdienst, 144; Schwaner, Wittgensteins, 133.

808 Auf österreichischer Seite glaubte man, der Waffenstillstand sei bereits 36 Stunden früher, zum Zeitpunkt der Verkündigung der Einigung über die Friedensbedingungen, in Kraft getreten. In diesem Zeitraum wurden 300.000 Soldaten der österreichisch-ungarischen Armee gefangen genommen, 30.000 von ihnen sollten in der Gefangenschaft sterben. McGuinness, Wittgensteins frühe Jahre, 414.

809 McGuinness, Wittgensteins frühe Jahre, 417. Der Freundeskreis umfasste weiters Franz Parak, Michael Drobil und Alois Jungwirth. Ebd., 418.

810 Giese, Haut, 24f.

811 Greiner, Stonborough-Wittgenstein, 126.

812 Waugh, Haus Wittgenstein, 153.

813 Wittgenstein, Familienerinnerungen, 102f.

814 Dazu McGuinness, Wittgensteins frühe Jahre, 414; Waugh, Haus Wittgenstein, 166–169.

815 So auch Sjögren, Familie, 103.

816 Waugh, Haus Wittgenstein, 166f.

817 So Radax, ‚Wittgenstein?', 125.

818 Waugh, Haus Wittgenstein, 165. So formuliert es auch Hermine in einem Brief an Ludwig vom 10.1.1919. Auffällig darin auch, dass sie zuvor von der Grauen-Star-Operation ihrer Mutter berichtet. McGuinness/Schweitzer (Hg.), Wittgenstein, 93f.

819 Margaret Stonborough, Tagebucheintrag 29.6.1919, zitiert nach Prokop, Stonborough-Wittgenstein, 119.

820 Arnbom, Friedmann, 168f.

821 Arnbom, Friedmann, 169.

822 Margaret Stonborough, Tagebucheintrag 29.6.1919, zitiert nach Prokop, Stonborough-Wittgenstein, 119.

823 Parak, Wittgenstein in Monte Cassino, 151.

824 Nach Schwaner, Wittgensteins, 140.

825 Zitiert nach Schwaner, Wittgensteins, 141.

826 Aus dem Tagebuch von Margaret Stonborough vom 11.10.1917 (Nachlass Margaret Stonborough-Wittgenstein), die zu dieser Zeit wegen eines Herzleidens in der Schweiz war. Siehe Somavilla, Nachwort, 494.

827 Waugh, Haus Wittgenstein, 175f.

828 Margaret Stonborough an Hermine Wittgenstein, 19.4.1919 zitiert nach Prokop, Stonborough-Wittgenstein, 116; Waugh, Haus Wittgenstein, 180. Doch auch in der Schweiz unterhielt man Dienstboten und pflegte einen aufwendigen, großbürgerlichen Lebensstil.

829 Waugh, Haus Wittgenstein, 90.

830 Waugh, Haus Wittgenstein, 90.

831 Wittgenstein, Hermine, Aufzeichnungen, 96..

832 Waugh, Haus Wittgenstein, 243.

833 Brief vom 22.5.1921, zitiert nach Immler, Familiengedächtnis, 331.

834 Hermine an Ludwig Wittgenstein 7.4.1917, in: McGuinness/Schweitzer (Hg.), Wittgenstein, 68.

835 Dazu und im Folgenden Waugh, Haus Wittgenstein, 194.

836 Immler, Familiengedächtnis, 265.

837 Hermine an Ludwig Wittgenstein, 11.9.1917, in: McGuinness/Ascher/Pfersmann (Hg.), Wittgenstein – Familienbriefe, 46.

838 Wijdeveld, Wittgenstein, 50.

839 Waugh, Haus Wittgenstein, 160.

840 Wittgenstein, Familienerinnerungen, 189.

841 Baronin Louise Marie von Leithner geb. Philipp (1867–1952) war die Witwe von Generalfeldzeugmeister Ernst von Leithner und nach Else Björkmann-Goldschmidt von unglaublichem Arbeitsvermögen, was ihren Einsatz für Kriegswaisen und Kinder betraf. Schreiber (Hg.), Erinnerungen, 842.

842 Dazu und im Folgenden Wittgenstein, Familienerinnerungen, 190–194. Immler, Familiengedächtnis, 182.

843 Geb. von Rosthorn, 1865–1929, Gattin des Physikers

Ernst Lecher (1865–1926) und Tochter von Josef von Rosthorn. Die Industriellenfamilie von Rosthorn hatte in Frantschach in Kärnten das erste und in Prävali/Prevalje in Slowenien 1833–1835 jenes Puddel- und Walzwerk errichtet, in dem die ersten Eisenbahnschienen der Monarchie erzeugt wurden. Helene Lecher erwarb als Philanthropin große Verdienste. Während des Ersten Weltkriegs leitete sie die Küche des Heeresspitals des Amerikanischen Roten Kreuzes in Wien-Meidling, danach richtete sie in einem Barackenspital für 6.000 Kranke in Wien-Grinzing (Grinzinger Allee 7) eine eigene Diätküche ein. Nach Auflösung des Reservelazaretts 1919 führte sie zwei Baracken als Tagesheim und Verpflegungsstätte für 200 gesundheitsgefährdete Kinder, wobei sie von Hermine Wittgenstein tatkräftig und finanziell unterstützt wurde. Auch die Wittgenstein-Stiftung des „Vereins gegen Verarmung", deren Vorstandsmitglied Hermine war, kam in den Genuss US-amerikanischer Hilfe. Wittgenstein, Familienerinnerungen, 438. (Fichna), Helene Lecher, ÖBL 5 (1970), 70f. Margaret war wiederum in den USA mit einer Rosthorn-Tochter, Marie Bacon, bekannt. Prokop, Stonborough-Wittgenstein, 131.

844 Beispiele dafür Wittgenstein, Familienerinnerungen, 194–199.
845 Wittgenstein, Familienerinnerungen, 439. Lotte Furreg (1873–1961), Abgeordnete zum Nationalrat und bis 1925 Mitglied der Reichsparteileitung der GDVP (Großdeutsche Volkspartei), tätig im Verband deutscher Frauen „Volksgemeinschaft", der primär soziale Funktionen erfüllte und wohltätige Feste und Feiern veranstaltete.
846 Wittgenstein, Familienerinnerungen, 199.
847 Wittgenstein, Familienerinnerungen, 199f.
848 Prokop, Stonborough-Wittgenstein, 102.
849 Prokop, Stonborough-Wittgenstein, 85.
850 Waugh, Haus Wittgenstein, 152, 176.
851 Zitat und im Folgenden Singer, Konzert, 354f.
852 In Wittgenstein, Familienerinnerungen, 184, ist von 10.000 Dollar die Rede.
853 Während die Amerikaner für ihren Einsatz dankten, bestätigten die Österreicher nicht einmal den Erhalt der Lieferung. Prokop, Stonborough-Wittgenstein, 113.
854 Dazu und im Folgenden Waugh, Haus Wittgenstein, 177; Prokop, Stonborough-Wittgenstein, 122f.
855 Waugh, Haus Wittgenstein, 193.
856 Waugh, Haus Wittgenstein, 179.
857 Sie scheint zumindest relativ offen gewesen zu sein, der von vielen gehasste Finanzstadtrat des Roten Wien, Hugo Breitner, bekannt für die sog. Breitner-Steuern, war häufig bei ihr zu Gast. Margarets Sekretärin Berthe Prohaska war eine überzeugte Sozialistin.
858 Wittgenstein, Familienerinnerungen, 156.
859 Waugh schließt sich an und meint, Gretl wäre übergangen worden, weil sie, wegen ihres in den USA investierten Vermögens, ohnehin viel reicher war als die anderen, widerlegt sich aber gleich selbst und breitet auch andere mögliche Erklärungen aus. Waugh, Haus Wittgenstein, 183f.
860 Prokop, Stonborough-Wittgenstein, 124; Waugh, Haus Wittgenstein, 183f. „So viel Geld verdirbt", so wird Ludwig Wittgenstein nach Singer, Konzert, 249, zitiert.
861 Hermine an Ludwig Wittgenstein 22.11.1929, in: McGuinness/Schweitzer (Hg.), Wittgenstein, 204–206; Ludwig an Hermine Ende November 1929, ebd. 210f.
862 McGuinness, Wittgensteins frühe Jahre, 431.
863 Janik/Toulmin, Wittgensteins Wien, 15.
864 Margaret Stonborough, Tagebucheintrag 5.9.1919, zitiert nach Prokop, Stonborough-Wittgenstein, 124.
865 Überliefert von einem Freund aus dem Kriegsgefangenenlager in Cassino, Franz Parak. Parak, Wittgenstein in Monte Cassino 149. Um Ludwig Wittgenstein hatte sich dort ein Freundeskreis bestehend aus seinem Kriegskameraden Ludwig Hänsel, dem Bildhauer Michael Drobil, dem Literaturprofessor Alois Jungwirth und eben Parak gebildet.
866 Wittgenstein, Familienerinnerungen, 157.
867 Hermine Wittgenstein an Ludwig Hänsel, 13.12.1920, zitiert nach McGuinness, Wittgensteins frühe Jahre, 424.
868 Waugh, Haus Wittgenstein, 183.
869 McGuinness, Wittgensteins junge Jahre, 430.
870 Prokop, Stonborough-Wittgenstein, 133.
871 Die Angaben sind widersprüchlich. Im Lehmann-Adressverzeichnis werden die Stonboroughs bis 1925 in der Krugerstraße geführt. Prokop, Stonborough-Wittgenstein, 133.
872 Waugh, Haus Wittgenstein, 193.
873 Wittgenstein, Familienerinnerungen, 188. In den 1920er Jahren gelten die Stonborough-Wittgensteins als bedeutende Förderer der Akademie der Wissenschaften.
874 Es gibt Vermutungen, dass er mit den Spätfolgen einer Syphilis zu kämpfen hatte. 1929 oder 1930 unterzog sich Stonborough einer (Elektroschock-)Therapie im Cottage-Sanatorium beim berühmten Psychiater und Neurologen Wagner-Jauregg, der drei Jahre zuvor für die Behandlungserfolge der verheerenden Spätfolgen der syphillitischen *dementia paralytica* den Nobelpreis erhalten hatte. Waugh, Haus Wittgenstein, 143. Jeromes Enkel Pierre Stonborough bestreitet diese These vehement. Jerome Stonborough könnte auch nur in psychiatrischer Behandlung gewesen sein.
875 Dazu und im Folgenden Schwaner, Wittgensteins, 146f.

876 Sandgruber, Reich sein, 185.

877 Prokop, Stonborough-Wittgenstein, 259.

878 Thomas studierte auch eine Zeit lang Psychologie bei Charlotte Bühler und war stiller Teilhaber der Bank Shields & Co. in der New Yorker Wall Street. Eine Zeit lang war er Assistent an der Columbia University.

879 Prokop, Stonborough-Wittgenstein, 149f.

880 Dazu Waugh, Haus Wittgenstein, 216f.

881 Nach Singer, Konzert, 258, war Helene zudem mit über 40 noch einmal schwanger geworden, erlitt allerdings eine Fehlgeburt.

882 1850–1930; österreichische Sängerin, die 1889 nach London übersiedelte und dort vor allem als Interpretin der Lieder von Schubert und Brahms bekannt wurde, nach 1918 lebte sie in der Schweiz.

883 Wittgenstein, Familienerinnerungen, 148f.; Waugh, Haus Wittgenstein, 217f.

884 Singer, Konzert, 333.

885 Wittgenstein, Familienerinnerungen, 148.

886 Wittgenstein, Familienerinnerungen, 134.

887 Wittgenstein, Familienerinnerungen, 135; dazu auch Waugh, Haus Wittgenstein, 219.

888 Helene Wittgenstein http://biografia.sabiado.at/wittgenstein-helene/

889 Programmzettel der Aufführung, in: McGuinness/Ascher/Pfersmann (Hg.), Wittgenstein – Familienbriefe, 84.

890 Dazu und im Folgenden Waugh, Haus Wittgenstein, 206–211.

891 Waugh, Haus Wittgenstein, 205. McGuinness, Einleitung, 23.

892 Bei der Uraufführung am 9. Dezember 2004 spielte der einarmige Leon Fleisher am Klavier unter den Berliner Philharmonikern. Wittgenstein, Familienerinnerungen, 399.

893 Zitiert nach Waugh, Haus Wittgenstein, 212.

894 Dazu und im Folgenden Waugh, Haus Wittgenstein, 213-215.

895 Waugh, Haus Wittgenstein, 216.

896 McGuinness, Wittgensteins frühe Jahre, 438-441.

897 Der dritte Sohn, Nils, taucht nie auf.

898 McGuinness, Wittgensteins frühe Jahre, 450-452.

899 Dazu und im Folgenden Waugh, Haus Wittgenstein, 197-199.

900 Paul an Ludwig Wittgenstein, 17.11.1920, in: McGuinness/Schweitzer (Hg.), Wittgenstein, 126.

901 Vielleicht auch, weil er den Aufzug seiner Schwestern vermeiden wollte, die sich gerne in großen Roben zeigten. Besonders mit Hermine hat er wegen deren Besuchsabsicht einen längeren Disput, der sich über mehrere Briefe zieht. McGuinness/Schweitzer (Hg.), Wittgenstein, 137–144. Kurz darauf kommt es dann doch zu einem Besuch Hermines. Nach Trattenbach gelangte man über einen acht Kilometer langen Fußweg von Gloggnitz über den Sattel von Wartenstein. McGuinness/Schweitzer (Hg.), Wittgenstein, Anm. 39, 359.

902 Janik/Veigl, Wittgenstein in Wien, 135f.

903 Zu Koder und Postl Monk, Wittgenstein, 232f.

904 Singer, Konzert, 452.

905 Greiner, Stonborough-Wittgenstein, 161.

906 Wittgenstein, Familienerinnerungen, 159.

907 Waugh, Haus Wittgenstein, 203.

908 Monk, Wittgenstein, 252f.

909 Waugh, Haus Wittgenstein, 220. Der Hauptzeuge des Prozesses, Josef Haidbauer, war kurz nach der Attacke an Hämophilie gestorben.

910 Macho, Wittgenstein, 23, zitiert nach Immler, Familiengedächtnis, 87.

911 Bei Waugh, Haus Wittgenstein, 220, sind es die Johanniter.

912 Dazu und im Folgenden Wittgenstein, Familienerinnerungen, 166f.

913 Wittgenstein, Familienerinnerungen, 167.

914 Wittgenstein, Familienerinnerungen, 170.

915 Dazu und im Folgenden Prokop, Stonborough-Wittgenstein, 156-171.

916 Wijdeveld, Wittgenstein, 50.

917 Greiner, Stonborough-Wittgenstein, 169.

918 Wittgenstein, Familienerinnerungen, 163.

919 Wijdeveld, Engelmann, 203.

920 Wijdeveld, Wittgenstein, 156.

921 Nach Greiner, Stonborough-Wittgenstein, 185, wurde Margaret Stonborough neben Bertha Zuckerkandl eine der bedeutendsten Salonièren der Zwischenkriegszeit. Enkel Pierre Stonborough sieht sie hingegen nicht als Salondame.

922 Zu Tommy und Ji Stonborough siehe Waugh, Haus Wittgenstein, 286f.

923 Dazu und im Folgenden Greiner, Stonborough-Wittgenstein, 187f.

924 Greiner, Stonborough-Wittgenstein, 188.

925 Prokop, Stonborough-Wittgenstein, 183f.

926 Dazu und im Folgenden Greiner, Stonborough- Wittgenstein, 191; Prokop, Stonborough-Wittgenstein, 183f.

927 Ludwig an Hermine Wittgenstein, November (vor 27.11.) 1929, in: McGuinness/Schweitzer (Hg.), Wittgenstein, 207. Im Folgenden Waugh, Haus Wittgenstein, 180.

928 So etwa Hermine in einem Brief an Ludwig Wittgenstein, 18.11.1929, in: McGuinness/Schweitzer (Hg.), Wittgenstein, 203.

929 Sandgruber, Geld. Von einem Viertel des ursprünglichen Kapitals ist bei Prokop, Stonborough-Wittgenstein, 195, die Rede.

930 Leitner, Wittgenstein-Haus, 60, Leitner, Architecture.

931 Hermine an Ludwig Wittgenstein, 22.11.1929, in: McGuinness/Schweitzer (Hg.), Wittgenstein, 205.

932 Ludwig an Hermine Wittgenstein, Ende November 1929, in: McGuinness/Schweitzer (Hg.), Wittgenstein, 210.

933 Margaret zu Hermine, die ihr ein finanzielles Angebot machte, zitiert nach Greiner, Stonborough-Wittgenstein, 208.

934 Waugh, Haus Wittgenstein, 223. Bei Prokop, Stonborough-Wittgenstein, 196, ist von keiner Geldannahme durch die Geschwister die Rede.

935 Schulte, Wittgenstein, 24.

936 So der Philosophiestudent und später berühmte buddhistische Denker John Niemeyer Findlay, der aus dem Schwärmen nicht herauskommt. „Im Alter von 40 Jahren sah [Ludwig Wittgenstein] aus wie ein junger Mann von 20, er war von göttlicher Schönheit..." und so weiter und so fort. Waugh, Haus Wittgenstein, 255.

937 Greiner, Stonborough-Wittgenstein, 196.

938 Prokop, Stonborough-Wittgenstein, 172.

939 Greiner, Stonborough-Wittgenstein, 196.

940 William Warren Bartley, Wittgenstein, Philadelphia u. New York 1973, dt. in überarbeiteter Form Wittgenstein, ein Leben, München 1983. Baum, Nachwort, 159, 167f. Waugh, Haus Wittgenstein, 191f.

941 Neben einigen Fehlern in Bartleys reißerischem Buch, fehlt für einige Behauptungen zu Ludwigs „Neigung zu promiskuöser homosexueller Betätigung", der er so Bartley auf den Praterwiesen nachging, der Nachweis. Bartley beruft sich auf Gespräche mit Betroffenen, nennt aber keine Namen. Bartley, Wittgenstein, 33, 40.

942 Monk, Wittgenstein, 400.

943 Schwaner, Wittgensteins, 134.

944 Immler, Familiengedächtnis, 79. Wittgenstein, Ludwig, Geheime Tagebücher.

945 McGuinness, Einleitung, 9.

946 Prokop, Stonborough-Wittgenstein, 20.

947 Nach Waugh, Haus Wittgenstein, 188, bzw. Greiner, Stonborough-Wittgenstein, 229, galt Margaret „in der Familie als ziemlich frigide". Wir sollten mit derartigen Zuschreibungen jedoch vorsichtig sein.

948 Wittgenstein, Familienerinnerungen, 372. Bei Singer, Konzert, 317, Tischler.

949 Dazu und im Folgenden Greiner, Stonborough-Wittgenstein, 198f.

950 Dazu und im Folgenden Greiner, Stonborough-Wittgenstein, 201–204.

951 Immler, Familiengedächtnis, 156.

952 Ludwig Wittgenstein Tagebuch, 26f., zitiert nach Immler, Familiengedächtnis, 155.

953 Bei Singer, Konzert, 356f., genoss Marguerite den Aufenthalt in Norwegen, die Einfachheit und die Menschen. Während Ludwig aber von einer „Josefsehe" träumte, konnte sich Marguerite eine kinderlose Ehe nicht vorstellen.

954 Prokop, Stonborough-Wittgenstein, 211. Talla und Marguerite, die 1938 nach Chile auswanderten, zogen in einer glücklichen Ehe vier Kinder groß. Talla Sjögren wurde 1945 auf seiner Farm von einem Wilderer erschossen. Marguerite kehrte in die Schweiz zurück und heiratete ein zweites Mal.

955 Greiner, Stonborough-Wittgenstein, 204.

956 Schwaner, Wittgensteins, 104.

957 Schwaner, Wittgensteins, 104.

958 Prokop, Stonborough-Wittgenstein, 177f.; Greiner, Stonborough-Wittgenstein, 214ff.

959 Greiner, Stonborough-Wittgenstein, 216-218

960 Waugh, Haus Wittgenstein, 226.

961 Waugh, Haus Wittgenstein, 228.

962 Beispiele Waugh, Haus Wittgenstein, 226, 228.

963 Waugh, Haus Wittgenstein, 232-234.

964 Zur Beziehung Pauls zu Prokofjew Waugh, Haus Wittgenstein, 239-243.

965 Wittgenstein, Familienerinnerungen, 398.

966 Dazu und im Folgenden Waugh, Haus Wittgenstein, 236-239.

967 Dazu und im Folgenden Waugh, Haus Wittgenstein, 248f.

968 Waugh, Haus Wittgenstein, 252.

969 Greiner, Stonborough-Wittgenstein, 233.

970 Waugh, Haus Wittgenstein, 250.

971 Waugh, Haus Wittgenstein, 254.

972 Dazu und im Folgenden Waugh, Haus Wittgenstein, 260f, Zitat 260.

973 Auch Stonboroughs, die sich im Februar 1934 in Gmunden befanden, blieben von den Auseinandersetzungen nicht unberührt. Die nahe gelegenen Industrieorte Steyrermühl und Ebensee befanden sich in der Hand der sozialdemokratischen Aufständischen und es bestand die Gefahr, dass sie von zwei Seiten Gmunden angreifen könnten. Waugh, Haus Wittgenstein, 259.

974 Zitiert nach Waugh, Haus Wittgenstein, 259.

975 Wittgenstein, Konvolut, undatiert, Ser.n. 1292/59-4 Handschriftensammlung, ÖNB, zitiert nach Immler, Familiengedächtnis, 269.

976 Dazu und im Folgenden Prokop, Stonborough-Wittgenstein, 207.

977 Greiner, Stonborough-Wittgenstein, 224f. Als bei Weitem zu verharmlosend wird heute mehrheitlich der Begriff „Selbstausschaltung des Parlaments" für die Ereignisse vom 4. März 1933 abgelehnt.

978 Waugh, Haus Wittgenstein, 186f., einen (für Wien charakteristischen) Lueger'schen und einen Hitler'schen Antisemitismus unterscheidend, bezeichnet Wittgensteins als „keine Antisemiten der Hitlerschen Art", doch erscheint ihm die Haltung der Familie Juden gegenüber, „nach heutigen Maßstäben als fragwürdig". Zitat ebd., 187. Dazu auch Prokop, Stonborough-Wittgenstein, 100.

979 Monk, Wittgenstein, 21.

980 McGuinness, Wittgensteins frühe Jahre, 17.

981 Wittgenstein, Hermine, Aufzeichnungen, in: Iven (Hg.), „Ludwig sagt ...", 97.

982 Zitate Waugh, Haus Wittgenstein, 255.

983 Prokop, Stonborough-Wittgenstein, 100.

984 Ludwig Hänsel – Ludwig Wittgenstein Briefe 136, zitiert nach Immler, Familiengedächtnis, 86; Prokop, Stonborough-Wittgenstein, 217f.

985 Pascal, Erinnerungen, in: Rhees (Hg.), Wittgenstein, 64–70.

986 Stonborough, Margaret, Tagebucheintrag 3. Mai 1918, nach Greiner, Stonborough-Wittgenstein, 230. Wittgenstein, Hermine, Aufzeichnungen, in: Iven (Hg.), „Ludwig sagt …", Anm. 128, 98.

987 Waugh, Haus Wittgenstein, 256.

988 McGuinness/Ascher/Pfersmann (Hg.), Wittgenstein – Familienbriefe, 126.

989 Dazu und im Folgenden Waugh, Haus Wittgenstein, 257f.

990 Prokop, Stonborough-Wittgenstein, 220.

991 Greiner, Stonborough-Wittgenstein, 231.

992 Wittgenstein, Familienerinnerungen, 209f.

993 Zitiert nach Waugh, Haus Wittgenstein, 276.

994 Wittgenstein, Familienerinnerungen, 204.

995 McGuinness, Wittgenstein, 17.

996 Dazu und im Folgenden Waugh, Haus Wittgenstein, 268f.

997 Wittgenstein, Familienerinnerungen, 211.

998 Viele in der Familie waren vom Umsturz beruflich betroffen. Cousin Ernst Brücke, der Sohn Milly und Theodor Brückes, verlor als „Halbjude" seinen Lehrstuhl für Physiologie an der Universität Wien.

999 Waugh, Haus Wittgenstein, 278.

1000 Die folgenden Informationen entstammen dem Claims Resolution Tribunal In Re Holocaust *Victim Assets Litigation Case No. CV96-4849*. Das Dokument verdanke ich Radmilla Schweitzer.

1001 Wittgenstein, Familienerinnerungen, 213.

1002 Dazu und im Folgenden Waugh, Haus Wittgenstein, 287f.

1003 So Immler, Familiengedächtnis, 220. McGuiness betont im Widerspruch dazu die bewusste Distanzierung der Geschwister von ihrer jüdischen Herkunft. McGuinesss, Wittgenstein, 15–17.

1004 Wittgenstein, Familienerinnerungen, 160ff.; Waugh, Haus Wittgenstein, 280. Um den von der Firma Skoda hergestellten Mörser war ein regelrechter „Mörser-Hype" entstanden, dem scheinbar auch Ludwig Wittgenstein unterlag. Geheimrat der Kanonen https://austria-forum.org/af/Wissenssammlungen/Essays/Geschichte/Karl_von_Skoda

1005 Prokop, Stonborough-Wittgenstein, 226f.

1006 Wittgenstein, Familienerinnerungen, 157.

1007 Waugh, Haus Wittgenstein, 283f.

1008 Schwaner, Wittgensteins,16.

1009 Waugh, Haus Wittgenstein, 300.

1010 Greiner, Stonborough-Wittgenstein, 235.

1011 Giese, Haut, 42.

1012 Richard Seyß-Inquart, 1883–1941, Justizbeamter, Seelsorger und Schriftsteller, katholischer Priester, der nach Eheschließung aus dem Klerus austrat, ab 1923 Direktor des Jugendgerichtsgefangenenhauses in Wien III., ab 1. Jänner 1929 Leiter der Bundesanstalt für Erziehungsbedürftige in Kaiser-Ebersdorf, Leitung nach dem Grundsatz ‚Ihr sollt nicht strafen, bessern sollt ihr!' Nach „Anschluss" abrupter Abbruch seiner pädagogischen Bemühungen. Bruder des NS-Politikers Arthur Seyß-Inquart. Wittgenstein, Familienerinnerungen, 425.

1013 Arthur Seyß-Inquart, Jurist, machte im Nationalsozialismus Karriere, er war vor dem „Anschluss" Innenminister und kurz Bundeskanzler und fungierte anschließend bis Mai 1939 als Reichsstatthalter der „Ostmark". Danach war er Stellvertreter des Generalgouverneurs Hans Frank im Generalgouvernement und später Reichskommissar für die Niederlande. In den Nürnberger Kriegsverbrecherprozessen wurde er schuldig gesprochen, zum Tode verurteilt und hingerichtet. Binder, Dieter A., Seyß-Inquart, in: NDB 24(2010), 302f.

1014 Waugh, Haus Wittgenstein, 295.

1015 Bizarr war, dass Pauls jüngere Tochter Johanna (geboren im März 1937) für die Nazis als Jüdin galt, Elisabeth, geboren im Mai 1935, hatte das „Glück", vor dem von den Nazis festgelegten Stichjahr 31. Juli 1936 auf die Welt gekommen zu sein. Waugh, Haus Wittgenstein, 298.

1016 Waugh, Haus Wittgenstein, 274.

1017 Dazu und im Folgenden Waugh, Haus Wittgenstein, 290f.

1018 Paul hatte am Ende seiner Vermögensanmeldung vom 15. Juli 1938 (so wie auch Hermine und Helene in ihren) vermerkt, dass dies vorbehaltlich passiere, da ein Ansuchen um Befreiung von der Anmeldepflicht beim Amte des Reichsstatthalters in Wien eingebracht worden sei, weil die Geschwister Wittgenstein der Überzeugung wären, dass ihr Großvater Hermann Christian Wittgenstein kein Volljude war.

1019 Waugh deutet an, dass Schania an der Deportation von zehn Juden aus seinem Wohnhaus in der Kandlgasse beteiligt war. Waugh, Haus Wittgenstein, 299. Zum Vater Hildes auch Waugh, Haus Wittgenstein, 250f.

1020 Prokop, Stonborough-Wittgenstein, 225.

1021 Prokop, Wittgenstein-Stonborough, 222f.

1022 Prokop, Wittgenstein-Stonborough, 222; Schwaner, Wittgensteins, 154.

1023 Waugh, Haus Wittgenstein, 289f.

1024 Waugh, Haus Wittgenstein, 293.

1025 Die Version, die von Ji überliefert ist, dass die Handschriften bei einer Durchsuchung an der Grenze zwar gefunden worden wären, die Grenzpolizei von ihm jedoch überzeugt wurde, dass es sich um billige Kopien handle, ist unglaubwürdig. Eher wahrscheinlich ist es, dass die Beamten von Ji Stonboroughs Identität als wichtiger und unantastbarer

Amerikaner wussten. Waugh, Haus Wittgenstein, 338.

[1026] Waugh, Haus Wittgenstein, 342.

[1027] Prokop, Stonborough-Wittgenstein, 236.

[1028] McGuinness/Schweitzer (Hg.), Wittgenstein, Anm. 26, 374. Die Verkäufe wurden 1947 erneut aufgenommen. Zur endgültigen Veräußerung der Sammlung siehe Flindell, Ursprung und Geschichte.

[1029] Hermine an Ludwig Wittgenstein, 22.10.1938, in: McGuinness/Schweitzer (Hg.), Wittgenstein, 279.

[1030] Helene Wittgenstein http:// biografia.sabiado.at/wittgenstein-helene/

[1031] Wittgenstein, Familienerinnerungen, 214f.

[1032] Die Episode mit den falschen Reisepässen und den daraus folgenden Konsequenzen bis zur Verhaftung und zum Prozess schildert Hermine Wittgenstein in aller Ausführlichkeit, Wittgenstein, Familienerinnerungen, 217-233, 228-230.

[1033] Waugh, Haus Wittgenstein, 302-305.

[1034] Waugh, Haus Wittgenstein, 306f.

[1035] Zur Verhandlung Wittgenstein, Familienerinnerungen, 231-233. Dazu und im Folgenden auch Waugh, Haus Wittgenstein, 307f.

[1036] Waugh, Haus Wittgenstein, 317, unterstellt Gretl und Hermine, dass sie vom Freispruch wussten – aus meiner Sicht scheint eine Vereinbarung durchaus möglich, aber was nützt sie bei einem Schöffengericht? Allerdings kommt auch dabei dem Richter eine entscheidende Rolle zu.

[1037] Dazu und im Folgenden Waugh, Haus Wittgenstein, 317f.

[1038] Waugh, Haus Wittgenstein, 319f.

[1039] Greiner, Stonborough-Wittgenstein, 253f. Waugh, Haus Wittgenstein, 309f.

[1040] Waugh, Haus Wittgenstein, 310f.

[1041] Waugh, Haus Wittgenstein, 312f.

[1042] Waugh, Haus Wittgenstein, 314f.

[1043] Suchy/Sassmann, Freue mich.

[1044] Waugh, Haus Wittgenstein, 322.

[1045] Wittgenstein, Familienerinnerungen, 235.

[1046] Wittgenstein, Familienerinnerungen, 235-238. Waugh, Haus Wittgenstein, 321.

[1047] Waugh, Haus Wittgenstein, 327.

[1048] Prokop, Stonborough-Wittgenstein, 234; Greiner, Stonborough-Wittgenstein, 255.

[1049] Claims Resolution Tribunal In Re Holocaust Victim Assets Litigation Case No. CV96-4849, 20-23.

[1050] Inhalt der verschiedenen Memoranden und Vereinbarungen nach Immler Familiengedächtnis, 249. Ein Dokument der Reichsbank spricht sogar von 9,6 Mio. CHF. Der Anteil Pauls an der Wistag betrug 31,8 %, ebd.

[1051] Waugh, Haus Wittgenstein, 335.

[1052] Immler, Familiengedächtnis, 250. Zwei Adressen wurden falsch geschrieben und hier korrigiert. Entscheidung 206/2006 Rückstellung Neuwaldegg www.de.nationalfonds.org/docs/Schiedsinstanz/entscheidung_206_2006.pdf.

[1053] Claims Resolution Tribunal In Re Holocaust Victim Assets Litigation Case No. CV96-4849, 26.

[1054] Zitiert nach Waugh, Haus Wittgenstein, 334.

[1055] Dazu und im Folgenden Claims Resolution Tribunal In Re Holocaust Victim Assets Litigation Case No. CV96-4849, 26f.

[1056] Prokop, Stonborough-Wittgenstein, 234.

[1057] Greiner, Stonborough-Wittgenstein, 256.

[1058] Prokop, Stonborough-Wittgenstein, 237.

[1059] McGuinness/Ascher/Pfersmann (Hg.), Wittgenstein – Familienbriefe, Anm. 249, 177.

[1060] Thomas Stonborough neuerliche Eheschließung war noch dazu zu einem Zeitpunkt erfolgt, als die Scheidung noch nicht rechtskräftig war, was juristische Probleme nach sich zog. Prokop, Stonborough-Wittgenstein, 233.

[1061] Waugh, Haus Wittgenstein, 352.

[1062] Prokop, Stonborough-Wittgenstein, 247.

[1063] Waugh, Haus Wittgenstein, 348.

[1064] DÖW (Hg.), Österreicher im Exil, Bd. 2, 262, 291.

[1065] Waugh, Haus Wittgenstein, 354.

[1066] Suchy, Sassmann, Freue mich.

[1067] Pascal, Erinnerungen, 37.

[1068] Waugh, Haus Wittgenstein, 350.

[1069] Prokop, Stonborough-Wittgenstein, 237.

[1070] Dazu und im Folgenden Waugh, Haus Wittgenstein, 352f.

[1071] Wittgenstein, Familienerinnerungen, 239.

[1072] Greiner, Stonborough-Wittgenstein, 281f.

[1073] Gaugusch, Familien Wittgenstein und Salzer; bei Immler, Familiengedächtnis, 182, 261, findet sich das Jahr 1947.

[1074] 1951, nach Hermines Tod, werden acht Mitglieder der Familie Stockert auf der Hälfte der Maria Stockert durch Einantwortung eingetragen. Rohr im Gebirge Hochreit https://bichlmayer.jimdofree.com/hochreith/

[1075] Vgl. Wittgenstein, Familienerinnerungen, 311-322.

[1076] Waugh, Haus Wittgenstein, 358-360.

[1077] Ludwig Wittgenstein 25.2.1949, , zitiert nach Somavilla, Nachwort, 479f.

[1078] Rhees, Vorwort, 7.

[1079] Waugh, Haus Wittgenstein, 362.

[1080] Waugh, Haus Wittgenstein, 363.

[1081] Prokop, Stonborough-Wittgenstein, 254.

[1082] Giese, Haut, 48.

[1083] Zitiert nach Monk, Wittgenstein, 612.

[1084] Prokop, Margarethe Stonborough-Wittgenstein, 269.

[1085] Waugh, Haus Wittgenstein, 367.

[1086] Zitiert nach Waugh, Haus Wittgenstein, 316. Dazu und im Folgenden Giese, Haut, 49.

[1087] Bei Waugh, Haus Wittgenstein, 364, an schwerer Lungenentzündung.

1088 Seine Frau Hilde lebte bis zum Jahr 2001. Nach ihrem Tod gelangte Pauls Nachlass an *Sotheby's*, wurde 2003 versteigert und landete größtenteils im privaten *Paul-Wittgenstein-Archiv* in Hongkong. Pauls 1941 geborener Sohn Paul-Louis lebt als Kunstmaler in Thumersbach bei Zell am See.

1089 Dazu und im Folgenden Weinzierl, Schlimmer Fluch.

1090 Diesen Aspekt betonen J.C. Nyíri und Brian McGuinness in ihrer Einleitung zu der Sammlung von Karl Wittgensteins öffentlichen Beiträgen. Nyíri/McGuinness, Introduction, in: Wittgenstein, Politico-economic Writings, ii.

1091 Wittgenstein, Familienerinnerungen, 64.

1092 Janik und Toulmin verweisen hingegen auf ein jüdisches Bewusstsein Margarets mit der Geschichte, dass Margaret nach dem „Anschluss" darauf bestand, mit den anderen Wiener Juden und Jüdinnen verhaftet zu werden, obwohl die Nazis dies ablehnten, denen es vorteilhafter erschien, die Familie Wittgenstein als nichtjüdisch zu klassifizieren (und dafür viel Geld zu kassieren). Janik/Toulmin, Wittgensteins Wien, 234.

1093 McGuinness, Wittgensteins frühe Jahre, 17.

1094 Dies traf auf zahlreiche, vormals jüdische Familien bzw. Dynastien zu. Beispiel dafür etwa auch die Liebens, Kohlbauer-Fritz, Stellung, in: dies./Fuks (Hg.), Die Liebens, 42.

1095 McGuinness, Witgtgensteins frühe Jahre, 29.

1096 Somavilla, Nachwort, 492.

1097 Somavilla, Nachwort, 493.

1098 McGuinness, Wittgensteins frühe Jahre, 51f.

1099 Margarete an Ludwig Wittgenstein, November 1920, in: McGuinness/Schweitzer (Hg.), Wittgenstein, 130.

1100 Doch auch bei ihr sind Zweifel angebracht, weil Helene früh eine eigene Familie gegründet hatte und vielleicht einfach deshalb weniger Zeit für die größere Familie aufbringen konnte.

1101 Bachelard, Poetik, 40.

1102 Nohl, Berta Nohl, 50. Zitiert nach Immler, Familiengedächtnis, 256.

1103 Zitate im Folgenden McGuinness, Einleitung, 7.

1104 Bei Singer denkt Paul anders.

1105 Singer, Konzert, 91f.

1106 Singer, Konzert, 92.

1107 Sandgruber, Geld.

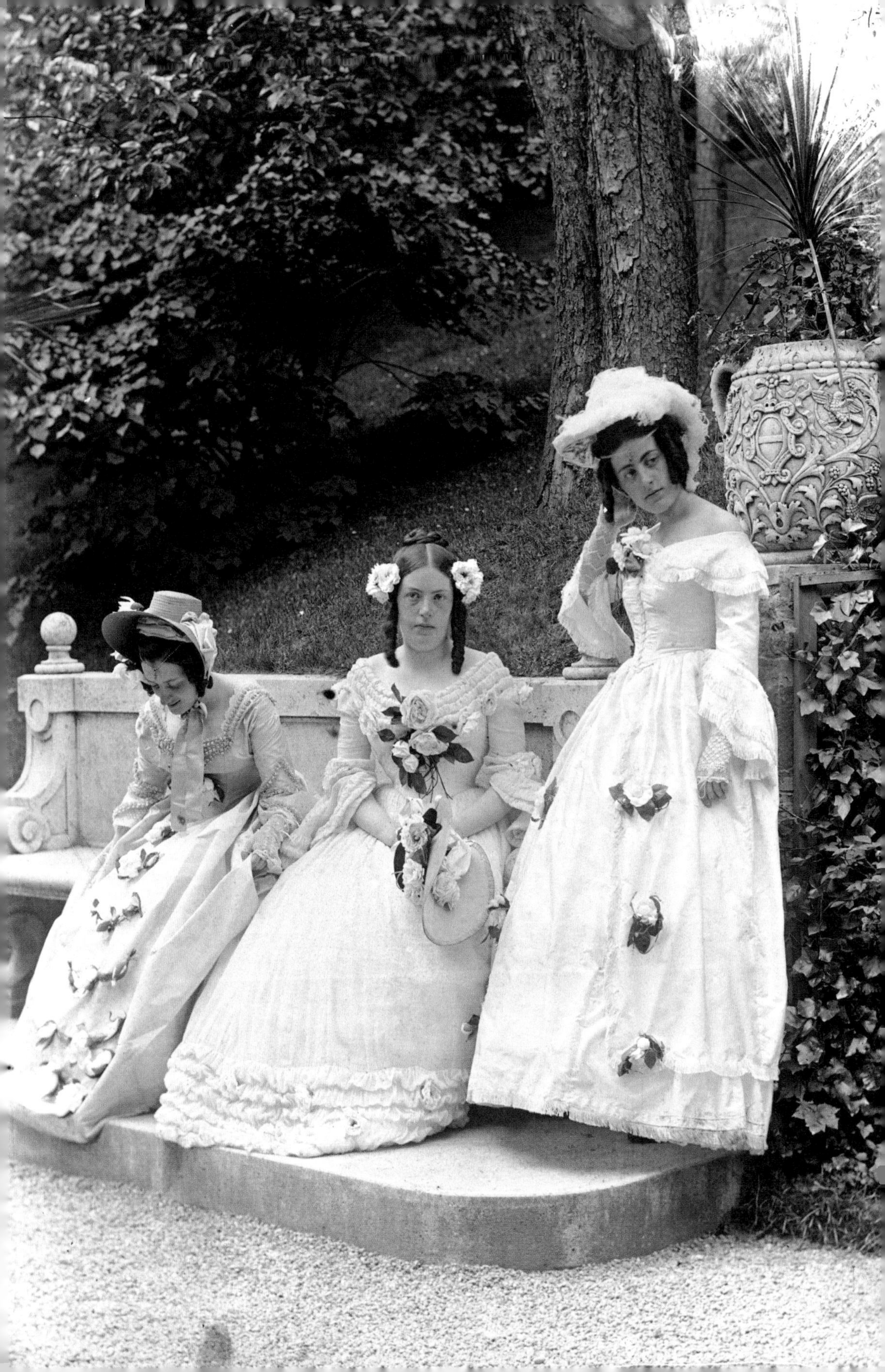

## QUELLEN- UND LITERATURVERZEICHNIS

## PRIMÄRQUELLEN
**(Tagebücher, Briefe, Erinnerungen, Manuskripte)**

Iven, Mathias (Hg.), „Ludwig sagt …"
Die Aufzeichnungen der Hermine Wittgenstein.
Berlin 2006.
Kamenicek, Elisabeth, Ludwig Wittgensteins
Fotoalben. http://www.eshph.org/symposium/
wp-content/uploads/sites/3/2016/04/Kameni-
cek01122016.pdf.
McGuinness, Brian/Ascher, Maria Concetta/Pfers-
mann, Otto (Hg.), Wittgenstein. Familienbriefe.
Wien 1996.
McGuinness, Brian/Schweitzer, Radmila (Hg.),
Wittgenstein. Eine Familie in Briefen. Innsbruck-
Wien 2018.
Nohl, Herman, Bertha Nohl und ihren Eltern Johann
und Josephine Oser. Erinnerungen für ihre Kinder.
Manuskript, gedruckt 1939.
Sjögren, Cecilia, Die Familie, in: Wittgenstein.
Ausstellungskatalog der Secession 1, Wien 1989,
98–118.
Somavilla, Ilse/Unterkircher, Anton/Berger,
Paul Christian (Hg.), Ludwig Hänsel – Ludwig
Wittgenstein: Eine Freundschaft. Briefe. Aufsätze.
Kommentare. Innsbruck 1984.
Wittgenstein, Hermann Christian, Stammbaum
der Familien Huber – Stockert etc. https://www.
med-huber.at/stammbaum/tree/huber/indivi-
dual/I1635/Hermann-Christian-Wittgenstein.
Wittgenstein, Hermine, Familienerinnerungen,
hrsg. von Ilse Somavilla. Innsbruck-Wien 4. Aufl.
2018.
Wittgenstein, Hermine, Die Aufzeichnungen der
Hermine Wittgenstein, in: Mathias Iven (Hg.),
„Ludwig sagt …", 53–117.
Wittgenstein, Karl, Politico-economic writings.
An annotated reprint of „Zeitungsartikel und
Vorträge", hrsg. von J.C. Nyíri (Viennese Heritage/
Wiener Erbe 1). Amsterdam/Philadelphia 1984.
Wittgenstein, Karl, Reise-Eindrücke aus Amerika,
Neue Freie Presse (NFP), 15.08.1888, in: Wittgen-
stein, Karl, Politico-economic writings, 1–11.
Wittgenstein, Karl, Auf einer Weltreise, NFP,
10.04.1898, in: Wittgenstein, Karl, Politico-
economic writings, 12–21.
Wittgenstein, Karl, Die Ursachen der Entwicklung
der Industrie in Amerika, Zeitschrift des
Österreichischen Ingenieur- und Architekten-
Vereines (ZÖIAV) 49/1898, in: Wittgenstein,
Karl, Politico-economic writings, 22–67.
Wittgenstein, Karl, Moderne Handelspolitik (Aus
Anlaß des deutschen Tarifentwurfes), Neues
Wiener Tagblatt, 25.08.1901, in: Wittgenstein, Karl,
Politico-economic writings, 79–87.
Wittgenstein, Karl, Illusions-Politik, Prager Tagblatt
26.01.1902, in: Wittgenstein, Karl, Politico-econo-
mic writings, 88–93.

Wittgenstein, Karl, Ungarisches Getreide und
österreichische Sensen, Neues Wiener Tagblatt,
28.02.1902, in: Wittgenstein, Karl, Politico-
economic writings, 94–102.
Wittgenstein, Karl, Freihandel und Schutzzoll,
ZÖIAV 12/1903, in: Wittgenstein, Karl, Politico-
economic writings, 103–136.
Wittgenstein, Karl, Beschlagnahme der Sensen
in Judenburg, Kindberg und Mürzzuschlag, NFP,
in: Wittgenstein, Karl, Politico-economic writings,
137–141. (I)
Wittgenstein, Karl, Beschlagnahme der Sensen
in Judenburg, Kindberg und Mürzzuschlag, NFP
29.11.1902, in: Wittgenstein, Karl, Politico-
economic writings, 142–147. (II)
Wittgenstein, Karl, Kartelle in Österreich, NFP
21.08.1894, in: Wittgenstein, Karl, Politico-
economic writings, 178–190.
Wittgenstein, Karl, Eine Erklärung des Herrn
Wittgenstein, 21.06.1900, in: Wittgenstein, Karl,
Politico-economic writings, 191–192.
Wittgenstein, Karl, Eine zweite Erklärung des Herrn
Wittgenstein, 04.06.1900, in: Wittgenstein, Karl,
Politico-economic writings, 193–194.
Wittgenstein, Ludwig, Briefwechsel, hrsg. von B.
F. McGuinness und G. H. von Wright. Frankfurt am
Main 1980.
Wittgenstein, Ludwig, Familienbriefe, hrsg. von
Brian McGuinness, Maria Concetta Ascher und
Otto Pfersmann. Wien 1996.
Wittgenstein, Ludwig, Geheime Tagebücher
1914–1916, hrsg. und dokumentiert v. Wilhelm
Baum, 2. Aufl. Wien 1991.
Claims Resolution Tribunal In Re Holocaust
Victims Assets Litigation Case No. CV96–4849.
Nationalfonds der Republik Österreich für Opfer
des Nationalsozialismus – Entscheidung 206/2006
Rückstellung Neuwaldegg www.de.natio-
nalfonds.org/docs/Schiedsinstanz/entschei-
dung_206_2006.pdf.
Wittgenstein, Karl, Handschriftliches Testament, 30.
Jänner 1913, Wiener Stadt- und Landesarchiv BG
Margareten (A 26 1913).
Wittgenstein Konvolut, Ser.nr. 1292, 1190, 37.581,
37.582 Handschriftensammlung ÖNB.
Familie Kupelwieser https://www.dynastiemaut-
nermarkhof.com/de/familienchronik/brlonl/fami-
lie-kupelwieser/
Familie Wittgenstein https://museum.evang.at/
persoenlichkeiten/familie-wittgenstein/.
Karl Wittgenstein, http://www.cesa-project.si/at/
lexicon/authors/karl-wittgenstein
Karl Wittgenstein – Der Stahlbaron seiner Majestät
https://museum.evang.at/persoenlichkeiten/karl-
wittgenstein/karl-wittgenstein-der-stahlbaron-
seiner-majestaet/
Ludwig (Louis) Wittgenstein https://museum.evang.
at/persoenlichkeiten/ludwig-louis-wittgenstein/
ludwig-louis-wittgenstein-der-millionaer-als-
sozialist/

## SEKUNDÄRLITERATUR

Arnbom, Marie Theres, Friedmann, Gutmann, Lieben, Mandl, Strakosch. Fünf Familienporträts aus Wien vor 1938. 2. Aufl. Wien-Köln-Weimar 2003.

Arnbom Marie-Theres, Die Villen vom Traunsee: Wenn Häuser Geschichten erzählen. Wien 2019.

Bachelard, Gaston, Poetik des Raumes. 9. Aufl. Frankfurt am Main 2011.

Bartley, William Warren, Wittgenstein, ein Leben. München 1993.

Baum, Wilhelm, Wittgensteins Freundschaft mit David Pinsent 1912–1918, in: Ludwig Wittgenstein, Geheime Tagebücher 1914–1916, 89–95.

Baum, Wilhelm, Wittgensteins Kriegsdienst im Ersten Weltkrieg, in: Wittgenstein, Ludwig, Geheime Tagebücher 1914–1916, 127–144.

Baum, Wilhelm, Nachwort zur Edition, in: Ludwig Wittgenstein, Geheime Tagebücher 1914–1916, 159–186.

Beer, Barbara, Josef Hoffmann: Der Wohndiktator, in: Kurier, Freizeit-Magazin. 10.12.2021. https://freizeit.at/wohnen-design/josef-hoffmann-wohndiktator-mak/401831374.

Beller, Steven, Wien und die Juden, 1867–1936. Wien 1993.

Bonyhady, Tim, Wohllebengasse. Die Geschichte meiner Wiener Familie. Wien 2013.

Borchard, Beatrix, Stimme und Geige. Amalie und Joseph Joachim – Frau und Mann. Biographie und Interpretationsgeschichte. Wien-Köln-Weimar 2005.

Brachmann, Jan, Der Meisterwerke-Macher, in: Berliner Zeitung, 15.08.2007.

Bramann Jorn K., Karl Wittgenstein – Ein Amerikaner in Wien, in: Rudolf Morsey/Jürgen Aretz (Hg.), Zeitgeschichte in Lebensbildern. Band 2. Münster 1975.

Bruckmüller, Ernst, Geschichte kompakt: Österreich, Wien-Köln 2021.

Dessauer, Adolf, Meine Erinnerungen an den jungen Taussig, in: Neue Freie Presse 25.11.1913, 18.

DÖW (Hg.), Österreicher im Exil. USA 1938–1945. Eine Dokumentation. Bd. 2, Wien 1992.

Exner, Wilhelm, Die Landes-Ausstellung in Prag, 1891, in: Wiener Zeitung, 11.9.1891, 2ff.

Falschlehner, Helmut, 175 Jahre Schoellerbank 1833–2008: die Geschichte einer Familie – die Geschichte einer Bank. Wien 2008.

Feilchenfeld, Max, Erinnerungen an Karl Wittgenstein und Karl Wittgensteins Lebenswerk, in Neue Freie Presse, 21. Jänner 1913, 15 bzw. 15f.

Flindell, Fred E., Ursprung und Geschichte der Sammlung Wittgenstein im 19. Jahrhundert, in: Die Musikforschung 22 (1969), 298–314.

Friedrich, Margret, Lebens- und Überlebenskunst der Kupelwieser, in: Hannes Stekl (Hg.), Bürgerliche Familien. Lebenswege im 19. und 20. Jahrhundert. Wien 2000, 35–73.

Gaugusch, Georg, Wer einmal war: Die jüdischen Familien Wiens 1800–1938. Wien 2011.

Gaugusch, Georg, Die Familien Wittgenstein und Salzer und ihr genealogisches Umfeld. In: ADLER Zeitschrift für Genealogie und Heraldik 21 (XXXV) (2001/02), 120–145.

Giese, Barbara, „Wir sind in unserer Haut gefangen". Eine Lange Nacht über die Familie Wittgenstein (Sendung im Deutschlandfunk Kultur am 8. Juni 2019): https://www.deutschlandfunk.de/lange-nacht-ueber-die-familie-wittgenstein-wir-sind-in.704.de.html?dram:article_id=450419 pdf: https://www.deutschlandfunk.de/13-07-2019-lange-nacht-wir-sind-in-unserer-haut-gefangen.media.4f534362ca86ba498f8bc52f55a6b87.pdf

Goldinger, Walter, Kaiserhaus, Staatsmänner und Politiker. Aufzeichnungen des Statthalters Erich Graf Kielmannsegg. Wien 1966.

Granichstaedten-Cerva, Rudolf/Mentschl, Josef/Otruba, Gustav, Altösterreichische Unternehmer. 110 Lebensbilder. Wien 1969.

Greiner, Margret. Margaret Stonborough-Wittgenstein. Grande Dame der Wiener Moderne. 2. Aufl. München 2020.

Gruber, Veronika, Die Familie Kupelwieser und Lunz am See, Diplomarbeit Wien 2012. https://othes.univie.ac.at/19666/

Günther, Georg, Lebenserinnerungen. Wien 1936.

Hofmann, Ursula, Josef Hoffmann und sein Weg zum Gesamtkunstwerk. Die Anfänge der Entwicklung seiner Stil- und Formensprache. Diplomarbeit Wien 2007. https://core.ac.uk/download/pdf/11581886.pdf

Immler, Nicole L., Das Familiengedächtnis der Wittgensteins. Zu verführerischen Lesarten von (auto)biographischen Texten. Bielefeld 2011.

Immler, Nicole L., Geschichte(n) – Die Wittgensteinschen Familienerinnerungen. Zwischen historischer Quelle und autobiographische „Legende". http://wab.uib.no/agora/tools/alws/collection-5-issue-1-article-11.annotate

Immler, Nicole L., Die Familienerinnerungen von Hermine Wittgenstein: Eine Chronik und ihre Narrative als kulturwissenschaftliches Untersuchungsfeld, in: Johannes L. Feichtinger/ Heidemarie Uhl u. a. (Hg.), Schauplatz Kultur – Zentraleuropa. Transdisziplinäre Annäherungen. Innsbruck-Wien-Bozen 2006, 149–158.

Iven, Matthias (Hg.), „Ludwig sagt ...". Die Aufzeichnungen der Hermine Wittgenstein. Berlin 2006.

Janik, Allan S./Veigl, Hans, Wittgenstein in Wien. Ein biographischer Streifzug durch die Stadt und ihre Geschichte. Wien 1998.

Janik, Allan/Toulmin, Stephen, Wittgensteins Wien. München 1987.

Kamlah, Ruprecht, Joseph Joachims Guarneri-Geigen. Eine Untersuchung im Hinblick auf die Familie Wittgenstein, in: WGBl. 68. Jg. 1/2013, 33–58.

Kamlah, Ruprecht, Joseph Joachims Geigen, ihre Geschichten und Spieler, besonders der Sammler Wilhelm Kux. 2. Aufl. Erlangen 2018.

Kapfinger, Otto, Kein Haus der Moderne. Entstehung und Geschichte des Palais Stonborough, in: Wittgenstein. Eine Ausstellung der Wiener Secession. Bd. I. Biographie, Philosophie, Praxis. Wien 1989, 215–236.

Klezath, Hermann, Kittsee – Grundherrschaft und Markt: Im Vorfeld der Metropole Bratislava/Preßburg/Poszony. Bd. 1 Von den Anfängen bis heute. Schwanewede 2019.

Kohlbauer-Fritz, Gabriele, Eine ewig neu bedrohte Stellung. Die Liebens – 150 Jahre Geschichte einer Familie, in: Gabriele Kohlbauer / Evi Fuks (Hg.), Die Liebens. 150 Jahre Geschichte einer Wiener Familie. Wien-Köln-Weimar 2004, 39–54.

Kriechbaum Gerhart, Helmhart VIII. Joerger, die Herrschaft Scharnstein und die Sensenwerke im Almtal. https://archive.org/details/HelmhartViii. JrgerDieHerrschaftScharnsteinUndDieSensen-werkeImAlmtal/page/n1/mode/2up

Kupelwieser, Paul, Aus den Erinnerungen eines alten Österreichers. Wien 1918.

Kupelwieser, Paul, Karl Wittgenstein. Ein Charak-terbild, in: Neue Freie Presse 22.01.1913.

Leitner, Bernhard, The Architecture of Ludwig Wittgenstein. A Documentation. Die Architektur des Ludwig Wittgenstein. Eine Dokumentation. Halifax/London 1973.

Leitner, Bernhard, Das Wittgenstein-Haus. Ostfildern-Ruit 2000.

Lilienthal, Marion, Gedenkportal Korbach www.gedenkportal-korbach.de/141-150html

Loos-Adolf-Stadtführung (21.03.1914) https://www.geschichtewiki.wien.gv.at/Adolf-Loos-Stadtf%C3%BChrung_(21._M%C3%A4rz_1914).

Macho, Thomas (Hg.), Ludwig Wittgenstein (Philosophie jetzt). München 2001.

Marek, Vladimir, Die Entwicklung der Montan-industrie der mährisch-schlesischen Region 1840 - 1914, in. Toni Pierenkemper (Hg.), Die Industriali-sierung europäischer Montanregionen im 19. Jahrhundert. Stuttgart 2002, 343–364.

McGuinness, Brian, Wittgensteins frühe Jahre. Frankfurt am Main 1992.

McGuinness, Brian, Einleitung, in: McGuinness, Brian/Ascher, Maria Concetta/Pfersmann, Otto (Hg.), Wittgenstein Familienbriefe, 7–15.

Monk, Ray, Wittgenstein. Das Handwerk des Genies. Stuttgart 1992.

Nedo, Wittgenstein I: Nedo, Michael, Ludwig Wittgenstein. Eine biographische Skizze, in: Witt-genstein. Eine Ausstellung der Wiener Secession. Bd. I. Biographie, Philosophie, Praxis. Wien 1989, 33–97.

Nedo, Michael/Ranchetti, Michele (Hg.), Wittgen-stein. Sein Leben in Bildern und Texten. Frank-furt/M. 1983.

Michael Nedo (Hg.), Ludwig Wittgenstein. Ein biographisches Album. München 2012

Nyíri, J. C./McGuinness, Brian F., Introduction, in: Karl Wittgenstein. Politico-Economic Writings, I–XL.

Pacher, Gerold, Der Reichtum der Familie Gutmann vor dem Ersten Weltkrieg. Das Erbe von Wilhelm Gutmann. Bachelorarbeit 2022. https://www.grin.com/document/1313143

Parak, Franz, Wittgenstein in Cassino, in: Ludwig Wittgenstein, Geheime Tagebücher 1914–1916, hg. von Wilhelm Baum, 145–158.

Pascal, Fania, Meine Erinnerungen an Wittgen-stein, in: Rush Rhees (Hg.), Ludwig Wittgenstein: Porträts und Gespräche, 35–83.

Prokop, Ursula, Margareth Stonborough-Wittgen-stein. Bauherrin, Intellektuelle, Mäzenin. Wien 2003.

Radax, Ferry, ,Wittgenstein? – Nein Danke!'. Ge-ständnisse eines Filmemachers, in: Nicole L. Immler (Hg.), ,The making of …' Genie: Wittgenstein & Mozart. Biographien, ihre Mythen und wem sie nützen. Innsbruck-Wien-Bozen 2009, 115–132.

Rauch-Höphffner, Herbert, Ludwig Wittgenstein und Laxenburg, in: Kulturstein. Zeitung des Kulturvereins Alt-Laxenburg 52, (Laxenburg) 2001, 4–5.

Redlich, Josef, Schicksalsjahre Österreichs. Die Erinnerungen und Tagebücher Josef Redlichs 1869–1936, hg. von Fritz Fellner und Doris A. Corradini, 3 Bde., Wien 2011.

Reiter, Wolfgang L., Zerstört und vergessen: Die Biologische Versuchsanstalt und ihre Wissenschaft-ler/innen, in: ÖZG 10 (1999) 4, 585–614. https://www.studienverlag.at/bookimport/oezgArchiv/media/data0559/ozg_4_99_artikel6.pdf

Rhees, Rush (Hg.), Ludwig Wittgenstein. Porträts und Gespräche. Frankfurt am Main 1992.

Rhees, Rush, Vorwort, in: ders. (Hg.), Ludwig Wittgenstein, 7–11.

Rothe, Friedrich, Karl Kraus. Die Biographie. München 2003

Rudolph, Richard, Banking and Industrialization in Austria-Hungary: The Role of Banks in the Indus-trialization of the Czech Crownlands, 1873–1914. Cambridge 1976.

Sandgruber, Roman, Rothschild. Glanz und Untergang des Wiener Welthauses. Wien-Graz-Klagenfurt 2018.

Sandgruber, Roman, Traumzeit für Millionäre. Die 929 reichsten Wienerinnen und Wiener im Jahr 1910. Wien-Graz 2013.

Sandgruber, Roman, Reich sein. Das mondäne Wien um 1910. Wien-Graz 2022.

Sandgruber, Roman, Das Geld der Wittgenstein, in: Oberösterreichische Nachrichten, 26.2.2011 https://www.nachrichten.at/archivierte-artikel/serien/wir-oberoesterreicher/Das-Geld-der-Wittgenstein;art11547,561859

Schneider, Christian, Der sprachlose Philosoph. Ludwig Wittgensteins Philosophie als lebensge-schichtliche Selbstreflexion. Würzburg 2020.

Schögl, Uwe, Moritz Nähr. Fotograf der Moderne. in: ders./ Hans-Peter Wipplinger (Hg.), Moritz Nähr. Fotograf der Moderne. Katalog zur Ausstellung im Leopold Museum 24.08-29.10.2018.Wien 2018, 16-51. http://www.eshph.org/wp-content/uploads/2018/09/MN-KATALOG.pdf

Schreiber, Renate (Hg.), Es geschah in Wien: Erinnerungen an Elsa Björkmann-Goldschmidt. Wien 2007.

Schulte, Joachim, Ludwig Wittgenstein (= Suhrkamp BasisBiographie 9). Frankfurt am Main 2005

Schwanda-Arnbom, Marie-Therese, Bürgerlichkeit nach dem Ende des bürgerlichen Zeitalters. Eine Wiener Familienkonfiguration zwischen 1900 und 1930, in: Hannes Stekl u. a. (Hg.), „Durch Arbeit, Besitz, Wissen und Gerechtigkeit". Bürgertum in der Habsburgermonarchie II. Wien-Köln-Weimar 1992, 378–391.

Schwaner, Birgit, Die Wittgensteins. Kunst und Kalkül. Wien 2008.

Singer, Lea, Konzert für die linke Hand. Hamburg 2008.

Smith, Barry, Summaries and Note, in: Karl Wittgenstein, Politico-economic writings, 197–227.
Somavilla, Ilse, Nachwort, in: Wittgenstein, Hermine, Familienerinnerungen. Hrsg. von Ilse Somavilla.
4. Auflage Innsbruck-Wien 2018, 479–525.
Stekl, Hannes/Hye, Hans-Peter, „Ich will euch einen
guten Namen hinterlassen." Die „Erinnerungen"
des altösterreichischen Unternehmers und Politi-
kers Carl Wolfrum (1813–1888), in: Matis, Herbert
(Hg.), Historische Betriebsanalyse und Unternehmer. Festschrift für Alois Mosser. Wien 1997, 33–57.
Stekl, Hannes, Wiener Mäzene im 19. Jahrhundert,
in: Jürgen Kocka/Manuel Frey (Hg.), Bürgerkultur
und Mäzenatentum im 19. Jahrhundert. Zwickau
1998, 164–191.
Sternthal, Barbara, Diesen Kuss der ganzen Welt.
Leben und Kunst des Gustav Klimt. Wien 2005.
Suchy, Irene, Sassmann, Albert, „freue mich, dass
ihr stück ihnen auch selbst gefällt …", http://www.
irenesuchy.org/pdf/nzm_jan05.pdf.
Veigl, Hans, Einzelgänger und Exzentriker. Wien
2008.
Waugh, Alexander, Das Haus Wittgenstein.
Geschichte einer ungewöhnlichen Familie. 5. Aufl.
Frankfurt am Main 2018.
Weinzierl, Ulrich, „Der schlimme Fluch des Hauses
Wittgenstein", in: Die Welt, 26.11.2008. https://
www.welt.de/kultur/article2784399/Der-schlim-
me-Fluch-des-Hauses-Wittgenstein.html.
Wettstein, Richard, Karl Kupelwieser, in: Neue
Österreichische Biographie 5 (1928), 9–15.
Wijdeveld, Paul, Paul Engelmann und die „Kund-
manngasse", in: Wittgenstein. Eine Ausstellung der
Wiener Secession. Bd. I. Biographie, Philosophie,
Praxis. Wien 1989, 199–212.
Wijdeveld, Paul, Ludwig Wittgenstein, Architekt.
Basel 1994.
Wittgenstein. Eine Ausstellung der Wiener Seces-
sion (13. September–29. Oktober 1989). Bd. I.
Biographie, Philosophie, Praxis. Wien 1989.
Wurzbach, Constantin von, Tunner, Peter Ritter
von, in: Biographisches Lexikon des Kaiserthums
Oesterreich. 48. Theil. Wien 1883, 127–130.
Zweig, Stefan, Die Welt von Gestern. Erinnerungen
eines Europäers. Frankfurt am Main 2012 (Erstaus-
gabe 1942).

BILDNACHWEIS

© Wittgenstein Archive Cambridge: 20 (oben und
unten), 24, 60/61, 115 (unten), 118, 168, 185, 189
(unten), 190 (oben und unten), 228, 268
Wittgenstein Initiative e. V.: 8, 66, 186 (oben rechts),
187 (unten links und rechts), 188, 191, 202, 224,
225, 263, 264/265, 267 (unten), 269, 270, 288
ÖNB Wien, Cod. Ser. Nov. 37.632 und 37.630:
187 (oben), 226 (oben und unten), 227 (alle Fotos)
Foto: Wien Museum: 144/145
Schmutzer, Ferdinand/ÖNB-Bildarchiv/picture-
desk.com: Coverbilder, 4/5, 150, 304/305, 306, 330
ÖNB/ÖNB-Bildarchiv/picturedesk.com:
Austrian Archives/brandstaetter images/
picturedesk.com: 62, 65 (oben und unten), 147
Fayer, Georg/ÖNB-Bildschirm/picturedesk.com:
116 (unten)
Luckhardt, Fritz/ÖNB-Bildarchiv/picturedesk.com:
117
Charlemont, Hugo/ÖNB-Bildarchiv/picturedesk.
com: 116 (oben)
Scherb, Julius/ÖNB-Bildarchiv/picturedesk.com:
146, 148/149, 294
Horváth, Johann I (tätig 1899–/ÖNB-Bildarchiv/
picturedesk.com: 189 (oben)
Kohn, Sámuel/ÖNB-Bildarchiv/picturedesk.com:
192
akg-images/picturedesk.com: 266 (oben)
Brühlmeyer/ÖNB-Bildarchiv/picturedesk.com: 293
AKON (akon.onb.ac.at): 63 (unten), 112 (unten),
113 (oben)
ANNO (anno.onb.ac.at): 213
onb.digital/result/10009644, Cod. Ser. n. 37.667,
Stück 41: 112 (oben rechts)
Original TV, 2018: 266
Stefan Oláh © de Laszlo Foundation: 64, 186
(oben links)
Keith James © de Laszlo Foundation: 63 (oben)
Die Witkowitzer Bergbau- und Eisenhüttengewerk-
schaft (als Handschrift gedruckt, ohne Jahr,
Privatbesitz Wien): 112 (oben links), 201, 214
www.ukp98.cz: 113 (unten)
Sammlung Johannes Sachslehner: 22, 23, 110/111
Wikimedia Commons: 7, 21, 114, 115 (oben, Foto:
Georg Gaugusch)

Autor und Verlag bedanken sich für die
freundlichen Abdruckgenehmigungen.

Bei einem Projekt wie diesem, das einen über mehrere Jahre begleitet, gibt es viele, denen es zu danken gilt. Einigen, die nun ähnlich viel über die Familie Wittgenstein wissen, ohne mein Buch gelesen zu haben.

Der Schreibprozess ist ein einsamer. Doch in Phasen der Anspannung, der Erschöpfung, aber auch des Eifers Entspannung zu finden, über etwas ganz anderes oder doch wieder über Wittgensteins zu reden, für diese Momente danke ich meiner Frau Susanne. Bei meinen Wittgenstein-Spurensuchen bzw. -Exkursionen, die mich neben Archiven und Museen auf Friedhöfe, nach Hohenberg, aber auch bis nach Teplice in Tschechien geführt haben, haben mich Friederike Saxer und Andreas Huber begleitet und es war eine schöne Zeit.

Mein besonderer Dank gilt weiters Theo Hibler, der mich tatkräftig unterstützt hat und mir bei diversen Recherchen eine große Hilfe war. Georg Gaugusch, der „lebenden Enzyklopädie des jüdischen Wiener Bürgertums", möchte ich für viele inspirierende Gespräche danken und dafür, dass er mich Radmilla Schweitzer von der Wittgenstein Initiative vorgestellt hat. Ihr wiederum hatte ich es zu verdanken, dass ich Pierre Stonborough, den Enkel Margaret Stonborough-Wittgensteins, und seine Frau Françoise kennenlernen durfte. Wir haben ein wunderbares Gespräch geführt. Zu guter Letzt bedanke ich mich für die Unterstützung, die ich seitens des Molden Verlags und der Verlagsgruppe Styria erfahren habe, besonders natürlich bei meinem Lektor Johannes Sachslehner, der dieses Projekt von Beginn an begleitet hat.

Die faszinierende Geschichte der Familie Wittgenstein bietet viele Ingredienzien eines Hollywood-Films. Es war eine ferne und fremde Welt, in die ich eintauchte. Wissenschaftlich zu bleiben und gleichzeitig den Anspruch zu erfüllen, für ein breiteres Publikum zu schreiben, erwies sich als schwierige Herausforderung, ob es gelungen ist, obliegt Ihrem Urteil.

P.S. Für etwaige Fehler, obwohl ich selbst angetreten bin, einige Fehler der bislang vorhandenen Wittgenstein-Literatur zu korrigieren, bin ich alleine verantwortlich. Apropos Fehler: Alle Zitate im Buch folgen dem Original, auf das *sic!* wurde verzichtet, weil es gehäuft hätte verwendet werden müssen.

**PETER EIGNER**

ist Professor am Institut für Wirtschafts- und Sozialgeschichte der Universität Wien. Seine Forschungsschwerpunkte sind die Wirtschaftsentwicklung der Habsburgermonarchie und der Republik Österreich, hier vor allem die Banken- und Industriegeschichte im 19. und 20. Jahrhundert. Im Mittelpunkt seiner Arbeiten stehen weiters Studien zur Wirtschafts- und Sozialgeschichte der Stadt Wien. Zahlreiche Publikationen, zuletzt gab er gemeinsam mit Andreas Weigl die „Sozialgeschichte Wiens 1740–2020" heraus.

© Nadine Vietze

**Liebe Leserin, lieber Leser,**
hat Ihnen unser Buch über die Familie Wittgenstein gefallen?

Dann freuen wir uns über Ihre Weiterempfehlung! Und erzählen Sie davon. Ihren Freundinnen und Freunden, Ihrer Buchhändlerin oder Ihrem Buchhändler. Weil jede gute Geschichte davon lebt, weitergetragen zu werden.

Wollen Sie weitere Informationen zu unserem Programm? Möchten Sie mit dem Autor in Kontakt treten? Wir freuen uns auf Austausch und Anregung unter leserstimme@styriabooks.at

Inspiration, Geschenkideen und gute Geschichten finden Sie auf www.styriabooks.at

f ⓞ / StyriaBuchverlage

#diewittgensteins
#wittgensteinfamily
#moldengeschichte
#moldenverlag

FSC
www.fsc.org
MIX
Papier aus verantwortungsvollen Quellen
FSC® C014138

**STYRIA BUCHVERLAGE**

© 2023 by Molden Verlag in der Verlagsgruppe Styria GmbH & Co KG
Wien - Graz
Alle Rechte vorbehalten.

Bücher aus der Verlagsgruppe Styria gibt es in jeder Buchhandlung und im Online-Shop
www.styriabooks.at

ISBN 978-3-222-15082-1

Projektleitung: Stefan Schlögl
Umschlaggestaltung und Layout: Studio Sasken, Aleksandra Gustin
Lektorat: Johannes Sachslehner
Korrektorat: Arnold Klaffenböck
Herstellungsleitung: Maria Schuster
Druck und Bindung: Finidr, Český Těšín
Printed in the EU
7 6 5 4 3 2 1

**Zukunfts Fonds**
der Republik Österreich